普通高等院校社会学专业规划教材

国家社会科学基金资助项目（批准号：18BSH016）成果

社会调查学教程

主编　水延凯　　　副主编　江立华

WUHAN UNIVERSITY PRESS
武汉大学出版社

图书在版编目(CIP)数据

社会调查学教程/水延凯主编.—武汉:武汉大学出版社,2022.6
普通高等院校社会学专业规划教材
ISBN 978-7-307-22957-0

Ⅰ.社… Ⅱ.水… Ⅲ.社会调查—中国—高等学校—教材 Ⅳ.D668

中国版本图书馆CIP数据核字(2022)第038698号

责任编辑:韩秋婷　　责任校对:汪欣怡　　版式设计:马　佳

出版发行:**武汉大学出版社**　(430072　武昌　珞珈山)
(电子邮箱:cbs22@whu.edu.cn 网址:www.wdp.com.cn)
印刷:湖北金海印务有限公司
开本:787×1092　1/16　印张:21.5　字数:523千字　插页:2
版次:2022年6月第1版　2022年6月第1次印刷
ISBN 978-7-307-22957-0　定价:48.00元

《社会调查学教程》编撰委员会

主　任　杨介文

副主任　水延凯　江立华　鲁以雄

委　员（按姓氏笔画排序）

水延凯　方显峰　江立华　杨介文

赵荷花　柳祥珍　高晓胜　曹　勤

鲁以雄　熊主武

《社会调查学教程》编撰组成员

主　编　水延凯

副主编　江立华

撰稿人（按章节执笔顺序排列）

水延凯（中共孝感市委党校教授）

柳祥珍（孝感市经济和信息化局高级经济师）

水迎波（美国圣路易斯华盛顿大学高级科学家、副教授）

赵雪滢（湖北职业技术学院讲师）

王兴文（中共定西市委党校副教授）

童贤东（韩山师范学院马克思主义学院副教授）

江立华（华中师范大学社会学院教授、博导）

汤素素（华中师范大学社会学院博士生）

王　娟（武汉大学社会学院博士生）

刘海娟（华中师范大学社会学院博士生）

徐晓军（华中师范大学社会学院教授、副院长）

宋春潮（孝感市商务局调研员）

郭　松（孝感市公安局交警支队副支队长）

郝志磊（孝感市公安局交警支队民警）

陈　雯（华中农业大学马克思主义学院副教授）

杨　坤（国家统计局汉川调查队队长）

范长煜（华中师范大学社会学院讲师）

杨圣伟（国家统计局孝感调查队科长）

工作人员　谈玉婷　吴　浩　段云峰

文献资料与插图提供单位　中共中央党校图书馆

武汉市图书馆

孝感市图书馆

孝感市委党校图书馆

序　言

以马克思主义为指导，创建中国特色社会调查学

中国是世界上开展社会调查最早的国家之一。中国共产党是具有极为丰富的社会调查经验教训的政党。西方现代社会研究方法的引进，推动中国社会调查实现了从近代向现代的历史性跨越。但是，中国尚未建立充分体现自己特色的社会调查学，这不能不说是中国社会调查学界的一大憾事！

2016 年 5 月 17 日，习近平同志在《在哲学社会科学工作座谈会上的讲话》中指出："一切有理想、有抱负的哲学社会科学工作者都应该立时代之潮头、通古今之变化、发思想之先声，积极为党和人民述学立论、建言献策，担负起历史赋予的光荣使命。"①对中国社会调查学界来说，习近平同志的这一指示，就是对创建中国特色社会调查学的呼唤！

一、中国是世界上开展社会调查最早的国家之一

早在 4000 多年前，华夏先祖就开展过大规模的山水、土地、丁口调查。

《山海经》中关于 100 多个邦国、550 多座山、300 多条水道的记述，《尚书·禹贡》中对九州山脉、河流的走向和山川、湖泽、土壤、植被、特产、田赋和运输路线的描述，就是华夏先祖长期进行山水、土地调查研究的结晶。

3000 多年前《尚书》中的"民惟邦本，本固邦宁"(《尚书·五子之歌》)；周武王把"貌、言、视、听、思"(《尚书·洪范》)看作治国理政的第二大法；儒家把"格物"列为"八目"(即格物、致知、诚意、正心、修身、齐家、治国、平天下)之首；从墨子的"耳目之实"到王夫之的知行学说等，为中国古代社会调查奠定了厚实的思想基础。

西周规定，大司徒的职责是掌管各邦国土地地图与户籍，小司徒的职责是考查各地男女人数，并分辨他们的贵贱、老幼、废疾，这说明早在公元前 1000 多年，中国就已形成了关于人口、土地、财产的调查制度。西周规定"登万民之数"，"生齿以上，皆书于版"(《周礼》)，这可能是世界上最古老的人口调查标准。

西汉平帝元始二年(公元 2 年)，"凡郡国一百三……地东西九千三百二里。南北万三

① 习近平. 在哲学社会科学工作座谈会上的讲话[M]. 北京：人民出版社，2016：8.

千三百六十八里。……定垦田八百二十七万五百三十六顷。民户千二百二十三万三千六十二，口五千九百五十九万四千九百七十八”(《汉书·地理志第八》)。这很可能是世界上最古老、最广泛、最精确的人口、土地调查数据。

管仲的《八观》指出，可从八个方面判断一个国家的基本国情。《孙子兵法》关于“知己知彼，百战不殆”和“五事”“七情”的论述，说明了战争调查的重要性及其纲目。北魏贾思勰的《齐民要术》，唐朝刘晏的商情调查，南宋宋慈的《洗冤集录》，明朝李时珍的《本草纲目》等史实说明，中国古代政界、军界，以及科技、经济、司法、医药等领域，都有注重社会调查的优良传统。

西周“采诗官”的采诗活动，李悝的“家计分析”，扁鹊的“望、闻、问、切”，秦朝的“初令男子书年”和“使黔首自实田”，汉朝的“编户齐民”和“度田”，隋朝的“大索貌阅”，唐朝的团貌法和手实法，宋、明的清丈土地和鱼鳞图册，古文献研究中的校勘、考订、分类、训诂、评判等，都说明古代调研方法丰富多彩。

但是，古代社会调查有很大的局限性：调查目的，主要是为统治阶级服务；指导思想，没有超出神学、玄学等历史唯心主义范畴；调查内容，比较简单、表面；调查方法，原始、感性、直观；没有专门的调查机构和人员，大多由基层官吏或学者兼而为之。这说明，古代社会调查只是社会调查发展的初期阶段。然而，所有这些缺陷都无法否定古代社会调查的辉煌成果和历史性贡献。

二、中国共产党是具有极为丰富的社会调查经验教训的政党

中国共产党从建党开始，就非常重视社会调查。在中国共产党的百年征程中，有三个时期社会调查非常成功，取得了丰硕成果。

一是20世纪20至30年代，以毛泽东为代表的中国共产党人，围绕中国社会各阶级状况、中国革命道路、农村革命根据地建设等问题，开展广泛调查和实践，为制定中国新民主主义革命总路线，开辟工农武装割据、建设革命根据地，走农村包围城市、最后夺取全国政权的中国革命独特道路，夺取中国民主革命的彻底胜利，奠定了坚实基础。

二是20世纪70年代末到21世纪初，以邓小平、江泽民、胡锦涛为代表的中国共产党人，围绕中国国情、国际地位、社会主义道路等问题开展调查和实践，第一次明确作出了中国仍“处于并将长期处于社会主义初级阶段”的论断；第一次系统回答了在中国这样比较落后的国家如何建设社会主义、如何巩固和发展社会主义等问题，从而开创了中国特色社会主义的伟大事业。

三是21世纪初至今，特别是党的十八大以后，以习近平为代表的中国共产党人，围绕新时代发展、社会主要矛盾变化、共产党执政、社会主义建设和人类社会发展规律等问题，通过调查和实践，创立了习近平新时代中国特色社会主义思想，制定了从建设小康社会到建成社会主义现代化强国的蓝图，为把中国建设成为富强民主文明和谐美丽的社会主

义现代化强国，指明了前进方向。

毋庸讳言，中国共产党历史上曾有两个时期由于未重视社会调查或未正确进行社会调查而犯了严重错误，留下了惨痛教训。

一是20世纪20年代后期至30年代前期，中国共产党某些领导人忽视中国实际，“开口闭口‘拿本本来’”，“离开实际调查去估量政治形势，去指导斗争工作”，其结果“不是机会主义，便是盲动主义”,① 使革命付出了沉重代价。20世纪30年代中后期，中国共产党人痛定思痛，经过血的洗礼和艰辛调查，逐步纠正了机会主义、盲动主义错误，从而使中国革命重新走上了正轨。

二是20世纪50年代中期至70年代后期，中国共产党在探索社会主义道路过程中，特别是在“反右派”“总路线、大跃进、人民公社”和“文化大革命”中，由于主观主义、官僚主义作怪，犯了“左”倾错误，造成了无穷贻害。20世纪70年代后期，中国共产党人通过艰辛调查和实践，坚决地纠正了上述“左”倾错误，从而使中国社会主义事业走上了康庄大道。

历史证明，善于调查研究，勇于实事求是，既是中国共产党人克敌制胜、不断前进的最重要武器，又是中国共产党人从错误中学习、在失败中成长的最有效法宝。中国共产党人不愧为马克思主义社会调查最忠诚的继承者。

然而，必须清醒看到，作为执政党的中国共产党，目前在社会调查领域存在两方面问题：一是，历史经验有待系统总结；二是，现实问题有待全面整治。当前的主要问题是：①官僚主义严重，许多“调研”活动仍然受到主观主义、长官意志左右；②形式主义泛滥，下基层调研往往是“为了出镜头，坐在车上转，隔着玻璃看”②；③假“调研”盛行，“只看‘门面’和‘窗口’，不看‘后院’和‘角落’”。③ 如何克服社会调查的不正之风，已是一个急需解决的现实问题。

三、引进西方现代社会研究方法的贡献与问题

改革开放以来，中国引进了西方现代社会研究方法，出版了许多有关著作，介绍了大量现代社会研究知识、方法和技术。其中，关于课题设计、社会指标及其体系、社会测量特别是主观状况和非实体性社会现象的测量、概念的操作化设计、抽样调查、统计分析和定量研究等方面的论述，以及电子计算机和互联网的应用，对中国传统调查方法具有重要借鉴意义。

从世界范围看，社会调查的理论基础、基本方式或方法，在历史上发生过两次重大变革，经历了三个时代。第一次重大变革发生在17—19世纪的西欧，通过这次变革实现了

---

① 毛泽东选集(第1卷)[M]. 北京：人民出版社，1991：111-112.

② 习近平. 习近平谈治国理政[M]. 北京：外文出版社，2014：369.

③ 习近平. 习近平谈治国理政[M]. 北京：外文出版社，2014：369.

社会调查理论、方法的系统化、学科化，从而促使感性、直观的古代社会调查演变为系统化、规范化的近代社会调查。第二次重大变革发生在20世纪中叶的美国，通过这次变革实现了电子计算机和互联网的广泛应用，从而推动系统化、规范化的近代社会调查演进为电子化、数据化的现代社会调查。① 西方现代社会研究方法的引进，对中国社会调查实现从近代社会调查向现代社会调查的历史性跨越，起了决定性的推动作用。

但是，西方现代社会研究方法著作也存在一些缺陷。一是不讲历史，特别是不讲古代社会调查史，更不讲(或根本不了解)中国社会调查史，忽视中国共产党的社会调查史。二是少讲理论，特别是不讲马克思主义理论，更不讲(或根本不了解)中华传统文化中社会调查的思想精华，忽视中国共产党的社会调查理论。三是大讲方法，片面强调抽样调查和问卷调查，引入许多推演模型和计算技术，把社会调查几乎变成了技术化、数字化的游戏，而且不讲思维加工方法。四是某些概念不科学、不规范，某些结构不科学、不合理等。这说明，如何学习吸取西方社会研究方法中科学、合理的成分，使其中国化、本土化，同时克服其不科学、不合理的东西，是一个亟待解决的课题。

目前，中国高等院校、社科院所、大众传媒等领域的社会调查，较普遍地存在三种不良倾向。一是功利化倾向，往往追求调查成果的近期功利，而不关注或少关注基础性课题和社会调查历史及其规律的研究。二是技术化倾向，往往在社会调查方法、技术上兜圈子、下功夫，而忽视社会调查理论基础、指导思想和思维加工的研究。三是西方化倾向，课堂里讲授的大多是西方社会研究方法，公开出版的大多是移植于西方社会研究方法的教材，往往简单照搬照抄西方社会研究方法的概念、定义和结构，而不关注它们是否科学、合理，是否中国化、本土化，致使社会调查教学、研究领域几乎形成了西方社会研究方法一统天下的局面。

四、必须创建中国特色社会调查学

习近平同志指出："对现代社会科学积累的有益知识体系，运用的模型推演、数量分析等有效手段，我们也可以用，而且应该好好用。需要注意的是，在采用这些知识和方法时不要忘了老祖宗"。② 现在，"在有的领域中马克思主义被边缘化、空泛化、标签化，在一些学科中'失语'、教材中'失踪'、论坛上'失声'。这种状况必须引起我们高度重视"。"要按照立足中国、借鉴国外，挖掘历史、把握当代，关怀人类、面向未来的思路，着力构建中国特色哲学社会科学，在指导思想、学科体系、学术体系、话语体系等方面充分体现中国特色、中国风格、中国气派"。③ 习近平同志的这些指示，具有很强的针对性和指导性，对创建中国特色社会调查学具有重要指导意义。

① 水延凯. 中国社会调查简史[M]. 北京：中国人民大学出版社，2017：14-18.

② 习近平. 习近平谈治国理政(第2卷)[M]. 北京：外文出版社，2017：341.

③ 习近平. 习近平谈治国理政(第2卷)[M]. 北京：外文出版社，2017：338.

根据习近平同志的上述指示，我们决心“立足中国、借鉴国外，挖掘历史、把握当代，关怀人类、面向未来”，创建中国特色的社会调查学。

(1)总体思路：在马克思主义特别是马克思主义哲学指导下，在中国社会主义现代化建设实践基础上，立足中国，把中国古代社会调查和中国共产党社会调查中科学、合理的东西系统化、学科化；借鉴国外，把西方现代社会研究方法中科学、实用的成分中国化、本土化，并把它们有机结合起来，创建充分体现具有中国特色、中国风格、中国气派的社会调查学。

(2)核心观点：①“学”。社会调查不仅是一种“方法”，而且是哲学社会科学领域里一门相对独立的学科。社会调查学，是人们自觉认识社会的历史、理论和方法的科学。②“中国特色”。中国的社会调查学，应该着重论述中国悠久的社会调查历史，深邃的社会调查思想，多彩的社会调查方法，丰富的社会调查经验和沉痛的社会调查教训。在此基础上，学习和吸取西方社会研究方法中科学、合理的成分，并使其中国化、本土化。“学”和“中国特色”是两个关键词：“学”是共性，“中国特色”是个性。只有把“学”与“中国特色”、共性与个性统一起来，才能创建中国特色社会调查学。

(3)创新之处：与西方社会研究方法著作(以下简称“西方著作”)和中国学者基于西方社会研究方法撰写的著作(以下简称“类似著作”)相比较，中国特色社会调查学(以下简称“中国社会调查学”)的创新之处主要表现在三个方面。

第一，在总体上，正确处理“马、中、西”关系。西方著作和类似著作，只讲实证主义，而不讲马克思主义；只讲西方社会研究方法，而不讲中国和中国共产党的社会调查。中国社会调查学则应明确指出，马克思主义哲学是科学社会调查的理论基础和指导思想，中国和中国共产党的社会调查实践，特别是中国社会主义现代化建设的实践是客观依据。在此基础上，认真学习和吸取西方社会研究方法中科学、实用的成分，并使其中国化、本土化。

第二，在内容上，正确处理“史、论、法”关系。西方著作和类似著作，大多认为社会调查只是搜集、研究社会信息的“方法”，并围绕“方法”建构知识体系。中国社会调查学则应明确指出，作为哲学社会科学领域里一门相对独立的学科，社会调查学应围绕人们自觉认识社会的历史、理论和方法来构建知识体系。其中，社会调查历史是基础，社会调查理论是灵魂，社会调查方法是手段。

第三，在方法上，正确处理“实、史、虚”关系。西方著作和类似著作，主要讲搜集社会信息的方法，片面强调抽样调查和问卷调查，基本不讲思维加工方法。中国社会调查学则应明确指出，能获取真情实感的现实调查方法(即实地观察法、访问调查法、问卷调查法、实验调查法)是调查方法的主体，历史调查方法(即文献调查法和遗存调查法)和虚拟调查方法(即网络调查法和大数据调查法)是调查方法的两翼，它们共同构成社会调查方法的体系。在调查基础上的整理资料、统计分析和思维加工，是调查研究的深化；调查成果的评估和应用，是社会调查全过程不可或缺的重要组成部分。

（4）根据以上论述，本书总体框架图如下所示。

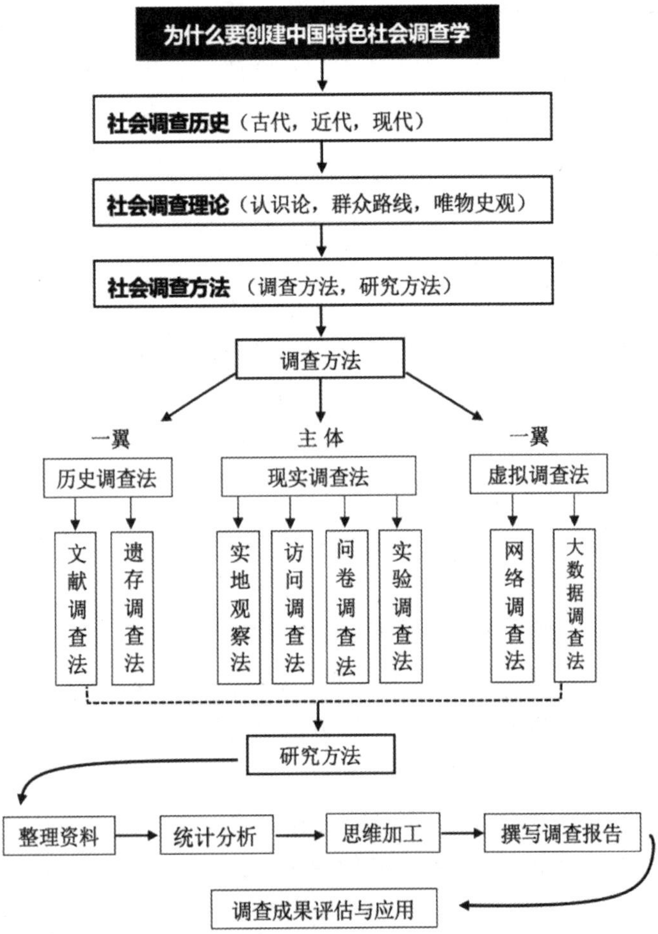

本书总体框架图

总之，为了继续、发扬中国古代社会调查的优良传统，继承、发扬马克思主义社会调查、中国共产党社会调查的优良传统，改变社会调查教研领域西方社会研究方法一统天下的局面，推动社会调查学的中国化、时代化和大众化，丰富和完善中国哲学社会科学体系，更好地服务中国特色社会主义现代化建设，我们应积极响应习近平同志的号召，为创建中国特色社会调查学作出自己的贡献。

目　　录

第一篇　概述

第二篇　准备阶段

第三篇　调查阶段

第五篇　总结阶段

第一篇

概　　述

本篇是对社会调查学的概括性表述，主要回答什么是社会调查学、社会调查的历史和社会调查的理论等问题。

第一章　社会调查与社会调查学

本章要点

1. 社会是人与自然相统一的生命共同体，是以人和人群共同体为主体，以生产方式为基础的各种要素、各种结构按照一定调节机制组合而成的人类生活整体。

2. 社会运动是一种高级物质运动形态。社会运动及其现象具有实践性、目的性、复杂性、变动性、偶然性、模糊性等特点。

3. 社会调查是人们为达到一定目的，有计划地通过对社会的考察、了解和分析、研究，来了解社会真实情况的一种自觉认识活动。

4. 科学社会调查的任务是，透过社会现象，认识社会生活的真实情况和因果联系，揭示社会现象的本质及其发展规律，寻求改造旧社会、建设新社会的道路或方法。

5. 社会调查学是关于人们自觉认识社会的历史、理论和方法的科学。其中，社会调查历史是基础，社会调查理论是核心(或灵魂)，社会调查方法是主体。

6. 社会调查学是哲学社会科学领域里一门相对独立的，具有方法性、综合性、实践性特点的学科。

7. 科学社会调查的社会功能是：正确认识社会的根本途径，科学施政的客观基础，培养开拓型人才的基本道路，进行思想教育的有效方法，端正党风政风学风的重要对策。

8. 学习社会调查学的目的是提高社会调查的自觉性和科学性。

基本概念

社会　社会调查　社会调查学

学习社会调查学，必须弄清楚什么是社会、什么是社会调查、什么是社会调查学、为什么要学习社会调查学、如何学习社会调查学等问题。

第一节　什么是社会

一、社会的构成要素及其定义

在中国古籍中，“社”是指土地神或祭祀土地神的地方，“会”是指聚会或团体，“社会”则是指人们聚集起来从事某种活动或志同道合者结成的团体。

在现实中，社会是人与自然相统一的生命共同体。社会由多种要素构成：一定数量人口、一定地域和生态环境、一定生产方式和经济结构、一定政治制度和社会组织、一定社会意识和社会文化、一定生活方式和社会活动等，是构成社会不可缺少的要素。其中，人是最基本的要素。因为，人是与自然的互动者、社会存在的体现者、社会意识的主体、社会关系的承担者、社会生活的开拓者、社会发展的推动者。在社会里，人总是生活在一定人群共同体之中，彼此发生交互作用。马克思说：社会不管其形式如何，都是“人们交互活动的产物”。①

构成社会的要素不是杂乱无章地堆砌在一起的，而是按照一定结构组合而成的有机整体。社会结构具有多类型、多层次的特点。有经济结构、政治结构、文化结构、社会结构、生态结构；有宏观结构、中观结构、微观结构等。就经济结构而言，有生产力结构，还有生产关系结构。在各种结构中，由生产力与生产关系结合而成的生产方式，是人与自然互动的基础，是整个社会的经济基础，即社会的政治制度、法律制度、社会意识、社会文化、社会生活的现实基础。

社会是一个庞大而复杂的系统。社会系统在运行过程中总会形成一定的自我调节机制，以促进社会各种要素和各种结构的相互联系、协调和控制，共同组成具有一定功能的有机整体。社会系统的性质、状况和功能，不仅取决于组成社会系统的要素和结构，而且取决于社会系统的自我调节机制和能力。在构成社会系统的要素、结构基本相同的情况下，社会系统的自我调节机制和能力，对社会系统的整体性质和整体功能往往具有决定性意义。

综上所述，可以给社会下一个简要的定义：所谓社会，就是人与自然相统一的生命共同体，是以人和人群共同体为主体，以生产方式为基础的各种要素、各种结构按照一定调节机制组合而成的人类生活整体。

二、社会现象的特点和认识社会的困难

社会运动是一种高级物质运动形态，社会运动及其现象的特点是：

(1)实践性。实践是人们有意识的活动，是“主观见之于客观的东西”。② 马克思说，“全部社会生活在本质上是实践的”。③ 实践是人们交互作用的结果，是构成社会关系的基础，是划分社会领域的依据，是推动社会发展的动力。一切社会活动和社会现象，如经济活动和经济现象、政治活动和政治现象、文化活动和文化现象等，都是人们在有关领域从事自觉活动的反映或结果。

(2)目的性。恩格斯说，在自然界中，“没有任何事情是作为预期的自觉的目的发生的。相反，在社会历史领域内进行活动的，是具有意识的、经过思虑或凭激情行动的、追求某种目的的人；任何事情的发生都不是没有自觉的意图，没有预期的目的的”。④ 这就是说，与自然活动、自然现象不同，社会生活的一切现象无不打上人类主观意志的烙印。

---

① 马克思恩格斯选集(第4卷)[M]. 北京：人民出版社，1995：532.

② 毛泽东选集(第2卷)[M]. 北京：人民出版社，1991：477.

③ 马克思恩格斯选集(第1卷)[M]. 北京：人民出版社，1995：56.

④ 马克思恩格斯选集(第4卷)[M]. 北京：人民出版社，1995：247.

(3)复杂性。社会生活极其复杂，任何一种社会现象的产生，都是由多种原因引起的；任何一种社会现象的出现，又必然引起多种结果和一系列连锁反应。由于社会现象之间的联系纵横交错，历史发展的制约因素纷繁复杂，因而人们对同一社会现象的看法，对同一历史事件或历史人物的评价，就往往因人而异，甚至截然相反。

(4)变动性。社会现象的变化极其迅速，社会发展速度往往是自然界变化速度不可比拟的。现代社会，由于科学技术迅猛发展，社会生产力巨大进步，特别是现代交通、通信、网络、人工智能等技术的出现和应用，社会生活各个领域里的节奏已大大加快，因而要全面、准确把握社会真实情况及其发展趋势，已成为一件愈来愈紧迫、愈来愈困难的任务。

(5)偶然性。恩格斯说，社会生活中“无数的单个愿望和单个行动的冲突，在历史领域内造成了一种同没有意识的自然界中占统治地位的状况完全相似的状况。行动的目的是预期的，但是行动实际产生的结果并不是预期的……这样，历史事件似乎总的说来同样是由偶然性支配着的”。① 因此，人们往往把社会历史看作是偶然事件、偶然现象的堆积，好像其中没有任何必然性可言。

(6)模糊性。恩格斯指出，在自然界里，严格的界限是和进化论不相容的，“一切差异都在中间阶段融合，一切对立都经过中间环节而互相转移”。② 在社会生活中，更难清晰划分“严格的界限”，许多社会现象往往呈现出高度的模糊性。例如，真与假、善与恶、美与丑、优与劣、好与坏等因素往往混杂在一起，人们往往很难明确地将它们区别开来。

实践证明，正确认识社会，是一件十分困难的事情。这主要有两方面原因：一是，社会现象具有实践性、目的性、复杂性、变动性、偶然性、模糊性等特点；二是，社会上存在着种种人为的假象、伪装和欺骗。因此，人们虽然天天生活在社会之中，却不一定能够正确认识社会。特别是现代社会，这两方面的困难已变得更加显著、复杂了，因而如何全面、准确、及时地认识社会生活的真实情况，就成为一项更加困难、更加紧迫的任务了。

第二节　什么是社会调查

一、社会调查及其定义

社会调查，是社会“调查”和“研究”的简称。在古代汉语中，“调”是指计算、算度，“查”是指查核、考查，“研”是指细磨、研讨，“究”是指推求、追查、寻根究底。调查研究是一种有目的有意识的认识活动。其中，“调查”主要是通过对社会现象的考查、计算来了解客观事实的一种感性认识活动；“研究”则主要是通过对考查、了解到的事实进行思维加工的一种理性认识活动。

弄清社会、社会现象的特点及调查研究的含义，就可以下定义了。所谓社会调查，就是人们为达到一定目的，有计划地通过对社会的考察、了解和分析、研究，来了解社会真

① 马克思恩格斯选集(第4卷)[M]. 北京：人民出版社，1995：247.

② 马克思恩格斯选集(第4卷)[M]. 北京：人民出版社，1995：318.

实情况的一种自觉的认识活动。它有四层意思：

(1)社会调查是一种有目的的、自觉的认识活动。任何社会调查都有两重目的：一是一般目的，即了解社会的真实情况；二是特定目的，即实现调查者在经济、政治、文化、社会、生态等某个方面的特定任务。

(2)社会调查是一种有计划的、自觉的认识活动。任何社会调查都是围绕一定目的而开展的有计划的、自觉的认识活动。它与人们日常生活中对社会现象自发的、无计划的一般观察或了解，有原则上的区别。

(3)社会调查的对象是社会。社会调查的对象，可以是以人或以人群共同体为主的各种社会要素，也可以是以生产方式为基础的各种社会结构，以及各种社会要素和结构相互联系、协调和控制的各种情况或问题。

(4)社会调查都需要使用一定的方法。社会调查的方法大体可分为两类：一类是对社会现象进行考察、了解的各种感性认识方法；另一类是对搜集到的感性材料进行统计分析、思维加工的各种理性认识方法。

上述社会调查定义，适用于一切社会调查，包括科学的社会调查。

二、科学社会调查的任务

科学的社会调查，是指以服务人民为目的，以科学理论为指导，以科学调研方法为手段的一种自觉认识活动。科学社会调查的任务是：

(1)认识社会现象的真实情况。由于历史时代、社会地位、认识能力等主客观条件限制，任何人都不可能绝对准确地认识社会现象。但是，任何事物都有质的规定性和相对稳定性，人的认识能力和条件总是不断提高的。因而，在相对确实、相对明晰、相对稳定范围内正确认识社会现象是完全可能的。毛泽东指出："战争没有绝对的确实性，但不是没有某种程度的相对确实性"。① 这说明，在相对范围内，任何社会现象都是可以认识的。

(2)研究社会现象的因果联系。社会现象的发生都是有一定动机或期望的。"为什么人们所期望的正是这个而不是别的呢？在寻求这个问题的答案时，我们就发现……国家的意志总的说来是由市民社会的不断变化的需要，是由某个阶级的优势地位，归根到底，是由生产力和交换关系的发展决定的"。② 因此，只要不停留在动机面前，而是去探索这些动机背后的经济、政治等动因，那么，就有可能揭示出产生某种社会现象的因果联系。

(3)探索社会现象的本质及其发展规律。社会现象总是个别的、多样的、变动不居的、不可再现的，总带有某种程度的偶然性。社会规律则是同类事物中具有普遍性、可重复性和相对稳定性的东西，是事物内在本质的必然的联系。人们只有在社会现象中寻找那些共同的、不断重复的、相对稳定的东西，从偶然现象中寻找那些必然的东西，才有可能揭示出社会现象的本质及其发展规律。

(4)寻求改造旧社会、建设新社会的道路或方法。科学社会调查的直接目的，是认识

① 毛泽东选集(第2卷)[M]. 北京：人民出版社，1991：495.

② 马克思恩格斯选集(第4卷)[M]. 北京：人民出版社，1995：251.

社会现象的真实情况，研究社会现象的因果联系，探索社会现象的本质及其发展规律。它的根本目的则是改造旧社会、建设新社会，服务于国家、社会，乃至整个人类。因此，以服务人民为宗旨，以客观规律为基础，寻求改造旧社会、建设新社会的道路或方法，是一切科学社会调查的出发点和归宿点。

总之，科学社会调查的任务是：透过带有实践性、目的性、复杂性、变动性、偶然性和模糊性的社会现象，去认识社会生活的真实情况和因果联系，揭示社会现象的本质及其发展规律，寻求改造旧社会、建设新社会的道路或方法。

第三节　什么是社会调查学

社会调查是一种方法，研究社会调查的学问——社会调查学，则是哲学社会科学领域里一门相对独立的学科。它有自己的研究对象、知识体系和学科特点。

一、社会调查学的研究对象

社会调查学的研究对象，是社会调查的全过程，既包括每一项社会调查任务的发展过程，又包括社会调查整体的发展过程。

就每一项社会调查任务而言，其发展过程可分为两个阶段：一是调研阶段，即搜集和研究社会信息、形成调查结论的阶段，从感性认识到理性认识的阶段；二是实践阶段，即运用调查结论的阶段，评估、检验和发展调查结论的阶段，从理性认识到社会实践的阶段。就社会调查整体而言，社会调查过程与人类认识过程是一致的。人类认识过程，是循着实践、认识、再实践、再认识这种形式不断反复和无限发展的；科学社会调查过程，则是循着调查、实践、再调查、再实践这种形式不断反复和无限发展的。它们都是社会调查学的研究对象。

二、社会调查学的知识体系

社会调查学的知识体系，主要包括三个方面：历史、理论和方法。

(1)社会调查历史。包括社会调查的起源及其产生条件，社会调查的时代划分和不同时代的特点，中国社会调查的历史，西方近现代社会调查方法的传入或引进，中国社会调查的经验和教训等，它们是形成社会调查学的客观基础。

(2)社会调查理论。任何社会调查不管承认不承认、自觉不自觉，都必然以一定理论为基础，以一定思想为指导，以一定原则为依据，以一定作风为表象。因此，阐明社会调查的理论基础、指导思想、原则和作风，是社会调查学的核心任务。

(3)社会调查方法。任何社会调查都离不开一定的程序和方法，包括搜集社会信息和研究社会信息的程序和方法。因此，研究社会调查的类型和程序，搜集和研究社会信息的方法，以及使用各种调研工具的方法，是社会调查学的主要内容。

据此，可以把社会调查学简要定义为：关于人们自觉认识社会的历史、理论和方法的科学。其中，社会调查历史是基础，社会调查理论是核心(或灵魂)，社会调查方法是主体。

三、社会调查学的学科特点

任何一门社会科学都有自己的学科特点。社会调查学的学科特点是：

(1)方法性学科。与理论性社会学科不同，社会调查学是一门方法性学科。它的方法可分为三个层次：最高层次方法——科学方法论，即哲学方法和各社会学科方法；中间层次方法——社会调查的基本方法，包括社会调查的程序、社会信息的调查方法和研究方法；最低层次方法——各种调研工具的使用方法。

社会调查学的方法体系，如图 1-1 所示。

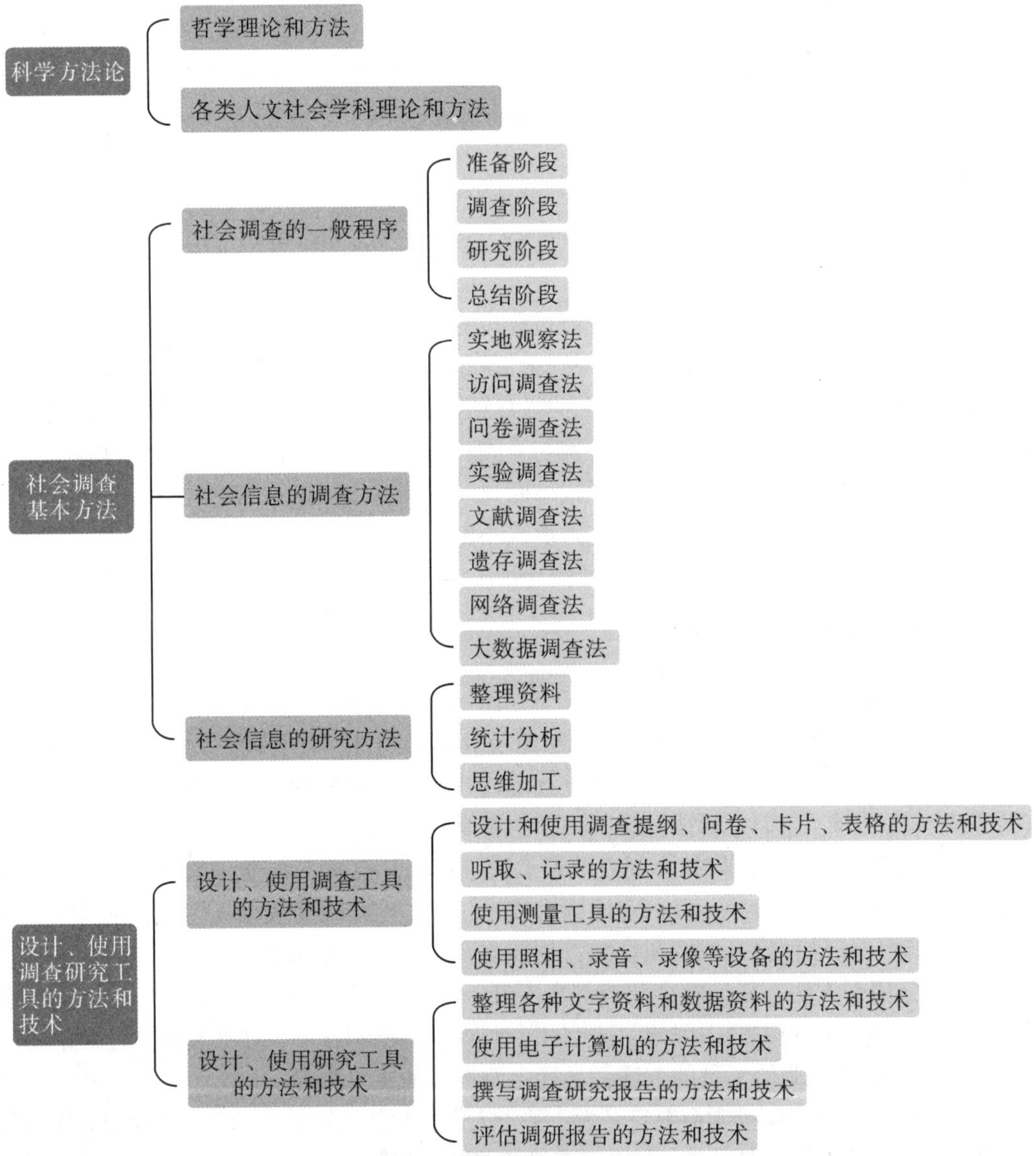

图 1-1 社会调查学的方法体系

(2)综合性学科。这有两方面的含义：一是知识的综合性，即社会调查学涉及哲学、社会学、心理学、统计学、逻辑学、计算机科学和中国语言文学等多学科的知识；二是服务的综合性，即社会调查学是为各人文社会学科的理论研究，为各级党政机关、各类社会团体、各种企事业单位实际工作服务的学科。

(3)实践性学科。这也有两方面的含义：一是内容的实践性，即与抽象思维的理论性学科不同，社会调查学主要是一系列实践性、操作性很强的方法和技术；二是服务的实践性，即与面向过去的历史性学科不同，社会调查学是一门面向现实并直接为现实服务的实践性学科。

第四节　为什么要学习社会调查学

科学社会调查具有多种社会功能，其功能可简要地概括为：识世之途，善政之基，成才之道，悟人之术，正风之策。

一、识世之途：正确认识社会的根本途径

人们常说："实践出真知。"从认识来源看，这是对的。但是，一个埋头实践而不重视调查研究的人，最多只能积累一些实践经验，而不可能获得关于社会本质及规律的认识。然而，认识的真正任务在于把握事物的本质及其规律。这就要求人们不仅要勇于实践，而且要善于调查研究。人们只有在实践基础上反复调查研究，才能逐渐接近社会真实，逐渐认识事物本质及其规律。世界上各种科学社会理论的形成和发展，都是在实践基础上不断调查研究的结果。

当然，这绝不是否认学习书本的重要性。一切科学的社会历史著作都是前人或他人社会调查研究的结晶，要理解这些科学著作也必须以实践为基础。因此，从人类社会知识总体看，科学社会调查是正确认识社会的根本途径。

二、善政之基：科学施政的客观基础

社会调查的根本目的，是有效改造社会和建设社会。为此，就必须科学决策，善于实施，既要科学制定政策，又要正确执行政策，进行科学管理。

科学制定政策离不开社会调查。中国革命、建设和改革的历史证明，正确方针、政策的制定和完善，是不断调查研究的结果。例如，农村包围城市的革命道路，独立自主、自力更生的建国方针，改革开放、建设有中国特色的社会主义道路等，都是在革命、建设和改革实践中反复调查研究的结晶。

正确执行政策也离不开社会调查。正确执行政策，必须一切依时间、地点、条件为转移。为此，就必须调查研究。如果开口闭口拿"本本"来，就不可能正确执行政策。毛泽东说："盲目地表面上完全无异议地执行上级的指示，这不是真正在执行上级的指示，这是反对上级指示或者对上级指示怠工的最妙方法"。①

① 毛泽东选集(第1卷)[M]. 北京：人民出版社，1991：111.

科学管理同样离不开社会调查。科学管理的核心是科学决策。科学决策，包括目标、信息、设计、评估、选择、执行和反馈等阶段，它们都离不开信息的搜集和处理，都离不开调查研究。因此，决策过程和管理过程，实质上就是反复调查研究的过程，离开科学社会调查就没有科学决策和科学管理。

三、成才之道：培养开拓型人才的基本道路

社会调查不仅能促进对客观世界的改造，而且有利于对主观世界的改造，有利于为革命和建设事业培养开拓型人才。

毛泽东说："无产阶级和革命人民改造世界的斗争，包括实现下述任务：改造客观世界，也改造自己的主观世界——改造自己的认识能力，改造主观世界同客观世界的关系"。① 怎样"改造自己的认识能力，改造主观世界同客观世界的关系"呢？毛泽东说："你对于那个问题不能解决吗？那末，你就去调查那个问题的现状和它的历史吧！你完完全全调查明白了，你对那个问题就有解决的办法了"。② 社会调查是提高认识能力、促使主观与客观相联系的纽带或桥梁。

社会调查还是培养开拓型人才的基本道路。开拓型人才的特征是：思想解放，实事求是，与时俱进，勇于创新，敢于说前人没说过的话，敢于做前人没做过的事，敢于走前人没走过的道路。开拓型人才的这些特征，是与其重视社会调查分不开的。事实证明，科学社会调查既是开拓型人才最强大的思想武器，又是开拓型人才成长和发展的基本道路。

四、悟人之术：进行思想教育的有效方法

在革命、建设和改革过程中，错误是难免的，思想落后于实际的情况更是可能经常发生的。实践证明，社会调查是纠正错误倾向、进行思想教育的有效办法。

人为什么犯错误？归根结底，是因为其脱离实际情况，主观地决定工作方针和政策。认识和实践相脱离，主观和客观相分离，是唯心论和机械唯物论、教条主义和经验主义以及一切错误思想的共同根源。科学社会调查，有利于主观与客观相结合、认识与实践相统一，因而是克服各种错误思想的有效办法。

改革开放以来，许多人对发展民营经济、加入 WTO 等决策产生过疑虑，但一经实地调查，就统一了认识。实践证明，通过社会调查进行思想教育有几个特点：①它不是被动地接受外来灌输，而是通过主动观察、访问而自觉形成的看法；②它不是依靠个别人的说服和教育，而是通过群众行动和情绪的感染而产生的认识；③它不是抽象的理性启示，而是活生生的事实教育。事实证明，社会调查这种悟人之术，往往能起到其他教育方法所不能起的巨大教育作用。

五、正风之策：端正党风政风学风的重要对策

党风、政风、学风问题，是关系到执政党和国家生死存亡的重大问题。实践证明，科

① 毛泽东选集(第1卷)[M]. 北京：人民出版社，1991：296.

② 毛泽东选集(第1卷)[M]. 北京：人民出版社，1991：110.

学社会调查是端正党风、政风、学风的重要对策。

对于执政党和国家机关来说，整治贪污腐败和官僚主义，是党风、政风建设的两大根本课题。产生贪污腐败和官僚主义的原因，是政治体制上存在弊端，是世界观上存在问题，同时与脱离实际、脱离群众有密切联系。要整治贪污腐败和官僚主义，首先要搞好政治体制改革，树立科学的人生观、价值观和世界观，同时应大力提倡社会调查。社会调查是密切联系实际和群众的桥梁。大兴调查研究之风，必然有利于整治贪污腐败和官僚主义。

目前，学风中存在的主要问题仍然是主观主义，其表现形式仍然是教条主义和经验主义。目前，教条主义有两种类型，一是把马克思主义神圣化、绝对化，二是盲目照搬照抄西方的理论或模式。经验主义也有两种类型，一是把过去“左”的经验神圣化、绝对化，二是盲目乱搬乱套西方经验，搞一律化、一刀切。它们共同的特征是：脱离实际情况，主观看待问题。社会调查有利于接地气、察社情、体民意，把理论和实际结合起来，是克服主观主义学风的重要对策。

总之，科学社会调查不仅是一种认识方法和工作方法，它对于正确认识和有效改造社会，科学管理和顺利建设社会，对于加强和改善执政党领导，促进党政企事业单位的组织建设、思想建设和作风建设，都具有十分重要的意义。

第五节 如何学习社会调查学

现在，许多人在做社会调查，为什么还要学习社会调查学呢？这是因为，做社会调查有自觉与不自觉之分，有科学与不科学之分。

一、学习社会调查学的目的

(1)提高社会调查的自觉性。社会调查自觉性的高低，对于社会调查质量的好坏、效率的高低和作用的大小往往具有决定意义。一个被动地为了完成任务而从事社会调查的人，最多只能了解到一些实际情况，却很难揭示事物的本质及其发展规律，更不可能通过调查增长才干。学习社会调查学，有利于提高社会调查的自觉性，促使人们主动学习、钻研调查研究工作，这对于提高社会调查质量和效率，扩大社会调查成果，必将起到很大的推动作用。

(2)提高社会调查的科学性。社会调查是科学的认识方法和工作方法，但这不是说只要一调查就能得到科学结论。事实上，许多社会调查或是没有真实反映实际，或是没有做出科学结论，有的甚至直接间接地为错误理论、方针、政策作辩护。这有多种原因。就调查者来说，有理论问题、设计问题、方法和技术问题等。学习社会调查学，有利于端正社会调查的指导思想，提高社会调查知识和技能，防止和克服可能出现的错误，就必然有利于提高社会调查的科学性。

二、学习社会调查学的方法

(1)学习社会调查学，必须掌握广博知识。为此，就要学习哲学，学习社会学、心理学、新闻采访学、统计学、逻辑学，以及语法和写作等知识。对于各专门学科的调查者来说，还要学习有关学科的知识。此外，还要学习照相机、摄影机、计算机、网络等方面的知识和技术。总之，要学好社会调查学，必须学习上述多方面的知识和技能，而且这些方面的知识、技能愈多愈好。

(2)学习社会调查学，必须密切联系实际。社会调查学是一门方法性、实践性学科，学习时应着重在“用”字上下功夫。对于曾经做过社会调查的人来说，要密切联系过去调查工作的实际，从总结经验教训中增知识、长才干。对于没有做过社会调查的人来说，要尽可能采用蹲点、实验、案例剖析等方法来学习。这样不仅能逐步掌握社会调查学的内容，而且还有可能在调查实践中发现新问题、积累新经验，为丰富和发展学科化、科学化、中国化的社会调查学作出新贡献。

思考与练习

1. 怎样理解社会？应该把握哪些要点？
2. 社会现象有哪些特点？认识社会现象的特点有何意义？
3. 什么是社会调查？它包含哪些意思？
4. 试论科学的社会调查及其任务。
5. 为什么说社会调查学是哲学社会科学领域里一门相对独立的学科？
6. 如何认识社会调查学的知识体系和学科特点？
7. 社会调查有哪些社会功能？学习社会调查的社会功能，有何体会？
8. 你打算怎样学习社会调查学？

推荐阅读

1. [德]恩格斯. 路德维希·费尔巴哈和德国古典哲学的终结[M]//马克思恩格斯选集(第4卷). 北京：人民出版社，1995.

2. 毛泽东. 反对本本主义[M]//毛泽东著作选读(上册). 北京：人民出版社，1986.

3. 袁方. 社会研究方法教程[M]. 北京：北京大学出版社，1997.

第二章　社会调查的历史

本章要点

1. 中国古代社会调查萌芽于原始社会末期，起源于夏朝——奴隶社会初期。

2. 古代社会调查产生的社会历史条件：生产力发展，剩余农产品出现，是物质基础；阶级分化、国家出现，社会管理需要，是直接动力；文字发明和应用，是文化前提；社会职业分化，独立脑力劳动者出现，是社会力量。

3. 划分社会调查历史时代的客观依据或标准，是社会调查基础理论、基本方式、方法或技术的重大变革。社会调查历史上的第一次重大变革，发生在17—19世纪的西欧；社会调查历史上的第二次重大变革，发生在20世纪中叶的美国。据此，社会调查历史可划分为三个时期，即古代社会调查、近代社会调查和现代社会调查。

4. 重民思想、民本主义和以民为镜观念，是中国古代社会调查思想形成的基础。“貌、言、视、听、思”是对社会调查最全面、最古老、最简明的概括，是中国古代社会调查思想形成的标志。

5. 从明万历十一年到清末的西学东渐，可分为三个阶段，即被动接受阶段、强势灌输阶段和主动渴求阶段；两条路径，即来自西洋的直接传入和来自东洋的间接传入。

6. 西方近代社会调查方法在19世纪60年代传入中国，它大体可分为4个阶段：开始传入阶段、初步传播阶段、系统传授阶段和逐步本土化阶段。

7. 行政性社会调查，是指为实施行政管理而开展的社会调查；政治性社会调查，是指为实现政治任务而开展的社会调查；学术性社会调查，是指围绕学术研究而开展的社会调查；应用性社会调查，是指各行各业围绕各自业务而开展的社会调查。

8. 习近平社会调查实践的特点可概括为：百姓为本、民生为先、挚诚奉献的赤子之心；简单朴实、入乡随俗、坦诚友善的交友之术；跑遍全境、身入心至、亲察亲访的求真之法；立足现实、结合史论、综合思考的求是之途；制定法规、躬身先行、带领全党的练功之策；反对作秀、反对官僚、旗帜鲜明的反假之风。

基本概念

古代的社会调查　近代的社会调查　现代的社会调查

社会调查是一定社会历史条件的产物，有一定的历史发展过程。正确认识社会调查的起源及其产生的社会历史条件，研究社会调查历史时代的划分及其标准，阐明不同时代社会调查的情况及其特点，是社会调查学的客观基础。

第一节 社会调查的起源和历史发展

一、社会调查的起源及其产生的条件

中国古代社会调查萌芽于原始社会末期。《周易·系辞下》曰："上古结绳而治，后世圣人易之以书契。百官以治，万民以察。"这里的"结绳"和"书契"，都是对当时重大社会事件的记载，是百官治理政事、万民考察事理的方法。从一定意义上说，就是古代社会调查的雏形。然而，作为一种自觉认识活动，社会调查起源于夏朝——奴隶社会的初期。史料证明，社会调查产生的历史条件有：

1. 生产力和社会分工的发展，金属工具和剩余农产品的出现

夏朝时期，由于修筑沟渠，引水灌溉，农业有了较大发展，马的饲养达到一定规模，金属工具出现，制造生产工具、铸铜等手工业已有一定水平，商业贸易有了初步发展，最古老的货币——贝币已流行。这说明，夏朝时期农业与畜牧业、手工业与农业、商业与农牧业已出现了三次社会大分工，促进了生产力的发展，出现了剩余农产品和私人财产，从而为社会调查的产生奠定了物质基础。

2. 阶级的分化，国家的出现，社会管理的需要

夏朝是中国历史上第一个奴隶制国家。恩格斯认为，国家是阶级矛盾不可调和的产物。在奴隶社会，奴隶主阶级"为了使……这些经济利益互相冲突的阶级，不致在无谓的斗争中把自己和社会消灭，就需要有一种表面上凌驾于社会之上的力量……把冲突保持在'秩序'的范围以内；这种从社会中产生但又自居于社会之上并且日益同社会相异化的力量，就是国家"。① 显然，阶级的分化，国家的出现，社会管理的需要，是推动社会调查产生的直接动力。

3. 古代文化的发展，文字的发明和应用

汉字的发明，是古代文化发展的重要标志。关于汉字的起源，古文献上有"结绳""八卦""图画""书契"等说法，以及黄帝史官仓颉造字的传说。然而，按照古文字学家的看法，殷商的甲骨文才是中国"最早而又比较完备的文字"。文字是人类记录和交流思想、语言、社会信息的书写符号。从这个意义上说，文字的发明和应用，为社会调查创造了不可或缺的文化前提。

4. 社会职业分化，独立的脑力劳动者出现

夏朝不仅出现了阶级分化，而且出现了职业分化。管子曰："士农工商四民者，国之石民也"(《管子·小匡》)。这里的"士"，既包括卿、大夫(世袭、有封地的官吏)，又包括一般读书人，即独立的脑力劳动者。他们在春秋初期，已成为四大"石民"之首，说明其出现的时间已相当久远，很可能在商、周之前的夏朝。这些独立脑力劳动者的出现，是社会调查得以广泛开展的重要社会力量。

---

① 马克思恩格斯选集(第4卷)[M]. 北京：人民出版社，1995：170.

总之，社会调查产生于夏初并非偶然，而是当时经济社会发展的必然产物。

二、社会调查的两次重大变革和三个历史时代

从世界范围看，社会调查历史上经历过两次重大变革。据此，社会调查历史可划分为三个时代。

1. 划分社会调查历史时代的客观依据

在历史学中，“时代”是指以经济、政治、文化、社会等状况为依据而划分的历史时期。它一般以某些重大的经济、政治、文化、社会事件作为划分的客观依据或标准。例如，人类社会的发展历程，依据生产工具，可分为石器时代、铁器时代、机器时代等；依据动力，可分为手工时代、蒸气时代、电力时代、原子时代等；依据社会形态，可分为史前时代、奴隶制时代、封建制时代、资本主义时代和社会主义时代等。

按照历史学划分时代的逻辑，社会调查作为一种自觉认识社会的方法和学问，就应该以社会调查的基础理论、基本方式、方法或技术的重大变革作为划分历史时代的客观依据或标准。史实证明，自古代社会调查产生以来，社会调查的基础理论、基本方式、方法或技术，已发生过两次重大变革。它们是划分社会调查历史时代的客观依据或标准。

2. 社会调查历史上的第一次重大变革

社会调查的第一次重大变革，发生在 17—19 世纪的西欧。当时西欧各国政府的行政调查已相当普遍，学术调查也蓬勃发展起来。其中具有代表性的有：法国经济学家弗里德里克・黎伯莱的《欧洲工人》，开创了家计调查的先河；英国社会学家查尔斯・布思的《伦敦人民的生活和劳动》，其也凭此成为社区研究的先驱；法国社会学家埃米尔・迪尔凯姆的《自杀论》，创立了用事实分析因果关系的理论；德国社会革命家卡尔・马克思的《资本论》以及弗里德里希・恩格斯的《英国工人阶级状况》等著作，为创立马克思主义奠定了坚实基础。这些社会调查，既有自觉的、系统化的理论作指导，又有规范化的调研方式、方法作手段，从而促使感性、直观的古代社会调查演进成系统化、规范化的近代社会调查。

近代社会调查产生于 17—19 世纪的西欧，不是偶然的。当时，西欧各主要国家，资产阶级已在政治、经济上取得了统治地位，无产阶级登上了政治历史舞台。对自然的研究，在观察和实验基础上，已从“搜集材料的科学”发展为“整理材料的科学”；① 对社会的研究，在实地调查基础上，已从神学、玄学阶段进入了实证阶段。这说明，近代社会调查产生于 17—19 世纪的西欧，既有社会历史和阶级根源，又有思想文化作前提，它是早期资本主义经济社会条件的必然产物。

3. 社会调查历史上的第二次重大变革

社会调查的第二次重大变革，发生在 20 世纪中叶的美国。20 世纪 40 年代，“由于电子计算机的发明和应用，使得数理社会学迅速发展，抽样调查与数据分析成为当代社会学各领域不可缺少的方法”。② 20 世纪 60 年代，互联网的发明和应用，极大地扩展了社会调查的时间和空间。由于计算机和互联网的广泛使用，社会调查的设计和步骤日益程序

① 马克思恩格斯选集(第 4 卷)[M]. 北京：人民出版社，1995：245.

② 刘绪贻. 战后美国史(1945—1986)[M]. 北京：人民出版社，1989：547.

化、规范化，社会调查的范围和对象日益广泛化、多样化，社会调查的方法和手段日益电子化、数据化，社会调查的效率和质量日益高速化、精确化，从而实现了社会调查历史上的第二次重大变革，即从系统化、规范化的近代社会调查，演进成电子化、数字化的现代社会调查。

现代社会调查发生于20世纪中叶的美国，这绝非偶然。从经济政治看，第二次世界大战后，美国已登上资本主义世界霸主地位。从理论指导看，美国社会学有了很大发展，特别是T. 帕森斯的结构功能理论、R. K. 默顿的中程理论等影响深远。从科学技术看，计算机、互联网的发明和应用，提供了现代化的物质技术装备。从调查实践看，19世纪末美国已成为世界社会调查的中心。总之，现代社会调查是20世纪中叶美国经济、政治、科技等条件发展的必然产物。

上述社会调查历史上的两次重大变革，没有发生在中国。但是，19世纪60年代后，西方近代社会调查方法逐渐传入了中国；20世纪70年代后，中国更自觉地引进了西方现代社会调查方法。因此，上述社会调查历史上的两次重大变革、三个历史时代的划分，同样适用于中国社会调查的历史。

第二节　古代的社会调查

中国古代的社会调查，是指奴隶制和封建时代的社会调查，包括自夏朝直至清朝前期的社会调查；其年代，从公元前2070年夏朝建立起，到1840年鸦片战争止，前后历时3910年。

一、古代社会调查的思想

古代社会调查的思想，形成于西周，发展于春秋战国及以后时期。它既是上古先祖开展艰苦卓绝的山、水、丁口等调查的产物，又是华夏先贤总结夏、商、周等朝代统治经验和教训的结晶。

1. 夏、商朝的山、水、丁口等调查

夏朝及其以前的社会调查，没有文字记载，但在古代文献中可寻觅到一些踪迹。例如，《山海经》和《尚书·禹贡》就是华夏先祖开展山水调查的宝贵记录。

《山海经》全书18卷，约31000字，其内容有许多奇诡怪异、荒诞无经的记述。但是，它关于100多个邦国、550多座山、300多条水道，以及各邦国的地理、风土、物产、宗教、古史、医药、民俗等方面的记述，大多符合实际。这些真实的记述，实是华夏先祖在实践基础上长期调查研究的成果。

《尚书·禹贡》共1193字，分为七个部分：①“前言”，说明禹为区分疆界，在考察的山上插木桩作标记，为高山大川命名；②“九州”，依据河流、山脉等自然分界，把所辖地区分为冀、兖、青、徐、扬、荆、豫、梁、雍九州，对各州疆界、山川、湖泽、水利、土壤、税赋、植被、特产和进贡路线作了描述；③“导山”，叙述中国山脉由西向东延伸，西部集中、东部分散，西部多高山、东部多平原等特点；④“导水”，按先北后南、先上游后下游、先主流后支流的顺序，描述运送贡赋河流的水源、流向、支流及其流入地；⑤

“攸同”，前三部分的小结；⑥“五服”，根据距帝都的远近，把所辖区域分为甸服、侯服、绥服、要服和荒服，反映区别对待方略和大一统思想；⑦“结语”，歌颂禹的功劳。《尚书·禹贡》，从篇名看是“贡赋之法”，从主要内容看是“地理文献”，从形成方法看是山川调查报告。在上古极端落后的社会历史条件下，做如此宏观、深入的实地调查，在世界社会调查史上很可能是绝无仅有的。

商人迷信鬼神，大凡生死、婚丧、耕种、收获、风雨、灾祸、征战、祭祀、狩猎等事件，都要占卜，在龟甲、兽骨上刻“卜辞”。因此，甲骨文中记载了许多丁口、生产、战争、田猎、祭祀等方面的史实。如，“戊庚卜，宾贞，勿登人三千，乎吉方，弗受有祐”；“登人三千，呼伐”。在用人做祭品的记述中，记有人数的 1992 条，祭用 13052 人；未记人数的 1145 条，以各祭 1 人计算，合计祭用人数至少 14197 人。① 这些记载，实是原始的调查记录。

2. 夏、商、周统治经验教训的总结

《尚书》素有“政书之祖、史书之源”的美誉，记述了从尧舜至西周 2000 余年的历史，保存了许多宝贵史料。例如，“天聪明，自我民聪明”；“天明畏，自我民明威”(《尚书·皋陶谟》)；“天矜于民，民之所欲，天必从之”(《尚书·泰誓上》)；“皇祖有训，民可近，不可下。民惟邦本，本固邦宁”(《尚书·五子之歌》)；“敬天保民”，“明德慎罚”(《尚书·康诰》)；“古人有言曰：‘人无于水监，当于民监。’今惟殷坠厥命，我其可不大监抚于时”(《尚书·酒诰》)等。

上述引文内容，可概括为三个方面。一是重民思想。用“民”聪明、“民”明威解释“天”聪明、“天”明畏，用“民”欲解释“天”从，说明统治者已认识到“民”的伟大，开启了重民思想的先河。二是民本主义。“民为邦本，本固邦宁”；“敬天保民”，“明德慎罚”等论述说明，在“重民”思想基础上，已升华为“民本主义”。它是夏、商、周统治者约 1300 年治国理政经验教训的总结。三是以民为镜。统治者治国理政必须以民为镜，体察民情，了解民意。这些思想说明，夏、商、周统治者已从“天命”观念中解放出来，实现了从“天命”到“民本”的转变，从而为古代社会调查思想的形成提供了重要基础。

3. 古代社会调查思想的形成

古代社会调查思想的形成，集中反映在《尚书·洪范》之中。文中的“洪范九畴”，是指九类大法，其中第二条是“敬用五事”，即恭敬地做好五件事：“一曰貌，二曰言，三曰视，四曰听，五曰思。貌曰恭，言曰从，视曰明，听曰聪，思曰睿。恭作肃，从作乂，明作哲，聪作谋，睿作圣”。这段文字的大意是：

一曰“貌”，指容貌、态度；“貌曰恭”，原意为容貌要恭敬，着眼于社会调查领域，则指要恭敬地对待调查和被调查者；“恭作肃”，指态度恭敬、严肃，只有以这样的态度作调查才会认真，被调查者才会严肃回答问题。

二曰“言”，指语言；“言曰从”，指语言要顺从，要顺从民情、民意、民俗；“从作乂”，指语言顺从、合乎道理，才能得到真实的回答。

三曰“视”，指观察；“视曰明”，指观察要清楚明白、深入细致；“明作哲”，指只有

① 河南安阳市文化局. 殷墟——奴隶社会的一个缩影[M]. 北京：文物出版社，1976：35.

观察清楚明白、深入细致，才能获得知识和智慧，才不会受蒙蔽。

四曰“听”，指听闻；“听曰聪”，指听闻要聪敏，要明辨真假和是非；“聪作谋”，指听闻聪敏，能明辨真假和是非，才能善于谋划、出主意。

五曰“思”，指思考；“思曰睿”，指思考问题要通达、明智和深邃；“睿作圣”，指思考通达、明智和深邃，才能事无不通、精益求精。

上述内容说明：①“貌、言、视、听、思”，既论述了调查应有的态度，又论述了调查方法和研究方法，还论述了调查的过程和要求，是关于社会调查最全面的论述；②“貌、言、视、听、思”，形成于公元前1000多年的西周初期，是关于社会调查最古老的论述；③“貌、言、视、听、思”，用五个字概括了调查的态度、方法、过程及应该注意的问题等，是关于社会调查最简明的论述。此外，“貌、言、视、听、思”在《洪范九畴》中被列为第二条，即治国理政的第二大法宝。这既说明了西周精英的高度智慧，又说明了社会调查的极端重要。它实是夏、商、周治国理政经验教训的总结，又是中国古代社会调查思想形成的标志。

二、古代社会调查的制度

古代社会调查的制度，大多建立于西周，发展于春秋战国及其以后。

1. 西周社会调查制度的建立

《周礼》是一部记载周代礼仪制度的文献，涉及政治、经济、文化、社会、风俗、礼法等各种制度。其中，有关社会调查的制度主要有：

(1)调查、统计组织。《周礼》中的天官、地官、春官、夏官、秋官、冬官，相当于后世的吏部、户部、礼部、兵部、刑部、工部。它们是辅佐天子、治理国家的六个行政部门，同时又是六个方面的调查、统计组织。

(2)定期考核官员政绩。《周礼·天官冢宰》曰：“以八法治官府”，其中“八曰官计”。“岁终，则令百官府各正其治，受其会，听其致事，而诏王废置。三岁则大计群吏之治而诛赏之。”所谓“官计”，就是年终考核官员政绩，每三年做一次全面考核，并据此决定对官员的惩罚或奖赏。

(3)定期进行土地、户口、财产调查。《周礼·地官司徒》规定：“大司徒之职，掌建邦之土地之图与其人民之数”。“小司徒之职，掌建邦之教法，以稽国中及四郊都鄙之夫家九比之数，以辨其贵贱、老幼、废疾……”“六乡之大夫，使各登其乡之众寡、六畜、车辇，辨其物，以岁时入其数……及三年则大比。”这说明，当时的土地、户口、财产调查，已形成了较规范的制度。

(4)以生齿为标准登记万民。《周礼·秋官司寇》规定“司民掌登万民之数，自生齿以上，皆书于版”。这说明，西周已设立掌管民数的官员“司民”，已有了人口调查标准“生齿以上”。它可能世界人口调查史上最古老的标准。

(5)开展了国势调查。《周礼·夏官司马》规定：“职方氏掌天下之图，以掌天下之地，辨其邦国、都鄙、四夷、八蛮、七闽、九貉、五戎、六狄之人民，与其财用九谷、六畜之数要，周知其利害，乃辨九州之国，使同贯利。”南宋史学家唐仲久撰写了《帝王经世图谱》，根据《职方氏》资料编制了《职方九州谱》，其内容如表2-1所示。

表 2-1　职方九州谱

州名	州境	山镇	泽薮	川	浸	利	民	畜	谷
扬州	东南	会稽	具区	三江	五湖	金锡竹箭	五男二女	鸟兽	稻
荆州	正南	衡山	云梦	江汉	颖湛	丹银齿革	一男二女	鸟兽	稻
豫州	河南	华山	圃田	荥雒	波溠	林漆丝枲	二男三女	六扰	五种
青州	正东	沂山	望诸	淮泗	沂沭	蒲鱼	二男二女	鸡狗	稻麦
兖州	河东	岱山	大野	河泲	卢维	蒲鱼	二男三女	六扰	四种
雍州	正西	岳山	弦蒲	泾汭	渭洛	玉石	三男二女	牛马	黍稷
幽州	东北	医无闾	貕养	河泲	菑时	鱼盐	一男三女	四扰	三种
冀州	河内	霍山	昭馀祁	漳	汾潞	松柏	五男三女	牛羊	黍稷
并州	正北	恒山	昭馀	虖池呕夷	涞易	布帛	二男三女	五扰	五种

引者注："州境"，指州的境界或方位。"山镇"，指当地著名的山。"泽薮"，指较大的湖泊。"川"，指河流。"浸"，指可灌溉者。"利"，指物产，其中："箭"，指篠；"齿"，指象牙；"枲"，指麻。"民"，指男女人口比。"畜"，指动物，其中："四扰"，指马、牛、羊、豕；"五扰"，指马、牛、羊、豕、犬；"六扰"，指马、牛、羊、豕、犬、鸡。"谷"，指农作物，其中："三种"，指黍、稷、稻；"四种"，指黍、稷、稻、麦；"五种"，指黍、稷、稻、麦、菽。

《职方九州谱》的内容，不一定全面、准确，但它说明西周初曾进行过全国规模的国势调查。其中，男女性比例的记载，可能是世界上前所未有的。

(6)采诗官和采诗制度。西周设置有"采诗官"，负责采集民间歌谣，以体察民俗风情、政治得失。中国历史上第一部诗歌集《诗经》，收入了西周初至春秋中叶500多年的诗歌305篇，其中大多由采诗官搜集和整理，它既是周朝采诗制度的重要成果，又是中国最早的社情民意调查的结晶。

2. 古代社会调查制度的发展

春秋战国以后，古代社会调查制度的发展，主要表现在以下几个方面：

(1)调查、统计组织。春秋战国时期，各诸侯国的机构设置基本上沿袭西周，职责亦大体相同。秦统一六国后，在中央设"三公九卿"，在地方实行郡县制。汉承秦制，不同的是地方实行州、郡、县三级管理。隋在中央确立了"三省六部"制，地方改为州、县两级。唐、宋、元、明、清等朝代，中央的"三省六部"、地方的行政管理，名称、级数屡有变化，但组织结构基本相同，行政职能大体相仿，一般兼有相关方面的调查、统计职责。

(2)户籍、人口调查制度。从春秋到秦统一中国的550年间，"五霸七雄"连年征战。这个时期的户籍、人口调查制度，大多寓军于民，主要着眼于为征集士卒劳役提供户籍人口资料。例如，齐实行寓军于民体制，以五家为轨，五人为伍；十轨为里，五十人为小戎；四里为连，二百人为卒；十连为乡，二千人为旅；五乡一帅，万人为军；国有三军，共三万将士(参见《管子·小匡》)。

汉、隋、唐的户籍、人口调查，大多与赋役相结合。例如，西汉的编户制度，就是户籍管理与赋役管理相结合的制度。它规定，居民必须将姓名、年龄、籍贯、身份、相貌、财富等情况载入户籍，并依据身份、资产多少承担不同的赋税和徭役、兵役。隋的“大索貌阅”，唐的团貌法，也是与赋役相结合的。

宋、明、清进一步实行户籍、赋役管理与社会管理相结合的制度。据《宋史·兵志·乡兵三》记载，宋的保甲制度规定“十家为一保，选主户有干力者一人为保长。五十家为一大保，选一人为大保长。十大保为一都保……”，“每一大保夜轮五人警盗。凡告捕所获，以赏格从事”。明、清也实行保甲制。

(3)田亩、财产调查制度。春秋后期，鲁宣公十五年(前594年)实行“初税亩”，无论私田公田一律按亩数征税。朝廷不再凭借土地所有者身份收取地租，而凭借国家权力按田亩数量征税。“初税亩”标志着土地私有的合法化和“履亩而税”税收制度的形成。而这正是古代田亩调查的真正起源。

秦用商鞅之法，“废井田，开阡陌”，平民可以买卖土地。秦始皇三十一年(公元前216年)“使黔首自实田”(《史记·秦始皇本纪》)。这说明，土地私有已成为常态，田亩调查已日益频繁。汉实行十五税一或三十税一，田亩调查不仅要度田面积，而且要计算产量。唐实行均田制，曾在全国丈量土地。

宋的田亩调查有两大发明：方田法和鱼鳞图册。方田法规定，“以东西南北各千步，当四十一顷六十六亩一百六十步，为一方”。为防止漏报、瞒报，将各户田亩的坐落、亩数、四至、形状等绘制成图，仿佛鱼鳞，被称为“鱼鳞图”。明初，洪武二十年(1387年)，命各州县丈量土地，绘成“鱼鳞图”，汇集成“鱼鳞图册”，作为征收田赋的依据。清仍实行土地丈量法，并绘制“鱼鳞图册”。乾隆中期以后，实行“摊丁入亩”政策，更重视田亩调查。

至于财产调查，西周已初步建立了财产调查制度。秦、汉财产调查都有明确规定。唐规定，凡天下人户，量其资产，定为九等。每三年，县司注定，州司覆之。每岁一造计账，三年一造户籍。宋的财产调查，与户籍调查同时进行，分为主户和客户两类。这说明，唐宋的财产调查已定量化、规范化和制度化。明的户帖、黄册制度和清的五种赋役簿册，则是这一制度的进一步细化和发展。

(4)上计制度与国计簿、会计录、赋役全书。上计制度起源于春秋，完善于秦汉，实为年终考绩制度。计书就是统计簿册，其内容包括仓库存粮数，垦田和赋税数，户口数以及治安情况等。唐朝编纂《元和国计簿》，是中国最早由官方编制的统计资料汇编。宋朝编制《会计录》，其编制之多，分类之系统，内容之充实，分析之深度，均优于唐朝的《国计簿》。明、清朝则编订有《赋役全书》，记载各地赋役数额的册簿。

三、古代社会调查的领域

古代社会调查，涉及行政、政治、军事、经济、科技、学术等众多领域。其中，最重要的、持续不断的是行政领域的社会调查。

1. 行政领域的社会调查

调查者主要是朝廷或地方官府的官吏，其主要目的是收纳贡赋、征集兵员、派使徭役、管理国家、服务社会、巩固统治；主要内容是户、口、田地调查。表2-2是学者们整理出来的《中国历代户口、田地总数及户均口数、口均亩数》。

表 2-2　中国历代户口、田地总数及户均口数、口均亩数

年号	公元	户数(户)	口数(口)	田地(亩)	户均口数	口均亩数	资料来源
公元前							
夏初	21 世纪	—	13553923	—	—	—	《帝王世纪》等
周成王初期	11 世纪中	—	13714923	—	—	—	《帝王世纪》等
东周庄王	684	—	11847000	—	—	—	《帝王世纪》等
东周显王	334	—	32000000	—	—	—	《战国策》等
秦二世	207	—	20000000	—	—	—	《汉书》等
公元后							
西汉平帝元始二年	2	12233062	59594978	827053600	4. 87	13. 88	《汉书·地理志》等
东汉光武中元二年	57	4279634	21007820	—	4. 91	—	《后汉书》等
桓帝永寿三年	157	10677960	56486856	—	5. 29	—	《晋书·地理志》等
西晋太康元年	280	2459840	16163863	—	6. 67	—	《晋书·地理志》等
隋炀帝大业五年	609	8907546	46019956	5585404000	5. 17	121. 37	《隋书》(卷 29)等
唐玄宗天宝十四年	755	8914709	52919309	1430385213	5. 94	27. 03	《通典·食货二》等
肃宗乾元三年	760	1933174	16990386	—	8. 79	—	《通典·食货(7)》等
北宋太祖开宝九年	976	3090504	—	295332060	—	—	《通考·户口(2)》等
徽宗大观四年	1110	20882258	46734784	—	8. 79	—	《通典·食货(2)》等
南宋高宗绍兴二十九年	1159	11091885	16842401	—	1. 52	—	《宋会要辑稿·食货11》等
理宗景定五年	1264	5696989	13026532	—	2. 29	—	《续通考户口(1)》等
元世祖至元二十八年	1291	13430322	59848964	—	4. 46	—	《元史》(卷 16)等
明太祖洪武二十六年	1393	10652870	60545812	850769368	5. 68	14. 05	《明史》(卷 77)等

续表

年号	公元	户数(户)	口数(口)	田地(亩)	户均口数	口均亩数	资料来源
神宗万历六年	1578	10621436	60692856	701397628	5.71	11.55	《续通考户口(2)》等
清顺治十二年	1655	—	14033900	387771991	—	27.51	《东华录·康熙》(卷1)等
康熙五十年	1711	—	24621324	693034434	—	28.15	《东华录·康熙》(卷88)等
乾隆十八年	1753	—	102750000	708114288	—	6.89	《清通考户口1》等
乾隆三十一年	1766	—	208095796	741449550	—	3.56	《东华续录·乾隆》(卷64)等
道光十三年	1833	—	398942036	—	—	—	《东华续录·道光》(卷28)等
光绪十三年	1887	—	377636000	911976606	—	2.41	《光绪会典》(卷17)等
宣统三年	1911	92699185	341423867	—	5.45	—	《清史稿地理志》等

资料来源：赵文林，谢淑君. 中国人口史[M]. 北京：人民出版社，1988：21；梁方仲. 中国历代户口、田地、田赋统计[M]. 北京：中华书局，2008：6-18.

应该指出，这些数据都不太准确。其原因有四：一是，不同朝代、不同时期，朝廷实际管辖、调查范围不同；二是，朝廷调查的对象主要是承担赋役的民户，而不包括佃户、奴仆、附户等人口；三是，边缘地区的少数民族，逃户、游民，大多没有纳入调查范围；四是，地方官吏和土豪劣绅互相勾结，以多报少的情况比比皆是。因此，每个朝代实际的户、口、田地数肯定大大多于朝廷的调查数。

但即使如此，表2-2数据也能大体说明中国古代户、口、田地发展的总趋势。就人口而言，公元前21世纪到前11世纪的1000年间，人口一直停留在1300多万。东周显王时期，人口一度增至3200万，但秦统一六国战争及其后的苛政虐民，使人口下降1/3以上。公元1世纪到18世纪的1700年间，人口大多停留在6000万人以下。其间，人口5次大幅下降，几乎都是由战争和社会动乱引起的(王莽篡汉、魏晋南北朝分裂、唐安史之乱、宋靖康之耻和南渡、清初剃发易服)。19世纪后的人口下降，则主要是帝国主义入侵造成的。

2. 其他领域的社会调查

主要有政治、军事、经济、科技、学术、文艺等领域的社会调查。以下择其要者介绍。

(1)政治领域的社会调查。如：《管子·八观》，其内容涉及经济、政治、军事、文化、社会等各个方面。它既是各朝代、各诸侯国治国理政经验教训的总结，又是对治国、理政、富民、强军提出的八项基本要求，还是判断一个国家基本国情的调查提纲。早在2600多年前，提出一个如此全面、系统、深刻的调研纲要，在世界上很可能是绝无仅有的。

(2)军事领域的社会调查。如：《孙子兵法》的第一句话："兵者，国之大事，死生之地，存亡之道，不可不察也。"所谓"察"，就是调查研究。《孙子兵法·谋攻篇》曰："知己知彼者，百战不殆。"就是要求对"己"和"彼"做系统、周密的调查和研究。《孙子兵法·计篇》里讲的"五事七情"，则是孙武总结、提炼的关于战争调查的纲领。因此，《孙子兵法》被誉为"兵学圣典""东方兵学鼻祖"。

(3)经济领域的社会调查。如：春秋经济学家范蠡是古代商情预测第一人。他通过观测天时变化预测农业丰歉及农产品价格涨跌，以商致富，被后世尊为财神。唐理财家刘晏，是古代商情调查首创者。他以重金招募善于奔走的人，及时搜集各地经济情况，在各道设"知院官"，建立全国经济情报网，随时掌握经济动态，及时做出决策，为安史之乱后的唐朝经济发展作出了重要贡献。

(4)科技领域的社会调查。如：北魏贾思勰的《齐民要术》系统总结了从秦汉至北魏时期黄河流域的农业科学技术知识。为了掌握养羊经验，贾思勰曾买200只羊亲自饲养，通过实践和向老羊倌求教，总结出了一套养羊经验。为了学会种地，他住进老农的窝棚，虚心求教，亲自种地。《齐民要术》是实地调查、文献调查与亲自实践的结晶，在中国和世界农学史上占有重要地位。

(5)学术领域的社会调查。如：司马迁的《史记》就是"破万卷书"与"行万里路"相结合的产物。其独特之处在于：有"究天人之际，通古今之变，成一家之言"的宏大调研目的；"不虚美，不隐恶"的客观"实录"精神；"涉猎广博""驰骋古今"的全面搜集资料原则；"原始察终，见盛观衰""承敝通变"的系统研究方法；制谱系表格，删繁留要的简明叙述方式。

此外，春秋战国时期扁鹊的望、闻、问、切；唐狄仁杰的明断疑案；北宋沈括的《梦溪笔谈》，南宋宋慈的"狱事莫重于大辟，大辟莫重于初情，初情莫重于检验"(《洗冤集录》)；元郭守敬的《授时历》、忽思慧的《饮膳正要》，明李时珍的《本草纲目》、宋应星的《天工开物》等，都是古代各领域社会调查的重要成果。

四、古代社会调查的方法

古代社会调查方法，可分为两类：一般调查方法和统计标准及其方法。

1. 一般调查方法

古代社会调查的一般方法，可归纳为以下几种：

(1)实地观察。孟子认为，观察人莫过于观察他的眼睛。若内心光明正大，眼睛就明亮；若内心不纯正，眼睛就昏暗。听一个人说话的时候，可观察他的眼睛，让这个人的善恶无法隐藏(参见《孟子·离娄章句上》)。实地观察直观可靠、简便易行，是使用得最多的方法。

(2)口头采访。就是调查者通过口头访谈了解情况或探讨问题的方法。它也是古代社会调查使用得最多的调查方法。

(3)亲自实验。贾思勰的《齐民要术》、陆羽的《茶经》、沈括的《梦溪笔谈》、宋慈的《洗冤集录》、李时珍的《本草纲目》、宋应星的《天工开物》等著作，都是长期调查研究和亲自实验的结晶。

(4)现场测量。汉丈量土地称为“度田”。以“六尺为步”“二百四十步为亩”。唐、宋、明、清的丈量土地——现场测量越来越精细。

(5)查阅文献。它是《水经注》《齐民要术》《本草纲目》等著作形成的重要方法之一，更是《史记》《汉书》等历史著作形成的主要方法。

(6)图表叙事。司马迁《史记》里创制的“十表”，是中国现存最早的叙事表。南宋史学家郑樵(1104—1162年)认为，图谱之学不仅关系到学术兴衰，而且关系到政治成败(参见《通志·图谱略》)。他指出，图谱的作用：一是周知远近，洞察古今；二是简明扼要，形象具体，易于理解；三是图表为一书之本、一书之要，能纲举目张。

2. 统计标准及其方法

(1)统计标准。秦灭六国后，统一度量衡，建立了严格的检查、惩处制度。① 汉唐的度量衡标准更为规范。《旧唐书·志第二十八·食货上》云：“度，以北方秬黍中者一黍之广为分，十分为寸，十寸为尺，十尺为丈。量，以秬黍中者容一千二百为龠，二龠为合，十合为升，十升为斗；三升为大升，三斗为大斗，十大斗为斛。权衡：以秬黍中者百黍之重为铢，二十四铢为两，三两为大两，十六两为斤。”这些规定，都具有重要意义。

(2)统计方法。《尚书·禹贡》的复合分组方法，曾在欧洲统计界引起轰动。② 魏晋刘徽的《九章算术》，为土地测量、粟米交换、比例分配、体积计算等奠定了数学基础。隋唐时期，平衡分析法发展为三柱(入、出、余)结算法，出现了比较分析、强度分析、平衡分析等方法。宋元时期，四柱结算法形成了“旧管+新收-开除=见在”的公式，出现了复杂统计分组、次数分布表。明清时期，四柱用金额或实物量折合金额统计，使不同财物能做综合汇总和比较分析。

第三节 近代的社会调查

近代的社会调查，是指半殖民地半封建时期的社会调查，包括清朝后期的社会调查、中华民国时期的社会调查和民国时期中国共产党的社会调查，其年代从1840年鸦片战争起到1949年中华人民共和国成立止，前后历时109年。

一、西学东渐的发展历程

近代社会调查方法是从西方传入的，是西学东渐的重要组成部分。

1. 西学东渐及其发展阶段

这里所说的“西学东渐”，是指明万历十一年(1582年)利玛窦(Matteo Ricci，1552—1610年)进入中国到清末(1911年)的西学东渐，可分为三个阶段。

① 睡虎地秦墓竹简整理小组. 睡虎地秦墓竹简[M]. 北京：文物出版社，1978：113-114.

② 刘叔鹤. 中国统计史略[M]. 武汉：湖北人民出版社，1990：20.

(1)被动接受阶段(1582—1840年，258年)。1582年，意大利传教士利玛窦来到中国。他认为，传教"最善之法"，"莫若渐以学术收揽人心"。1605年，他编撰的《乾坤体义》，被《四库全书》称为"西学传入中国之始"。这个阶段，西学传播主体，是西方传教士；传播内容，以宗教和自然科学为主；传播对象，是少数官僚和士大夫；儒学与西学关系，是儒学为主，西学为辅；传播者与受传播者关系，是主动传播与被动接受的关系。

(2)强势灌输阶段(1840年—19世纪末，约60年)。1840年鸦片战争后，通过一系列不平等条约，中国被迫割让了香港，开放了广州、厦门、上海、汉口等城市为通商口岸。这个阶段，西学传播主体，以西方传教士、教科人员为主，中国留学生为辅；传播内容，以自然科学和技术为主，哲学社会科学有所增加；传播范围，从东南沿海扩展到内陆城镇；传播对象，扩展到一般知识分子。传播者持胜国之势，夸救世之口，居高临下，强势灌输，致使其与被传播者的心理距离拉大。

(3)主动渴求阶段(19世纪末—1911年，10多年)。甲午海战大败、戊戌变法被扼杀后，革命思潮风起云涌。在西学传播主体方面，严复、康有为、蔡元培、章太炎、梁启超等中国学者发挥了重要作用；在传播内容方面，文、史、哲、经、政、法等学科大幅增加；在传播范围方面，扩展到全国城乡；在传播对象方面，直至大中小学生和工农大众。这一时期，华人传播者往往以崇敬之心传播西学，受传播者大多以羡慕之态虚心求教，从而为五四新文化运动打下了思想基础。

2. 西学东渐的两条路径

一是来自西洋的直接传入。上述第一、二阶段，西学都直接从西方传入。其原因是：西学源于西方；西学最先由西人传入；中国最早的留学生都是留学欧美。因此，1900年前，由西方直接传入是西学东渐的主要路径。

二是来自东洋的间接传入。上述第三阶段，日本间接传入已成主要路径。其原因：第一路近，第二费省，第三文字相近，第四情势、风俗相似，第五西学繁琐，日本人已删节、酌改(参见张之洞《劝学篇·外篇》)。

二、西方近代社会调查方法的传入

19世纪60年代到20世纪40年代，西方近代社会调查方法传入中国，可分为四个阶段。

1. 开始传入阶段(19世纪60—90年代)

西方近代社会调查方法，是通过三个途径传入中国的。

(1)英国人控制下的清廷海关的社会调查。1861年，英国人赫德接任上海海关总税务司。在赫德的管理下，各通商口岸设置了统计机构，采用英国海关调查、统计方法，编制印行"海关贸易统计报告册"，其内容除各种进出口数据外，还包括各埠人口、经济、政治、社会等情况。这些资料，一方面呈送清廷，另一方面传递给英国政府。① 李鸿章的英国顾问说，"英国在中国的使馆……没有情报组织……一切必要的消息都可以从海关那里

① 中国海关学会. 赫德与旧中国海关论文选[M]. 北京：中国海关出版社，2004：158-159.

得到”。① 这说明，赫德掌控的中国海关，同时是英国的情报机构。有学者认为，1859 年海关册的编制，应视为中国现代统计事业的开端。② 同样，有理由认为，西方近代社会调查方法是随着英国海关制度和西方近代统计方法一起，于 19 世纪 60 年代传入中国的。

(2)西方来华传教士、学者的社会调查。例如，1850—1864 年美国传教士卢公明在福州办学传教，于 1865 年出版了《中国人的社会生活：一个美国传教士的晚清福州见闻录》。1878—1905 年美国传教士史密斯在山东传教，于 1899 年发表了《中国农村生活》，在西方具有较大影响。

(3)中国留美学生容闳的社会调查。中国首位毕业于美国耶鲁大学的留学生容闳(1828—1912 年)，很可能是采用西方近代社会调查方法做调查的第一位中国人。他撰写的《西学东渐记》“第九章产茶区域之初次调查”和“第十八章秘鲁华工之调查”，就是这两次调查的记录。③

这个阶段的特点是：传入来源为西方；传入主体为西人官员、传教士、学者和中国留学生；传入目的为业务管理、一般认知服务；传入状态不太规范。

2. 初步传播阶段(19 世纪 90 年代—20 世纪 10 年代)

19 世纪末、20 世纪初，西方近代社会调查方法在中国得到了初步传播。

(1)中国学者推动的社会调查。1897 年，中国学者徐树兰、罗振玉等在上海创办农学会及《农学报》，聘日本学者藤田丰八任翻译，推动社会调查。如，谭嗣同曾调查浏阳麻利，撰成《浏阳麻利述》一文。他还为黎少谷的调查报告《浏阳土产表》作叙，该调查报告刊载在 1897 年 6 月《农学报》第 3 期上。

(2)中国留日学生推动的社会调查。中国留日学生钮永健等于 1903 年翻译、出版了日本横山雅男的《统计讲义录》，其中有许多社会调查方法的内容，它很可能是传入中国的第一部西方近代社会调查方法方面的著作。④ 在留日学生推动下，许多省份有了社会调查组织和刊物，刊登了许多社会调查稿件。

(3)清末宪政运动推动的社会调查。其主要表现是：调查机构逐渐增多，从 1902 年的 1 个增至 1911 年的 43 个；调查活动日益频繁，从 1903 年前的 7 个增至 1908 年的 177 个；⑤ 调查方法也日益科学。

这个阶段的特点是：传播来源，以日本为主；传播主体，民间和官方；传播目的，为改革、自治、立宪等服务；传播状态，方法上有进步，但仍不太规范。

3. 系统传授阶段(20 世纪 10—20 年代)

“1908 年圣约翰大学创设社会学课程……京师大学堂于 1910 年也开设了社会学课”。⑥

---

① 丁名楠，等. 帝国主义侵华史(第一卷)[M]. 北京：人民出版社，1973：201.

② 刘大钧. 中国之统计事业[M]//陈长蘅. 统计论丛. 上海：黎明书局，1934：147.

③ 容闳. 西学东渐记[M]. 徐凤石，恽铁樵，等译. 北京：生活·读书·新知三联书店，2011：39-45、85-87.

④ 牟永如. 清末社会调查研究[D]. 武汉：华中师范大学硕士论文，2008：14-16.

⑤ 李章鹏. 现代社会调查在中国的兴起：1897—1937[D]. 北京：中国人民大学博士论文，2006：24.

⑥ [美]步济时. 北京的行会[M]. 赵晓阳，译. 北京：清华大学出版社，2011：10-11.

西方学者在讲授社会学时，也把研究社会的方法——西方近代社会调查方法传授到了中国。1915 年，美籍传教士步济时主持的《北平 302 名洋车夫生活状况调查》，可能是西方近代社会调查方法在中国系统实施的起点。此后，西方学者在中国高校指导学生做了许多调查。如，1917 年清华大学美籍教授狄德莫指导学生在北京西郊对 195 户居民做生活费调查；1919 年上海沪江大学美籍教授葛学溥率学生到广东潮州凤凰村做调查等。

这个阶段的特点是：传授来源，西方；传授主体，西方学者、传教士；传授目的，调查中国情况，传授西方近代调查方法；传授状态，规范、系统。

4. 逐步本土化阶段(20 世纪 20—40 年代)

1925 年，清华大学陈达教授指导学生对成府村居民生活状况进行调查，是中国学者运用西方近代方法独立调查的开始。1926 年，北京社会调查部和南京社会学组的出现，掀起了社会调查的高潮。1924—1947 年，中国学者出版了 21 本社会调查研究方法专著。①其中，李景汉的《实地社会调查方法》和张世文的《农村社会调查方法》，是西方近代社会调查方法本土化、中国化的重要成果。

这个阶段的特点是：本土化的来源，西方调查方法与中国调查实践的结合；本土化的主体，中国学者、社会改良者；本土化的目的，促进中国社会改良和发展，推动中国现代化；同时促进西方近代社会调查方法中国化。

三、清朝后期的社会调查

清朝后期，是指 1840 年鸦片战争至 1911 年辛亥革命间的 71 年。这个时期的社会调查可分为三类：一是朝廷的社会调查；二是学者的社会调查；三是民间的社会调查。

1. 朝廷的社会调查

主要有两类：

(1)基本国情调查。一是人口调查，全国人口总数方面，乾隆、嘉庆、道光年间连续突破 1 亿、2 亿、3 亿，道光十三年(1833 年)逼近 4 亿人。二是财政调查，1890 年后岁入下降，岁出增加，外债日重，其中战争“赔款……至辛丑(1901 年)……四万万五千万两而极。以息金计之，实九万万余两”(《清史稿・志一百・食货六・会计》)。三是海关调查，1911 年入超 94165777 海关两。② 此外，还有财政、商业、矿政、洋土药、铁路调查等。③其规模之大、范围之广、内容之多、方法之规范，在中国调查史上是空前的，是西方近代社会调查方法在中国国势调查上的一次有益尝试。

(2)五大臣出洋考察。这次考察分为两路：一路以戴鸿慈为首，从 1905 年 12 月至 1906 年 6 月先后考察了美国、德国、俄国、意大利四国，游历或路过了丹麦、瑞典、挪威、荷兰、比利时、瑞士六国；另一路以载泽为首，从 1906 年 1 月至 1906 年 6 月先后考察了日本、英国、法国、比利时四国，并路过了美国。经过考察，出洋大臣向清廷呈送了“考察宪政报告”，提出了君主立宪的主张。

---

① 孙本文. 当代中国社会学[M]. 上海：商务印书馆，1948：307-309.
② 刘叔鹤. 中国统计史略[M]. 武汉：湖北人民出版社，1990：345.
③ 牟永如. 清末社会调查研究[D]. 武汉：华中师范大学硕士论文，2008：52-53.

2. 学者的社会调查

成就卓著的代表人物如下：

(1)地理学家徐松(1781—1848 年)。他的《西域水道记》以西域五大水系为纲，综合记载了沿途山脉、城堡、史迹、民族语言及风俗等。

(2)启蒙思想家魏源(1794—1857 年)。他的《海国图志》系统介绍各国的历史地理，提供 80 幅世界各国的地图。1854 年，《海国图志》传入日本，对日本明治维新产生了积极作用。

(3)地理学家徐继畬(1795—1873 年)。他的《瀛环志略》介绍了各洲的疆域、种族、人口、沿革、建置、物产、生活、风俗、宗教和西方的科学技术，还介绍了西方的民主制度。

许多学者认为，《海国图志》以博见长，《瀛环志略》以精取胜，在中国近代思想史上有破冰醒世之功，是思想上推动洋务变法和明治维新的前瞻先知。①

3. 民间的社会调查

主要有三类：

(1)地方自治调查。当时许多革命者和留日学生认为，清政府腐败无能，中国要救亡图存必须地方自治，地方自治必须熟悉风俗政情，熟悉风俗政情必须进行社会调查。于是，全国出现了一股将地方自治与社会调查结合起来的潮流。例如，1902 年 12 月励志会会章规定："调查国势，凡关乎国家之大问题，本会均当实地调查(分为名法、理财、内务、外交、教育、实业、军政各部)"(1903 年《译书汇编》有载)。

(2)社情民俗调查。在这一方面，傅崇矩(1875—1917 年)作出了突出贡献。1903 年，傅崇矩到日本游历，受日本社会调查影响，回国后对成都进行调查，撰写稿件在报刊发表，1909 年结集出版，定名为《说成都》(后改名为《成都通览》)。它实是一部清末成都社会万象的百科全书。

(3)革命活动调查。突出的是光复会创始人之一的陶成章。他在《浙案纪略》中说："金、衢、严、处、温、台六府会党之情形，原夫成章、魏兰等所办之概要，则先是调查也。调查之概要凡五：一曰秘密之调查，二曰兵营之调查，三曰贫富之调查，四曰地理之调查，五曰钱粮之调查，一切皆有记录"。②

四、中华民国时期的社会调查

中华民国时期的社会调查，是指从 1911 年辛亥革命起，至 1949 年中华人民共和国成立止的社会调查，前后历时 38 年。

1. 社会调查的总量

据 20 世纪 30 年代刘育仁统计，1927—1935 年发表调查信息 9027 次。③ 据中国人民

① 百度百科. 徐继畬[EB/OL]. [2021-11-15]. http://baike.baidu.com/view/22015.htm.

② 汤志均. 陶成章集[M]. 北京：中华书局，1986：341.

③ 刘育仁. 中国社会调查运动[D]. 北京：燕京大学学士毕业论文，1936.

大学李章鹏“初步统计，得出1912至1937年间共有调查报告6507种”。① 据山东大学任伟伟的统计，“1927—1949年南京国民政府调查报告共有466种(单行本)”，“论文及公文37865篇。总计38331本(篇)”。② 这三位学者的研究，数据不一定准确，但都具有一定参考价值。

2. 行政性社会调查

(1)全国人口调查。张念瑜在《二十世纪中国人口统计数据问题》中提出，民国时期，进行过三次人口调查。第一次是1912年。有19个省、2个特区开展，调查结果于1916—1917年公布，全国有76386074户，405810967人。第二次是1928年。13省、5个特别市上报调查数据，调查结果于1939年公布，人口2.12亿人，估计全国为474787386人。第三次是1941年。历时5年完成，1946年年底全国人口455592065人，人均寿命34.7岁。

(2)全国土地调查。1934年8月至1935年12月底的全国土地调查，训练调查员986人；调查方法，派员调查；调查地域，共22省，其中普查10省。调查报告指出，“今地籍散乱，实为行施土地政策之大阻碍，应即加以整理。整理之道，必须正式测丈登记，并规定地价”。③ 但国民政府却很少付诸实施。

(3)国情调查。中央政治学校利用学生实习组织了一次国情调查。调查时间为1931—1937年，地域为江、浙、沪、鲁、鄂、皖等省部分市县，内容涉及行政、统计、金融、法律、公用事业等方面。其中一部分调查资料被带到台湾，1977年台湾出版了《民国二十年代中国大陆土地问题资料》。2012年，两岸资料合并，由江苏凤凰出版社出版了《二十世纪三十年代国情调查报告》。

3. 学术性社会调查

主要有两个学派、两个组织：

(1)两个学派。一是社会调查学派。他们认为，社会调查是以系统的科学方法调查社会情况，用统计方法整理材料，分析社会现象，发现因果关系，研究改善社会方案，解决社会问题。④ 这个学派，源于英国统计学家查尔斯·布思。其代表人物是陶孟和、陈达、李景汉。二是社区研究学派。源于以马林诺夫斯基为代表的英国功能学派的人类学和以帕克为代表的美国芝加哥学派的人文区位学。该学派提倡，用同一区位的或文化的观点和方法，来分头进行各种地域不同的社区研究。它强调实地研究、局内观察，与理论相辅而行。其代表人物是吴文藻、杨庆堃、费孝通。“孙本文……认为这派(指社会调查学派——引者)不仅是在贡献社会研究的基本材料以推动社会学中国化方面，而且在社会研究的技术方法方面也有很大贡献”。⑤

① 李章鹏. 现代社会调查在中国的兴起 1897—1937[D]. 北京：中国人民大学博士论文，2006：42-45.

② 任伟伟. 南京国民政府社会调查研究[D]. 济南：山东大学博士学位论文，2012：18-20.

③ 李文海. 民国时期社会调查丛编[二编]乡村经济卷(下)[M]. 福州：福建教育出版社，2009：311-380.

④ 李景汉. 实地社会调查方法[M]. 北平：星云堂书店，1933：10.

⑤ 黄兴涛，夏明方. 清末民国社会调查与现代社会科学兴起[M]. 福州：福建教育出版社，2008：121.

（2）两个组织。一是北京社会调查部。其前身是1926年由美国纽约社会宗教研究院捐助的中华教育文化基金董事会下属的社会调查部，1929年7月更名为社会调查所，陶孟和任所长，其任务是组织学者用科学方法做中国国情调查。该所成立后，进行了许多社会调查。如陶孟和的《北平生活费之分析》（1930年）、李景汉的《定县社会概况调查》（1933年）、陈达的《人口问题》（1934年）等。二是南京社会学组，即1928年成立的中央研究院社会科学研究所下设的社会学组。由陈翰笙等主持，进行了许多社会调查。如，1929年对江苏无锡55个村、1204户和8个市镇的调查，1930年对保定、许昌、潍县、凤阳127个村庄及429个农户的调查等。在调查中，陈翰笙坚持以马克思主义为指导，取得了重要调查成果，培养了钱俊瑞、薛暮桥等一批经济学家。① 1928—1937年是中国近代社会调查最活跃、成果最丰富的时期，这两支调查生力军的贡献功不可没。

3. 应用性社会调查

主要是民意调查和市场调查。近代民意调查，最早的可能是1922年留美心理学家张耀翔在北京高等师范学校成立14周年时做的民意调查，其将调查结果撰成《民意测验》一文，发表在1923年第2卷第1期的《心理》杂志上。② 近代市场调查，影响较大的是林熙春等编写的《芜湖米市调查》。它指出：芜湖1877年开埠后，凭借优越的区位、便利的交通和周边丰饶的物产，迅速跻身于长江重要口岸之一。清末，芜湖“商场地位进居上海、汉口以次之第三位”。③

4. 外国人在华的社会调查

（1）西方记者、旅行家在华的社会调查。如法国沙畹的《中国之旅行家》（1926），美国埃德加·斯诺的《西行漫记》（1937）、德国基希的《秘密的中国》（1938），美国福尔曼的《中国解放区见闻》（1946）等。

（2）西方教会的社会调查。1918年开始调查，1922年出版中文版的《中华归主》。2007年更名为《中国基督教调查资料（1901—1920年）》，其内容既涉及基督教在华传教的历史和活动，又对各省的行政区域、面积、人口、资源、经济、交通、教育、医疗等做了调查，它是西方利用教会收集中国情报的铁证。

（3）日本“满铁”的社会调查。“满铁”是“南满洲铁道株式会社”的简称，它有三大支柱：经营南满铁路、管理抚顺煤矿和开展情报调查。其调查领域，涉足经济、政治、军事、情报等；其调查特点，是经济调查与军事调查、公开搜集与秘密调查、情报搜集与策反等活动相结合。据1945年统计，“满铁”收藏的资料除1万多份调查报告外，各种情报、档案等二三十万件，其规模不亚于美国中央情报局和苏联克格勃，是20世纪前半叶世界三大情报资料宝库之一。

---

① 杨雅彬. 中国社会学史[M]. 济南：山东人民出版社，1987：103-104、227-231；丁利刚，赵善阳. 陈翰笙与中国农村社会学研究[J]. 复旦学报（社会科学版），1985（4）；虞耀麟. 陈翰笙与中国农村经济研究会[N]. 世界经济导报，1985-08-19.

② 范红芝. 民国时期民意研究综述——基于民国期刊文献（1914—1949）的分析[J]. 新闻春秋，2013（2）.

③ 建设委员会浙江经济所统计课. 芜乍路沿线经济调查：安徽段[M]. 建设委员会浙江经济所统计课，1933：1.

5. 中国学者的社会调查研究方法著作

民国时期，中国学者撰写了许多社会调查研究方法著作。孙本文教授指出："最初以社会调查方法有系统地介绍国人者，为蔡毓骢樊弘二氏"。① 1924—1947 年，中国学者翻译和撰写出版的社会调查著作有 21 本。其中，李景汉的《实地社会调查方法》和张世文的《农村社会调查方法》，相当部分来源于自己的调查实践，可看作西方近代社会调查方法中国化、本土化的阶段性成果。

五、民国时期中国共产党的社会调查

民国时期，中国共产党的社会调查可分为四个时期，其大体情况如下：

1. 建党和大革命时期的社会调查

(1)工人调查。1919 年 3 月，李大钊通过调查，发表了中国工人生活的第一篇纪实报告《唐山煤厂的工人生活——工人不如骡马》。② 1920 年，陈独秀在他主编的《新青年》上，经常刊登各地工人生活状况调查材料。通过这些调查，他获得了对中国产业工人经济、政治、思想状况与生产、生活条件的具体认识。

(2)农民调查。1917、1918 年夏，毛泽东与萧子升、蔡和森等到洞庭湖周边农村调查。1921 年，彭湃从日本留学回国后就投身农民运动。1924 年，他连续写了 5 篇调查报告，提出了建立农民武装的必要性。1927 年，毛泽东的《湖南农民运动考察报告》为解决中国民主革命的中心问题——农民问题提供了重要依据。

(3)社会各阶级调查。毛泽东在《中国社会各阶级的分析》(1925 年)中指出："谁是我们的敌人？谁是我们的朋友？这个问题是革命的首要问题"。③ 他根据各个阶级、阶层对待革命的态度，明确指出了谁"是我们的敌人"、谁"是我们革命的领导力量"、谁"是我们的朋友"。实践证明，他的论断是完全正确的。

这个时期，中国共产党人通过调查，弄清了谁是敌人、谁是朋友。由于农民问题是民主革命的中心问题，这些调查为党制定新民主主义革命路线奠定了理论基础。

2. 土地革命战争时期的社会调查

(1)土地革命调查。在土地革命实践基础上，1928 年制定了第一部土地法——井冈山《土地法》；1929 年制定了第二部土地法——《兴国土地法》。1933 年，毛泽东经过调查起草了《怎样分析农村阶级》《关于土地斗争中一些问题的决定》等文件，为正确划分农村阶级，指导土地革命提供了客观依据。

(2)武装斗争、军队建设和战争调查。1927 年的南昌起义、秋收起义和广州起义，由于没有经验，连续失败。1928 年 5 月，毛泽东形成了"敌进我退，敌驻我扰，敌疲我打，敌退我追"的"十六字诀"。它是战争实践基础上调查研究的结晶。1929 年 12 月，古田会议决议中《关于纠正党内的错误思想》部分，则是对红四军军队建设经验教训的总结。1936 年 12 月，毛泽东在《中国革命战争的战略问题》中指出："指挥员的正确的部署来源

① 孙本文. 当代中国社会学[M]. 上海：商务印书馆，1948：159-162，307-309.

② 中共中央党史研究室. 中国共产党历史(第一卷上册)[M]. 北京：中共党史出版社，2002：76.

③ 毛泽东年谱(1893—1949)(修订本)(上卷)[M]. 北京：中央文献出版社，2013：141.

于正确的决心，正确的决心来源于正确的判断，正确的判断来源于周到的和必要的侦察，和……去粗取精、去伪存真、由此及彼、由表及里的思索”。① 可以说，《中国革命战争的战略问题》既是革命战争调查的产物，又是指导革命战争调查的教科书。

(3)农村革命根据地建设调查。毛泽东在《中国红色政权为什么能够存在?》(1928年)、《星星之火，可以燎原》(1930年)中，论证了中国红色政权能够存在和发展的道理；在《长冈乡调查》《才溪乡调查》(1933年)中，通过“解剖麻雀”，为搞好农村革命根据地建设树立了具体的榜样。

这个时期，围绕土地革命、军队建设、武装斗争、根据地建设开展的调查，创造性地解决了农民革命的基本问题——土地问题；工农武装割据，以农村包围城市，最后夺取全国胜利的革命道路问题，为中国革命胜利作出了重要贡献。

3. 全民族抗日战争时期的社会调查

(1)抗日战争和武装斗争问题。1938年5月，毛泽东发表的《抗日游击战争的战略问题》，解决了坚持独立自主的游击战问题，促进了抗日游击战争的迅猛发展。1938年7月，毛泽东在调查、总结抗战爆发以来经验教训的基础上，撰写了《论持久战》一文，批判了“必亡论”和“速胜论”，系统阐述了持久战的战略，从思想上武装了全党全军和人民群众，成为指导全国抗战的理论纲领。

(2)群众生活和财政经济问题。1942年12月，毛泽东讲的《经济问题与财政问题》，以及发表的《开展根据地的减租、生产和拥政爱民运动》(1943年10月)、《组织起来》(1943年11月)、《必须学会做经济工作》(1945年1月)等文，既是对当时解决群众生活问题，应对财政、经济困难进行调查研究的总结，又是抗日根据地发展生产运动的基本纲领。

(3)整顿党的作风，改进党的领导方法。1941—1942年，毛泽东作了《改造我们的学习》《整顿党的作风》《反对党八股》等报告，领导全党开展整风运动。1941年8月，中央作出了《关于调查研究的决定》《关于实施调查研究的决定》，在全党掀起了调查研究之风。1943年6月，毛泽东发表《关于领导方法的若干问题》一文，大大改进了党的领导方法。

这个时期的社会调查，创造性地解决了抗日战争的战略问题，根据地的巩固发展问题，整顿党风、学风、文风问题，促进了马克思主义与中国革命实践相结合，对夺取抗日战争和解放战争胜利，加强党的建设具有深远意义。

4. 全国解放战争时期的社会调查

(1)在时局调查基础上制定方针。1947年12月，毛泽东作《目前形势和我们的任务》报告；1949年3月作《在中国共产党第七届中央委员会第二次全体会议上的报告》；1949年6月30日发表《论人民民主专政》，这都是毛泽东对时局调查研究的结晶，在当时正确指导了全党工作。

(2)敌我力量对比调查与战略战术调整。1946年9月，毛泽东发表了《集中优势兵力，各个歼灭敌人》，对解放战争的胜利起了重要作用。1948年9月到1949年1月，毛泽东指挥开展辽沈、淮海、平津三大战役，解放了长江以北地区。1949年4月，适时发起渡

---

① 建党以来重要文献选编(1921—1949)(第13册)[M]. 北京：人民出版社，2011：464.

江战役，迅速占领南京；1950 年 6 月歼灭残存在大陆的国民党军；1951 年和平解放西藏，解放战争取得了完全胜利。可以说，广泛的调查研究和出色的情报工作，是解放战争取得完胜的重要法宝。

(3)加强解放区建设调查。毛泽东在调查研究基础上，于 1945 年 11 月指出《减租和生产是保卫解放区的两件大事》；1945 年 12 月在《一九四六年解放区工作的方针》中论述了 10 项工作；1948 年 2 月至 1949 年 2 月，先后发出了《在不同地区实施土地法的不同策略》《纠正土地改革宣传中的“左”倾错误》《新解放区土地改革要点》《关于工商业政策》《关于民族资产阶级和开明绅士问题》等指示，对加强新区建设、促进解放战争胜利起了重要作用。

(4)土地改革和农村问题调查。随着解放区的扩大，中共中央在调查研究基础上，于 1946 年 5 月发出了《关于土地问题的指示》，决定把抗日战争时期的减租减息政策，改为没收地主土地分配给农民。1947 年 10 月，制定了《中国土地法大纲》，实行“耕者有其田”的土地制度。从此，掀起了轰轰烈烈的土地改革运动。为了搞好土地改革，任弼时、习仲勋、薄一波、谭政文等领导同志做了许多调查，抵制和纠正了“左”倾错误，保证了土地改革运动的正常发展。

这个时期的社会调查，解决了夺取全国胜利道路上出现的一系列政治、军事、经济、党和军队建设问题，对解放战争胜利和全国解放发挥了重要作用。

5. 毛泽东的社会调查理论和方法

20 世纪 20 至 40 年代，毛泽东不仅在制定中国民主革命总路线，探索中国革命独特道路，领导中国民主革命取得彻底胜利上作出了杰出贡献，而且在社会调查理论和方法方面也结出了丰硕成果。其中，《反对本本主义》具有重要意义。

《反对本本主义》一文的核心内容是：①一万年都要进行调查研究；②要破除迷信，专从书本里出决策是危险的；③领导人要亲自调查研究，亲自去解决问题。《反对本本主义》的理论贡献是：第一次响亮提出了“没有调查，就没有发言权”的著名口号；第一次明确使用了“思想路线”概念；第一次说明了“马克思主义的‘本本’是要学习的，但是必须同我国的实际情况相结合”；① 第一次提出了“中国革命斗争的胜利要靠中国同志了解中国情况”。② 此外，它还论述了社会调查的重要意义、指导思想、调查方法和技术等。可以说，《反对本本主义》是毛泽东长期调查研究的科学总结，是毛泽东社会调查理论形成的标志，是第一部马克思主义发展史上系统论述社会调查的专著。

第四节　现代的社会调查

现代的社会调查，是指中华人民共和国成立后的社会调查，包括中华人民共和国前期、改革开放初期和新时代中国特色社会主义建设时期的社会调查，从 1949 年中华人民共和国成立起到笔者撰文时(2021 年)止，前后历时 72 年。

---

① 毛泽东文集(第 1 卷)[M]. 北京：人民出版社，1991：111-112.

② 毛泽东文集(第 1 卷)[M]. 北京：人民出版社，1991：115.

一、中华人民共和国前期的社会调查

中华人民共和国前期，是指从1949年10月中华人民共和国成立起，至1978年12月中共十一届三中全会召开为止，前后29年。其社会调查可分为三类：

1. 行政性社会调查

行政性社会调查，是指为实施行政管理而开展的社会调查。主要成果是：

(1)两次人口普查。1953年，全国第一次人口普查，登记标准时间：1953年6月30日24时。普查项目：与户主关系、姓名、性别、年龄、民族、住址6项。普查结果：601938035人。1964年，第二次全国人口普查。普查项目：新增文化程度、本人成分、职业。普查结果：720370269人。其中，28个省、区、市694581759人(不包括台港澳同胞和国外华侨)。

(2)经济状况调查。1950年3月，全国公营、公私合营及工业合作社的工矿企业普查。1952年10月，全国工农业总产值和劳动就业调查。1953年5月，全国城市公用事业调查。1954年1月，工程技术人员调查。1955年9月，全国职工调查。1959年2月查清全国职工猛增约2000万人。1961年2月，毛泽东号召"大兴调查研究之风"，促进了国民经济的调整。

2. 政治性社会调查

政治性社会调查，是指为实现政治任务而开展的社会调查。主要成果是：

(1)土地改革调查。1950—1952年，全国大陆除部分少数民族地区外，在调查基础上实施土地改革，彻底摧毁了封建土地制度，使3亿多农民无偿分得了约7亿亩土地和大批生产资料，免除了每年约3000万吨以上粮食的地租。

(2)农业社会主义改造调查。1953年，中共中央通过了《关于农业生产互助合作的决议》和《关于发展农业生产合作社的决议》，都是反复调查的产物。1955年，经过农业合作化运动"左"与右的争论，农业合作化突飞猛进。1956年1月，毛泽东收集了176篇经验总结，为其中104篇写了按语，编辑、出版了《中国农村的社会主义高潮》一书，表达了他的基本思想。

(3)人民公社调查。1958年8月，毛泽东到河南、山东考察时指出：办人民公社好。它的好处是，可以把工农商学兵合在一起，便于领导。当月，中共中央政治局通过了《关于在农村建立人民公社的决议》。此后一个多月，99.1%的农户参加了人民公社。1958年11月后，毛泽东多次提出"降温"、纠"左"，但1959年庐山会议后，"左"倾错误反而更为猖獗。1959—1960年，为回击"右倾机会主义"，开展"人民公社调查"运动，出版了一批调查报告和两本《农村人民公社调查汇编》，都毫无例外地论证了人民公社的优越性。

(4)调整国民经济和大兴调查研究之风。1961年1月，中央决定实行"调整、巩固、充实、提高"方针；毛泽东号召大兴调查研究之风。此后，中央和地方都深入基层做了许多调查，中央各部委先后制定出"农业六十条""工业七十条""手工业三十五条""商业四十条""科学十四条"等，促进了国民经济的调整。

(5)"农村社会主义教育运动"调查。1962年9月，中共八届十中全会强调"以阶级斗争为纲"。此后，在农村"调查"基础上开展了以"四清"为名的"社会主义教育运动"。

1965 年 1 月，中央印发了《农村社会主义教育运动中目前提出的一些问题》(即“二十三条”)，强调运动的性质是“社会主义与资本主义的矛盾”，重点是“整党内那些走资本主义道路的当权派”等。

(6)“文化大革命”调查。1963 年春，江青等在“调查”基础上，在文艺领域批判“有鬼无害论”和各种“资产阶级”“修正主义”“大毒草”。1964 年夏，批判矛头扩大到哲学、经济学、历史学等领域。1966 年 5—8 月，中央先后通过了《中国共产党中央委员会通知》(简称“五一六通知”)和《关于无产阶级文化大革命的决定》，标志着“文化大革命”的全面发动。此后 10 年，发表了大量“调查报告”，为“文化大革命”作论证或辩护。

(7)农村改革调查。1978 年，湘潭地委和湘乡县委通过调查形成的调查报告《认真落实党的农村政策，努力减轻农民负担》,① 受到中央重视，中央要求各地参照湘乡经验，深入调查研究，解决农民负担问题。7 月，中央又对陕西《关于旬邑县少数干部强迫命令、违法乱纪问题的调查报告》作了批示，号召领导干部以普通劳动者姿态大兴调查研究之风。从此，掀起了农村改革调查高潮。

3. 学术性社会调查

学术性社会调查，是指围绕学术研究而开展的社会调查。这个时期，学者们几乎参与过所有重大的行政性和政治性调查。此外，还开展了两类调查。

(1)社会学范畴的社会调查。1954 年，马寅初赴浙江、上海等地调查后撰写的《浙江温州地区视察报告》，曾在全国人大引起巨大反响。1956 年李景汉重访 30 年前调查过的村庄，1957 年费孝通重返江村调查，也曾产生重要影响。

(2)民族问题大调查。20 世纪 50—70 年代，开展过三项大调查：少数民族历史调查、少数民族语言调查和少数民族识别调查。1958—1978 年编写了《中国少数民族简史》《中国少数民族简志》《中国少数民族自治地方概况》《中国少数民族》和《中国少数民族社会历史资料丛刊》五种丛书(简称“五丛”)，401 本，1 亿多字，参与者 1760 多人，内容涉及民族区域自治、民族史、民族语言以及经济、宗教、医药、文化等，实是中国民族问题的“百科全书”。

二、改革开放初期的社会调查

改革开放初期，是指从 1978 年 12 月中共十一届三中全会召开起，到 2012 年中共十八大止的时期，前后历时 34 年。这段时期的社会调查，可分为四类。

1. 行政性社会调查

主要成果是：

(1)改革普查体系。2003 年 8 月，《关于调整国家普查项目和周期安排的通知》规定三个普查项目分别是：人口、农业、经济。其中，经济普查(原为工业普查、第三产业普查和基本单位普查)每 10 年两次，分别在逢 3、8 的年份实施；农业普查、人口普查每 10 年一次，分别在逢 6、0 的年份实施。这样的普查更精简，与国家中长期规划衔接更紧密，与国际惯例更吻合，更为规范化、制度化。

---

① 中共湘乡市委党史联络组. 中共湘乡地方史[M]. 北京：中共党史出版社，2004：264.

(2)四次人口普查。1982年第三次人口普查，普查结果：1031882511人。1990年第四次人口普查，普查结果：1160017381人。2000年第五次人口普查，普查结果：12.9533亿人；60岁以上人口占10.46%，中国已进入“老年型”社会。2010年第六次人口普查，普查结果：13.3972亿人。

(3)两次工业普查。1985、1995年第二、三次工业普查。其中，第三次工业普查结果：全国工业企业和工业生产单位共734.2万个，从业人员14735.5万人，资产总额为77231.2亿元。

2. 政治性社会调查

主要成果是：

(1)平反冤假错案调查。自1978年起，在调查基础上大规模平反冤假错案。据不完全统计，全国有300多万干部平反昭雪，47万多党员恢复党籍，几千万受株连家属、群众得到解脱。1955年“胡风反革命集团”案，1957年反右斗争扩大化，1959年反右倾运动，许多历史旧案得到实事求是的处理，台属、宗教、知识分子等政策得到落实。通过上述拨乱反正，为改革开放奠定了政治基础。①

(2)经济体制改革调查。首先，所有制结构改革基础上的计划体制改革，从1978年起经历了三个阶段的实践和调查，到2013年初步形成了社会主义市场经济体制。其次，农村经济体制的改革，特别是1982—1986年中共中央下发的五个“一号文件”，推动了农村经济的迅速恢复和发展。此外，还进行了财税体制、金融体制、流通体制、分配制度、社会保障制度、对外经济体制等改革。实践证明，深入调查研究是经济体制改革取得伟大成就的客观基础。

(3)四次修改宪法调查。1982—2004年，在调查基础上对《中华人民共和国宪法》做过4次修订，增加了“私营经济是社会主义公有制经济的补充”“中国共产党领导的多党合作和政治协商制度将长期存在和发展”“建立健全同经济发展水平相适应的社会保障制度”“尊重和保障人权”等内容；明确了“建设社会主义法治国家”“在社会主义初级阶段，坚持公有制为主体、多种所有制经济共同发展的基本经济制度，坚持按劳分配为主体、多种分配方式并存的分配制度”“依照法律规定保护公民的私有财产权和继承权”等内容。

(4)香港回归调查。1978年8月中共中央指示“港澳工作必须深入调查研究，实事求是……不能照搬照套内地做法”。② 1982年，廖承志领导、鲁平为组长的5人小组到香港调查研究。1983年，向中央递交了一份被称为“十二条”的报告。1984年，邓小平第一次提出了“一国两制”概念。1984年12月19日，《中英联合声明》在北京人民大会堂西大厅正式签署。

3. 学术性社会调查

在真理标准讨论推动下，学术性社会调查空前活跃，其中影响较大的成果是：

(1)小城镇调查与研究。1980年，胡耀邦到云南视察后指出，要发展商品经济，小城

---

① 王海光. 平反冤假错案的历史进程和历史意义[J]. 当代中国史研究，1999(5).

② 中共中央党史研究室. 中国共产党历史大事记 1919.5—1987.12[M]. 北京：人民出版社，1989：340.

镇不恢复是不行的。如果没有小城镇，农村里的政治中心、经济中心、文化中心就没有腿。此后，在学术界掀起了一个小城镇调查研究的高潮。其中，费孝通的《小城镇，大问题》《小城镇，苏北初探》《小城镇四记》《论小城镇及其他》等调查报告和论文，受到中央的肯定和赞扬。

(2)婚姻、家庭调查与研究。1982 年，在雷洁琼教授指导下进行了“中国五城市家庭研究”；1994 年又进行了“七城市婚姻家庭研究”。1987 年，中国社科院社会学所与日本青少年研究所合作进行了国际婚姻家庭的实证研究。1990 年前后，刘达临主持了“性文明”调查，出版了《中国当代性文化》。1991 年，李银河在《对北京市部分离婚者调查》中探讨了离婚原因等女性问题。

(3)社会问题研究。主要有两方面。一是进城务工人员问题。如李强的《关于城市农民工的情绪倾向及社会冲突问题》(1995 年)，陆学艺的《农民工问题要从根本上治理》(2003 年)，国务院研究室课题组的《中国农民工调研报告》(2006 年)等。二是农村宗族与宗教问题。如常永青的《河南省农村基督教活动情况调查》(1991 年)，刘小京的《略析当代的浙南宗族械斗》(1993 年)等。此外，围绕人口、贫困、吸毒、卖淫、嫖娼、住宅、环境等问题，都有许多调研成果。

(4)阶级与阶层研究。1999 年，陆学艺主持的“中国社会阶层结构变迁课题组”，组织过多次大规模调查，调查成果形成了三部著作：《当代中国社会阶层研究报告》(2002 年)，《当代中国社会流动》(2004 年)和《当代中国社会结构》(2010 年)，在国内外产生了广泛影响。

(5)慰安妇问题的调查。从 1992 年起，苏智良实地踏勘了上海 80 个慰安所旧址，访问了几十位在世的中国慰安妇，专访了《史东郎日记》作者及其曾进入过的慰安所，① 出版了《慰安妇研究》(1999 年)、《上海日军慰安所实录》(2005 年)等著作。2003 年，苏智良与陈丽菲合作，调查、出版了《追索——朝鲜慰安妇朴永心和她的姐妹们》一书(2005 年)，这是国际慰安妇研究的重要成果。

4. 应用性社会调查

应用性社会调查，是指除行政性、政治性、学术性社会调查之外的社会调查。这里主要讲两类，即民意调查和市场调查。

(1)民意调查。改革开放以来，中国民意调查出现了多元化趋势：第一，调查机构多元化；第二，调查内容多元化；第三，调查资金多元化。进入 21 世纪后，民意调查有了新的发展。其中，2003 年，零点调查集团的《民意调查：SARS 怎样改变了我们?》②和《2014 两会大数据》调查具有典型意义。

(2)市场调查。据《中国信息报》报道，中国市场调查业营业额，1995 年 3.5 亿元，2001 年 19 亿元，2011 年已超过 80 亿元，全球排名已升到第七位。目前的问题是：经营规模小，结构不合理，区域发展不平衡，专业人才缺乏，行业准入制度不完善等。这说

① 苏智良. 慰安妇研究[M]. 上海：上海书店出版社，1999；冯英子. 读《慰安妇研究》[J]. 民主，1999(3).

② 胡奎. 民意调查：SARS 怎样改变了我们? [J]. 新闻周刊，2003-05-05.

明，中国市场调查业存在着巨大发展空间。①

三、新时代中国特色社会主义建设时期的社会调查

新时代中国特色社会主义建设时期，是指 2012 年中国共产党第十八次全国代表大会以后的时期，从 2012 年到 2021 年共 9 年。

1. 行政性社会调查

主要成果是：

(1)经济普查。2018 年，第四次全国经济普查。普查结果：私营企业 1561.4 万个，占全部企业的 84.1%；国有控股企业 24.2 万个，占全部企业的 1.3%。第三产业单位 1716.1 万个，占全部单位的 78.8%；从业人员 21067.7 万人，占全部从业人员的 55%。增速较高的有信息、建筑、科研等行业。减少的采矿业，5 年减少 1.9 万个，降低了 21.2%。全国机关、事业单位 107.5 万个，占全部单位的 4.9%。

(2)农业普查。2016 年第三次全国农业普查，共调查 31925 个乡镇(其中镇 20844 个)，596450 个村(其中涉农居委会 40186 个)，317 万个自然村(其中 2006 年后新建定居点 15 万个)。普查结果：经营主体方面，204 万个经营单位，31422 万经营人员；农业合作社 179 万个，农业经营户 20743 万，其中规模经营户 398 万；生活条件方面，99.5%的户拥有自己的住房，47.7%的户使用经过净化处理的自来水，36.2%的户使用水冲式卫生厕所。

(3)第二次全国污染源普查。普查时间：2017 年。普查结果：全国各类污染源 358.32 万个(不含移动源)，其中工业源 247.74 万个，生活源 63.95 万个，畜禽养殖场 37.88 万个，集中污染治理设施 8.4 万个。从区域看，广东、浙江、江苏、山东、河北占 52.94%。从行业看，金属制品、非金属矿物制品、通用设备制造、橡胶和塑料制品、纺织服装服饰五个行业占 44.14%。②

2. 政治性社会调查

主要成果是：

(1)“八项规定”及其实施。2012 年 12 月 4 日，中共中央政治局通过了关于改进工作作风、密切联系群众的八项规定(简称“八项规定”)。其中，第一条规定：“要改进调查研究……要轻车简从、减少陪同、简化接待，不张贴悬挂标语横幅，不安排群众迎送，不铺设迎宾地毯，不摆放花草，不安排宴请”。据《北京青年报》2013 年 7 月 22 日不完全统计，中央政治局 7 位常委在此后 8 个月内调研近 50 次，足迹遍布 22 个省市区，政治局其他委员和地方各级党政领导也纷纷下基层调研。

(2)精准扶贫。2013 年 11 月，习近平到湘西考察，作出了“实事求是、因地制宜、分类指导、精准扶贫”的指示。2015 年 11 月，中央作出了《关于打赢脱贫攻坚战的决定》。从此，扶贫走上了快速通道。到 2020 年年底，现行标准下 9899 万农村贫困人口全部脱

① 曹智. 市场调查业发展史[J]. 合作经济与科技，2008(8)；袁岳. 中国市场调查 20 年[J]. 市场研究，2008(8)；常兴仁. 中国市场调查行业发展现状胶对策研究[N]. 现代经济信息，2012-07-08.

② 国新办新闻发布会. 第二次全国污染源普查公报[Z]. 2020-06-10.

贫，832 个贫困县全部摘帽，12.8 万个贫困村全部出列，区域性整体贫困得到解决，完成了消除绝对贫困的艰巨任务。①

(3)中央巡视工作。调查研究是巡视工作最基本的方法。党的十八大任期内，开展了 12 轮巡视，巡视了 277 个党组织，严肃查处了孙政才、苏荣、周本顺、王珉、白恩培、王三运、黄兴国、卢恩光等严重违纪案。同时，各省区市党委巡视组发现问题线索 5.8 万余件，推动纪检监察机关对 1225 名厅局级、8684 名县处级干部立案审查。党的十九大以来，已进行到第五轮巡视。

3. 学术性社会调查

主要成果有：

(1)《2019 年中国城镇居民家庭资产负债情况调查》(中国央行 2020 年发布)。调查显示，城镇居民家庭：①户均总资产 317.9 万元，其中住房占比近七成，住房拥有率达 96.0%。②负债率为 56.5%，负债来源以银行贷款为主，占家庭总负债的 75.9%。③净资产均值为 289.0 万元。④需关注两个问题。一是居民家庭金融资产负债率较高。二是部分家庭资不抵债；中青年群体负债压力大；老年群体投资理财等金融产品风险较大；刚需型房贷家庭的债务风险突出。

(2)《月收入不足千元，这 6 亿人都在哪》。2020 年 5 月 28 日，李克强总理说，我们有 6 亿人每个月的收入也就 1000 元左右。据调查显示，中国月收入低于 1000 元的 5.47 亿人，月收入 1000~1090 元的 5250 万人，合计为 6 亿人。这 6 亿人的特征：大部分来自农村，主要在中西部地区，家庭人口规模较大，老小人口负担较重，文化程度较低，劳动力较少。总之，中国仍是以低收入群体为主的国家，是世界最大发展中国家，将在较长时间内处于社会主义初级阶段。②

四、习近平的社会调查实践及其特点

习近平(1953.6—　)是第一位出生、成长在中华人民共和国的中国共产党中央委员会总书记。从 1969 年年初到陕西省延川县文安驿公社梁家河大队插队起，习近平在半个多世纪里积累了丰富的社会调查实践经验，并形成了自己的特点。

(一)习近平的社会调查实践

习近平的社会调查实践，大体可分为三个时期，即下放梁家河时期、在四省市工作时期和到中央工作时期。

1. 下放农村，深植西北黄土

1969 年年初，习近平下放到梁家河大队后就开始了他的农村调查。特别是 1974 年任梁家河支部书记后，通过调查办了许多实事。例如，当地烧柴困难，他就到四川绵阳取经，带头办沼气，解决烧柴难题。为解决吃水困难，他深入调查，找到老泉眼，打成一口井，解决了吃水问题。他发现村里有人会打铁，就办起铁业社，社员买农具就不用往县里

① 中华人民共和国国务院新闻办公室. 人类减贫的中国实践[N]. 人民日报，2021-04-07.

② 万海远，孟凡强. 月收入不足千元，这 6 亿人都在哪[Z]. 财新网，2020-06-03.

跑了。他看到村民用毛驴、石碾磨面，费时费力，就买来一台柴油磨面机，磨得又快又好，免费为社员服务。他看到妇女白天干活、晚上缝补，十分辛苦，就办起缝纫社，解决补旧衣、做新衣问题。他还办了一个代销店，方便社员购买日用生活品。他给中国农业科学院写信要来蔬菜种子，种出了西红柿、黄瓜、小油菜等蔬菜，种成了烤烟。

2. 步入仕途，踏遍四省市山水

1982 年 3 月，习近平任河北省正定县委副书记，从此步入仕途。在 1982 年 3 月至 2007 年 10 月的 25 年半中，他先后在河北、福建、浙江、上海等地任职，足迹踏遍四个省市的山山水水，做过许多卓有成效的社会调查。例如：

① 正定调查。习近平在反复调研和请教专家基础上，把正定县定位为“半城郊型”经济，总结出“投其所好，供其所需，取其所长，补其所短，应其所变”的方针。经过多方努力，1982—1984 年正定工农业总产值翻了一番，由“高产穷县”发展为先进县，农民人均收入由 148 元增至 400 多元。

② 厦门调查。习近平到厦门后，走遍山村和海岛，了解到厦门有“港、景、文、侨、台、特”(即港口优良，风景优美，文教发达，侨乡悠久，台厦相望，特区初立)六大优势，但有城市规模小、经济基础差、市容市貌旧三大劣势。为了制定厦门发展战略，他既邀请于光远、刘国光等 100 多位专家来厦门调研，又组织 300 多人开展专题调研。然后，制定出《1985—2000 年厦门经济社会发展战略》，从而使厦门有了具有自己特色的、操作性很强的行动指南。

③宁德调查。习近平到宁德后就下基层调研，不到 3 个月走遍了闽东 9 县，并做了一次总结。他指出，宁德的发展，要立足实际，不能急于求成，要树立“弱鸟先飞”意识，要有“滴水穿石”精神，只要拿出锲而不舍干劲，久久为功，一定能够摆脱贫困。实践出思路，调研出成果。1992 年出版的《摆脱贫困》，收录了习近平在宁德的 29 篇讲话和文章。其中第一篇《弱鸟如何先飞——闽东九县调查随感》，就是他在宁德调研的科学总结。①

④余村调查。2005 年 8 月，习近平到湖州市安吉县余村调研。村党支部书记鲍新民说，改革后余村办起了砖厂、水泥厂等，集体收入一度达到 300 多万元。但很快也尝到了苦头，“矿区烟尘漫天，常年一片灰蒙蒙”。后来，村里关停了矿山，搞生态旅游。习近平听了非常高兴，不久在《浙江日报》上发文指出：浙江拥有良好的生态优势，“如果能够把这些生态环境优势转化为生态农业、生态工业、生态旅游等生态经济的优势，那么绿水青山也就变成了金山银山”。②

⑤《之江新语》。它是《浙江日报》的一个专栏，从 2003 年 2 月至 2007 年 3 月发表了“哲欣”(习近平的笔名)的短论 232 篇，其中第一篇《调研工作务求“深、实、细、准、效”》说明了它的基本宗旨。这 232 篇短论，提出了推进浙江经济社会发展的主张，回答了浙江人民最关心的问题，反映了新时代中国特色社会主义理论的浙江探索。同时，也是习近平关于社会调查的感悟的集中体现。

---

① 田玉珏，薛伟江，李政. 习近平在宁德[N]. 学习时报，2019-05-20，2019-05-21，2019-05-22.

② 习近平. 之江新语[M]. 杭州：浙江人民出版社，2007：153.

3. 上调中央，放眼华夏与寰球

2007年10月十七大后，习近平上调中央。2012年11月十八大召开，习近平当选中央委员会总书记，很快就主持通过了“八项规定”，其中第一项就是关于调查研究的规定。从此，习近平的调研视野不仅着重全国，而且放眼全球。据统计，十八大后的五年，习近平出国访问28次、191天，到访五大洲52个国家，精简随行人员，紧凑日程安排，见缝插针调研，展现了大国领袖风范。① “一带一路”和“构建人类命运共同体”倡议的提出，是习近平国际调研的丰硕成果。

（二）习近平社会调查实践的特点

习近平在中国最贫困地区、最底层社会、最纯朴农民中生活了七年，在冀闽浙沪四省市主政四分之一个世纪，到中央后又领导全党全国人民奋斗了十多年。通过半个世纪的调查与实践，习近平继承了中国和中国共产党社会调查的优良传统，积累了丰富的社会调查实践经验，并形成了自己的特点。

习近平社会调查实践的特点，大体可概括为以下几个方面：

1. 百姓为本，民生为先，挚诚奉献的赤子之心

习近平指出：要时刻牢记自己是人民的公仆，时刻将人民群众的衣食冷暖放在心上，把“人民拥护不拥护，人民赞成不赞成，人民高兴不高兴，人民答应不答应”作为想问题，干事业的出发点和落脚点，像爱自己的父母那样爱老百姓，为老百姓谋利益；② 要“把群众的呼声作为作风建设的第一信号，把群众的需要作为作风建设的第一需求，坚持把民生问题放在首位，以群众关心的热点和难点问题为工作重点”；③ 要“着力解决群众的操心事、烦心事、揪心事”；④ 对群众“最盼、最急、最忧、最怨”的问题更要抓住不放，主动调研。⑤ 可以说，百姓为本，民生为先，挚诚奉献的赤子之心，是习近平关于社会调查实践的灵魂。

2. 简单朴实，入乡随俗，坦诚友善的交友之术

习近平有一次到畲族村调研。畲族人的最高礼节是吃“糯米糍”，吃的时候大家盘腿围坐在一起，拿一盘糯米糍放在中间，用手抓着吃。陪同人员怕他不习惯，要给他拿一双筷子。他说：“那怎么行？人家用手抓，我们也用手抓，你拿了筷子不是让人家觉得，你当官的吃东西都和老百姓不一样么？”说着他就跟大家一样盘腿坐下，抓起一块，放进嘴里，还向畲族群众竖大拇指，说很好吃。畲族百姓说，这个地委书记跟我们一样，真是来跟我们交朋友的。⑥ 通过长期调研实践，习近平练就了一套成功的交友之法：对自己，简单朴实；对群众，入乡随俗；对调查对象，坦诚友善，因而通过调研总能结交到一些新朋

---

① 党的十八大以来以习近平同志为核心的党中央贯彻执行八项规定、推动作风建设综述[N]. 人民日报，2017-09-27.

② 习近平. 自述：七年上山下乡对我锻炼很大[N]. 人民日报，2014-11-29.

③ 习近平. 之江新语[M]. 杭州：浙江人民出版社，2007：263.

④ 十九大以来重要文献选编(中)[M]. 北京：中央文献出版社，2021：87.

⑤ 习近平. 习近平谈治国理政[M]. 北京：外文出版社，2014：426.

⑥ 习近平在宁德(一)[N]. 学习时报，2019-05-20.

友、好朋友。

3. 跑遍全境，身入心至，亲察亲访的求真之法

习近平认为，当县委书记一定要跑遍所有的村，当地(市)委书记一定要跑遍所有的乡镇，当省委书记一定要跑遍所有的县市区。在正定，他跑遍了所有村；在宁德，3个月走遍了9个县，后又跑遍了绝大部分乡镇；在浙江，一年多就跑遍了全省90个县市区；在上海7个月，跑遍了19个区县；到中央后，足迹遍及31个省区市。① 他指出：到基层搞调研，“要拜人民为师，向人民学习，放下架子、扑下身子，接地气、通下情”。② “身入”更要“心至”。习近平认为，只有跑遍全境，亲察亲访，与百姓真交心、交真心，向群众求教，才能获得丰富的真情实感，才是求得社会真情的可靠方法。

4. 立足现实，结合史论，综合思考的求是之途

习近平喜欢读书。早在梁家河时，他窑洞的炕沿上、窗台上、箱子上、铺盖上、枕头边，到处堆着一摞摞书。他更爱思考，遇到新鲜事就刨根问底。他是一个崇学尚读、勤于思考、有精神追求的人。③ 习书记到基层调研，喜欢看县志，每到一个县就要调阅当地县志，他说不看县志就不了解过去，就难以深入认识县情。④ 习近平无论在哪里工作、任什么职务，只要他主政一方，就都能制定出符合实际的发展方略，其原因就在于：他既立足现实，注重实地调查；又努力把现实与历史、与理论结合起来，通过综合思考来“求是”——探究事物的本质及规律。可以说，他这一求是之途，是他每到一个地方都政绩斐然的根本原因之一。

5. 制定法规，躬身先行，带领全党的练功之策

习近平当选为中共中央总书记后，很快就主持制定了“八项规定”，并带头实施，在五年中深入基层调研50次、151天，足迹遍及全国各地。中央政治局其他同志深入基层调研1587次、3212天，⑤ 大大改进了全党的调研工作。十九大后，习近平根据“八项规定”执行过程中出现的新情况、新问题，又主持制定了《中共中央政治局贯彻落实中央八项规定的实施细则》，并带领中央政治局同志广泛开展调查研究，做出了许多重大决策。实践证明，社会调查是一切党政干部的必修课和基本功。习近平制定法规，躬身先行，搞好社会调查，其目的就是要带领全党苦练社会调查这一基本功，使我们党的社会调查优良传统得到更好的继承和发扬。

6. 反对作秀，反对官僚，旗帜鲜明的反假之风

习近平在带领全党苦练社会调查这一基本功的同时，大力反对社会调查中的形式主义和官僚主义。他指出：“有的下基层调研走马观花，下去就是为了出镜头、露露脸，坐在车上转，隔着玻璃看，只看‘门面’和‘窗口’，不看‘后院’和‘角落’，群众说是‘调查研

① 二十多年，习近平一直牢记着这句话[Z]. 新华网，2018-10-16.

② 习近平. 习近平谈治国理政(第3卷)[M]. 北京：外文出版社，2020：520.

③ 习近平的七年知青岁月[N]. 学习时报，2017-08-18.

④ 田玉珏，薛伟江，李政. 习近平在宁德[N]. 学习时报，2019-05-20.

⑤ 党的十八大以来以习近平同志为核心的党中央贯彻执行八项规定、推动作风建设综述[N]. 人民日报，2017-09-27.

究隔层纸，政策执行隔座山’。有的明知报上来的是假情况、假数字、假典型，也听之任之，甚至通过挖空心思造假来粉饰太平”。① 一方面，继承、发扬中国共产党调查研究的优良传统，带领全党苦练调查研究基本功；另一方面，反对形式主义、反对官僚主义，反对弄虚作假的伪调研，这是习近平关于社会调查的重要论述和实践的不可分割的两个方面。

总之，正如2021年9月1日习近平在中央党校(国家行政学院)中青年干部培训班开班式上的讲话中所指出的：“坚持一切从实际出发，是我们想问题、作决策、办事情的出发点和落脚点。坚持从实际出发，前提是深入实际、了解实际，只有这样才能做到实事求是。要了解实际，就要掌握调查研究这个基本功。要眼睛向下、脚步向下，经常扑下身子、沉到一线，近的远的都要去，好的差的都要看，干部群众表扬和批评都要听，真正把情况摸实摸透。既要‘身入’基层，更要‘心到’基层，听真话、察真情，真研究问题、研究真问题，不能搞作秀式调研、盆景式调研、蜻蜓点水式调研。要在深入分析思考上下功夫，去粗取精、去伪存真，由此及彼、由表及里，找到事物的本质和规律，找到解决问题的办法。”②

第五节 中国社会调查的经验教训

中国是世界上开展社会调查最早的国家之一，中国共产党是世界上最善于社会调查的政党，中国和中国共产党积累了极其丰富、宝贵的社会调查经验，也留下了许多沉痛的社会调查教训。

一、中国社会调查的主要经验

1. 高度重视，把社会调查置于治国理政的基础地位

在古代，周武王把“貌言视听思”列为治国理政九条大法的第二条(《尚书·洪范》)。管仲指出“凡立朝廷，问有本纪”(《管子·问》)，必须充分了解下属和百姓疾苦。商鞅主张“强国知十三数”(《商君书》)。周武王之所以能顺利克殷建周，管仲之所以能辅佐齐恒公称霸，商鞅之所以能变法强秦，就在于他们高度重视社会调查。

在近代和现代，中共历代领导人都非常重视社会调查，反复强调：“没有调查，没有发言权”；“系统的周密的社会调查，是决定政策的基础”。③ 中共之所以能创造性地开辟中国特色的革命、建设、改革道路，就在于把社会调查置于治国理政的基础地位，当作克敌制胜、开拓前进最可靠的法宝。

2. 领袖带头，主要领导人、决策者亲自做调查

① 习近平. 习近平谈治国理政[M]. 北京：外文出版社，2014：369.

② 习近平. 在中央党校(国家行政学院)中青年干部培训班开班式上的讲话[N]. 人民日报，2021-09-02.

③ 中共中央文献研究室. 毛泽东、周恩来、刘少奇、朱德、邓小平、陈云论调查研究[M]. 北京：中央文献出版社，2006：4、14.

在古代，大禹治水，在外13年，他左手拿准绳，右手拿规矩，带着测量四时的仪器(《史记・夏本纪》)，亲自做调查，这是他治水成功的根本原因之一。孙武指出："故明君贤将，所以动而胜人，成功出于众者，先知也"(《孙子兵法・用间篇》)。是谁先知？"明君贤将"，即战争的领导者、决策者。

在近代和现代，毛泽东强调，做调查"要亲自出马"，"凡担负指导工作的人，从乡政府主席到全国中央政府主席，从大队长到总司令，从支部书记到总书记，一定要亲身从事社会经济的实际调查"。① 中共百年史实证明，主要领导人、决策者带头，是社会调查取得成功的关键。

3. 深入基层，深入第一线，做实地调查

在古代，荀子曰："故不登高山，不知天之高也；不临深溪，不知地之厚也"(《荀子・劝学第一》)；"不闻不若闻之，闻之不若见之，见之不若知之，知之不若行之"(《荀子・儒效第八》)。在他看来，只有"登""临"实地和"行"(即实践)，才能获得真知。历史上，许多封建君主都懂得，深入民间，微服私访，是了解真情的有效方法。

在近代和现代，毛泽东更明确指出，"要做这件事(指调查——引者)，第一是眼睛向下，不要只是昂首望天。没有眼睛向下的兴趣和决心，是一辈子也不会真正懂得中国的事情的"。② 这说明，深入第一线，调查第一手情况，是获得真情实感、求真求实最基本的方法。

4. 谦虚谨慎，甘当小学生，拜群众为师

在古代，统治者治国理政必须以民为镜，体察民情，了解民意(《尚书・酒诰》)；治国理政要"敬用五事"，只有恭敬对待调查和被调查者，语言合乎道理，才能得到真实回答(《尚书・洪范》)。儒家学派创始人孔子认为，"三人行，必有我师焉"(《论语・八佾》)，因而"入太庙，每事问"(《论语・述而》)，而不以圣人自居。

在近代和现代，毛泽东指出，"没有求知的渴望，没有放下臭架子、甘当小学生的精神，是一定不能做，也一定做不好的。必须明白：群众是真正的英雄，而我们自己则往往是幼稚可笑的，不了解这一点，就不能得到起码的知识"。③ 实践证明，拜群众为师，是调查取得成功的必要条件。

5. 不虚美，不隐恶，实事求是

在古代，班固对司马迁撰《史记》的评价是："辨而不华，质而不俚，其文直，其事核，不虚美，不隐恶，故谓之实录"(《汉书・司马迁传》)。刘知几的《史通》提倡求实精神，忠于历史事实，彰善贬恶；贵直书，斥曲笔；信灾祥，重人事，把史学与现实生活联系起来，具有重要指导意义。④

在近代和现代，毛泽东指出："马克思列宁主义的态度"，就是"有的放矢的态度"，"实事求是的态度"。"'实事'就是客观存在着的一切事物，'是'就是客观事物的内部联

---

① 毛泽东周恩来刘少奇朱德邓小平陈云论调查研究[M]. 北京：中央文献出版社，2006：62.

② 中共中央文献研究室. 毛泽东农村调查文集[M]. 北京：人民出版社，1982：15-16.

③ 中共中央文献研究室. 毛泽东农村调查文集[M]. 北京：人民出版社，1982：16-17.

④ 代继华. 刘知几论实录[J]. 史学史研究，1995(3).

系，即规律性，‘求’就是我们去研究”。① 不虚美，不隐恶，实事求是，是社会调查最重要的指导思想，是科学社会调查的灵魂。

二、中国社会调查的沉痛教训

1. 官僚主义横行，长官意志决策

在古代，君主、帝王都自认为是“天子”，所谓“溥天之下，莫非王土；率土之滨，莫非王臣”(《诗经·北山》)。对他们来说，不是“官僚主义”问题，而是帝王意志、为所欲为的问题。历史上，一切走向没落的帝王或统治者，都是唯我独尊、妄自决策、独断专横、胡作非为，不调查、不研究，逆潮流而动的败亡者。

在近代和现代，官僚主义、长官意志，不调查或不做正确调查，都是招致失败的根本原因。中国民主革命受“左”倾长官意志左右，一度濒临失败边缘；中国社会主义建设事业受“左”倾官僚主义支配，也曾遭受严重损失。中国共产党百年史实证明，官僚主义、长官意志是社会调查的首要祸害。

2. 本本主义禁锢，盲目照搬照抄

在古代，上天之意，祖宗之法，是必须遵守的“本本”。所谓“王者承天意以从事，与天同者，大治；与天异者，大乱”(董仲舒《春秋繁露》)。所谓祖宗之法，是封建时代祖先制定的家族或法规。后世统治者对祖宗之法，一般持祇畏敬奉之心，力图继承祖宗的治道法统。这两种“本本”，是束缚社会调查的桎梏。

在近代和现代，也盛行各种本本主义。中国民主革命初期，屡为第三国际本本制约，几乎断送了中国革命；中华人民共和国初期，曾深受“最高指示”本本禁锢，酿成了严重恶果；改革开放以来，频遭“西方”本本掣肘，带来了许多问题。历史证明，本本主义，照搬照抄，是实事求是调查研究的大敌。

3. 主观主义严重，“老子天下第一”

在古代，许多末代帝王、败亡将领的特点是，专横跋扈，独断独行，蛮不讲理，肆意妄为。他们往往是孤家寡人，不调查、不研究，单凭主观意志、个人愿望，轻率决策，瞎乱指挥，莽撞行动，其结果只能是到处碰壁、不断失败，最终都逃脱不了灭亡的命运。

在近代和现代，中国民主革命时期的“左”倾冒险主义者，社会主义革命、建设和改革中“左”的倾向，无论勇气多大、热情多高，都难免走向失败。毛泽东指出，主观主义者“自以为是，老子天下第一”，“拿了律己，则害了自己；拿了教人，则害了别人；拿了指导革命，则害了革命”。② 这是颠扑不破的真理。

4. 形式主义泛滥，虚假调研盛行

在古代，讲形式，比排场，是亘古不变的痼疾。特别是汉武帝采纳董仲舒“罢黜百家，独尊儒术”的主张后，官场上论资排辈，等级森严，繁文缛节，附赘悬疣；文坛上八股猖獗，形式死板，内容空洞，连篇累牍。在这种氛围下，搞形式主义，欺上瞒下，阳奉阴违，虚多实少，做表面视察的假调研泛滥成灾。

---

① 毛泽东选集(第3卷)[M]. 北京：人民出版社，1991：801.

② 毛泽东选集(第3卷)[M]. 北京：人民出版社，1991：800.

在近代和现代，形式主义已侵入中国共产党的机体。其表现形式之一，就是“党八股”。毛泽东为它列了“八大罪状”：空话连篇，言之无物；装腔作势，借以吓人；无的放矢，不看对象；语言无味，像个瘪三；甲乙丙丁，开中药铺；不负责任，到处害人；流毒全党，妨害革命；传播出去，祸国殃民。① 习近平也指出，“形式主义方面，主要是知行不一、不求实效，文山会海、花拳绣腿，贪图虚名、弄虚作假。……有的明知报上来的是假情况、假数字、假典型，也听之任之，甚至通过挖空心思造假来粉饰太平”。②

如何继承、发扬中国和中国共产党社会调查的宝贵经验，同时纠正、克服过去的沉痛教训，是一切科学社会调查者共同的繁重任务。

思考与练习

1. 社会调查的产生需要哪些社会历史条件?
2. 怎样划分社会调查的历史时代? 社会调查经历了哪些历史时代?
3. 简述中国古代社会调查思想的形成及其标志。
4. 怎样认识“西学东渐”?
5. 西方近代社会调查方法是怎样传入中国的?
6. 如何评价《反对本本主义》?
7. 试论习近平关于社会调查的重要论述和实践特点。
8. 如何认识中国和中国共产党社会调查的经验和教训?

推荐阅读

1. 中共中央文献研究室. 毛泽东农村调查文集[M]. 北京：人民出版社，1982.
2. 中共中央文献研究室. 毛泽东周恩来刘少奇朱德邓小平陈云论调查研究[M]. 北京：中央文献出版社，2006.
3. 杨雅彬. 中国社会学史[M]. 济南：山东人民出版社，1987.
4. 水延凯，江立华. 中国社会调查简史[M]. 北京：中国人民大学出版社，2017.

① 毛泽东选集(第3卷)[M]. 北京：人民出版社，1991：830-840.
② 习近平. 习近平谈治国理政[M]. 北京：外文出版社，2014：368-369.

第三章　社会调查的理论

本章要点

1. “民惟邦本，本固邦宁”等民本主义观念，是古代政治家、思想家治国理政经验教训的总结，也是古代社会调查的思想基础或前提。

2. 实学是以“经世致用”为主要内容的学说。所谓经世致用，是指治理世事要切合实用，做学问必须有益于国事。

3. 知行学说是关于知行关系的学问。就认识论而言，知行关系主要涉及知识来源、认识过程、求知途径和方法、知识真理性的标准，以及知行的先后、轻重、难易等问题。

4. 实证主义又称实证哲学，是强调感觉经验、排斥形而上学传统的西方哲学派别，其核心是实证原则。

5. 证伪理论认为，科学知识起源于“问题”，问题促使人们作出各种假设式回答，然后通过试错法不断证伪而形成知识。

6. “范式”是指观察事物、研究问题的角度、视野和参照框架。范式理论认为，不同历史时期、不同科学家集团，都有不同的研究范式。科学研究的方法论，是因人而异、不断变化发展的。

7. 马克思主义认识论是实践基础上的革命的能动的反映论。“实践的观点是辩证唯物论的认识论之第一的和基本的观点”。

8. 唯物史观认为，直接的物质的生活资料的生产构成社会的基础，国家设施、法的观点、艺术以至宗教观念是在这个基础上发展起来的，因而，也必须由这个基础来解释。

9. 社会调查必须遵循的政治原则是，坚持中国共产党领导，坚持马克思主义，坚持人民民主专政，坚持中国特色社会主义道路，坚持改革开放。

10. 社会调查的优良作风是，深入基层，接地气；谦虚讨教，做学生；身入心通，寻真情；勤奋扎实，求真知。

基本概念

理论基础　指导思想　基本原则　优良作风

任何社会调查，在客观上都必然以一定理论为基础，以一定思想为指导，必须遵守一些基本原则，树立一套良好作风。正确阐明中国社会调查的理论基础、指导思想、基本原则和良好作风，是社会调查学研究的核心任务。

第一节 社会调查的理论基础

中国社会调查的理论基础，在古代，主要是民本主义、实学思想和知行学说。在近代和现代，主要有两种系统化理论：一是孔德的实证主义、波普尔的证伪理论和库恩的范式理论；二是马克思主义的认识论和群众路线。

一、民本主义、实学思想和知行学说

1. 民本主义

“民惟邦本，本固邦宁”的民本主义，源于夏商，盛于西周。儒学奠基人周公，对倡导民本主义发挥了重要作用。西周第二位君主成王继位时，年纪尚幼，由皇叔周公摄政。成王长大后，周公还政时怕其“淫泆”而作《无逸》。周公用中宗、高宗、祖甲三位圣明君主的事迹告诉成王：做国君不能贪图安逸，要了解百姓疾苦，了解种庄稼的艰难，“小人怨你骂你”时应更加敬德，有了过错要承认。若不听臣民意见，不把法度放在心里，乱罚无罪的人，妄杀无辜的人，人们便会把愤怒聚集在你身上，要以此为鉴戒啊！（参见《尚书・无逸》）周公强调，治国理政必须体察民情，了解百姓疾苦，听取民怨；有了过失，必须承认和改正。

春秋战国时期，民本主义在思想家、政治家中已深入人心。孔子曰：“丘闻之：‘君者，舟也；庶人者，水也。水则载舟，水则覆舟’。君以此思危，则危将焉而不至矣？”（《荀子・哀公》）孟子说，“民为贵，社稷次之，君为轻”（《孟子・尽心下》）。明末清初思想家黄宗羲，在《明夷待访录》中提出“天下为主，君为客”“天下之治乱，不在一姓之兴亡，而在万民之忧乐”等观念，更具有鲜明的启蒙性质。河南南阳“天下第一县衙”——内乡县衙里有一副对联：上联是“得一官不荣失一官不辱勿说一官无用地方全靠一官”，下联是“吃百姓之饭穿百姓之衣莫道百姓可欺自己也是百姓”。这副对联说明，民本思想已深入古代社会的基层政权。

重民思想和民本主义观念，是古代政治家、思想家治国理政经验教训的总结，也是古代社会调查的思想基础或前提。

2. 实学思想

实学是以“经世致用”为主要内容的学说。它包括经世实学、元气实体哲学、道德实践之学、心性实学、实测实学、考据实学和启蒙实学等。

其中经世实学，是实学的主流。它肇始于北宋，其理论核心是“重功利、求实用”；实践范例是范仲淹的“庆历新政”、王安石的“熙宁改革”等。南宋时期，内忧外患，其代表人物有叶适、陈亮的事功学派，以及文天祥等。明清之际，实学达到高潮，出现了一批著名科学家和划时代的著作，如徐光启的《农政全书》，李时珍的《本草纲目》，徐弘祖的《徐霞客游记》，宋应星的《天工开物》，以及乾嘉学派对中国古典科技的考证和整理等。此外，明清实学还含有反映市民阶层利益和愿望的启蒙意识，它是明清时代所特有的意识形态。

实学的中心思想是经世致用，即治理世事要切合实用，做学问必须有益于国事。经世

致用精神，可归纳为五个方面：①务当世之务。密切联系社会现实，是经世致用的为学宗旨。②勇于任事。如教育家颜元(1635—1704年)立志“生存一日当为民办事一日”。他们认为，圣贤与佛、老的区别，正在于此。③致力创新。如思想家唐甄(1630—1704年)提倡“言我之言”，贵在己出，激烈反对蹈袭古人。④注重调查研究。如清初学者顾炎武(1613—1682年)为探讨“国家治乱之源，生民根本之计”，遍游各地，“考其山川风俗，疾苦利病”，写出《天下郡国利病书》和《日知录》等名著。⑤研究范围广大。几乎涉及社会的一切方面——政治、经济、军事、国家、民族、法律、教育、地理、风俗、人情、自然科学等。他们研究的课题“事关民生国命者，必穷源溯本，讨论其所以然”，已远远超出传统理学、经学的范围。总而言之，实学精神实质有四：实事求是的崇实精神；追求真理的科学精神；兴利除弊的改革精神；放眼世界的开放精神。这些精神，都为古代社会调查奠定了坚实的思想基础。

3. 知行学说

知行学说，是关于知行关系的学问。知与行，是中国哲学的一对范畴。知，指知识，知觉，认识，人的思想追求；行，指行为，行动，实践，人的生活方式。在古代，知行关系既涉及道德意识与行为问题，又涉及认识论问题。就认识论而言，知行关系主要涉及知识来源、认识过程、求知途径和方法、知识真理性的标准等问题，同时也涉及知行的先后、轻重、难易等问题。

关于知识来源、认识过程、求知途径和方法、知识真理性的标准等问题，中国哲学史上始终存在着唯物主义和唯心主义之间的激烈斗争。唯心主义知行观，大体可分为三种：一是不可知主义或神秘直观的知行观，以庄周、王弼、郭象等人为代表；二是神学或宗教的知行观，以董仲舒和佛教各宗派为代表；三是唯心主义先验论的知行观，以孟轲、程颐、朱熹、王守仁等为代表。唯物主义知行观，大体也可分为三种：一是唯物主义经验论的知行观，以墨翟、颜元、严复等为代表；二是唯物主义唯理论的知行观，以张载、戴震等为代表；三是朴素辩证的唯物主义知行观，以荀况、王夫之和孙中山为代表。

关于知行的先后、轻重、难易等问题，中国哲学史上存在六种回答，即行先知后、知先行后；行重知轻、知重行轻；行难知易、知难行易。前两种回答，侧重于知识来源、认识过程、求知途径和方法、知识真理性标准等；后四种回答，侧重于知行目的、知行作用、知行顺序、知行重点等。这六种回答，既有联系又有区别，对不同哲学家来说，在具体论述知与行的关系时，又各有所侧重。

唯物主义知行观的代表人物和主要观点简介如下：

(1)墨翟：真知的三个标准、认识的两个阶段和知识的三个来源。

墨翟(公元前476或前480—前390或前420年)，战国时期的思想家、教育家、科学家，墨家学派创始人。

墨子指出，“故言必有三表。何谓三表？子墨子言曰：有本之者，有原之者，有用之者。于何本之？上本之于古者圣王之事。于何原之？下原察百姓耳目之实。于何用之？废以为刑政，观其中国家百姓人民之利。此所谓言有三表也”(《墨子·非命上》)。这是说，言论必须符合三条标准：一是考察本源，即去探求古代圣王的事迹；二是推究缘由，即去考察百姓耳闻目见的事实；三是实践应用，即把言论变为行动，观察它是否符合国家人民的利益。墨子的“三表”思想，把“事”——古代圣王的间接经验，“实”——百姓的直接经验，“利”——对国家百姓的实际效果，作为检验认识真伪的三条标准，从而为古代社会调查奠定了求事、求实、求利的理论基础。

墨翟指出，“知材：知也者，所以知也，而必知，若明。虑：虑也者，以其知有求也，而不必得之，若睨。知：知也者，以其知过物而能貌之，若见。恕(《汉典》：“智”的异体字——引者注)：恕也者，以其知论物，而其知之也著，若明。”(《墨子·经说上》)这是说，知，是一种才能，知这种才能是认识事物，有知者能知晓事物，如同睁眼就能看明事物一样。虑，是在知基础上探求事理，但未必能得到它，如同斜视未必能看清楚一样。知，是指人用认识事物的才能，去感知外界事物并把它描绘出来，如同亲眼看见一样。恕，是指智慧，人运用知识去探求事理，使对事物的认识更加显著，如同明察秋毫一样。墨子认为，人有认识事物、探求事理的才能，并把“知”即人的认识过程，分为“过物”“论物”两个阶段。从社会调查视角看，就是调查过程和研究过程：“过物”是感性认识过程，“论物”是理性认识过程。

墨翟还说，“知：传受之，闻也；方不障，说也；身观焉，亲也。”“闻：或告之，传也；身观焉，亲也。”(《墨子·经说上》)。这是说，知识，由传授而得的，是闻知；由推论而得的，是说知；由亲身观察体验而得的，是亲知。闻，有人告知的，是传闻；亲身观察得到的，是亲闻。墨子把知识的来源分为闻知、亲知和说知；又把“闻”分为传闻和亲闻。从社会调查视角看，闻知是从访问、文献调查获得的知识；亲知是观察、实验获得的知识；说知是在闻知、亲知基础上通过逻辑推理而获得的知识。闻知、亲知和说知，都来源于调查与研究。

墨翟关于真知三个标准、认识两个阶段和知识三个来源的思想，充满着朴素的、唯物主义的认识论精神。从一定意义上说，墨翟是全面论述古代社会调查思想前提或理论基础的第一人。

(2)荀况：朴素唯物主义的知行观。

荀子(约公元前313—前236年)，名况，字卿，战国末期赵国人，思想家、文学家、政治家，时人尊称为“荀卿”。

荀况指出，“故不登高山，不知天之高也；不临深溪，不知地之厚也；不闻先王之遗言，不知学问之大也”(《荀子·卷一·劝学第一》)。在荀况看来，先有“登”“临”“闻”，即“行”，而后才有“知”。

荀况认为：“不闻不若闻之，闻之不若见之，见之不若知之，知之不若行之。学至于行之而止矣。行之，明也，明之为圣人”(《荀子·儒效第八》)。所谓闻之、见之、知之，就是“知”，所谓行之，就是“行”；学至于“行”，就到头了；“行”了，才能真“知”，有了真“知”，就是“圣人”。

荀况还说：“凡以知，人之性也；可以知，物之理也。以可以知人之性，求可以知物之理，而无所疑止之，则没世穷年不能遍也”(《荀子·解蔽第二十一》)。这是说，一般来说，能够认识事物，是人的本性；事物可以被认识，是事物的规律。凭借可以认识事物的人的本性，去探求可以被认识的事物规律，如果没有一定限制，那么一辈子也不能遍及可以认识的事物。

以上论述说明，荀况在知行观上，认为行先知后；强调“知之不若行之”“学至于行之而止矣”，肯定“行”是“知”的起点、“学”的终点。在认识论上，认为能知是“人之性”，可知是“物之理”；人们凭借认识事物的本性，去探求事物的规律，一辈子也不能遍及可以认识的事物。荀况的这些论述，把朴素唯物主义知行观和认识论推向了一个新的高度。

(3)王夫之：朴素唯物主义与朴素辩证的知行观。

王夫之(1619—1692年)，字而农，又称船山先生，今湖南衡阳人，他与顾炎武、黄宗羲并称明清之际三大思想家。

王夫之反对朱熹把“格物”与“致知”混为一谈。他认为：“格物、致知亦自为二”。“大抵格物之功，心官与耳目均用，学问为主，而思辨辅之。所思所辨者，皆其所学问之事。致知之功，则唯在心官，思辨为主，而学问辅之。所学问者，乃以决其思辨之疑。‘致知在格物’，以耳目资心之用而使有所循也，非耳目全操心之权而心可废也。朱门诸子，唯不知此，反贻鹅湖之笑。……呜呼！以此为致知，恐古人小学之所不暇，而况大学呼？”(《读四书大全说·卷一大学·圣经》)。这是说，格物、致知是两回事。大致而言，格物(感知事物)的过程，心官(思维器官)与耳目(感觉器官)都要使用，而以学问(感知过程)为主，思辨(思维过程)为辅，思考辨析的都是感觉到的事物。致知(获取知识)的过程，则靠思维器官，以思辨(思维过程)为主，学问(感知过程)为辅，所感知的事物决定着思考辨析的疑惑。“致知(获取知识)在格物(感知事物)”，以感觉器官资助思维器官，使其有所遵循，而不是以感觉器官代替思维器官，废除思维器官。朱熹的弟子们，恰恰不知道这个道理，因而在哲学上留下了大笑话。悲哀啊！这样理解致知，恐怕连古人的小学都不及，怎谈得上大学呢？

王夫之说，“先儒分致知格物属知，诚意以下属行，是通将大学分作两节。大分段处且如是说，若逐项下手工夫，则致知格物亦有行，诚意以下至平天下亦无不有知。格致有行者，如人学弈棋相似，但终日打谱，亦不能尽达杀活之机；必亦与人对弈，而后谱中谱外之理，皆有以悉喻其故。且方其迸著心力去打谱，已早属力行矣。盖天下之事，固因豫立，而亦无先知完了方才去行之理”(《读四书大全说·卷一大学·传第六章》)。这是说，古代儒者，把致知、格物划分为“知”的范围，把诚意、正心、修身、齐家、治国、平天下划分为“行”的范围，这是将大学里的“八目”分作两段。这是就总体而言的，假若逐项分析，那么致知、格物中也有“行”，诚意以下至平天下也无不有“知”。格物、致知中的“行”，与人们学习下围棋相似，即使整天按照棋谱演练下棋方法，也不可能全部掌握下棋时杀招与活路的各种机巧和方法；必须经常与其他棋手面对面地下棋，然后才能详尽知晓棋谱之中和棋谱之外的各种道理、技巧和方法。况且，持续用精神和体力按照棋谱演练下棋本身早已属于竭力的“行”了。天下的事情，固然因预而立，但也没有事先完全知晓然后才去“行”的道理。

王夫之还指出，“耳有聪，目有明，心思有睿知，入天下之声色而研其理者，人之道也。聪必历于声而始辨，明必择于色而始晰，心出思而得之，不思则不得也。岂蓦然有闻，瞥然有见，心不待思，洞洞辉辉，如萤乍曜之得为生知哉？果尔，则天下之生知，无若禽兽。故羔雏之能亲其母，不可谓之孝，唯其天光乍露，而于己无得也。今乃曰生而知之者，不待学而能，是羔雏贤于野人，而野人贤于君子矣”(《读四书大全说·卷七论语·

季氏篇》)。这是说，耳有听觉，目有视觉，思维器官能思考问题、明智通达。进入世界万物声色之中去探寻事物的规律，这是人们认识世界的根本途径。听觉必须听到声音才能辨别，视觉必须看到颜色才能明晰，思维器官必须思考才能得到知识，不思考就不能得到知识。怎么可能突然有耳闻，一下子看见，用不着思考，就能清楚明白、融会贯通事理，如同萤火虫生来就一闪一闪地发出微弱亮光呢？假若果真如此，人也是生而知之，岂不与禽兽一样。生下不久的小羊羔就能亲近其母，这不能说是孝，只是其天性的显露，而不是有什么孝的知识。现在竟有人说人生而知之，不用学习就能够认知，这无异于说生下不久的小羊羔胜过山野之人，而山野之人胜过有才有德的人。

上述王夫之关于“入天下之声色而研其理者，人之道也”的论述，以及对“人生而知之”的批判；关于“知”与“行”不能截然分开，致知、格物中也有“行”，诚意、正心、修身、齐家、治国、平天下中也有“知”的阐释，说明王夫之在知行关系上，既坚持了朴素唯物主义原则，又具有一定的辩证思维。尤其可贵的是，王夫之关于格物过程以学问为主、思辨为辅，致知过程以思辨为主、学问为辅的论述，把人的认识过程分成两个阶段，即运用感觉器官的感性认识阶段和运用思维器官的理性认识阶段，从而丰富和发展了古代的知行学说。

此外，王夫之还批判了朱熹的知先行后说和王守仁的知行合一说，第一次明确提出和系统论述了“行先知后”“行可兼知，而知不可兼行”的命题；提出了“知行相资以为用”的论断，以及行是知的基础、检验知的标准和目的等思想。可以说，王夫之的知行学说，是古代朴素唯物主义知行观的最高成果。

二、实证主义、证伪理论和范式理论

近代以来，中国社会学者大多接受西方社会学教育。西方社会学中的实证主义、证伪理论和范式理论，已成为中国近代和现代社会调查的理论基础之一。

1. 孔德的实证主义

法国学者奥古斯特·孔德(1798—1857年)，是实证主义创始人。实证主义又称实证哲学，是强调感觉经验、排斥形而上学传统的西方哲学派别，其核心是实证原则。实证哲学认为，科学知识应该是实证知识。孔德的实证原则可概括为：①一切科学知识必须建立在观察和实验的经验事实基础上。经验是知识的唯一来源。② 反对讨论经验之外的抽象本质、第一原因等形而上学问题。人的认识能力只限于经验范围，永远达不到超经验的形而上学范围。③ 知识相对主义原则。人的知识是经验的，既不知道这些经验的本质是什么，又不知道它是怎样产生的。知识是相对的，而不是绝对的。④ 知识来自经验，在经验之间存在一些规律。规律就是经验现象在同等条件下不变的、可重复的和稳定的先后关系或相似关系。科学是对规律的认识，但科学只说明规律的存在，而不能说明为什么会出现这些规律。科学只描述经验现象，而不能说明原因；科学只研究怎样(how)，而不研究为什么(why)。

孔德的实证哲学，强调事实的重要性，主张在事实基础上建立知识体系。它还提出了“观察优于想象”的命题。因为观察可以得到事实，而事实是永恒的，理论则可能过时。它强调归纳法，认为在事实基础上通过归纳，可以得到科学定律。为了获得实证知识，要采用 4 种方法，即观察法、实验法、比较法和历史法。历史证明，孔德的实证主义，对于抵制神学和形而上学的影响，推动社会科学发展发挥了积极作用，从而形成了社会科学史上的分水岭。实证哲学，为实证主义社会学奠定了方法论基础，同时也为西方近代和现代社会调查奠定了理论基础。

2. 波普尔的证伪理论

奥地利学者卡尔・波普尔(Karl Popper，1902—1994 年)是批判理性主义的创始人。他认为，观察必须以理论为指导，但理论是可以证伪的，可证伪性是科学不可缺少的特征，因而其理论被称为证伪主义。孔德的核心观点是：知识起源于观察和归纳。科学研究的目的是证实理论，它是通过对事实的观察和归纳而达到的。波普尔的证伪理论则认为，科学知识起源于“问题”，问题促使人们作出各种假设式回答，然后通过试错法不断证伪而形成知识。波普尔还认为，自由想象是提出各种假设式回答的前提，是科学创造中不可或缺的非理性因素。这样波普尔就以“自由想象优于经验观察”的命题，否定了孔德关于“观察优于想象”的命题。波普尔证伪理论的精髓是假设检验法或“试错法”，它可以用公式概括如下：

$$P1 \rightarrow TT \rightarrow EE \rightarrow P2 \cdots\cdots$$

其中，P 为问题，TT 为假说(试验性理论)，EE 为排除错误。

人们遇到问题(P1)后，提出假说(TT)，然后通过证伪检验，排除假说中的错误(EE)，形成新的理论；接着，又发现新问题(P2)……按此公式循环往复下去，就一定会形成科学理论。“证伪理论”的贡献在于，以“问题—假说—反驳”的“试错机制”，代替“观察—归纳—证实”的“证实机制”，为科学知识的成长做出了新的解释，形成了新的机制。实践证明，实证主义的“证实机制”，与波普尔的“试错机制”，是形成科学理论的既互相对立又互相补充的机制，在科学发展道路上都具有重要意义，而不应该互相否定。

从社会调查视角看，社会调查成果既可证实，又可证伪。因此，与孔德实证主义的证实理论一样，波普尔的证伪理论也是社会调查的理论基础之一。

3. 库恩的范式理论

美国科学史家托马斯・塞缪尔・库恩(1922—1996 年)，是科学哲学历史主义的创始人。在库恩之前，科学方法论大多接受逻辑实证主义的假设，认为科学研究的方法与规则，像数学法则一样，是统一的、永恒不变的。库恩在对波普尔的假设检验法进行考察时发现，在“自由想象”的大胆假设阶段，社会基础、历史背景、知识结构不同的研究者，往往会提出不同的假设。库恩第一次提出了“范式”概念来概括这类现象。所谓“范式”，是指观察事物、研究问题的角度、视野和参照框架。不同历史时期、不同科学家集团，都有不同的研究范式。因此，科学研究的方法论，是因人而异、不断变化发展的。库恩用“范式”理论研究科学史，发现了“科学发展阶段论”，即各门学科发展大多经历下列阶段：

前科学阶段→常规科学阶段→科学革命阶段→新的常规科学阶段……

在前科学阶段，各种研究范式互相竞争、互相批判；在常规科学阶段，学科开始成熟，不同科学家集团逐步形成统一的研究范式，他们之间有了共同的概念体系，共同的假设和方法论原则；当一门学科遇到原有范式无法解答的新问题时，这门学科就进入了科学革命阶段。这时，科学家又分为不同集团，求助于哲学思辨和理论创新，互相探讨，互相竞争，直到理论或方法的重大突破，逐渐形成新的、统一的范式，从而进入新的常规科学阶段。

“范式”理论和“科学发展阶段论”的贡献是：① 完善了波普尔的证伪理论，它证明科学理论不仅是通过不断证伪而发展的，科学研究的方法论和模式同样也是通过实践检验而发展的。② 研究范式是多种多样的，一种范式只有能正确解决某一领域新问题时，才能为大多数科学家所接受。③ 研究范式是受历史条件制约的，因此不仅要对研究的理论进行逻辑检验，而且还要考察影响研究范式的社会、历史、知识背景等因素。这些贡献使人们认识到，科学进步的方法论是不断发展的，不存在任何凌驾于科学实践基础上的、“放之四海而皆准”的方法论原则，从而丰富、发展了西方近代和现代社会调查的理论基础。

三、马克思主义的认识论和群众路线

马克思主义哲学，包括辩证唯物主义、唯物辩证法、认识论和唯物史观。其中，马克思主义的认识论和群众路线，是科学社会调查的理论基础。

1. 马克思主义的认识论

认识论是关于认识的本质及其发展规律的理论。马克思主义把实践与辩证法引入认识论，科学回答了认识来源、认识本质、认识结构、认识形式、认识运动和规律，以及认识的真理性等问题，为科学社会调查奠定了坚实的理论基础。

(1)马克思主义认识论及其特征。马克思主义认识论是实践基础上的革命的能动的反映论。它的基本特征是：①可知论。客观物质世界是可知的。②反映论。人的意识是对物质世界的反映。③辩证论。人对世界的认识不是一次完成的，而是一个多次反复、无限深化的能动的反映过程。④实践论。实践是认识的基础、认识的来源、认识发展的动力、检验认识真理性的标准、认识的最终目的。“实践的观点是辩证唯物论的认识论之第一的和基本的观点。”①

(2)认识的来源和本质。①认识来源于实践。“任何知识的来源，在于人的肉体感官对客观外界的感觉，否认了这个感觉，否认了直接经验，否认亲自参加变革现实的实践，他就不是唯物论者”。② ②认识是对客体的反映。“观念的东西不外是移入人的头脑并在人的头脑中改造过的物质的东西而已”。③ ③认识是能动的创造性的反映。“人的意识不仅反映客观世界，并且创造客观世界”。④ 认识的本质在于，它是对客体的反映，但不是简单、机械、完全的反映，而是经过认识主体头脑选择、改造过的能动的、创造性的反映。

(3)认识的结构。人的认识由认识主体、认识客体和认识中介构成。①认识主体，是指有一定认知能力并从事一定认知活动的人。②认识客体，是指认识活动指向的客观对

① 毛泽东选集(第1卷)[M]. 北京：人民出版社，1991：284.
② 毛泽东选集(第1卷)[M]. 北京：人民出版社，1991：288.
③ 马克思恩格斯选集(第2卷)[M]. 北京：人民出版社，2012：93.
④ 列宁全集(第55卷)[M]. 北京：人民出版社，2017：182.

象。它有三种形式：自然形式的客体、社会形式的客体和精神形式的客体。③认识中介，是指认识工具、手段及相关的操作程序和方法。它包括三种类型：一是实体型的工具或手段，如规矩、准绳、手机、摄影机等物质工具或手段；二是观念型的工具或手段，如概念、范畴、思维方式等精神工具或手段；三是符号型的工具或手段，如自然语言系统、人工语言系统(书面语言系统、计算机语言系统)等。认识中介是认识能力的客观标志，决定着不同时代认识活动的基本方式，是认识的关键环节。人的认识活动，就是认识主体运用认识中介反映认识客体的过程。它们的关系是：一方面，认识主体是首要的、能动的因素，认识中介、认识客体是被使用、被反映的受动因素；另一方面，认识主体对认识客体的反映，既受认识客体发展状况制约，又受认识中介性质及水平制约。认识过程，就是认识主体与认识客体、认识中介相互作用的过程。

(4)认识的形式、过程和规律。马克思主义认识论认为，认识运动有两种形式，即感性认识到理性认识；两个过程，即从感性认识到理性认识的过程和从理性认识到实践的过程；认识规律，就是认识与实践(知与行)相统一的规律。

①从感性认识到理性认识。感性认识，是指对客观事物表面现象或外部联系的认识。它包括感觉、知觉、表象三种形式，其特点是直观性、具体性和生动性。感性认识只有亲自实践才能获得。它是认识的低级阶段，认识的来源，理性认识的基础。理性认识，是指对客观事物内在本质及其规律的认识。它包括概念、判断、推理三种形式，其特点是抽象性、间接性、概括性。认识的真正任务，在于经过感觉而到达思维，到达理性认识(参见：毛泽东《实践论》)。感性认识与理性认识之间，既相互区别、相互对立，又相互联系、相互渗透，是不能分割的。

②从理性认识到实践。认识运动的第二过程，是从理性认识到实践的飞跃。它是理性认识与实践两方面的需要。首先，理性认识只有通过实践才能达到应用的目的，才能改造世界、服务社会，同时只有通过实践才能不断地检验、修正、完善和发展理论。其次，实践必须以正确理论作指导，没有正确理论指导的实践，就有可能成为盲目的、错误的、有害的实践。理性认识到实践的飞跃具有重大意义，它是理论服务于现实、精神力量转化为物质力量的关键环节。

③认识发展的规律。马克思主义认识论认为，对于某一客体的认识而言，在实践基础上从感性认识到理性认识，再从理性认识指导实践，达到了认识的目的，这一认识过程就算完成了。但是，对于过程的推移而言，人们的认识运动并没有完成。毛泽东指出：“通过实践而发现真理，又通过实践而证实真理和发展真理。从感性认识而能动地发展到理性认识，又从理性认识而能动地指导革命实践，改造主观世界和客观世界。实践、认识、再实践、再认识，这种形式，循环往复以至无穷，而实践和认识之每一循环的内容，都比较地进到了高一级的程度。这就是辩证唯物论的全部认识论，这就是辩证唯物论的知行统一观。”①

(5)马克思主义认识论是科学社会调查的理论基础。其表现有三个方面：

①基本特征。马克思主义认识论，是实践基础上的革命的能动的反映论。它的基本特

① 十八大以来重要文献选编(下)[M]. 北京：中央文献出版社，2018：389.

征是：可知论，反映论，辩证论，实践论。科学社会调查，是在实践基础上对调查对象的能动反映。它的基本特征是：调查对象是可知的，调查过程及结果是对调查对象的反映，调查研究必须以唯物辩证法作指导，以实践为基础。

②构成结构。马克思主义认识论认为，认识结构由认识主体、认识客体和认识中介构成。科学社会调查的结构由调查主体、调查客体和调查中介构成。

调查主体就是调查者。每一个调查者都生活在一定的经济、政治、文化、社会关系之中，都具有一定的世界观、人生观和价值观，一定的知识水平、实践经验、社会意识和心理特征等，这一切构成了调查者自身所特有的社会本质。任何调查者都是一个具有特殊社会本质的现实的人。

调查客体就是社会，就是人与自然相统一的生命共同体，即以人和人群共同体为主体，以生产方式为基础的各种要素、各种结构按照一定调节机制组合而成的人类生活共同体。它包括三类客体(即三类“社会现象”)：自然形式的客体(即与人类生活相联系的“自然现象”)、社会形式的客体(即“社会现象”)和精神形式的客体(即“精神现象”)。

调查主体和调查客体的关系，是调查实践基础上反映者和被反映者的关系。首先，调查主体对调查客体的反映，不是照镜子式的纯客观的、消极的、被动的反映，而是调查主体的主观素质参与到其中的积极的、能动的反映。调查主体素质不同、调查工作状况不同，对同一调查客体所得出的调查结果往往不一样。实践说明，调查主体的主观素质和工作状况，对调查结果往往具有决定性作用。其次，调查客体是调查主体的反映对象，对调查结果具有一定的制约作用。当调查客体是“物”时，它发展到什么程度，调查主体才能认识到什么程度，这种制约是客观的、不以调查主体意志为转移的。当被调查客体是“人”时(即被调查者)，其在调查过程中不是消极地被反映，而是能动地被反映。它表现在两个方面：一方面，每一个被调查者总是根据自己的客观地位、思想状况、知识结构、认识能力等社会素质来提供社会信息；另一方面，每一个被调查者在接受调查时也在观察调查者，并根据自己的观察来决定对调查的合作程度。被调查者的社会素质和合作程度不同，提供社会信息的真实度、准确度和深入度就不相同。这说明，当调查客体是“人”时，调查主体对社会现象的认识，在很大程度上受被调查者合作程度和社会素质的制约。其中，“合作程度”可以通过耐心细致的工作加以改变；“社会素质”则很难一下子改变，只能在做调查结论时加以评估。总之，调查主体对调查客体的反映，是调查主体和调查客体相互作用的结果；调查主体的素质和工作状况对调查结果具有主导性作用，调查客体的实际状况和合作程度对调查结果具有不同程度的制约作用。

调查中介，是指调查工具、手段及相关的操作程序和方法。它包括三种类型：一是实体型的工具或手段，如度量衡工具、手机、摄影机、卫星、互联网、网络平台等物质手段或条件；二是观念型的工具或手段，如概念、范畴、变量、思维方式、计算方法或程序等精神手段或条件；三是符号型的工具或手段，如口头语言、书面语言、计算机语言、符号语言等系统。调查中介是调查能力的客观标志，决定着不同时代调查活动的基本方式。

③形式、过程和规律。马克思主义认识论认为，认识运动的两种形式，即感性认识到理性认识；两个过程，即从感性认识到理性认识的过程和从理性认识到实践的过程；认识规律，实践、认识、再实践、再认识这种形式不断反复和无限发展的。科学的社会调查，

就每一次社会调查而言，有两个阶段，即调查阶段和研究阶段。有两个过程，即思维过程(从搜集材料到形成调查结论的思维加工过程)和实践过程(从调查结论到应用实践的过程，也是评估、检验、完善、发展调查结论的过程)。就社会调查推移而言，科学社会调查的运动及其规律，是循着调查、实践、再调查、再实践这种形式不断反复和无限发展的。

以上论述说明，马克思主义认识论是科学社会调查的理论基础，科学社会调查则是马克思主义认识论在工作方法上的具体运用。

2. 马克思主义的群众路线

马克思说："人们自己创造自己的历史"。① 因为，人民群众是历史的创造者，是物质财富的创造者，精神财富的创造者，社会变革的决定力量。认识世界和改造世界，必须依靠人民群众，走群众路线。

所谓"群众路线"，就是一切为了群众，一切依靠群众，从群众中来，到群众中去。毛泽东说："在我党的一切实际工作中，凡属正确的领导，必须是从群众中来，到群众中去。这就是说，将群众的意见(分散的无系统的意见)集中起来(经过研究，化为集中的系统的意见)，又到群众中去作宣传解释，化为群众的意见，使群众坚持下去，见之于行动，并在群众行动中考验这些意见是否正确。然后再从群众中集中起来，再到群众中坚持下去，如此无限循环，一次比一次地更正确、更生动、更丰富。这就是马克思主义的认识论"。②

马克思主义的认识论指出，认识运动是循着实践、认识、再实践、再认识这种形式不断反复和无限发展的；马克思主义的群众路线，是循着从群众中来、到群众中去这种形式不断反复和无限发展的；科学的社会调查，是循着调查、实践、再调查、再实践这种形式不断反复和无限发展的。显然，马克思主义的认识论、群众路线是科学社会调查的理论基础；科学社会调查则是马克思主义的认识论、群众路线在认识方法和工作方法上的具体运用。

第二节　社会调查的指导思想

科学社会调查的指导思想，应该强调三个坚持：一是坚持为人民服务的根本宗旨；二是坚持实事求是的思想路线；三是坚持唯物史观的基本观点。

一、坚持为人民服务的根本宗旨

为人民服务的思想，来源悠久，内涵丰富。科学的社会调查，必须坚持为人民服务的根本宗旨，并把它贯穿于社会调查的全过程。

1. 为人民服务的来源和内涵

(1)为人民服务思想有三个来源。一是来源于中华优秀传统文化中的民本思想。《尚

① 马克思恩格斯选集(第1卷)[M]. 北京：人民出版社，2012：669.

② 毛泽东选集(第3卷)[M]. 北京：人民出版社，1991：899.

书》中的“民惟邦本，本固邦宁”“人无于水监，当于民监”，孔子的“大道之行也，天下为公”，孟子的“民为贵，社稷次之，君为轻”等，都是中华优秀传统文化中为人民服务思想的重要来源。二是来源于马克思主义关于人民群众创造历史的原理。人民群众是社会物质财富的创造者，社会精神财富的创造者，社会变革的决定力量。三是来源于中国共产党为人民服务的优良传统。1944 年 9 月，毛泽东在《为人民服务》的演讲中，号召大家学习张思德完全彻底为人民服务的精神。从此，为人民服务成为中国共产党人的优良传统，中国化马克思主义的重要思想和理论。

(2)为人民服务思想的丰富内涵。第一，为人民服务是中国共产党的根本宗旨。《中国共产党党章》“总纲”第三条规定：“坚持全心全意为人民服务。党除了工人阶级和最广大人民群众的利益，没有自己特殊的利益。党在任何时候都把群众利益放在第一位，同群众同甘共苦，保持最密切的联系，坚持权为民所用、情为民所系、利为民所谋，不允许任何党员脱离群众，凌驾于群众之上。”第二，为人民服务是国家工作人员的法定义务。《中华人民共和国宪法》第二十七条第二款规定：“一切国家机关和国家工作人员必须依靠人民的支持，经常保持同人民的密切联系，倾听人民的意见和建议，接受人民的监督，努力为人民服务。”第三，为人民服务是社会主义道德的根本要求。《关于社会主义精神文明建设若干重要问题的决议》规定：社会主义道德建设“要以为人民服务为核心，以集体主义为原则”；“为人民服务是社会主义道德的集中体现”。第四，为人民服务是人生价值的最高追求。为什么人的问题，是做人的根本问题，也是人生观、价值观的根本问题。科学的人生观、价值观，把为人民服务看作人生最崇高的目的和幸福，看作人生最崇高的价值和意义。全面把握为人民服务思想的丰富内涵，是真正做到为人民服务的重要前提。

2. 把为人民服务贯穿于社会调查全过程

坚持为人民服务根本宗旨，必须把为人民服务思想贯穿于社会调查全过程。

(1)社会调查目的的确定。按照为人民服务的要求确定社会调查目的，必须做到以下两点。首先，社会调查的选题，要符合人民群众的要求。为此，就必须深入实际，调查研究，把群众呼声当作选题的第一信号，把群众需求当作选题的第一需求，把群众关心的热点和难点当作选题的重点。同时，坚决抛弃两眼向上(向领导、向老师等)要选题的旧习，改变两眼向虚(向书本、向文献等)觅选题的局限。其次，社会调查的结果，要满足人民群众的需要。为此，就必须响应群众呼声，满足群众需要，为解决群众关心的热点和难点问题，提出相应的对策或建议。那种把社会调查结果——调查报告或论文，仅仅当作某种政策做论证、作辩护的工具，仅仅当作评职称、升职务的垫脚石的看法，是不正确的。

(2)社会调查方案的设计。按照为人民服务的要求设计社会调查方案，关键做好两方面设计。首先，社会调查内容的设计，要满足人民群众的需要。为此，就必须深入基层，实地踏勘，了解群众生活、工作的实际情况，并根据人民群众的需要设计调查的具体内容——调查项目、调查指标及其文字表述等。其次，社会调查工作的安排，要符合调查对象的实际。为此，必须先了解调查对象生活、工作的时间、节奏和习惯，并按照调查对象的实际情况来安排调查工作的时间、地点、方式、方法、人员配备与组合、工作日程和进度等。上述两个方面的设计，都不能坐在办公室里想当然，更不应片面强调调查者的需要和方便。只有按照调查对象实际情况做出合理安排，才是为人民服务的好设计。

(3)社会调查工作的实施。按照为人民服务的要求实施社会调查，应该突出两个要点。首先，要有谦虚、谨慎的态度。毛泽东说："必须明白：群众是真正的英雄，而我们自己则往往是幼稚可笑的，不了解这一点，就不能得到起码的知识"。① 习近平也指出，搞社会调查"要拜人民为师，向人民学习，放下架子、扑下身子，接地气、通下情"，②"身入"更要"心至"。其次，要有灵活、机动的方式和方法。这有三个方面的原因：一是调查者及其所在单位的情况是不断变化的；二是调查对象及其所在地区、单位的情况也是不断变化的；三是调查过程中往往会发现原设计中存在一些缺陷或问题。因此，社会调查的方式方法，应有一定的灵活性和机动性，以便适应新情况，及时做出改变或调整。

(4)社会调查成果的应用。按照为人民服务的要求应用社会调查成果，应该努力做到两点。首先，按照为人民服务的要求评估社会调查成果。在对社会调查成果的真实性、科学性、创新性和人民性评估中，应该把人民性评估(呼应群众呼声、满足群众需要、解决群众关心的热点和难点问题)作为重点。其次，按照为人民服务的要求应用社会调查成果。调查本身不是目的，为人民群众服务才是目的。因此，只有能广泛推广应用的调查成果，才是为人民服务的好成果。

二、坚持实事求是的思想路线

"实事求是"是一个古词语，经新释后成为中国共产党的思想路线和基本原则。在社会调查中，只有排除各种主客观因素干扰，才能坚持实事求是的原则。

1. 实事求是的来源和新释

(1)实事求是的来源与演变。"实事求是"这一词语，出自《汉书·河间献王刘德传》。原文为："河间献王德以孝景前二年立，修学好古，实事求是。"这是说，刘德(公元前171—前129年)公元前155年受封为河间(在今河北)献王。他研究学问，酷好古籍，务得实事，力求真古。据史书记载，刘德为了收集古籍，不畏劳苦，奔走于洛阳、山东、河北等地；组织贤士认真校勘、整理古籍，态度极为严谨，对残缺不全、字异文非和不同版本，必研讨辨析、勘误订正、校理成册；多次车载古籍入朝，为典籍匮乏的汉初雪中送炭，汉武帝十分高兴，每次都举行隆重的接书仪式，向其询问儒学问题，刘德对答如流，论之有据。因此，汉武帝对这位同父异母的哥哥十分器重，多次亲自把盏钦命赐酒，奖赏金帛，一时间刘德贤名传遍天下。后其遭汉武帝猜疑忧悒成疾，于公元前129年逝世，年仅42岁。刘德为王26载，不卷入王权争夺漩涡，将毕生精力投入古籍的收集与整理，深受士大夫们赞扬。班固在《汉书》中专门为其立传，赞扬刘德"实事求是"的精神。

唐经学家颜师古对"实事求是"的解释是："务得事实，每求真是也。"清乾嘉学派提倡"实事求是之学"：立义必凭证据，援据以古为尚，孤证不为定说，隐匿或曲解证据为不德，剿袭旧说为不德，文体贵朴实简洁，辩诘不避本师，不出本题，词旨务笃实温厚等。总体而言，具有复古、泥古的严重局限。

(2)实事求是的新释。毛泽东、邓小平和中国共产党人，在长期革命、建设、改革实

① 毛泽东农村调查文集[M]. 北京：人民出版社，1982：15-17.

② 习近平. 在中共中央政治局民主生活会上的讲话[Z]. 新华社新媒体，2017-12-26.

践的基础上，对“实事求是”做出了新的解释。

1941 年 5 月 19 日，毛泽东在延安干部会议上的报告《改造我们的学习》中指出：“‘实事’，就是客观存在着的一切事物，‘是’就是客观事物的内部联系，即规律性，‘求’就是我们去研究。”这样就对“实事求是”作出了完全符合马克思主义认识论的全新解释，从而极大丰富了“实事求是”的内涵。

1978 年 12 月 13 日，邓小平在《解放思想，实事求是，团结一致向前看》的讲话中指出：“关于实践是检验真理的唯一标准问题的讨论，实际上也是要不要解放思想的争论。……只有解放思想，坚持实事求是，一切从实际出发，理论联系实际……我们党的马列主义、毛泽东思想的理论也才能顺利发展。从这个意义上说，关于真理标准问题的争论，的确是个思想路线问题……”这样就把“实事求是”提升到了党的“思想路线”的高度。

1981 年 6 月 27 日，中共十一届六中全会通过的《关于建国以来党的若干历史问题的决议》，把“实事求是”与“群众路线”“独立自主”联系起来，规定为毛泽东思想的活的灵魂，并特别强调“实事求是”是毛泽东同志的“思想路线，我们党必须永远坚持”。

2017 年 10 月 24 日，中共十九大通过的《中国共产党党章》“总纲”第二条规定：“党的思想路线是一切从实际出发，理论联系实际，实事求是，在实践中检验真理和发展真理。”

上述“实事求是”新释的发展历程说明，把实事求是规定为中国共产党的思想路线，实是中华优秀传统文化和马克思主义相结合的产物和典范。

2. 排除各种干扰，坚持实事求是

实践证明，在社会调查过程中坚持实事求是原则，经常会受到各种主客观因素的干扰。因此，只有排除各种干扰，才能坚持实事求是原则。

(1)排除主观因素的干扰。为此，要努力做到几个“不唯”：①“不唯上”，即不能为了迎合某些领导人的意图，或迎合某些权威人士的观点，而任意选择、剪裁、歪曲客观事实。②“不唯书”，即不能为书本上已有结论或过时老框框所禁锢，而不尊重活生生的现实。③“不唯众”，即不能“随大流”，不能为多数人不符合客观实际的看法所左右。④“不唯己”，即不能以自己的看法为转移，害怕否定自己不符合实际的观点。⑤“不唯法”，即不能为已不符合实际或不利于生产力发展的某些法律、法规所束缚。⑥“不唯洋”，即不能盲目以外国人的是非为是非，以外国人的好恶为好恶。

(2)排除客观因素的干扰。主要是排除三个方面的干扰：①排除来自上层的干扰。主要是某些领导人或权威人士出于一定目的，对调查研究或明或暗地“作指示”“划框框”“定调调”。②排除来自基层的干扰。主要是某些基层组织或干部出于某种目的，对调查者作“假汇报”、供“伪材料”、做“巧安排”。③排除来自调查对象的干扰。主要是某些调查对象出于某种误解或顾虑，不回答或不真实回答问题，甚至不配合、不接受调查。

坚持为人民服务的根本宗旨与坚持实事求是的思想路线，是紧密联系在一起的。恩格斯曾经指出：“科学越是毫无顾忌和大公无私，它就越符合工人的利益和愿望”。①社会调查也是如此。求实必须无畏，无畏必先无私。只有无畏无私，才能真正求实。

---

① 马克思恩格斯选集(第 4 卷)[M]. 北京：人民出版社，1995：258.

因此，全心全意为人民服务的观点和实事求是的观点，应该成为科学社会调查最根本的指导思想。

三、坚持唯物史观的基本观点

唯物史观的发现，是社会历史观领域里的伟大革命。反对唯心史观，坚持唯物史观，是科学社会调查的内在要求。

1. 唯物史观是马克思的伟大发现

历史观，也称社会历史观，是对社会历史的根本观点或总的看法，是世界观的组成部分。在唯物史观(亦称“历史唯物主义”)诞生前，人们总是用神的意志、领袖人物思想或某种隐秘理性，即用某种精神因素去解释历史。某些资产阶级学者用脱离一定社会历史条件的生物学意义上的、抽象的“人”去解释历史，与神学观念相比，这是一大进步。但是，这种从抽象的人出发去解释历史，就必然把历史发展归结为人的善良天性或崇高理性，这仍然没有超出唯心史观的范畴。

1883 年 3 月，恩格斯在马克思墓前的讲话中指出：“正像达尔文发现有机界的发展规律一样，马克思发现了人类历史的发展规律，即历来为繁芜丛杂的意识形态所掩盖着的一个简单事实：人们首先必须吃、喝、住、穿，然后才能从事政治、科学、艺术、宗教等等；所以，直接的物质的生活资料的生产，从而一个民族或一个时代的一定的经济发展阶段，便构成基础，人们的国家设施、法的观点、艺术以至宗教观念，就是从这个基础上发展起来的，因而，也必须由这个基础来解释，而不是像过去那样做得相反。”①简言之，马克思所发现的“人类历史的发展规律”，就是历史唯物主义，即唯物史观。

唯物史观不同于以往的一切历史观，它认为历史的主体是人，是处于一定历史条件之下、一定社会关系之中的现实的人，他们的一切活动取决于自己所处的物质生活条件。唯物史观也不同于各门具体社会科学，它着眼于从总体上、全局上研究社会的一般结构和发展规律，它的任务是为各门具体社会科学提供历史观和方法论。实践证明，唯物史观是马克思的伟大发现，是社会历史观领域的一场伟大变革，从此关于社会历史的各门学问才逐渐成为真正的科学。

2. 科学社会调查，必须以唯物史观为指导

唯物史观的内容博大精深、极其丰富。科学社会调查，必须自觉地以唯物史观为指导，把它贯穿于社会调查的全过程，特别是应用于调查方案设计和思维加工这两个环节。唯物史观的主要内容和基本观点，可简述于下。

(1)社会存在决定社会意识，社会意识反作用于社会存在。

社会存在，是指社会物质生活条件的总和，包括地理环境、人口因素和生产方式。其中，物质资料生产方式是社会的基础。社会意识，是指社会的一切意识要素和观念形态，包括社会心理和社会意识形式。社会意识形态，是社会意识形式中与一定经济、政治直接相联系的观点、概念的总和，如政治法律思想、宗教、道德、艺术、哲学等，它们是一定经济基础和政治制度的反映。唯物史观认为，社会存在第一性，对社会意识有决定作用；

① 马克思恩格斯选集(第 3 卷)[M]. 北京：人民出版社，2012：1002.

社会意识第二性，是社会存在的反映；社会意识对社会存在起促进或阻碍作用，在一定条件下起决定作用。

科学社会调查的选题和设计，首先，要注重社会物质生活条件的研究，特别是物质资料生产方式对社会发展起决定作用的研究。其次，要注重社会精神生活的研究，社会心理、社会意识形式和社会意识形态的研究。再次，要注重社会存在与社会意识关系的研究，特别是社会意识对社会存在的反作用，以及在一定条件下起决定作用的研究。科学社会调查的思维加工，更应自觉地以“社会存在决定社会意识，社会意识反作用于社会存在”等一系列观点为指导思想；否则，就不可能做出科学的调查结论。

(2)物质资料生产，是社会存在和发展的基础。

物质资料生产，有三个硬件要素、两个软件要素和两个方面关系。三个硬件要素：劳动者、劳动资料和劳动对象。两个软件要素：科学技术和管理。两个方面关系：人与自然的关系，表现为征服、改造自然的能力，即生产力；人与人的关系，即生产关系。马克思说，“人们在自己生活的社会生产中发生一定的、必然的、不以他们的意志为转移的关系，即同他们的物质生产力的一定发展阶段相适合的生产关系。这些生产关系的总和构成社会的经济结构”,① 一个时代、一个民族、一个国家的政治、法律、文化、科学、艺术、宗教等是在一定经济基础上发展起来的，必须由这个基础来解释，而不能反之。

科学社会调查的选题和设计，首先要关注物质资料生产的研究。特别是关注其中劳动者、劳动资料和劳动对象及其相互关系的研究；科学技术和管理及其相互关系的研究；硬件要素与软件要素及其相互关系的研究。其次要关注人与自然关系的研究；人与人关系的研究；生产力与生产关系之间关系的研究。只有这方面的调查研究打下了坚实基础，才能搞好其他方面的调查研究。科学社会调查的思维加工，也应该自觉地以“物质资料生产，是社会存在和发展的基础”等一系列观点作为指导思想；否则，就有可能得出错误的结论。

(3)社会基本矛盾是一切社会发展的根本动力。

社会基本矛盾，是指生产力和生产关系的矛盾、经济基础和上层建筑的矛盾。

生产力和生产关系的关系：一方面，生产力决定生产关系，生产力的状况、性质和变化，决定生产关系的状况、性质和变化；另一方面，生产关系对生产力有反作用，在一定条件下具有决定作用。生产关系与生产力的关系，由适合到不适合，再到新基础上适合的过程，是循环往复、无限发展的。这是生产力与生产关系矛盾运动的基本形式。

经济基础与上层建筑的关系：一方面，经济基础决定上层建筑，决定上层建筑的产生、性质和变革；另一方面，上层建筑是经济基础在政治、思想上的表现，对经济基础有反作用，在一定条件下具有决定作用。上层建筑与经济基础的关系，由适合到不适合，再到新基础上适合的过程，是循环往复、无限发展的。这是经济基础与上层建筑矛盾运动的基本形式。

生产力和生产关系的矛盾，经济基础和上层建筑的矛盾，是一切社会共有的矛盾。一方面，经济基础和上层建筑的矛盾受生产力和生产关系矛盾的制约；另一方面，生产力和

① 马克思恩格斯选集(第2卷)[M]. 北京：人民出版社，2012：2.

生产关系矛盾的解决又依赖于经济基础和上层建筑矛盾的解决。这两对矛盾的联系和运动，是推动一切社会发展的根本动力。

科学的社会调查，在选题上，特别是在调查设计和思维加工中，必须以社会基本矛盾理论为指导，否则就不可能获得科学的、有实践意义的调查成果。

(4)在阶级社会，阶级斗争是社会发展的直接动力。

列宁说："所谓阶级，就是这样一些大的集团，这些集团在历史上一定的社会生产体系中所处的地位不同，同生产资料的关系(这种关系大部分是在法律上明文规定了的)不同，在社会劳动组织中所起的作用不同，因而取得归自己支配的那份社会财富的方式和多寡也不同。所谓阶级，就是这样一些集团，由于它们在一定社会经济结构中所处的地位不同，其中一个集团能够占有另一个集团的劳动"。① 阶级斗争，就是根本利益对立阶级之间的对立和斗争，它是解决阶级矛盾的基本手段。阶级分析方法，就是运用阶级和阶级斗争理论，去观察和分析社会现象的思维方法。在阶级社会，阶级斗争是社会发展的直接动力。

科学的社会调查，如果选择阶级社会里的选题，其调查设计和思维加工，就必须以阶级和阶级斗争理论为指导，否则就不可能获得科学的调查成果。

(5)人民群众是历史的创造者。

唯物史观认为，人民群众是历史的创造者。因为，人民群众是物质财富的创造者，精神财富的创造者，社会变革的决定力量。根据这一原理，就应高度重视人民群众的作用，就应一切为了群众，一切依靠群众；一切从群众中来，到群众中去；为人民服务，把人民群众的根本利益作为一切工作的出发点和归宿点。

坚持人民群众是历史创造者原理，应该注意两个问题。第一，正确认识人民群众创造历史的社会制约性。人民群众创造历史，不是随心所欲地创造历史，而是在既定的、从过去继承下来的经济、政治、文化、社会、生态条件下创造历史。正确对待从过去继承下来的社会制约性，是人民群众创造历史活动成败的关键。第二，正确认识人民群众创造历史与历史人物作用的辩证关系。唯物史观强调人民群众是历史的创造者，但不否认甚至非常重视杰出人物在历史发展中的作用。历史证明，杰出人物往往是历史事件的发现者、倡导者、领导者，对历史事件的发展过程及其结果往往会产生巨大影响。因此，必须把人民群众创造历史与杰出人物作用辩证统一起来，正确评价历史人物的重要作用。

科学的社会调查，首先要关注人民群众创造历史方面的选题，其次要关注杰出人物在历史上的作用的选题。在选题、设计和思维加工中，既要兼顾人民群众创造历史和人民群众创造历史的社会制约性这两方面；又要兼顾人民群众创造历史与杰出人物的重要作用这两方面。只有如此，才能科学选题，并做出科学结论。

(6)科学技术是社会发展的重要推动力。

科学技术有多种功能：有认识功能，可开阔视野、增长知识；有经济功能，可发展生产、改善经济；有政治功能，可扩大影响、促进变革；有军事功能，可提高战斗力、改革

---

① 列宁选集(第4卷)[M]. 北京：人民出版社，1995：11.

军事结构；有文化功能，可丰富文化形式、开拓新领域；有社会功能，可改变生活方式、促进社会变革；有生态功能，可监控生态状况、改善生态环境。一句话，科学技术是第一生产力，是社会发展的重要推动力。但是，科学技术作用的发挥有很大的社会制约性。科学技术只有在上层建筑各种因素的支持下，以一定生产关系为基础，与各种生产力要素相联系，才能发挥重要作用。因此，坚持科学技术是社会发展推动力的同时，必须反对“科学技术决定论”。

科学社会调查的选题、设计和思维加工，一方面，要注意突出科学技术是社会发展重要推动力的内容；另一方面，要阐明科学技术发挥作用的各种社会制约因素，并坚决摒弃“科学技术决定论”的影响。只有如此选题、设计和思维加工，才能得出科学的结论。

(7)人的本质是一切社会关系的总和。

马克思指出：“人的本质不是单个人所固有的抽象物，在其现实性上，它是一切社会关系的总和。”①这是说，人的本质不是脱离人所在的社会历史条件和社会关系的纯生物学意义上的人。在现实中，每一个人都与周围发生各种各样的关系，每时每刻都受到这些关系的熏陶和影响，从而形成自己的社会本质。因此，每一个人的社会本质都是其所处的“一切社会关系的总和”。

为什么招生、征兵、考公务员、提拔干部时，都要填写各种“登记表”“履历表”？因为，“登记表”中的每一个项目，如性别、年龄、出生地、居住地、文化程度、婚姻状态等，“履历表”中的每一项经历，如何时何地从事何种工作，曾任职务，现任职称，曾获何种奖励，受过何种处分等，实际上都是一种社会关系。如果项目设计是全面的，填写内容是真实的，那么通过登记表、履历表的记载，就可对填写者的社会本质做出大体的、初步的判断。

科学的社会调查，如果研究某类人的社会本质，那么在调查设计、信息搜集和思维加工中，就应该着重在这类人“一切社会关系的总和”上下功夫、做文章。只有抓住、抓好了这个重点，才能取得好的调查成果。

(8)社会发展、社会进步及其衡量标准。

唯物史观认为，人类社会发展是自然历史过程；人民群众是历史的创造者。这就是说，人类社会发展是自然历史过程与人类自觉创造过程的统一。

社会进步，是对社会前进发展的概括。生产力标准是衡量社会进步的根本标准。“每个人自由而全面发展的社会”(《共产党宣言》)，是社会进步的最高标准。因此，生产力发展与人的全面而自由发展的统一，是衡量社会进步的最终标准。

科学的社会调查，在调查选题、调查设计和思维加工中，应该高度重视社会发展是客观规律性与人的自觉活动的统一这两个方面。在衡量社会进步方面，既要坚持生产力这一根本标准，又要坚持人的全面而自由发展这一最高标准，并努力把这两者有机地统一起来。只有如此，才能科学说明社会发展和社会进步。

---

① 马克思恩格斯选集(第1卷)[M]. 北京：人民出版社，2012：135.

第三节　社会调查的原则和作风

为了保证社会调查工作的顺利进行和社会调查结果的正确应用，社会调查必须遵守一些基本原则，必须树立一套良好作风。

一、社会调查的基本原则

社会调查必须遵循三个方面的原则，即政治原则、法律原则和道德原则。

1. 政治原则

(1)坚持中国共产党领导。“中国共产党领导是中国特色社会主义最本质的特征，是中国特色社会主义制度的最大优势。”①在中国，围绕中国特色社会主义建设开展社会调查，就必须坚持中国共产党领导。首先，必须坚持中国共产党在政治上、思想上的领导，主要是中国共产党基本理论、基本路线、基本方略的领导。其次，必须坚持中国共产党在组织上、工作上的领导。

在社会调查中坚持中国共产党领导，就应在社会调查的全过程，即从选题、设计、调查、研究，到成果应用等方面，力求体现中国共产党的基本理论、基本路线或基本方略。在组织调查队伍、安排调查工作等方面，应尽可能争取当时当地中共党组织和党员的支持。实践证明，这是社会调查成败的首要关键。

(2)坚持马克思主义。马克思主义，是关于全世界无产阶级和全人类彻底解放的学说。毛泽东思想、邓小平理论、“三个代表”重要思想、科学发展观、习近平新时代中国特色社会主义思想，是马克思主义与中国革命、改革、建设实践相结合的产物，是中国化的马克思主义。

在社会调查中坚持马克思主义，就应在社会调查的全过程，即从选题，到设计、调查、研究，再到成果应用等各个方面，自觉地以马克思主义和中国化的马克思主义作为理论基础和指导思想。实践证明，这是社会调查能否得出科学结论的根本保证。

(3)坚持人民民主专政。人民民主专政，是工人阶级(通过中国共产党)领导的，以工农联盟为基础的，对人民实行民主和对敌人实行专政的国家制度。中国共产党领导的人民政权，在人民内部实行民主，逐步扩大社会主义民主，发展社会主义民主政治；对敌对势力和犯罪分子实行专政。

在社会调查中坚持人民民主专政，就应在社会调查的全过程，即从选题，到设计、调查、研究，再到成果应用等各个方面，一方面，对人民群众充分发扬民主，最大限度地依靠人民群众开展社会调查；另一方面，对敌对势力和犯罪分子，包括帝国主义、霸权主义以及它们的走狗、汉奸，各种分裂分子、暴恐分子的干扰和破坏，保持高度警惕和坚决回击。

(4)坚持中国特色社会主义道路。中国特色社会主义道路，就是在中国共产党领导下，立足中国国情，以经济建设为中心，坚持四项基本原则，坚持改革开放，解放和发展

① 习近平. 习近平谈治国理政(第3卷)[M]. 北京：外文出版社，2020：181.

生产力，建设社会主义市场经济、社会主义民主政治、社会主义先进文化、社会主义和谐社会、社会主义生态文明，促进人的全面发展，建设富强、民主、文明、和谐、美丽的社会主义现代化强国，实现中华民族伟大复兴。

在社会调查中坚持中国特色社会主义道路，就应在社会调查的全过程，即从选题，到设计、调查、研究，再到成果应用等各个方面，围绕建设社会主义市场经济、民主政治、先进文化、和谐社会、生态文明，为把中国建设成富强、民主、文明、和谐、美丽的社会主义现代化强国，作出自己的贡献。

(5)坚持改革开放。改革是指对内改革，就是在坚持社会主义的前提下，改革生产关系与生产力之间、上层建筑与经济基础之间不相适应的方面和环节，促进生产力发展、经济基础完善。开放是指对外开放，包括对外资准入、国外知识产权保护和合作、国外商品和服务进口、国际宏观经济政策协调和落实等。

在社会调查中坚持改革开放，就应在社会调查的全过程，即从选题，到设计、调查、研究，到成果应用等各个方面，坚持以经济建设为中心，发展生产力；坚持中国特色政治发展道路，深化政治体制改革；坚持发展先进文化，加强社会主义精神文明建设；坚持保障民生，改善人民生活；坚持保护环境和节约资源，推进生态文明建设；坚持加强和改善党的领导，保持党的先进性和纯洁性。①

2. 法律原则

社会调查必然涉及各类社会群体，涉及社会生活的各个方面。为了保证社会调查的顺利进行，在社会调查过程中必须遵守下列法律有关原则。

(1)必须遵守《中华人民共和国宪法》的有关原则。主要是："中华人民共和国公民在法律面前一律平等"；"中华人民共和国公民有言论、出版、集会、结社、游行、示威的自由"；"中华人民共和国公民的人身自由不受侵犯"；"中华人民共和国公民的人格尊严不受侵犯"；"中华人民共和国公民的住宅不受侵犯"；"中华人民共和国公民的通信自由和通信秘密受法律的保护"等。

(2)必须遵守《中华人民共和国民法》的有关原则。主要是："民事主体的人身权利、财产权利以及其他合法权益受法律保护，任何组织或者个人不得侵犯"；"民事主体在民事活动中的法律地位一律平等"；"民事主体从事民事活动，应当遵循诚信原则，秉持诚实，恪守承诺"等，以及民法通则、物权法、合同法、担保法、侵权责任法、婚姻法、继承法、消费者权益保护法等。

(3)必须遵守《中华人民共和国妇女权益保障法》的有关原则。主要是："妇女在政治的、经济的、文化的、社会的和家庭的生活等各方面享有同男子平等的权利"；"实行男女同工同酬。妇女在享受福利待遇方面享有与男子平等的权利"；"妇女在经期、孕期、产期、哺乳期受特殊保护"；"任何组织和个人不得以妇女未婚、结婚、离婚、丧偶等为由，侵害妇女在农村集体经济组织中的各项权益"等。

(4)必须遵守《中华人民共和国未成年人保护法》的有关原则。主要是："国家保护未成年人的生存权、发展权、受保护权、参与权等权利。未成年人依法平等地享有各项权

① 习近平. 在庆祝改革开放40周年大会上的讲话[Z]. 新华网，2018-12-18.

利，不因本人及其父母或者其他监护人的民族、种族、性别、户籍、职业、宗教信仰、教育程度、家庭状况、身心健康状况等受到歧视”；“处理涉及未成年人事项，应当符合下列要求：(一)给予未成年人特殊、优先保护；(二)尊重未成年人人格尊严；(三)保护未成年人隐私权和个人信息；(四)适应未成年人身心健康发展的规律和特点；(五)听取未成年人的意见；(六)保护与教育相结合”等。

(5)必须遵守《中华人民共和国老年人权益保障法》的有关原则。主要是：“国家保障老年人依法享有的权益。……禁止歧视、侮辱、虐待或者遗弃老年人”；“国家和社会应当采取措施……实现老有所养、老有所医、老有所为、老有所学、老有所乐”；“老年人的婚姻自由受法律保护”；“老年人对个人的财产，依法享有占有、使用、收益和处分的权利，子女或者其他亲属不得干涉”等。

(6)必须遵守《中华人民共和国残疾人保障法》的有关原则。主要是：“残疾人在政治、经济、文化、社会和家庭生活等方面享有同其他公民平等的权利”；“禁止侮辱、侵害残疾人”；“全社会应当发扬人道主义精神，理解、尊重、关心、帮助残疾人，支持残疾人事业”；“禁止对残疾人实施家庭暴力，禁止虐待、遗弃残疾人”；“国家保障残疾人享有各项社会保障的权利”等。

(7)必须遵守《中华人民共和国民族区域自治法》的有关原则。主要是：“坚持实行民族区域自治”；“要反对大民族主义，主要是大汉族主义，也要反对地方民族主义”；“禁止破坏民族团结和制造民族分裂的行为”；“保障各民族公民有宗教信仰自由”；“任何人不得利用宗教进行破坏社会秩序、损害公民身体健康、妨碍国家教育制度的活动。宗教团体和宗教事务不受外国势力的支配”等。

(8)必须遵守知识产权法的有关原则。按《中华人民共和国民法通则》第五章第三节所列，知识产权包括商标权、专利权、著作权、发现权、发明权，以及其他科技成果权等。其中，尤以著作权与社会调查的联系最为密切。《中华人民共和国著作权法》规定：“中国公民、法人或者非法人组织的作品，不论是否发表，依照本法享有著作权。……外国人、无国籍人的作品首先在中国境内出版的，依照本法享有著作权。”

此外，在社会调查中还应该遵照有关法律的规定，尊重调查对象的生命权、财产权、姓名权、名誉权、肖像权、隐私权、人格尊严，以及有关少数民族的各项合法权利和自由，而不能有任何违法行为；在与调查对象的互动中，还要严格遵守自愿、知情、无害、匿名、保密等原则。

3. 道德原则

(1)爱岗敬业。社会调查工作者，要热爱调查工作岗位，敬重社会调查事业，这是做好社会调查工作的基础。

(2)恭敬严肃。在社会调查中，对调查对象必须恭敬、严肃、有礼貌。只有如此，调查对象才会认真、严肃地回答问题。

(3)平等相待。在社会调查中，必须在人格、权利、机会上平等对待调查对象。只有如此，才有可能获得调查对象的积极合作。

(4)诚实守信。在社会调查中，调查者必须诚实守信。对自己，言行一致，光明磊落；对他人，表里如一，以诚相待。

(5)团结友善。在社会调查中，对调查对象要团结友善，设身处地，将心比心，真正做到“己所不欲，勿施于人”。

二、社会调查的工作作风

工作作风，是人们在工作中体现出来的比较稳定的精神状态和行为特点，是贯穿于工作过程中的一贯风格，是人们思想观念、理论基础、指导思想的外在表现。为了保证社会调查的顺利进行，必须培养和树立一套优良的工作作风。

1. 深入基层，接地气

社会调查，必须深入基层。毛泽东说：“要做这件事，第一是眼睛向下，不要只是昂首望天。没有眼睛向下的兴趣和决心，是一辈子也不会真正懂得中国的事情的”。① “眼睛向下”，下到何处？下到“基层”，即社会的底层，如农村的村组，工厂的车间，学校的班级，医院的科室，等等。

为何要下到基层？“知屋漏者在宇下，知政失者在草野。”(王充《论衡》)基层是群众劳动、工作、生活的底层，是社会生活最丰富、最活跃的地方，社会现象最真实、最具体的地方，社会问题最突出、最集中的地方，最容易接近群众的地方。习近平指出，“开展调查研究，要扑下身子、沉到一线，迈开步子、走出院子，到车间码头，到田间地头，到市场社区，亲自察看、亲身体验”。② 只有深入基层、深入群众，才能接地气，了解到群众劳动、工作、生活的真实情况，才能做出正确的调查结论。

2. 谦虚讨教，做学生

毛泽东在回忆寻乌、兴国等调查时说：开调查会“到会的，应是真正有经验的中级和下级的干部，或老百姓。……这些干部、农民、秀才、狱吏、商人和钱粮师爷，就是我的可敬爱的先生，……没有满腔的热忱，没有眼睛向下的决心，没有求知的渴望，没有放下臭架子、甘当小学生的精神，是一定不能做，也一定做不好的。必须明白：群众是真正的英雄，而我们自己则往往是幼稚可笑的，不了解这一点，就不能得到起码的知识”。③

然而，“有许多人，‘下车伊始’，就哇喇哇喇地发议论，提意见，这也批评，那也指责”。“我们党吃所谓‘钦差大臣’的亏，是不可胜数的”。④ 非常遗憾，这种“钦差大臣”式的调查，至今仍相当普遍。这种人做调查，往往是满口官腔、夸夸其谈，只有哗众取宠之意，毫无求真务实之心。只能做“查户口”“当侦探”式的调查，只有完成任务之意，毫无求取真知之心。这种调查，虽有可能了解到某些现象，却很难寻觅得真知。

3. 身入心通，寻真情

社会调查，必须身入心至。毛泽东说：“群众不讲真话，是因为他们不知道你的来意究竟是否于他们有利。要在谈话过程中和做朋友的过程中，给他们一些时间摸索你的心，逐渐地让他们能够了解你的真意，把你当做好朋友看，然后才能调查出真情况来。群众不

---

① 毛泽东农村调查文集[M]. 北京：人民出版社，1982：15-16.
② 习近平. 党的十九届一中全会上的讲话[J]. 求是，2018(1).
③ 毛泽东农村调查文集[M]. 北京：人民出版社，1982：16-17.
④ 毛泽东农村调查文集[M]. 北京：人民出版社，1982：17.

讲真话，不怪群众，只怪自己”。①

怎样才能让群众“把你当做好朋友看”？首先，要身入。就是要迈开步子，走出院子，甚至翻高山，钻老林，到基层，踏踏实实做调查。其次，要心至。“身入”解决“到场”问题，“心至”解决“心态”问题，即要有爱民、忧民、为民、惠民之心和接受群众监督的诚心。再次，要心通。“心至”解决心态问题，“心通”解决互信问题：一方面，调查者要给调查对象“一些时间摸索你的心”，“逐渐地让他们能够了解你的真意”；另一方面，调查者要在“做朋友的过程”中，逐渐了解调查对象的心。只有“心通”，才能成为“好朋友”，才能“说真话”。

实践证明，那种只观“前庭花”，不察“后院渣”，专注抓镜头的表演式调查，那种走马观花、浮光掠影、蜻蜓点水的式调查，那种做侦察、查户口、填问卷的问答式调查，是很难了解到真实情况的。

4. 勤奋扎实，求真知

社会调查，必须勤奋扎实。毛泽东说，“初次从事调查工作的人，要作一两回深入的调查工作，就是要了解一处地方(例如一个农村、一个城市)，或者一个问题(例如粮食问题、货币问题)的底里。深切地了解一处地方或者一个问题了，往后调查别处地方、别个问题，便容易找到门路了”。② 陈云说，“难者在弄清情况，不在决定政策。我们应该用百分之九十以上的时间去弄清情况，用不到百分之十的时间来决定政策。这样决定的政策，才有基础”③。

社会调查是一件艰苦的工作，调查者一定要勤奋踏实。首先，要有艰苦作风。一是生活上要艰苦。无论到什么地方做调查，在生活上都要与群众同甘苦，决不能搞特殊化。二是工作上要艰苦。要不怕困难，不怕挫折，不怕劳累，不怕遭冷眼、受冷遇、坐冷板凳。其次，要有勤奋作风。要脚勤、眼勤、口勤、手勤、脑勤，要勤于调查，勤于记载，勤于思考，勤于研究。

社会调查要求真知，就必须与形式主义、假调研作斗争。习近平指出，“有的下基层调研走马观花，下去就是为了出镜头、露露脸，坐在车上转，隔着玻璃看，只看‘门面’和‘窗口’，不看‘后院’和‘角落’，群众说是‘调查研究隔层纸，政策执行隔座山’。有的明知报上来的是假情况、假数字、假典型，也听之任之，甚至通过挖空心思造假来粉饰太平”。④ 这是应该坚决反对的。

习近平指出：“作风问题本质上是党性问题。对我们共产党人来讲……是衡量对马克思主义信仰、对社会主义和共产主义信念、对党和人民忠诚的一把十分重要的尺子”。⑤ “党的作风就是党的形象，关系人心向背，关系党的生死存亡”；⑥ “作风建设永

① 毛泽东农村调查文集[M]. 北京：人民出版社，1982：27.

② 毛泽东农村调查文集[M]. 北京：人民出版社，1982：10.

③ 中共中央文献研究室. 毛泽东周恩来刘少奇朱德邓小平陈云论调查研究[M]. 北京：中央文献出版社，2006：103-104.

④ 习近平. 习近平谈治国理政[M]. 北京：外文出版社，2014：369.

⑤ 习近平. 习近平谈治国理政(第2卷)[M]. 北京：外文出版社，2017：165.

⑥ 中共中央纪律检查委员会、中共中央文献研究室. 习近平关于党风廉政建设和反腐败斗争论述摘编[M]. 北京：中国方正出版社，2015：8.

远在路上”。① 社会调查也是如此。社会调查的工作作风问题，本质上是信仰、信念问题，是衡量对社会调查事业忠诚的一把尺子，它关系到社会调查的形象和成败。社会调查的工作作风建设，永远在路上！

思考与练习

1. 什么是民本主义？为什么说民本主义是古代社会调查的理论基础？
2. 略论实学的中心思想——“经世致用”。
3. 就认识论而言，古代知行学说包括哪些内容？
4. 什么是实证主义？什么是证伪理论？简述“实证机制”与“试错机制”的异同。
5. 何谓“范式”？它与“科学发展阶段论”有何关系？
6. 试论马克思主义认识论及其基本特征。
7. 为什么说马克思主义认识论、群众路线是科学社会调查的理论基础？
8. 略论为人民服务的来源与内涵。
9. 在社会调查中，怎样才能坚持实事求是原则？
10. 什么是唯物史观，它有哪些基本观点？

推荐阅读

1. 五子之歌[M]//尚书. 北京：中华书局，2012.

2. 无逸[M]//尚书. 北京：中华书局，2012.

4. 毛泽东. 实践论[M]//毛泽东选集(第 1 卷). 北京：人民出版社，1991.

4. 毛泽东. “农村调查”的译文和跋[M]//毛泽东选集(第 3 卷). 北京：人民出版社，1991.

5. 毛泽东. 关于领导方法的若干问题[M]//毛泽东选集(第 3 卷). 北京：人民出版社，1991.

6. 马克思恩格斯选集(第 3 卷)[M]. 北京：人民出版社，2012.

7. 习近平. 在庆祝改革开放 40 周年大会上的讲话[Z]. 新华网，2018-12-18.

① 习近平. 习近平谈治国理政(第 3 卷)[M]. 北京：外文出版社，2020：499.

第二篇

准备阶段

社会调查的过程，大体可分为四个阶段：准备阶段，调查阶段，研究阶段，总结阶段。

准备阶段，是社会调查的决策阶段，是社会调查工作的真正起点。科学设计调查方案，是准备阶段的核心任务。

第四章　调查方案的设计与实施

本章要点

1. 选择调查课题是社会调查最重要的决策，它决定着调查的总方向、总水平，决定着调查方案的设计和全部过程，决定着调查的成败和成果的价值。

2. 选择调查课题的基本原则：需要性原则、科学性原则、创新性原则和可能性原则。

3. 初步探索的主要任务：确定调查研究的起点和重点，形成研究假设，研究调查的方法、步骤和指标。

4. 初步探索的主要方法：查阅文献、咨询和实地考察。其中，实地考察具有重要意义。

5. 假设亦称假说，是指根据已有事实和科学原理对未知社会现象及其相互关系所作的、尚未经过实践检验的假定性设想或说明。

6. 丰富的实践经验、科学的理论知识、客观的实际情况和一定的想象能力，是形成科学研究假设的必要条件。

7. 准备阶段是社会调查的决策阶段，它的主要任务是选择调查课题、进行初步探索、提出研究假设、设计调查方案和组建调查队伍。

8. 调查阶段是调查工作唯一的现场实施阶段，是获取第一手材料的关键阶段。它的主要任务是按照调查设计要求，做好调查对象资料的搜集工作。

9. 研究阶段是社会调查的深化、提高阶段，是从感性认识向理性认识飞跃的阶段，其主要任务是审查、整理资料，搞好统计分析和思维加工。

10. 总结阶段是社会调查出成果、出经验和服务于社会的阶段，其主要任务是调查报告的撰写，调查成果的评估、应用和保存。

基本概念

调查课题　初步探索　研究假设　调查方案

社会调查是一种有目的、有意识的自觉认识活动。为了使调查顺利进行并达到预期目的，就必须慎重选择调查课题，通过初步探索提出研究假设，设计调查方案，并进行可行性研究，安排好实施调查的程序。

第一节　选择调查课题

开展社会调查，首先要选择调查课题。要正确选题，就必须弄清楚调查课题及其种类，以及课题的重要意义和基本原则等问题。

一、调查课题及其种类

调查课题，是指社会调查所要了解、研究、说明或回答的问题。按照不同标准，调查课题可分为许多不同的种类。其中，主要的分类是：

按照调查目的区分，可分为理论性课题和应用性课题。理论性课题，是指以揭示社会现象本质及其规律为主要目的的课题。例如，新时代中国特色社会主义社会结构的特征及其发展趋势研究，就是理论性调查课题。应用性课题，是指以解决实际社会问题为主要目的的课题。例如，为解决农村土地抛荒问题而进行的“农业土地、劳动力及其流动状况调查”，就是应用性调查课题。

按照调查内容区分，可分为综合性课题和专题性课题。综合性课题，内容比较全面、系统，能较完整说明调查对象的情况或问题。如“中国百县市经济社会调查”。专题性课题，内容比较狭窄、集中，能较深入说明调查对象的情况或问题。如“志愿者调查”。在专题性课题中，还可细分为地域性、更专一的课题。如“温州志愿者调查”“抗击新冠肺炎疫情期间志愿者调查”等。

按照调查深度区分，可分为描述性课题、因果性课题和预测性课题。描述性课题，是指对社会现象真实情况进行描写或叙述的课题，它主要回答“是什么”的问题。如经济普查、职工生活状况调查等，都是描述性调查课题。因果性课题，是指揭示两种或两种以上社会现象之间因果关系的课题，它主要回答“为什么”的问题。如“青少年犯罪调查”，不仅要说明犯罪情况，而且要研究犯罪与家庭状况、学校教育、社会环境之间的因果联系，并从中寻找解决青少年犯罪问题的途径和方法。预测性课题，是指在说明社会现象及其因果关系基础上，预测今后发展趋势的课题，它主要回答“将怎样”的问题。如“21 世纪人口老龄化问题研究”就是一个预测性课题，它根据人口年龄结构、经济社会条件的变化及其因果关系，预测 21 世纪人口老龄化的可能状况及其应该采取的对策。在上述三类课题中，描述性课题是最基本的调查课题，是后两类调查课题的基础。

应该指出，上述调查课题分类只具有相对意义。由于调研主体、调研目的、调研视角不同，同一个课题完全可以归于不同类型。例如，民生问题、人口老龄化问题等，既可作为理论性课题，又可作为应用性课题；既可作为综合性课题，又可作为专题性课题；既可作为描述性课题，又可作为因果性、预测性课题。究竟作为哪种课题，主要取决于调查者的研究需要、调研视角和现实可能。

二、选题的重要意义

长期以来，人们比较重视培养认识问题和解决问题的能力，而忽视培养提出问题的能力。然而，正确提出问题是正确认识问题和解决问题的前提。爱因斯坦指出：“提出一个问题往往比解决一个问题更重要，因为解决一个问题也许仅是一个数学上的或实验上的技能而已。而提出新的问题、新的可能性，从新的角度去看旧的问题，都需要有创造性的想象力，而且标志着科学的真正进步”。① 社会调查始于选择调查课题，它是社会调查最重要的决策，对社会调查工作的顺逆和成败往往具有决定性意义。

（1）调查课题的选择，决定着调查的总方向、总水平。如果选择的调查课题，有科学理论作指导，能回答时代呼唤、社会需求、人民心声，调查一旦取得成功，就会形成具有重大意义的高水平调查成果。例如，1982—1986 年，中共中央农村政策研究室在马克思主义指导下，围绕农业、农村和农民这个选题，开展广泛、深入的调查研究，最后形成了具有重大意义的高水平调查成果——中共中央“五个一号文件”。反之，即使调查工作取得成功，也很难形成高水平的调查成果。例如 20 世纪 50 年代为论证人民公社正确而进行的调查，其调查成果不仅毫无积极意义，而且成为替错误政策辩护的工具。

（2）调查课题的选择，决定着调查方案的设计和全部过程。选择的调查课题不同，调查的对象、范围、内容和方法就不相同，调查队伍的组织、调查工作的安排也不相同。例如，农村土地抛荒调查和农村妇女生育调查这两个课题，设计的调查方案就完全不同。前者以农村土地、劳力为调查对象，以抛荒土地面积、原因和危害，劳力数量与流动等为主要内容，以男性调查员、实地踏勘、访问调查法为宜。后者以农村育龄妇女为调查对象，以育龄妇女及其生育情况为主要内容，以女性调查员、访问调查、文献调查法为宜。这说明，选题不同，调查设计、调查指标、调查员和调查工作安排都会大不相同。

（3）调查课题的选择，决定着调查的成败和成果的价值。实践证明，一个符合实际需要、具有现实性和时代感的重大调查课题，调查工作往往能够顺利开展，如果调查取得成功，其调查成果就可能产生巨大的理论价值和应用价值。反之，一个陈旧的、脱离实际的调查课题，调查工作的开展往往会困难重重，不管调查者花费多大精力，调查资料如何翔实、完整，数据分析如何系统、精确，也不可能产生好的社会价值。这说明，选择调查课题，对于社会调查工作、调查结果及其社会价值具有很大制约作用。

三、选题的基本原则

（1）需要性原则，即根据社会发展的客观需要选择调查课题。调查就是为了解决问题，离开了解决问题的客观需要，为调查而调查，就不可能正确选择调查课题。当然，对社会发展的客观需要应作全面理解。有党和政府制定方针、政策、规划、方案的需要，有解决人民群众民生问题的需要；有实际工作需要，有理论研究需要，等等。在当前和今后一个相当长的时期内，应围绕习近平新时代中国特色社会主义思想，建设社会主义现代化强国，实现中华民族伟大复兴的客观需要选择调查课题。只有这样的课题，才具有重要的理论意义和实践意义。

（2）科学性原则，即在科学理论指导下选择调查课题。这里所说的科学理论，首先是指被实践反复证明和不断发展的科学世界观和方法论——辩证唯物主义、历史唯物主义，

① ［美］A. 爱因斯坦，［波］L. 英费尔德. 物理学的进化［M］. 上海：上海科学技术出版社，1962：66.

同时也包括与调查课题有关的各专门学科的科学理论。如果选择的调查课题，直接违背辩证唯物主义、历史唯物主义的基本原理，直接违背各有关专门学科的科学理论，那么，这样的课题就绝不是正确的调查课题，这样的调查就绝不可能得出正确的调查结论。

(3)创新性原则，即按照新颖、独特和先进的要求选择调查课题。创造性的本质特征，是新颖性、独特性和先进性。如果选择调查课题，只是简单重复别人已做过的调查，或是反映人所共知的事实和结论，就从根本上失去了调查的意义。当然，对于创造性课题应作全面理解，它应该包含以下四类课题：一是，前人从未调查过的原创性课题；二是，用新理论、新方法、新视角去调研老问题的扩展性课题；三是，由于现实生活发生了很大变化，需要进行再次调查的追踪性课题；四是，外国、外地做过调查而本国、本地尚未调查过的移植性课题。

(4)可行性原则，即根据调查主体、调查客体和调查环境的现实条件选择调查课题。就调查主体而言，选择的调查课题必须与调查者的思想状况、工作作风，特别是知识结构、实践经验，以及人、财、物力和时间等条件相适应；就调查客体而言，选择的调查课题必须与客观事物的发展程度、与被调查对象的回答能力和合作意愿相符合；就调查环境而言，选择的调查课题必须与当时当地经济、政治、文化、社会、生态环境相适应。

上述四条原则既互相区别又互相联系。需要性原则指明了社会调查的根本方向，科学性原则体现了社会调查的内在要求，创新性原则反映了社会调查的本质特征，可能性原则说明了社会调查的现实条件。只有全面、综合地把握这四条原则，才能正确选择调查课题。

第二节　进行初步探索、提出研究假设

确定调查课题后、设计调查方案前，社会调查的领导者或组织者，必须亲自深入第一线，围绕调查课题进行初步探索，并提出研究假设。

一、进行初步探索

1. 初步探索的主要任务

初步探索的主要任务，不是直接回答调查课题所要解决的问题，而是为解决调查课题探寻方向和道路，为设计调查方案提供可靠依据。具体地说：

一是确定调查研究的起点和重点。起点过高，脱离实际；起点太低，失去调查意义。重点不突出，就难以取得高质量调查结果。为了确定调查研究的起点和重点，就必须弄清楚前人对类似课题做过哪些调研，解决了哪些问题，还存在哪些问题？并了解当前与本课题有关的各种新情况和新问题。

二是形成研究假设。设计调查方案，应以一定研究假设为指导。在初步探索中，要对与调查课题有关的内容，特别是各种新情况、新问题，做出自己的判断，形成自己解决这些问题的基本观点和看法，提出自己的研究假设。一般来说，一个调查课题可以形成多个研究假设来作为可能的解决方案。

三是研究调查的方法、步骤和指标。社会调查的方法、步骤，特别是调查指标，是调查方案设计的重点。在初步探索中，应注意了解前人使用过哪些调查指标，采用过哪些调

查方法，有哪些经验和教训；当前主客观条件发生了哪些变化，调查指标、调查方法和步骤应做哪些新的考虑和安排。

实践证明，初步探索是选择调查课题和设计调查方案之间一个不可缺少的步骤。有些人选定调查课题后，或关在办公室里冥思苦想，或到下面随便走走看看，就草率设计调查方案，是不可能设计出科学调查方案的。

2. 初步探索的主要方法

第一，查阅文献。初步探索一般是从文献回顾(包括网络文献)开始的。它可以帮助调研者了解本领域已有调研成果，借鉴前人的调研成果、思路、视角和方法，以及其经验和教训，为设计调查方案提供参考。

查阅文献，从理论上讲越广泛、越全面越好。然而，现代社会文献浩如烟海，怎样才能做到广泛、全面呢？实践证明，应在“古今中外、上下左右”这 8 个字上做文章。这是说，既要查历史文献，又要查最新著述；既要查本国文献，又要查外国有关成果；既要查阅党和政府的有关方针政策、法律法规，又要查阅反映基层情况的各种材料；还要搜集与调查课题有关的邻近学科、邻近部门、邻近地区的有关文献。当然，“古今中外、上下左右”的文献不可能全部查找到，但应尽力而为。只有这样，才能使自己真正站在“历史巨人的肩上”。

第二，咨询。文献是记录下来的过去的知识，但过去的许多知识没有记录下来，文献里的知识并不完全真实，大量正在发生的事实还没有记录在文献上。因此，初步探索决不能埋头于故纸堆或网络，而必须向一切内行的人请教和咨询。

咨询应该是广泛的。既应向专家、教授请教，又应向经验丰富的实践者学习；既应向上级工作人员请教，又应向基层干部和群众学习，特别是向那些处于不同地位、不同状态，持有不同观点的人咨询。咨询应该是有准备的。咨询前，应努力对咨询对象、咨询问题有较多了解，力求向最适合的对象咨询最适合的问题，在最短时间取得最好咨询效果。咨询应该是谦虚的。咨询对象的客观地位、知识结构、价值取向、思维方式不同，对同一问题可能有不同的看法。对所有咨询对象的不同看法，都应虚心听取、客观评价，决不可厚此薄彼、任意褒贬。

第三，实地考察。查阅文献是了解过去的知识，咨询是了解别人掌握的知识，所有这些都是经过他人头脑剪裁、改造过的间接知识，都与客观现实存在着某些差异。因此，初步探索绝不能仅仅依靠这些间接的东西，而必须做实地考察。

实地考察的人员不宜太多，但社会调查的领导者、组织者，特别是调查方案的设计者必须亲自参加。实地考察的对象和范围不宜太广，应尽可能选择那些具有代表性的地区、单位或个人作为考察重点。在实地考察中，要努力把调查与研究结合起来，把提出问题与研究解决问题的方案结合起来，把虚心学习与大胆探索结合起来。只有这样，才能逐渐形成自己的观点，提出自己的研究假设。

二、提出研究假设

1. 假设及其在社会调查中的作用

假设亦称假说，是指根据已有事实和科学原理对未知社会现象及其相互关系所作的、尚未经过实践检验的假定性设想或说明。这就是说，假设不是纯主观推测，必须以一定客观事实为依据，必须以一定科学理论为指导，必须可以被实践证实或证伪。科学假设，还必须有较强的解释性和一定的创新性。

在社会调查过程中，假设具有重要作用：

首先，假设是设计调查方案的指南。任何调查方案的设计，特别是调查指标的设计，都必然以一定的假设为指南。例如，衡量一个人的素质，如果假设的衡量标准只是文化程度，那么，调查方案就只需设计“文化程度”一个调查指标；如果假设的衡量标准除“文化程度”外，还有“德、能、勤、绩、廉”的要求，那么，调查方案的设计就要增加“德、能、勤、绩、廉”等方面的许多调查指标。这说明，设计调查方案，特别是设计调查指标，总是以一定假设为指南的。

其次，假设是搜集社会信息的向导。在搜集社会信息过程中，无论是实地观察，还是查阅文献，假设都具有向导作用。比如，同样是观察集贸市场，由于假设不同，有的人可能重点观察参加集市人员的数量及其构成，有的人可能重点观察上市商品的品种和结构，有的人可能重点观察商品交换的价格和成交规模，有的人可能重点观察集贸市场的建筑和管理，等等。这样观察所得的感性材料就必然互不相同。同样，在文献调查中，假设对信息搜集也具有向导作用。

再次，假设是探索客观真理的桥梁。恩格斯说：“只要自然科学运用思维，它的发展形式就是假说”。① 恩格斯的这一论断，也完全适用于社会调查。因为，通过社会调查掌握的客观事实，是检验假设的重要依据。在检验过程中，原有的假设可能被证实，可能被证伪，在更多情况下是可被修改、补充和完善的。通过社会调查检验、修改、完善假设的过程，实质上就是发现真理和发展真理的过程。这就是说，在探索客观真理的道路上，假设是不可缺少的工具或桥梁。

应该指出，在不同类型调查课题中，假设的作用是不一样的。例如，描述性调查课题，一般就不需要或不可能提出假设；因果性、预测性调查课题，在设计调查方案前就必须提出明确的假设，否则就不可能设计出科学的调查方案来。

2. 形成假设的必要条件和方法

形成假设是一个复杂的思维过程。丰富的实践经验、科学的理论知识、客观的实际情况和一定的想象能力，是形成科学假设的必要条件。

经验是从实践中得来的知识，往往带有感性直观性质，但它的内容是客观的，总在一定程度上反映着事物的本质及其发展规律。因此，只要客观地认识了形成经验的具体历史条件，掌握了研究对象的新情况、新变化，就有可能从经验中推断出具有一定客观性的假设来。事实上，人们遇到需要解答的问题时，总是很自然地把过去的经验当作第一参照系，总是首先从过去的经验中寻求答案。人们的经验越丰富，可对比的参照系越广泛，提出假设的能力就越强。这说明，丰富的实践经验是形成研究假设的首要条件。

然而，任何经验都是过去的知识，都带有一定局限性。对于探索性、开创性调查课题

---

① 马克思恩格斯选集(第4卷)[M]. 北京：人民出版社，1995：336.

来说，要形成研究假设，就不能仅仅以经验为依据，而必须求助于科学理论。科学理论是对客观事物本质及其发展规律的正确反映，对正确认识新事物具有指导意义。因此，在寻求探索性、开创性调查课题的答案时，只有自觉地以科学世界观、方法论和与调查课题有关学科的科学理论为指导，并把理论与实际结合起来，就有可能从科学原理中推导出具有一定科学性的假设来。这说明，科学的世界观、方法论和有关学科的科学理论，是形成假设的另一必要条件。

要形成科学的假设，还必须把过去的经验、现有的理论与当前的实际情况结合起来。调查课题之所以成为需要调查研究的课题，就在于它本身是以往经验和现有理论不能完全回答的、带有某种特殊性的问题。因此，必须到实践中去，到群众中去，通过实地考察掌握研究对象的特殊情况和最新信息。只要善于把过去经验、现有理论与实地考察的最新成果结合起来，就有可能概括出具有一定独创性的假设来。这说明，通过实地考察等方法掌握调查对象最新的客观实际情况，是形成科学假设的又一必要条件。

形成科学假设还需要一定的想象能力。想象是一种特殊的创造性思维活动，它是人的主观能动性的突出表现。人的意识不仅反映客观世界，而且创造客观世界。要“创造客观世界”，就离不开科学想象，就必须首先在科学想象中把它创造出来。科学想象绝不是胡思乱想、任意猜测，而是以过去经验、现有理论和客观事实为依据的合乎逻辑的联想和推测。科学想象在形成具有创造性的假设中，特别是在寻求从未接触过的调查课题的答案中，具有特别重要的意义。

在上述四个必要条件中，通过实地考察掌握调查对象的实际情况和最新动态具有关键性意义。因此，科学的假设只能是初步探索的产物。那种坐在书斋里冥思苦想出来的假设，很难说是科学的东西，很难发挥正确的指导作用。

形成假设，主要有三种方法。一是归纳推理法，即由个别到一般的推理方法。例如，对于“影响人们生育意愿的因素”这一课题，人们把直接、间接观察到的许多个别信息归纳起来，就可形成“文化水平越高，生育意愿越低”“传统观念越浓厚，生育意愿越高”等假设。二是演绎推理法，即由一般到个别的推理方法。例如，根据“孩子少，小学生源就少”的规律，就可形成“独生子女普遍化将导致小学生源不足”的假设。三是类比推理法，即根据两个对象在某些属性上相同或相似，通过比较推断出它们在其他属性上也相同或相似的推理。例如，根据西方国家随着工业化发展，人口向城市集中的现象，通过比较形成“社会主义中国随着工业化发展，人口将会向城市集中”的假设，等等。

3. 假设的类型

假设是通过两个或两个以上概念间的关系来表达的，它的类型主要有：①一元假设(x)，指对某一社会事实的单义判断。例如，大部分独生子女受到家长的娇惯。②二元假设(x→y)，指对某一社会事实与另一社会事实之间关系的判断。例如，“城市人口密度越高，城市犯罪率就会越高”；“生活水平提高与生育率下降有密切关系”。③多元假设(x→z→y)，指对某一社会事实与另外两个或两个以上社会事实之间关系的判断。例如，缺乏社会整合性(x)会导致精神沮丧(z)，而精神沮丧的人会出现行为偏差(y)。不同类型的调查课题有不同的研究假设，应该选用适合自己的假设类型。

第三节 设计调查方案

调查方案，是社会调查工作的行动指南。要科学设计调查方案，就必须明确设计调查方案的基本原则和主要内容。

一、设计调查方案的基本原则

1. 实用性原则

设计调查方案必须符合实用性原则。首先，要符合客观需要。主要是符合调查课题和调查内容的客观需要。无论是调查指标的确定，还是调查对象、调查方法、调查时间的选择，都应满足调查课题和调查内容的客观需要。其次，要符合现实可能。一是符合调查者数量、素质、时间、经费等主客观条件的现实可能；二是符合调查对象的文化程度、认知水平、回答意愿等主客观条件的现实可能。只有兼顾了客观需要与现实可能，设计的调查方案才算符合了实用性原则。

2. 时效性原则

设计调查方案必须充分考虑时间效果，特别是一些应用性调查课题往往有很强的时间要求。例如，市场调查就必须赶在市场需求发生重大变化之前拿出调查成果来，否则就会失去调查的意义，或大大降低其社会价值。对于某些对策性、预测性课题，更应超前调查，尽早拿出调研成果来。如果落在实践后面放“马后炮”，那就失去了这类调查的意义。当然，强调时效性不是越快越好，许多基础性、学术性课题往往需要做深入、持久调查，其调查周期应适当长一些。

3. 经济性原则

设计调查方案，应尽可能节约人力、物力、财力和时间，力争用最少的人力、财力、物力和时间投入，取得最好的调查效果。例如，在调查类型上，能做抽样调查就不做普遍调查，能做典型调查、个案调查就不做抽样调查；在调查内容上，应尽可能简明、扼要；在调查方法上，应尽量选用花费较少的方法。在调查范围大小、调查对象多少、调查时间长短、调查人员安排等方面，都应尽量节约。

4. 弹性原则

调查方案的设计，都是事前的设想和安排，它与客观现实之间总会存在或大或小的差异。在实际调查过程中，往往会遇到一些意想不到的新情况、新问题。特别是调查实施阶段，许多社会环境因素是调查者无法预见和控制的。因此，设计调查方案时，对调查工作的安排和要求，应保持一定的弹性，有一个上下左右调整的空间。只有这种保持一定弹性的调查方案，才是真正实用的调查方案。

二、设计调查方案的主要内容

1. 调查目标

调查目标包括三个方面。首先是研究成果目标，即通过调查要解决什么问题？解决到什么程度？只是描述性调查，还是因果性、预测性调查？是做学术性探讨，还是提出对策性建议？其次是成果形式目标，即调查成果用什么形式表现出来？是口头汇报或演讲，还是撰写调查报告或论文？调查资料是反映在调查报告中，还是汇集成册？再次是社会作用目标，即调查要起什么社会作用？是供决策参考，还是影响社会舆论？是做学术研究，还是与同行论争？如此等等。

2. 调查类型

社会调查的类型，是普查，还是典型调查、个案调查，或是抽样调查？这是设计社会调查方案的一个重大问题。社会调查的类型不同，设计的调查方案就大不相同。本书第五章，将集中探讨这一问题。

3. 调查指标

调查指标的设计，是调查方案设计的重点和难点。它是调查主题及其内容的集中反映，又是调查理论基础和指导思想的具体表现。一个调查方案的设计，科学不科学，符合实际不符合实际，水平高还是水平低，主要体现在调查指标的设计上。有关这一方面的内容，将在本书第六章专门讨论。

4. 调查方法

调查方法，包括搜集社会信息的方法和研究社会信息的方法。一般来说，调查方法的选择主要取决于调查课题和调查内容的客观需要。但是，同一调查课题往往可以采取不同调查方法，同一调查方法也可适用于不同调查课题。究竟选择哪种调查方法，就取决于调查主体的现实条件和主观选择了。

5. 调查地域

调查地域，即社会调查在什么地域进行？是农村、小城镇，还是城市？在多大范围内进行？是社区、乡镇或街道，还是县市、地市、省市，甚至全国或跨国？调查地域的选择主要取决于调查课题的客观需要和调查主体的现实可能，一般来说，应先确定一个恰当范围，再选择调查单位，并尽可能使调查区域集中一些，以利于实施现场调查，节约人力、物力、财力和时间。

6. 调查时间

调查时间，即社会调查在什么时间进行，多少时间内完成？不同的调查课题有不同的最佳调查时间。例如，人口调查的最佳时间，是人口流动最小、各种干扰最少、实施现场登记最方便的时期；集贸市场调查的最佳时间，是市场交易最活跃的时间。另外，调查方法不同，调查周期也不相同，都应加以考虑。

7. 调查对象

调查对象，有时是指“调查总体”，即接受调查的全部对象；有时是指“调查单位”，即指接受调查的具体对象。调查单位（即接受调查的具体对象），可以是个人、家庭、群体、组织、部门、社区，也可以是社会事物（如住宅、耐用消费品等）或社会现象（如教育、医疗、婚姻、犯罪等）。设计调查方案，要明确界定调查总体的内涵和外延，确定调查单位的数量。

应该指出，调查单位不同于分析单位。调查单位，是调查指标的回答者。分析单位，是研究内容的承担者。例如，做一项组织权力结构调查，分析单位是“组织”，而调查单位则是组织中的每一个成员。调查单位也不同于抽样单位。例如，调查家长对子女的态度，分析单位是家长，而抽样单位是“户”。①

8. 调查队伍

除个人单独进行的社会调查外，一般较大规模的社会调查存在着组织调查队伍的问题，包括如何选择调查人员，如何培训调查人员、提高调查人员素质，如何形成合理的组织结构，如何正确使用、有效督导和管理调查人员等问题。

9. 调查经费

社会调查需要一定的经费，包括调查方案的策划、抽样方案与调查问卷的设计、调查问卷的印刷、调查的实施(包括选拔、培训调查员，试调查，交通，劳务，给被调查者的礼品或谢金，复查等)、数据录入与统计分析、调研报告撰写，以及资料、复印、通讯联络等费用。如何筹集、使用和管理调查经费，怎样用最低调查成本取得最好调查成果，是调查方案中不可缺少的内容。

10. 调查工作的安排

调查工作的安排，主要是指调查任务和调查时间的安排。调查任务的安排，要力求合理、平衡，符合调查人员的实际能力；调查时间的安排，既要有紧张的节奏和合理的交叉，又要留有余地，以应付可能发生的意外。

第四节　调查方案的可行性研究

可行性研究是科学决策的必经阶段，也是科学设计调查方案的必要步骤。对调查方案进行可行性研究有多种方法，其中试验调查具有重要意义。

一、可行性研究的方法

(1)逻辑分析。即运用逻辑分析方法检验调查方案设计的可行性。例如，要调查人口的城乡结构，而设计的调查指标却是“农业人口”和“非农业人口”，就是不正确的。因为，“农村人口”与“城镇人口”是按居住地域划分的，“农业人口”与“非农业人口”是按行业类别划分的，它们的内涵和外延都存在着很大差异。上述设计，混淆了“农村人口”与“农业人口”、“城镇人口”与“非农业人口”这两对概念，违反了逻辑学上的同一律，因而不是正确的设计。

(2)经验判断。即用实践经验来判断调查方案设计的可行性。例如，在调查类型的选择上，新生事物调查就不能选择普查或抽样调查。因为，新生事物的边界和总体在一定时期内是不确定的，无法确定调查对象的边界，无法编制抽样框，就无法开展普查和抽样调查。又如，在调查内容设计上，青少年调查的内容就不宜太多、太复杂；在调查方法设计上，对文化程度较低的调查对象，就不宜采用自填式问卷调查方法等。这些方面，都可用实践经验判断其可行性。

(3)试验调查。即通过实地调查来检验调查方案设计的可行性。因为逻辑分析和经验判断有很大的局限性。逻辑分析，主要适用于对调查指标的设计进行可行性研究，而很难

① 袁方. 社会研究方法教程[M]. 北京：北京大学出版社，2010：151.

检验其他方面的可行性。此外，有些设计在逻辑上是正确的，但实际调查却行不通。如“闲暇时间”操作定义的设计：闲暇时间＝24 小时－工作或劳动时间－上下班路途时间－睡眠时间－家务劳动时间－个人生活时间。这一设计，逻辑上没有错误，但实际调查中却不适用。如农村青年边放牛，边玩手机、听音乐；农村妇女边看孩子，边打麻将，边做家务，应怎样计算他(她)们的闲暇时间？经验判断的局限性更明显，它只能判断较熟悉的事物，而不能判断不熟悉的事物。显然，逻辑分析和经验判断都不能最终说明调查方案设计的可行性，只有试验调查才是调查方案设计可行性研究的最基本、最重要的方法。

二、试验调查及其实施

试验调查的主要目的，不是回答调查所要解决的问题，而是对调查方案的设计进行可行性研究。实施试验调查，一般应注意以下几个问题：

(1)调查队伍要精干。调查的领导者和调查方案的设计者必须亲自参加，并选派若干有经验的调查人员做骨干。只有这样，才能较快打开调查局面，及时发现和解决调查设计中的问题。同时，应吸收少量新的、经验较少的调查人员参加，以便发现他们在调查中可能出现的种种问题，为以后培训调查人员做好准备。

(2)调查对象要适当。试验调查的调查对象，要力求数量较少、类型较多、代表性较强；要努力保持试验单位和调查对象的自然状态，而不要人为地去改变他们的自然状态，否则就会失去试验调查的意义。

(3)调查方法要灵活。试验调查既然是“试验”，就应采取灵活机动的方法去调查。自填式问卷调查不适合，可改为访问式问卷调查；集体访谈不成功，就改为个别访谈。设计的调查指标不合理，应按照实际情况修改；安排的调查日程不切合实际，就根据实际需要做必要调整，等等。总之，用什么方法能达到调查设计可行性研究的目的，就采用什么样的方法。

(4)多点对比试验调查。对较复杂的调查课题，在主客观条件允许的情况下，试验调查可采取多点对比方法进行调查。这种对比调查，可以是同一设计方案的多点对比调查，也可以是不同设计方案的多点对比调查；可以是同一设计方案的重复对比调查，也可以是不同设计方案的先后对比或交叉对比调查。正所谓“不怕不识货，就怕货比货”。多点对比试验调查，是可行性研究的最有效方法。

(5)做好试验调查的工作总结。要认真分析试验调查的过程和结果，总结其成败得失的主要方面及其主客观原因。在此基础上，修改和完善原设计调查方案，使其成为切实可行的社会调查行动指南。此外，还要制订培训调查人员的具体计划，使试验调查的成果变为全体调查人员共同的经验和财富。

第五节　实施调查的一般程序

就每一项调查课题来说，实施社会调查的程序，一般可分为四个阶段：

一、准备阶段

准备阶段是社会调查的决策阶段，是社会调查工作的真正起点。社会调查的领导者和组织者必须舍得花大力气做好这个阶段的工作。

准备阶段的主要任务是：选择调查课题，进行初步探索，提出研究假设，设计调查方案，组建调查队伍。其中，正确选择调查课题是社会调查取得成功的首要前提；认真进行初步探索、明确提出研究假设是做好调查设计的必要条件；科学设计调查方案是顺利开展调查的关键步骤和准备阶段完成的主要标志；妥善组建调查队伍是顺利完成调查任务的组织保证。

实践证明，许多大规模的社会调查（如人口普查）、比较复杂的社会调查，往往需要几个月甚至几年时间做准备，而实施现场调查的时间却少得多。过去许多社会调查之所以失败或不能得出正确结论，其重要原因之一就是没有认真做好调查前的各项准备工作。

二、调查阶段

调查阶段是调查工作唯一的现场实施阶段，是获取第一手材料的关键阶段。调查工作的成败在很大程度上取决于这一阶段的工作。

调查阶段的主要任务是按照调查设计要求，做好调查对象的资料搜集工作。

如果采用现实调查方法（实地观察、访问调查、问卷调查、实验调查），要做好两个方面的工作。一方面，做好外部协调工作。主要是依靠调查对象所在地区或单位的组织，争取他们的支持和帮助；密切联系调查对象，争取他们的理解和合作。另一方面，做好内部指导工作。调查阶段初期，应注重实战训练，尽快打开工作局面。调查阶段中期，应注意交流经验，及时发现和解决新情况、新问题，促进工作平衡。调查阶段后期，应狠抓扫尾工作，及时发现和就地解决问题。

这个阶段，调查人员最分散，外界接触面最广，情况最复杂，变化最迅速，实际问题最多，社会调查领导者必须亲临第一线，集中精力做好协调和指导工作。

如果采用历史调查方法（文献调查、遗存调查）和虚拟调查方法（网络调查、大数据调查），社会调查的领导者和组织者，也要做好两方面工作：一是与拥有调查对象或设备（如文献、遗存、网络记录、大数据等）的单位做好协调工作，争取他们的支持和帮助；二是组织调查人员做好有关资料的摘录、下载等工作。

三、研究阶段

研究阶段是社会调查的深化、提高阶段，从感性认识向理性认识飞跃的阶段。社会调查能否出成果，以及成果质量的高低、社会作用的大小，在很大程度上取决于研究阶段的工作。

研究阶段的主要任务是：审查、整理资料，搞好统计分析和思维加工。

审查、整理资料，就是对调查的文字、数字、问卷资料进行复核、整理，区分真假和精粗，消除其中假、错、缺、冗现象，保证资料的真实、准确和完整。

统计分析，就是运用统计学原理和方法，揭示事物发展的规模、水平和结构，说明事物发展的方向和速度等，为思维加工提供准确、系统的数据。

思维加工，就是运用科学思维方法，研究审查、整理后的文字和数据资料，揭示事物的本质及其规律，检验研究假设，得出理论结论，提出对策性建议。

四、总结阶段

总结阶段是社会调查出成果、出经验和服务社会的阶段。做好总结阶段工作，对于展示社会调查成果、发挥社会调查功能、提高社会调查水平具有重要意义。

总结阶段的主要任务是：调查报告的撰写；调查成果的评估、应用和保存。

调查报告是调查研究成果的集中体现，是对社会调查工作质量及其成果的最重要的总结。一般来说，对每项调查课题都应该写出自己的调查报告。

调查成果，除调查报告外，还包括报告原稿；调查过程中搜集的文献资料、影像资料，以及各种实物资料；调查过程中形成的社会关系、人际关系；调查过程中使用和保存下来的技术手段等。所有这些都是调查的成果，都应该全面整理和妥善保存(包括云端保存)。它们是今后社会调查的重要资源。

在实际调查中，上述四个阶段是互相连接的，有时还是互相交错的，它们共同构成社会调查的完整过程。社会调查的一般程序，如图 4-1 所示。

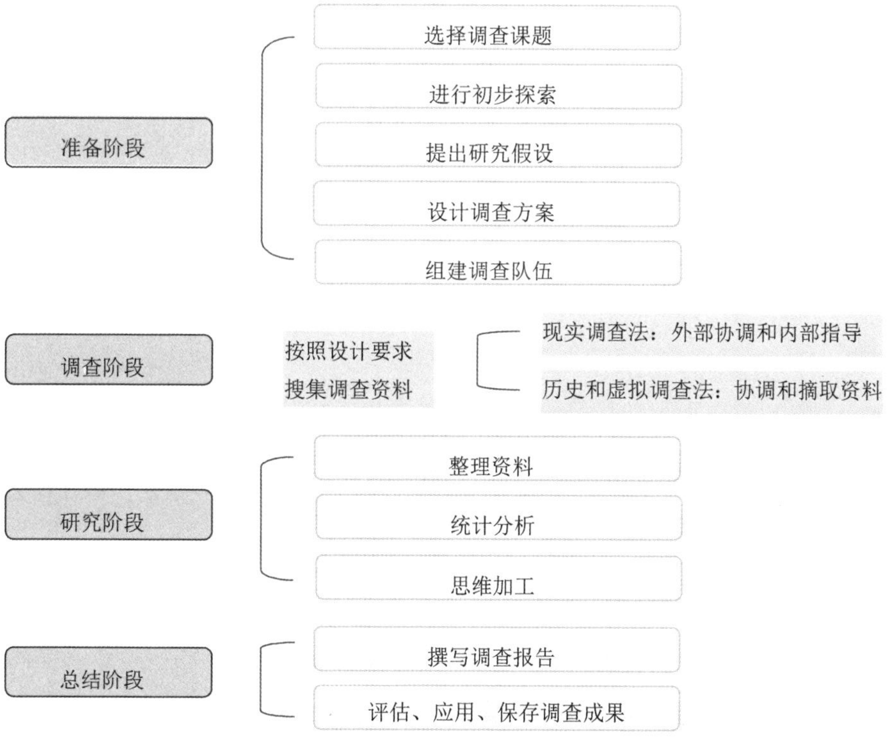

图 4-1 社会调查一般程序示意图

思考与练习

1. 如何选择调查课题？选题对社会调查有何重要意义？
2. 为什么要进行初步探索？初步探索有哪些方法？
3. 什么是假设？它在社会调查中有何意义？怎样形成科学的假设？
4. 设计调查方案必须遵循哪些原则？应该包括哪些内容？
5. 对调查方案的设计为何要做可行性研究？如何进行可行性研究？
6. 如何运用试验调查法对调查方案设计进行可行性研究，它有何重要意义？
7. 社会调查的实施一般分几个阶段？各个阶段的意义及其主要任务是什么？
8. 请选择一个您比较熟悉的课题，提出您的研究假设，并说明提出假设的根据。

推荐阅读

1. [美]劳伦斯·纽曼. 社会研究入门：如何理解我们的日常社会生活(第3版)[M]. 刘佳昕，译. 北京：九州出版社，2021.

2. [美]约翰·W. 克雷斯威尔. 研究设计与写作指导[M]. 崔延强，译. 重庆：重庆大学出版社，2007.

3. [澳]戴维·德沃斯. 社会研究中的研究设计[M]. 郝大海，等译. 北京：中国人民大学出版社，2008.

4. 社会研究的过程[EB/OL]. [2020-12-05]. https://wenku.baidu.com/view/af960b091ed9ad51f11df215.html.

第五章　社会调查的类型

本章要点

1. 按照不同标准，社会调查可作多种分类。其中，最重要的是按照调查对象范围进行的分类，即普遍调查、典型调查和抽样调查。

2. 普查是指对调查对象总体全部单位进行的调查。

3. 普查应该注意的问题是：普查项目必须简明，普查时点必须同一，登记时间必须恰当选择，登记工作应该尽快完成，尽可能按一定周期普查。

4. 典型调查是指在调查对象中选择有代表性的单位作为典型，通过典型调查来认识同类社会现象本质及其发展规律的方法。个别与一般、个性与共性相互关系的原理，是典型调查的理论基础；典型调查方法，是人们认识事物本质及其规律的基本方法。

5. 典型调查应该注意的问题是：要正确选择典型，要有艰苦深入的决心和作风，要把调查和研究结合起来，要慎重对待典型调查结论。

6. 抽样调查，是将全部调查对象编制成抽样框，然后按照一定规则从抽样框中抽取一部分对象作为样本，并以对样本调查的结果来推断调查总体的调查方法。

7. 非随机抽样，又称非概率抽样，是指不按照随机原则，而根据调查者意愿、判断或被调查者志愿等因素而抽取样本的方法。

8. 随机抽样，又称概率抽样，是指以概率论为基础，按随机原则抽取样本的方法。随机原则又称机会均等原则，即抽样框中每一个抽样单位都有被抽取成样本的同等概率。

9. 抽样误差，是指随机抽样过程中产生的样本统计值与总体参数值之间的差异。抽样误差源于抽样的随机性、调查总体的异质性和样本规模的大小，它无法避免，但是，可以计算和控制。

10. 样本规模，又称样本容量，是指样本中所含调查对象的多少。在抽样调查设计中，确定样本规模要综合考虑多方面因素。

基本概念

普遍调查　典型调查　抽样调查　非随机抽样　随机抽样

按照不同标准，社会调查可作多种分类。其中，最重要的是按照调查对象范围进行的分类，即普遍调查、典型调查和抽样调查。

第一节　社会调查的分类

一、社会调查的两大类型

社会调查有两大类型："走马观花"和"下马观花"。

所谓"走马观花"，就是一般的参观访问。例如，领导人到下属单位视察，兄弟单位互相访问，学者到基层参观，学生到工厂、农村见习等。这种参观访问简便易行，费时不多，能了解到许多情况，增加感性知识，有时还可能发现、提出一些问题。但是，这种参观访问一般只能了解到一些表面现象，往往带有较大的片面性、偶然性，因而决不能根据参观访问的印象下结论、做决定。毛泽东说："大略的调查和研究可以发现问题，提出问题，但是还不能解决问题。要解决问题，还须作系统的周密的调查工作和研究工作"。①此外，一般参观访问容易被人"导航"，为虚假现象所迷惑。

所谓"下马观花"，就是作系统周密的调查，即调查者深入到调查对象生活、工作的地方，向他们做深入、系统、周密的调查。例如，领导干部到基层蹲点，学者到农村做田野调查，学生到工厂、车间锻炼等。这种"下马观花"，在调查前，要设计调查方案，选择调查对象；调查时，要采用切实可行方法，全面、系统地收集资料；调查后，要整理分析资料，深入思维加工；最后，要做出调查结论，提出对策或建议。系统周密调查，有利于了解真实情况，深入探讨因果关系，寻求解决问题的方案，但往往需要投入较多的人力、财力、物力和时间，不能轻易使用。

社会调查的两大类型各有利弊，应根据需要和可能做出正确选择。本书论述的调查方法，主要是针对"下马观花"式的调查而言的，但其中部分内容也适用于"走马观花"式的调查。

二、社会调查的各种小分类

(1)按调查范围，可分为全面调查和非全面调查。全面调查，也称普查，是指对调查对象总体全部单位的调查，如人口普查。非全面调查，是指对调查对象总体部分单位的调查，如典型调查、抽样调查，就是非全面调查。

(2)按调查时间，可分为一次性调查、经常性调查和追踪性调查。一次性调查，是指只进行一次的调查，如毛泽东的寻乌调查等。经常性调查，包括周期性调查、阶段性调查和不定期调查。周期性调查，是指以周、月、季、年或若干年为周期进行的调查，如周报、月报、年报、十年一次的人口普查等。阶段性调查，是指根据事物发展阶段进行的调查，如根据年龄开展的儿童调查、青少年调查、老年调查等。不定期调查，是指根据需要开展的调查，如根据治安状况开展的犯罪调查、根据民意状况开展的民意调查等。追踪性调查，是指在不同时间对同类调查对象进行的调查。一次性调查是静态调查，经常性调

---

① 毛泽东选集(第3卷)[M]. 北京：人民出版社，1991：839.

查、追踪性调查是动态调查。

(3)按调查空间，可分为区域性调查(如按东部、中部、西部等不同自然区域开展的调查，或按省、市、区等不同行政区划开展的调查)、全国性调查、国际性调查；农村调查、小城镇调查、大中小城市调查；山区调查、平原调查、湖区调查；农区调查、林区调查、牧区调查，等等。

(4)按调查目的，可分为政治性调查、行政性调查、学术性调查和应用性调查。政治性调查，是指为实现某种政治任务而开展的调查，如改革开放调查等。行政性调查，是指为执行某种行政管理而进行的调查，如人口普查等。学术性调查，是指为探讨某种学术研究而进行的调查，如社会分层调查等。应用性调查，是指为解决某类社会问题而进行的调查，如市场调查、民意调查等。

(5)按调查内容，可分为政治调查、军事调查、经济调查、文化调查、教育调查、民生调查、社会保障调查、生态环境调查等。

(6)按调查方式，可分为直接调查和间接调查。直接调查，是指调查者与调查对象面对面进行的调查，如实地观察、口头访问等。间接调查，是指调查者通过某种中介向调查对象进行的调查，如电话调查、网络调查等。

此外，按照不同标准，社会调查还可分为：定性调查和定量调查；描述性调查、因果性调查和预测性调查；探索性调查和验证性调查，等等。

第二节　普遍调查

一、普遍调查的概念与意义

普遍调查，即普查，是指对调查对象总体全部单位的调查。普查有宏观、中观和微观之分。例如，全国人口普查，一般看作是宏观普查；全县个体户普查，一般看作是中观普查；个别单位的职工普查，一般看作是微观普查。总之，只要是对调查对象总体中每个单位进行的调查，都是普查。

传统的普查，有两种方式。一是填报表，即由上级制定普查表，下级根据已有资料填报，如各系统、各部门的月报、季报、年报。二是直接登记，即组织普查机构和人员，对调查对象全部单位直接登记，如人口普查、经济普查。在电子时代，出现了以身份证、信用卡等电子记录为调查对象的电子普查方式。

普查具有重要意义。对国家来说，普查是对重大国情国力的调查，如人口普查、经济普查、农业普查等。这些普查，对于正确认识国情、规划经济社会发展、优化社会管理等具有重要意义。对区域、行业、单位来说，普查则是正确认识自身状况、搞好现实管理、科学规划未来的一项基础性工作。

二、普遍调查应该注意的事项

(1)普查项目必须简明。普查调查对象广，工作人员多，组织工作复杂，因而调查项目必须简明，否则既难以准确调查，又难以统计分析。1953 年第一次中国人口普查，只有姓名、与户主的关系、性别、年龄、民族、住址 6 个项目。以后，随着电子计算机等现代技术的应用，调查项目才有所增加。2020 年第七次全国人口普查，主要调查人口和住户的基本情况，从总体看仍然比较简单。

(2)普查时点必须同一。普查必须调查同一时点状况，否则就会出现误差。如 2019 年全国平均每天生 4.01 万人，死 2.73 万人，① 相差一天，就会造成 1.28 万人的误差。因此，规定调查标准时点是保证普查结果准确性的客观要求。必须指出，“时点”与“时期”有区别。“时点”是指某一确定的具体时间点。如第七次人口普查的标准时点是 2020 年 11 月 1 日零时。“时期”是指两个时点之间的一段时间。如第七次人口普查调查 2020 年的出生人数，是指 2019 年 11 月 1 日 0 点至 2020 年 10 月 31 日 24 点这两个时点之间出生的人数。二者不可混淆。

(3)登记时间必须恰当选择。普查登记时间，一般应选择在普查对象流动较小、便于登记的时间。如全国人口普查最初选择在 7 月上半月登记，认为这时人口流动最小，处于一年的中间，便于安排工作，上半年准备，下半年调查、统计，年底公布结果。但普查实践发现，7 月上半月正值酷暑季节，江淮流域阴雨连绵，东南沿海台风频繁，防汛、抗洪、救灾任务繁重，现场登记常受干扰。后经专家论证，从 2000 年起，人口普查登记时间改为 11 月上旬。实践证明，此时全国人口流动相对较小，多数地区自然灾害较少，是现场登记的最佳时间。

(4)登记工作应该尽快完成。社会现象变化极其迅速。以 2019 年为例，全国每天创造国内生产总值 2715 亿元，一般公共预算收入 522 亿元，全社会固定资产投资 1537 亿元，全社会消费品零售总额 1127 亿元。② 登记时间延误一天，就会造成很大误差。因此，全国人口普查登记时间一般为一个月左右。

(5)尽可能按一定周期普查。只有按一定周期普查，才有利于对历次普查数据进行对比研究，发现社会现象的发展趋势及其规律。对人口普查而言，联合国建议各国在“0”或接近“0”的年份开展普查，其目的就是便于在世界范围内对各国人口变化情况进行纵向、横向和纵横交错的对比研究。

三、普遍调查的优点和局限性

普查的最大优点是调查资料的全面性和准确性。与其他调查类型相比，普查搜集资料最全面，精度最高，是了解国情或省、市、县情最重要的方法。

普查的局限性有二。一是工作量大，成本高，时效性较差。如第六次人口普查，动用工作人员 600 多万人，直到 2011 年 4 月底才公布主要数据。二是调查项目少，很难做深入研究，应用范围窄，只适用于对某些全局性情况做调查。

---

① 中华人民共和国 2019 年国民经济和社会发展统计公报[N]. 人民日报，2019-02-29.

② 中华人民共和国 2019 年国民经济和社会发展统计公报[N]. 人民日报，2019-02-29.

第三节　典型调查

一、典型调查的概念和理论基础

典型调查，是指在调查对象中选择有代表性的单位作为典型，通过典型调查来认识同类社会现象本质及其发展规律的方法。例如，毛泽东的《寻乌调查》、陈云的《青浦农村调查》，就是典型调查的产物。

典型调查的特点：调查对象的数量，是个别单位或少数单位；典型的确定，由调查者有目的、有意识地选择；调查的方式方法，主要是与典型调查对象面对面接触的直接调查，而且多是比较系统、深入的定性调查。

有人认为，典型调查是手工生产方式的产物，只适用于落后的农业社会。这是不正确的。世界上的事物，都是共性与个性、一般与个别的统一。列宁指出："个别一定与一般相联而存在。一般只能在个别中存在，只能通过个别而存在"。① 人们对客观事物的认识，总是由个别到一般、由个性到共性，再由一般到个别、由共性到个性不断循环往复、不断向前发展的。个别与一般、个性与共性相互关系的原理，是典型调查的理论基础；典型调查方法，是人们认识事物本质及其规律的基本方法。"麻雀虽小，五脏俱全。"认识麻雀，不需要也不可能解剖所有麻雀，而只要解剖几只麻雀，就可得到对所有麻雀共同本质的认识。

典型调查是中国共产党的重要调查方法，它不仅在中国民主革命中发挥过重要作用，而且在中国社会主义革命、建设、改革中发挥过重要作用。今后，在新时代中国特色社会主义建设中仍然具有广泛用途。典型调查永远不会过时。

二、典型调查应该注意的事项

(1)要正确选择典型。典型性就是代表性。有人认为，越突出、越奇特就越典型，这是不正确的。事实上，越突出的事物，代表性越小，典型性越差；越平凡的事物，代表性越高，典型性越强。正确选择典型有四点要求。一要实事求是，决不能按长官意志或个人愿望选典型，更不能人为"树立"典型。二要坚持发展观点，要根据不断变化的情况选择典型，而不应围着老典型兜圈子，更不应搞"终身制"典型。三要选择有限的、相对的典型，而不应把典型理想化、绝对化，更不应搞"万能"的典型。四要选择多层次、多类型典型，可择高选点、择中选点、择低选点；可择优选点、择平选点、择劣选点等。实践证明，正确选择典型，是保证典型调查科学性的关键；选择典型的误差，是典型调查最大的误差。

(2)要有艰苦深入的决心和作风。典型调查是与调查对象直接接触的调查，是工作生活环境比较艰苦的调查。刘少奇的《湖南长沙、宁乡调查》、陈云的《青浦农村调查》,②

---

① 列宁全集(第55卷)[M]. 北京：人民出版社，2017：307.

② 中共中央文献研究室. 毛泽东周恩来刘少奇朱德邓小平陈云论调查研究[M]. 北京：中央文献出版社，2006：214-240.

都经历过许多困难，才取得了较好的调查成果。这说明，要搞好典型调查，必须有眼睛向下的兴趣和决心，有艰苦深入的作风。那种看似沉入井下、实则浮在水面的“井蛙式调查”，那种“坐着车子转、隔着玻璃看”的“调查”，那种浮光掠影、浅尝辄止的“调查”，绝不是真正的典型调查。

(3)要把调查与研究结合起来。典型调查要全面了解典型各方面情况，还要研究造成有关情况的原因，揭示社会现象的本质及规律，探索解决问题的途径和方法。典型调查不能满足于搜集信息，必须加强对搜集信息的整理和分析，努力把调查与研究结合起来，把认识问题与探索解决问题的办法结合起来。

(4)要慎重对待典型调查结论。典型是共性中的个性、一般中的个别。列宁指出：“任何一般只是大致地包括一切个别事物。任何个别都不能完全地包括在一般之中”。① 因此，必须慎重对待典型调查的结论。必须严格区分典型调查结论中哪些是代表同类事物的具有普遍意义的东西，哪些是由典型自身特殊条件、特殊环境形成的只具有特殊意义的东西。必须对这两部分结论的适用范围做出科学说明，决不可把典型调查的全部结论都当成普遍的东西，到处生搬硬套，更不可不顾时间、地点、条件，拿典型调查的结论到处去“将军”。

三、典型调查的优点和局限性

典型调查的优点：第一，它是面对面的直接调查，能获得比较丰富的第一手资料；第二，它是系统、周密的调查，可采用多种方法做反复、深入的调查，能获得较真实、可靠的资料；第三，它便于把调查与研究结合起来，有利于揭示社会现象的因果联系，探索解决社会问题的道路和方法；第四，它是对个别或少数单位的调查，调查成本较低；第五，它的适用性强，在社会生活中具有广泛用途。因此，典型调查是其他类型调查不可代替的一种基本类型。

典型调查的局限性：第一，典型的选择容易受调查者主观意志左右，很难完全避免主观随意性；第二，典型调查的对象只是个别或少数单位，其代表性总是有限的；第三，典型调查的质量，在很大程度上取决于调查者的态度和能力，调查者的态度和能力不同，调查结论就往往不同；第四，典型调查的结论中，哪些具有共性，哪些只有个性，它们的适用范围如何，往往很难用科学手段准确测定。

四、重点调查和个案调查

重点调查，是对某种社会现象比较集中的、对全局具有决定性意义的一个或几个单位进行的调查。例如，通过对几所重点高校毕业生就业情况的调查，就可大体掌握全国同类高校毕业生就业的情况；通过对一个城市几个重点超市物价变动趋势的调查，就可大体了解该市物价变动的大体趋势等。重点调查的特点和优点是：调查单位不多，调查成本不高，却可了解对全局有重大影响的情况。

个案调查也称个别调查，是指为某个特定目的、对某个特定对象(如个人、家庭、单

---

① 列宁选集(第2卷)[M]. 北京：人民出版社，2012：558.

位或事件）进行的调查。个案调查与典型调查存在明显区别：一是调查对象特点不同，个案调查的调查对象是特定的、不可代替的，不存在选择问题；二是调查主要目的不同，个案调查的主要目的一般是就事论事，解决特定的具体问题，一般不存在探索同类事物的本质及其规律等问题。

第四节　抽样调查

一、抽样的概念、特点和程序

抽样调查，是将全部调查对象编制成抽样框，然后按照一定规则从抽样框中抽取一部分对象作为样本，并以对样本调查的结果来推断调查总体的调查方法。

1. 抽样调查的基本概念

要弄清楚抽样调查，必须先明确几个基本概念。

（1）调查对象和调查总体。调查对象是指调查中提供社会信息的对象。它可以是个人、家庭、单位、社区，也可以是社会事物（如住宅、耐用消费品等）和社会现象（如教育、医疗、婚姻等）。调查总体是指全部调查对象的集合体（如一个县的全部乡镇，一个村委会的全部住宅，一个年度的全部刑事案件等）。

（2）抽样单位和抽样框。抽样单位是指抽样中使用的单位，它可以是调查对象，也可以是调查对象的某种集合体（如对学生来说的班级，对村委会来说的乡镇，对刑事案件来说的年度等）。抽样框是指由进入抽样过程的全部单位的名称或编号构成的框架（如某单位进入抽样过程的职工花名册，某乡镇进入抽样过程的全部村委会名单，某年度进入抽样过程的全部刑事案件卷宗编号等）。

（3）抽样和样本。抽样是指按照一定规则从抽样框中抽取一部分单位作为样本的方法和过程。样本是指按照一定规则从抽样框中抽取出来进行调查的单位。它可以是调查对象，也可以是调查对象的某种集合体。例如，人口抽样调查中的样本，可以是人，也可以是人的某种集合体，如户、村、乡镇、县市等。

（4）参数值和统计值。参数值又称总体值，它是关于调查总体某一变量的综合描述，是调查总体某种属性的数量表现。例如，2019 年人均国内生产总值 70892 元，① 是根据总体数据计算出来的参数值。统计值又称样本值，它是关于样本某一变量的综合描述，是样本某种属性的数量表现。例如，中国央行发布的《2019 年中国城镇居民家庭资产负债情况调查》指出，2019 年城镇居民家庭户均总资产 317.9 万元，就是根据样本数据计算出来的统计值。

2. 抽样调查的主要特点

（1）调查对象只是样本，而不是全部调查对象，也不是个别或少数调查对象。

（2）调查样本一般按照随机原则从抽样框中抽取，而不由调查者主观确定。

（3）调查目的不只是了解调查样本，而是从数量上推断调查总体。

---

① 中华人民共和国 2019 年国民经济和社会发展统计公报[N]. 人民日报，2019-02-29.

(4)样本数量、抽样误差可以控制和准确计算。

3. 抽样调查的一般程序

(1)设计抽样方案。就是对调查总体、抽样方法、抽样误差、样本规模等，设计出操作方案。它是抽样调查的决策阶段，是顺利进行抽样调查的指南。

(2)界定调查总体。就是对调查总体的内涵和外延设计出明确的定义。它是正确编制抽样框、正确评价调查总体的前提。

(3)编制抽样框。就是搜集、编制进入抽样过程的全部单位的名单或编号。它是抽样的基础。

(4)选择抽样方法。就是根据每一种抽样方法的优点和运用条件，结合调查对象的实际情况和特点，选择合适的抽样方法。

(5)抽取调查样本。就是按照设计的抽样方法从抽样框中抽取调查样本(有关这方面内容将在后文论述)。

(6)评估样本质量。就是对样本主要特征分布情况与调查总体主要特征分布情况进行对比和评估。两者间差距越小，样本质量越高；反之，样本质量越低。

(7)调查样本，获取统计值(样本值)。

(8)推断总体，获取参数值(总体值)。

二、非随机抽样及其方法

非随机抽样，又称非概率抽样，是指不按照随机原则，而根据调查者意愿、判断或被调查者志愿等因素而抽取样本的方法。常用的非随机抽样有以下几种：

(1)偶遇抽样。又称方便抽样，是指调查者按照自己方便的方式抽取样本。例如，在商场、剧院、车站、码头等公共场所做拦截式调查，碰到谁就访问谁。它的优点是简单方便、省时省力，缺点是样本代表性差，有很大偶然性。

(2)判断抽样。又称立意抽样，是指调查者根据调查目的和自己判断来抽取样本。它可分两类：一是印象判断抽样，即纯粹凭调查者主观印象抽取样本；二是经验判断抽样，即调查者根据以往经验和对调查对象的了解来选取样本。

(3)配额抽样。又称定额抽样，是指调查者首先根据调查总体各组成部分所包含调查对象数量的比例分配样本数额；其次，由调查者在调查总体各组成部分中根据样本配额的数量，采用随机或非随机原则抽取样本。与偶遇抽样、判断抽样相比，配额抽样抽取的样本分布比较均衡，代表性较高，但工作量较大。

(4)滚雪球抽样。就是调查者先就近寻找个别对象作为样本进行调查，然后通过他(她)再去寻找新的对象作为样本进行调查。这样就像滚雪球一样，直至达到设计要求的样本数为止。例如，球迷、戏迷、乞讨人员、非法移民等群体，由于其调查总体模糊不清，调查对象变动不居，只能采取这种方式抽样。

(5)志愿者抽样。就是在志愿者中抽取调查样本。例如，在心理实验、医疗实验中，往往从招募的志愿者中抽取样本进行调查。

非随机抽样的样本质量，主要取决于调查者的主观素质、工作态度和各种偶然因素，其代表性一般较差，样本调查资料不能从数量上准确推断调查总体。但是，它简便易行，在不需要从数量上准确推断调查总体的课题中可广泛采用。

三、随机抽样及其方法

随机抽样，又称概率抽样，是指以概率论为基础，按随机原则抽取样本的方法。所谓随机原则，又称机会均等原则，即抽样框中每一个抽样单位都有被抽取为样本的同等概率。常用的随机抽样方法有以下几种：

(1)简单随机抽样。又称纯随机抽样，是指在抽样框中按照随机原则抽取部分单位作为样本的方法。常用的简单随机抽样方法有：

①直接抽样法，是指从抽样框中随机直接抽取若干单位作为样本的方法。如从仓库中随机抽取若干产品作为样本，从课堂中随机抽取若干学生作为样本。

②抽签或抓阄法，是指首先将抽样框里的全部单位编号，做成签或阄；其次，把签或阄搅拌均匀；最后，采取抽签或抓阄方法随机抽取签或阄，被抽中的签或阄所代表的单位就是样本，直到抽满规定的样本数为止。

③随机数表法，是指在用自然数 0~9 组成的随机数表中随机抽取样本的方法。例如，某高校做“2019 年大学毕业生就业状况调查”，从 5000 名毕业生中抽取 500 人作为样本进行调查，具体做法是：①编制抽样框，给每位毕业生确定一个编号(1~5000)；②选用随机数表，其位数应与抽样框编号位数一致，本抽样框编号(1~5000)有 4 位数，就应选用有 4 位数的随机数表作为抽样工具(假定为表 5-1)；③抽取第一个号码，即按随机原则在表 5-1 上抽取任意列、任意行的 4 个数字作为第一个号码(假定为 3 列、2 行的 0623)，它所代表的抽样单位就是第一个样本；④抽取调查样本，即在随机数表上按照一定规则抽取调查样本。假定本调查按照隔列、从上到下规则抽取样本，那么，抽样框中 1~5000 之内的号码，均为样本(例如，3 列 4 行的 4430、5 行的 0175，5 列 4 行的 1734、8 行的 2413 等)；5000 以上的号码或被抽出的重复号码，均为淘汰号码。按照这种规则和方法，直到抽满 500 个样本为止。

表 5-1　随机数表

7807	6982	6157	3413	9180	9526	**4092**	4098	7371	8079	7653
4167	9093	**0623**	0856	6376	2427	6328	3940	**3537**	7804	**0849**
5417	6764	5543	6273	6303	3204	**3692**	3575	5730	1930	5320
0327	9534	**4430**	9816	**1734**	2488	8298	7131	9013	3600	7840
1472	3534	**0175**	9464	8728	6580	**4372**	3560	**1298**	8653	6238
1501	1536	**2011**	1048	8164	9164	6179	1414	**2590**	6207	**2096**
1085	2176	5182	5129	7452	1630	6075	9214	**4942**	5309	7096
6742	3539	**3126**	1483	**2413**	5974	9251	9473	8926	6364	**3591**

④计算机抽取法，是指运用统计软件产生的随机数抽取样本的方法。目前，许多统计

软件有产生随机数的程序，因而许多人采用这种简便、快捷的方法来随机抽取样本。但是，统计软件产生的随机数一般都有循环周期，无法完全保证随机性。因此，最好还是采用前几种简单随机抽样方法。

简单随机抽样是最简单、最基本的随机抽样方法，是其他随机抽样方法的基础。其优点：排除了主观因素干扰，简单易行，有抽样单位名单就可进行。其缺点：只适用于调查对象数量不多的调查总体，如果调查总体数量巨大，就难以编制甚至无法编制抽样框；抽取的样本可能过于分散或集中，抽样误差较大。

(2)等距随机抽样。又称机械随机抽样或系统随机抽样，是指在抽样框中按照随机原则等距离抽取样本的方法。例如，在某居委会 1200 户居民中抽取 120 户作为样本进行调查，具体做法是：①编制抽样框，给每户居民确定一个编号(1～1200)。②计算抽样间距，其公式：抽样框户数÷样本数＝抽样间距。该居委会的抽样间距：1200÷120＝10。③抽取第一个样本，在第一个抽样间距 1～10 户中，按随机原则抽取 1 户(假定为 6 号)作为第一个样本。④抽取全部样本，即按照抽样间距 10 抽取样本，编号为 6、16、26……1196 的 120 户，就是样本。

等距随机抽样的优点是样本分布均匀，代表性较高，抽样误差小于简单随机抽样，简便易行。其缺点是，抽样单位总数不能太多，要有完整的登记册，否则就难以实施。此外，要避免抽样间隔距离与调查对象的周期性节奏相重合，否则就会出现系统性抽样误差。如做企业职工出勤率调查，最好避开周五，因为许多企业职工周五出勤率较低。如抽取周五为第一个样本，抽样间距 7 天，那全部样本单位都是周五，调查结果就会产生系统偏差，不能准确说明调查总体情况。

(3)分类随机抽样。又称类型随机抽样、分层随机抽样，是指先按照一定标准将抽样框中的全部抽样单位分成若干类型或层次，然后在各类型或层次中按照随机原则抽取样本的方法。例如，某企业有职工 8000 人，要抽取 800 人作为样本，其具体做法是：①分类(或层)并编号，假定按职业把职工分为工人、技术人员和管理人员三类，其中工人 4800 人，技术人员 2400 人，管理人员 800 人，然后分别编号。②确定各类(或层)抽取样本的数量，假定按比例确定各类(或层)职工样本数量，那么工人 60%，480 人；技术人员 30%，240 人；管理人员 10%，80 人。③抽取调查样本，按照随机原则(按照简单随机抽样或等距随机抽样等方法)，从三类人员中分别抽取相应数量的样本。

分类随机抽样的关键，是分类标准要科学、符合实际；复杂社会现象，应按照多种标准做多种分类或综合分类。例如，研究城镇居民收入的变化，可按行业分类，可按职业分类，可按行业、职业交叉分类，还可按行业、职业、性别、年龄等标准综合分类。科学的分类标准，应符合三项要求：一是同类抽样单位之间同质性最大，不同类抽样单位之间异质性最大；二是每一个抽样单位都应明确归属于某一类，不能互相交叉或重叠；三是分类后各类抽样单位数量之和，必须等于抽样框内抽样单位总数，而不允许大于或小于这个总数。

分类随机抽样的优点：适用于抽样单位数量较多、异质性较大、分布较悬殊的调查总体。由于通过分类区分了异质性单位，集合了同质性单位，提高了样本的代表性，因而与简单随机抽样和等距随机抽样相比，在样本量相同的情况下，抽样误差较小；在抽样误差要求相同的情况下，所需要的样本数量较少。它的缺点是：对调查总体各单位情况要有较充分了解，否则就无法科学分类。

(4)整群随机抽样。又称聚类随机抽样或集体随机抽样，是指在抽样框中按照随机原则对抽样单位群体抽取样本的方法。例如，某居民小区有50栋居民楼，每栋楼居住20户，共1000户。如要抽取200户调查，其具体做法是：①划分群体，如将每栋居民楼作为一个群体，共分50个群体；②抽取样本群体，即按照随机原则(简单随机抽样、等距随机抽样或分类随机抽样均可)从50个群体中抽取10个群体(居民楼)作为样本；③入户调查，即对样本群体(10栋居民楼)中的每一个抽样单位(户)逐个进行调查，共调查200户。

整群随机抽样的对象不是抽样单位，而是抽样单位群体，如居民小区的居民楼、学校的班级、农村的村等。整群随机抽样的优点是，简化了抽样过程，样本比较集中，调查比较方便，可节省调查成本。其缺点是，样本分布不均匀，代表性差。与上述抽样方法比较，在样本量相同情况下，抽样误差较大。

(5)多阶段随机抽样。又称多级随机抽样或分段随机抽样，是指从抽样框中按照随机原则抽取样本的过程，分成两个或两个以上阶段抽取样本的方法。其具体步骤是：①确定抽样单位。先将抽样框中的单位按一定标准分成若干群体，作为第一级抽样单位，如以县级单位(县、市、区)作为第一级抽样单位。然后，将第一级抽样单位又分成若干小群体(如乡镇)，作为第二级抽样单位。以此类推，还可分为第三级抽样单位(如村委会、居委会)、第四级抽样单位(如户)。②抽取各级样本。先在第一级抽样单位中按照随机原则抽出若干单位作为第一级样本，再在第一级样本中抽出第二级样本。依此类推，还可抽出第三级、第四级样本。调查对象为第三级样本者，称为三段随机抽样；调查对象为第四级样本者，称为四段随机抽样。③对最后一段抽出的样本单位，逐个开展调查。

多阶段随机抽样方法的优点是：适合于调查总体大、调查对象多、情况比较复杂的调查对象；有利于把各种随机抽样方法优点综合起来，达到以最少人财物消耗、最短时间、获得最佳调查效果；对调查总体各单位情况了解程度的要求较低，只要对下一层次单位情况有所了解就可以抽样。其缺点是：抽样程序较为复杂；抽样阶段越多，抽样误差越大，它的误差是各阶段抽样误差之和。

总之，随机抽样能排除调查者主观因素干扰，保证样本的客观性和代表性，有效控制抽样误差，有利于计算样本统计值和推断总体参数值。

四、抽样调查应该注意的事项

1. 抽样框的编制问题

科学抽样必须以真实的抽样框为前提。然而，在实际调查中，人们往往会忽视编制抽样框的重要性和复杂性，随意拿一些原有表册，如居委会户口册、村委会花名册、单位工资表等作为抽样框，这是不妥的。

首先，将居委会户口册作为抽样框存在许多问题。一是在某些城镇，行政、企事业单位的户口往往由公安部门管理，居委会只管理无单位的城镇居民户口。二是中央、省、市属单位工作人员居住在本城镇，但部分工作人员及其家属户籍并不在本城镇。三是外来务工经商人员和住读学生居住在本城镇，但户籍不在本城镇。四是本城镇户籍居民中有一部分人常年外出务工、经商、求学。五是随着城镇建设和经济社会发展，家庭户分合和住址变更越来越频繁，居委会户口册更新往往滞后。这说明，以居委会户口册为抽样框往往不符合实际。

其次，将村委会花名册作为抽样框也有许多问题。一是外出务工、经商、求学的农村人口常年工作、生活在外地，其户籍仍在本村花名册中。二是部分农村有外来务工经商人员及其家属，他们的户籍都不在本村花名册中。三是随着农村经济社会发展和人口流动，农户分合、住址变更越来越频繁，村委会花名册更新往往滞后。四是为了减轻负担或多得好处，许多农村存在着假分家和假合家现象。这说明，将村委会花名册当作抽样框往往是不可靠的。

再次，将单位工资表作为抽样框也有许多问题。一是许多单位借调、外派、培训人员，以及离休退休、内部退养、病休职工，他们都有工资或离退休费，但长期不在本单位工作，是否应该进入抽样框？二是有些单位存在停薪留职、停薪求学等人员，他们不在本单位工作、不拿工资，但有劳动人事关系，应该如何对待？三是有些单位有不少合同工、临时工、外借人员、实习人员等，他们在本单位工作，但工资有的在本单位发放，有的在外单位发放，有的没有工资，应该怎样处理？这些复杂情况说明，把单位工资表作为抽样框存在许多问题。

正确的做法应该是：①搜集原有居委会户口册、村委会花名册、单位工资表等，作为编制抽样框的基础；②根据调研需要和实际情况，确定调查总体的内涵和外延，制定编制抽样框的具体规则；③根据制定的编制抽样框规则，修改或补充原有的户口册、花名册、工资表，编制出符合实际情况的抽样框。

2. 抽样概率问题

在分类随机抽样、整群随机抽样和多段随机抽样中，都存在分类或分群问题，而每一个类别或群体所包含的调查对象往往不一样，有的相差悬殊，这就产生了一个抽样概率问题，即对于调查对象来说，类别或群体的规模越小，被抽中的概率越高；反之，抽中的概率越低。例如，甲乙两村被抽为样本，其中甲村有 400 户、乙村只有 100 户，假定每村抽 20 户作为样本，那么甲村村民被抽中的概率是 400÷20=20，即每 20 户抽取一个样本，抽中的概率为 5%；乙村村民被抽中的概率则是 100÷20=5，即每 5 户抽取一个样本，抽中的概率为 20%。显然这就违背了随机抽样的同等可能性原则。要解决这个问题，有两种方法。

一种方法是概率与规模成比例抽样，简称 PPS 抽样。其原理是：赋予规模不等的类型或群体与其规模成比例的入样概率，从而使每个调查对象都有被抽中的同等概率。例如，某乡镇 10 个村、4000 户，要选取 200 户做样本，其做法是：①将 10 个村编号、列表，并说明户数；②计算每村户数占全乡镇户数的比例和累计比例，按累计比例编制抽样号码；③按等距随机抽样方法抽取 5 个抽样号码作为样本，样本间距离为 20，假定第一个抽样号码为 4，那么 4、24、44、64、84 号为抽中的抽样号码；④每个抽样号码的村调查 40 户，即 01、06、08 号村各调查 40 户，03 号村有 2 个抽样号码，调查 80 户，如表 5-2 所示。

表 5-2　某乡镇 PPS 抽样简况

村委会编号	户数	占总户数比例(%)	累计比例(%)	抽样号码	等距抽样选取的号码	入样村委会和调查户数
合计	4000	100.0	100.0	1~100	5 个号码	200
村委会 01	200	5.0	5.0	1~5	4	40
村委会 02	160	4.0	9.0	6~9		
村委会 03	1440	36.0	45.0	10~45	24、44	80
村委会 04	200	5.0	50.0	46~50		
村委会 05	120	3.0	53.0	51~53		
村委会 06	760	19.0	72.0	54~72	64	40
村委会 07	320	8.0	80.0	73~80		
村委会 08	400	10.0	90.0	81~90	84	40
村委会 09	280	7.0	97.0	91~97		
村委会 10	120	3.0	100.0	98~100		

另一种方法是样本与规模成比例抽样，简称 SPS 抽样。其原理是：赋予规模不等的类型或群体与其规模成比例的样本数，从而使每个调查对象都有被抽中的同等概率。如前例，某乡镇有 10 个村、4000 户，要从中选取 200 户作为样本，其做法是：①将 10 个村编号、列表，并说明户数；②计算每村户数占全乡镇户数的比例；③计算全乡镇户数与样本的比例，即 4000÷200=20；④按照每村户数比例分配样本数；⑤各村按照随机抽样方法抽取调查样本，如表 5-3 所示。

表 5-3　某乡镇 SPS 抽样简况

村委会编码	户数	比例(%)	按户数比例分配的样本数
合计	4000	100.0	200
村委会 01	200	5.0	10
村委会 02	160	4.0	8
村委会 03	1440	36.0	72
村委会 04	200	5.0	10
村委会 05	120	3.0	6
村委会 06	760	19.0	38
村委会 07	320	8.0	16
村委会 08	400	10.0	20
村委会 09	280	7.0	14
村委会 10	120	3.0	6

显然，SPS 抽样操作简便，样本均匀，但样本分散，调查难度较大，成本较高。反之，PPS 抽样操作复杂，样本集中，有利于调查工作和降低成本。

样本与规模成比例抽样，同非随机抽样中的配额抽样方法基本相同，即样本数与调查对象规模成比例。它们的区别是：在配额抽样中，最后是采用偶遇抽样、判断抽样等非随机抽样方法抽取样本；在样本与规模成比例抽样中，最后是按照简单随机抽样、等距随机抽样、分类随机抽样等随机抽样方法抽取样本。

3. 入户后选择调查对象的问题

在入户调查中，调查对象的条件一般是：16(或 18)周岁及以上，思维正常，有口头回答能力，常年在家庭生活的成员。在实际调查中，经常会遇到样本户中有几位符合条件的成员，应该选择哪一位作为调查对象呢？许多人选择户主或了解情况的成员作为调查对象。其好处是，熟悉家庭情况，回答效率和质量较高。其弊端是，在主观指标的调查方面，往往忽视了不当家的妇女、青年、老人的情况。解决办法是，抽样到户后再做一次入户后抽样，即从符合条件的成员中抽取一人作为调查对象。入户后抽样有多种方法，其中最简便、易行的方法有两种：

一种是“生日相近法”，即在调查问卷的封面或询问问题的前面印制一个《家庭成员登记表》，只设计“家庭成员编号”(问卷调查一般是匿名的，不应有“姓名”栏目)、“与户主的关系”“性别”“出生年月日”“备注”等栏目。调查员入户后先填写《家庭成员登记表》。然后，在符合调查对象条件的家庭成员中，选择出生日期与调查日期最接近的家庭成员作为调查对象。

另一种是“男女老少法”，即在设计调查问卷时，除规定调查对象必须具备的条件外，还把调查对象的性别和年龄分为四类，即“最大年龄男性”“最大年龄女性”“最小年龄男性”“最小年龄女性”，并按各占 25%的比例印刷在调查问卷首页上。调查员入户后，就按照调查问卷首页上关于性别和年龄的规定，选择符合规定的家庭成员作为调查对象。

实践证明，上述两种方法的优点是：简便易行，有利于贯彻随机原则。缺点是：选中的调查对象，或不熟悉家庭情况，或不在家，致使调查无法进行。为了解决这个问题，设计调查问卷时应该明确规定，出现哪几种情况(如完全不了解家庭情况；已经外出、调查期间不可能回家等)可以换人(即选择样本户中第 2、3 个与调查日期相近的家庭成员；或按“最大年龄男性”“最大年龄女性”“最小年龄男性”“最小年龄女性”顺序更换调查对象)；出现哪几种情况(如全家外出，无返回期；家庭中无符合条件成员等)可以换户(即动用备用样本)。只要设计的换人、换户规则没有违背随机原则，那么即使换了人、换了户，仍然符合随机抽样原则。

五、抽样误差和样本规模

1. 抽样误差

抽样调查的目的是用样本统计值推断总体参数值，但无论采用何种抽样方法，样本统计值与总体参数值之间总会存在一些误差，其来源有二。

一是非抽样误差，即调查过程中人为操作失误造成的误差，如调查方案设计不合理、抽样方法有违随机原则、调查操作或数据处理失误等。非抽样误差可以通过主观努力尽量减少，但无法计算出误差到底有多大。

二是抽样误差，即随机抽样过程中产生的样本统计值与总体参数值之间的差异。它与人为操作无关，而与以下三种因素有关。一是抽样方法。任何一种抽样方法都会产生一定抽样误差，采用不同抽样方法产生的抽样误差是不一样的，因此，调查者应发挥主观能动性，尽可能选择抽样误差最小的抽取方法。二是调查总体分布状况。调查总体中各个体异质性程度越大，抽样误差越大；反之，则抽样误差越小。三是样本规模。样本规模越大，抽样误差越小；反之，则抽样误差越大。这就是说，调查总体异质性程度与抽样误差成正比，样本规模与抽样误差成反比。总之，抽样误差源于抽样的随机性、调查总体的异质性和样本规模的大小，因而是无法避免的。但是，抽样误差的大小可以计算及量化，并可以通过科学的抽样设计进行控制。只要正确选择抽样方法并根据调查总体异质性状况合理确定样本规模，就有可能把抽样误差控制在合理的范围之内。

在统计学中，通常用总体的标准差 σ 表示总体异质性程度，用 n 表示样本规模，用 SE(sampling error)表示抽样误差，于是得到下列公式：

$$SE=\frac{\sigma}{\sqrt{n}}$$

由于总体的标准差通常无法知道，因而用样本标准差 S 代替，于是有：

$$SE=\frac{S}{\sqrt{n}} \text{或} SE=\frac{S}{\sqrt{n-1}}$$

实际上，所谓抽样误差，就是抽样分布的标准差，即标准误差(standard error)，也就是抽样过程中产生的平均误差。

应该指出的是，上述计算公式是不考虑抽样方法这一影响因素的，是一般性描述和反映调查总体的异质性程度(用总体标准差 σ 表示)及样本规模与抽样误差之间的数量关系。当把抽样方法(如等距随机抽样、分类随机抽样等)这一因素考虑进来，则抽样误差的计算公式要根据抽样方法的不同进行修正或改变。

2. 样本规模

样本规模又称样本容量，是指样本中所含调查对象的多少。在统计学中，有大样本、小样本的区别和争论，其原因在于大样本与小样本的抽样分布不同，采用的统计分析方法不同。如何区分大样本、小样本，存在着不同意见，而且与应用领域有关。例如，在心理统计学中，通常认为样本包含 30 个以上个案就算大样本；但在社会统计学中，样本规模超过 100 才能称为大样本。

在社会调查中，研究者总希望扩大样本规模，因为样本数越多代表性越高，但样本数增加往往会导致非抽样误差扩大和调查成本攀升。因此，应该确定一个最佳样本规模，既保证样本的代表性，又不因扩大样本规模而造成浪费。

从理论上讲，可以根据样本规模与抽样误差之间的统计关系，来确定一项调查所要求的最低样本规模。抽样误差表示的是样本统计值与总体参数值之间的差距。一项社会调查中存在多种统计量，因而存在多种多样的抽样误差。通常以最常用的平均数($\bar{X}$)和百分比

(P)这两个统计量来说明如何通过抽样误差来确定最低的样本规模。

假如要用一个从随机样本(n)计算出来的样本统计量平均年龄($\overline{X}$)去对总体的平均年龄(M)进行区间估计，总体标准差为 σ，置信度为95%，抽样误差为 SE，则有：

$$SE=|M-\overline{X}|$$

$$\overline{X}-1.96\left(\frac{\sigma}{\sqrt{n}}\right)\leqslant M\leqslant\overline{X}+1.96\left(\frac{\sigma}{\sqrt{n}}\right)-1.96\left(\frac{\sigma}{\sqrt{n}}\right)\leqslant M-\overline{X}\leqslant1.96\left(\frac{\sigma}{\sqrt{n}}\right)$$

$$SE=M-\overline{X}=1.96\left(\frac{\sigma}{\sqrt{n}}\right)$$

故得 $n=\left(\frac{1.96S}{SE}\right)^2$，注：当总体参数值 σ 未知时，可用 S 近似代替。

当要求置信度为99%时，公式为 $n=\left(\frac{2.58S}{SE}\right)^2$。

公式中的 SE 为研究者所能容忍的误差。显然，研究者所能容忍的误差越大，样本规模可以越小，反之则要求样本规模越大。

假如已知总体人口年龄的标准差 $\sigma=8.60$，用样本估计总体的允许误差 $SE=2$ 岁，所要求的置信度为95%，则该项研究的最低样本数为 $n=\left(\frac{1.96\times8.60}{2}\right)^2=71$。如果置信度为99%，则最低样本数 $n=\left(\frac{2.58\times8.60}{2}\right)^2=123$。

当选用比率为样本统计量来计算样本规模时，可推出下列公式：

$$n=\left(\frac{1.96\sqrt{P(1-P)}}{SE}\right)^2 \quad (95\%\text{置信度})$$

$$n=\left(\frac{2.58\sqrt{P(1-P)}}{SE}\right)^2 \quad (99\%\text{置信度})$$

公式中抽样误差 SE 表示总体比率 P 与样本比例 p 之差，即 $SE=|P-p|$。

例如，研究者要研究某地区农民的生活满意度问题，以往研究表明，大约有65%的当地农民满意自己的生活，即 $P=0.65$，要求估计的置信度为95%，抽样误差不大于4%，即：

$$SE=|P-p|=0.04$$

则该项研究所要求的最低样本规模为：

$$n=\left(\frac{1.96\sqrt{0.65(1-0.65)}}{0.04}\right)=546$$

当置信水平为99%时，$n=\left(\frac{2.58\sqrt{0.65(1-0.65)}}{0.04}\right)=946$。

上述分析表明，在社会调查中可以运用统计方法来确定样本规模。但在实际操作中，它通常只能作为一种参考，因为在一项调查中往往有很多变量，根据不同变量会计算出不同的样本规模，很难确定该选用哪一种。此外，样本规模的确定，还要受经费、时间、人力、物力及调查资料后续处理等多种因素的影响。因此在抽样设计中，要综合考虑多方面因素，确保样本的质和量，以实现调查效果最优化。学术界根据总体规模与样本所需量的统计曲线规律，结合其他影响样本规模的因素，总结出经验上样本容量的大致范围可供参考，如表 5-4 所示。

表 5-4 经验确定样本数的范围

总体规模	100 以下	100～1000	1000～5000	5000～10000	10000～100000	100000 以上
样本占总体比重	50%以上	50%～20%	30%～10%	15%～3%	5%～1%	1%以下

资料来源：袁方. 社会研究方法教程(重排本)[M]. 北京：北京大学出版社，2016：170.

六、抽样调查的优点和局限性

1. 抽样调查的优点

(1)有利于提高调查的客观性和真实性。按照随机原则抽取调查样本，排除了调查者主观因素的干扰，为调查结果的真实性、可靠性奠定了坚实基础。

(2)有利于对调查总体进行定量研究。抽样调查的基础是概率论和大数定律，抽样误差可以计算和适当控制，因而能比较准确地推断调查总体。

(3)有利于提高调查效率、降低调查成本。抽样调查通过对样本的调查，可获得关于调查总体的推断。与普查相比，调查成本低，调查效率高。

(4)有利于广泛应用。现代社会具有多元化、变动快等特点，抽样调查是对高度异质性、高速流动性社会现象进行调查的有效方法。在现代社会，随着科学技术进步和经济社会发展，抽样调查必将得到越来越快的发展。

2. 抽样调查的局限性

(1)抽样调查适于定量研究，定性研究则比较困难。

(2)与典型调查、个案调查相比，抽样调查的实施比较复杂，样本单位较多，调查时间较短，调查的广度和深度有较大局限。

(3)适用范围有局限性，例如，调查总体过小、异质性过大、边界不明晰(如新生事物、隐秘现象)的调查对象，就不宜或无法使用抽样调查方法。

思考与练习

1. 略论“走马观花”与“下马观花”两大类型的异同与用途。
2. 普查有何重要意义？做好普查应该注意哪些问题？
3. 论典型调查的理论基础及其意义。
4. 抽样调查有哪些程序？

5. 什么是抽样框？编制抽样框应该注意哪些问题？
6. 非随机抽样有哪些方法？它们各有何特点？
7. 随机抽样有哪些方法？它们各有何特点？
8. 如何计算抽样误差？
9. 确定样本规模时，应该考虑哪些因素？

推荐阅读

1. 郝大海. 社会调查研究方法(第2版)[M]. 北京：中国人民大学出版社，2009.
2. 袁方. 社会研究方法教程(重排本)[M]. 北京：北京大学出版社，2016.
3. [美]加里·T. 亨利. 实用抽样方法[M]. 沈崇麟，译. 重庆：重庆大学出版社，2008.
4. 侯延军. 抽样调查方法的妙用[J]. 调研世界，2014(7).

第六章　社会调查的指标

本章要点

1. 社会指标是反映社会现象的指标，既可以是反映社会客观情况的指标，又可以是反映社会成员主观状态的指标。社会指标具有可感知性、可量度性、代表性和时间性等特点。

2. 抽象社会指标是指客观事物所具有的、不能直接感知，但能被思维把握的社会指标。它分为三类，即主观社会指标、属性社会指标和关系社会指标。

3. 社会指标体系，是指根据一定目的，以一定理论为指导设计的，由反映某种社会现象的具有内在联系的若干社会指标组成的系统。它具有目的性、理论性、科学性、代表性、系统性、可行性等特点。

4. 社会测量是指运用一定测量工具，按照一定测量规则，对测量对象的某些属性或特征进行量度，并赋予一定数值的过程。社会测量有五个构成要素：测量对象、测量内容、测量工具、测量规则和测量数值。

5. 社会测量可分为四个层次，即定类测量、定序测量、定距测量和定比测量。它们的反映功能和运算功能都是累进叠加的。其中，定类测量是最基本的测量。

6. 调查指标是反映调查对象实际情况的指标。调查指标与社会指标之间的关系有二。一是相互联系，调查指标与社会指标都是反映社会现象实际情况的指标；调查指标的设计必须以社会指标为依据，社会指标只有具体化为调查指标才便于实际调查。二是相互区别，社会指标用于调查设计过程，主要着眼于反映一定的理论假设；调查指标用于实际调查过程，主要着眼于反映调查对象的实际情况。

7. 设计调查指标必须设计两种定义，即抽象定义和操作定义。抽象定义是对调查指标共同本质的概括；操作定义则是用可感知、可量度的事物，现象和方法对抽象定义所作的界定或说明。

8. 设计调查指标的基本要求是：以一定研究假设为指导，以一定社会指标为依据，与社会指标相匹配、相对称，符合调查对象的实际情况，符合国家对有关指标的解释及修订，有获取准确、可靠资料的可能性。

9. 信度是指调查结果反映调查对象实际情况的可信程度。效度是指调查结果说明调查所要说明问题的有效性程度。

10. 信度和效度既有区别，又有联系，它们之间存在着四种关系：信度高，效度未必高；信度低，效度必然低；效度高，信度必须高；效度低，信度未必低。

基本概念

社会指标　社会测量　调查指标　抽象定义　操作定义　信度　效度

要科学设计社会调查指标，必须弄清楚社会指标及其体系、社会测量及其层次、调查指标及其操作定义，以及信度与效度等问题。

第一节　社会指标及其体系

什么是社会指标？它有哪些特点、种类和功能？什么是社会指标体系？它有哪些类型？这些是本节所要探讨的问题。

一、社会指标的概念及特点

社会指标，是指反映社会现象的指标。社会指标是相对于自然指标(如风力、水温)而言的，它既可以是反映社会现象的质量、数量、类别、等级、程度等客观情况的指标，又可以是反映社会成员的感受、愿望、倾向、态度等主观状态的指标。社会物质生活和精神生活领域的一切现象，都可以用社会指标来反映。

社会指标具有以下一些特点：

(1)可感知性。社会指标不能是抽象的、一般的概念，而必须是具体的、明确的、可直接感知的指标。例如，“人口”“人均收入”等指标非常具体，“满意度”“安全感”等指标虽不具体，但可以被感知。

(2)可量度性。社会指标不能是无法界定、量度的对象，而必须是可以用数字、符号度量的指标。例如，“人均收入”等可用数字计量，“职业满意度”则可用很满意、比较满意、无所谓、不满意、很不满意等来度量。

(3)代表性。社会指标不能是次要的、说明不了问题的内容，而必须是对反映某种社会现象具有关键性意义或代表性的指标。例如，对于人口素质来说，人种、肤色等指标不能有效说明人的素质，而平均预期寿命、人均受教育年数等指标则具有关键性意义。因此，只有后者才能成为说明人口素质的社会指标。

(4)时间性。社会指标不能是没有时间界限的现象，而必须是有明确时间规定的指标。例如，调查“人口总数”这一指标，必须明确是年初数、年中数，还是年末数，因为这三个时点的人数是不一样的。至于“满意度”“安全感”等反映主观状况的社会指标，更应明确规定调查的时间点，因为这些主观社会现象是不断变化的，没有明确的时间规定就无法调查。

二、社会指标的分类

按照不同标准，社会指标可作许多不同的分类。常见的分类有：

(1)客观指标和主观指标。客观指标是反映客观社会现象的指标。如性别、年龄、文化程度等。主观指标是反映人们主观状况的指标，如幸福感、满意度等。简言之，客观指标是反映社情的指标，主观指标是反映民意的指标。

（2）具体指标和抽象指标。具体指标，是指人的感官可直接感知的指标。例如，身高、服装、住宅等，都是可直接感知的具体指标。抽象指标，是指客观事物所具有的、不能直接感知，但能被思维把握的社会指标。它包含三类：

①主观社会指标，是指反映社会主体心理状态、思想观念的指标。它分为两类：一是以感性认识为主的主观指标，包括感觉、情绪、期望等指标；二是以理性认识为主的主观指标，包括评价、判断、态度、价值观念等指标。

②属性社会指标，是指反映社会事物所具有的性质、状况等指标。它分为两类：一是反映社会主体性质、状况的指标，如劳动态度、工作能力、道德状况等；二是反映客观事物性质、状况的指标，如服装美观度、住宅舒适度等。

③关系社会指标，是指反映两个或两个以上社会事物之间关系的指标。它分为两类：一是反映人际或人群关系的指标，如邻里关系、干群关系等指标；二是反映客观物体之间关系的指标，如住宅与家具、与环境协调度等指标。

（3）描述性指标和评价性指标。描述性指标，是指反映社会现象客观状况的指标，如财政收入、生活幸福感等。评价性指标也称分析性指标，是指对社会现象的利弊得失进行价值评估或分析的指标，如人口城镇化率、性比例等。描述性指标是基础指标，评价性指标是在描述性指标的基础上，经过思维加工而形成的对社会现象的分析或评价。

（4）肯定指标、否定指标和中性指标。肯定指标也称正指标，是指反映社会进步、发展等社会现象的指标，如国内生产总值、第三产业比重等。否定指标也称逆指标或问题指标，是指反映社会落后、倒退等社会问题的指标，如犯罪率、失业率等。中性指标，是指反映与人的价值取向没有直接联系的社会现象指标，如国土面积、人口数、人口的民族构成等。

（5）投入指标、活动量指标和产出指标。投入指标，是指反映投入社会过程的人力、财力、物力等资源的指标，如投入医疗领域的资金、人员和设备等。活动量指标，是指反映社会过程的工作量、活动次数、使用频率等指标，如医护人员的工作时数、医治患者的人数、医疗设备的使用频率等。产出指标，是指反映社会过程结果的指标，如患者治愈人数、医疗设备覆盖率等。

此外，按照其他标准，社会指标还可分为经济指标和非经济指标，现状指标和预测指标，结构指标和功能指标，微观指标和宏观指标，等等。

三、社会指标的功能

（1）反映功能。它是社会指标最基本的功能。社会指标对社会现象的反映是以一定研究假设为指导的，具有较强的选择性和浓缩性，力求把复杂的社会现象浓缩在有限的社会指标内。

（2）监测功能。它是反映功能的延伸，是动态的反映功能。它分为两类：一是对社会运行情况的监测，如农村剩余劳力增减、物价指数升降等；二是对社会政策、计划执行情况的监测，如扶贫政策执行情况、经济计划执行情况等。

(3)比较功能。用社会指标来衡量两个或两个以上调查对象时，就具有了比较功能。它分为两类：一是横向比较，即对同一时间不同调查对象的比较，如对同一时期不同村扶贫情况的比较；二是纵向比较，即对不同时期同一调查对象的比较，如对新冠肺炎疫情前后居民收入的比较。

(4)评价功能。它是反映功能、监测功能、比较功能的深化和发展。因为，反映、监测、比较只能说明社会现象的状态，只有对反映、监测、比较的结果做出评价，才算对社会现象做出了说明或解释。可见，反映、监测、比较功能是社会指标的基础功能，评价功能则是社会指标的核心功能。

(5)预测功能。它是在反映、评价基础上，对社会现象未来发展趋势的预先测算。它分为两个方面：一是社会发展预测，即对推动社会发展社会现象的预测，如对下一年度经济社会发展状况的预测；二是社会问题预测，即对阻碍社会发展社会现象的预测，如对今后5年失业率、犯罪率的预测。

(6)计划功能。它是预测功能的延伸。预测为计划提供依据，计划是根据预测结果对今后工作所做的安排。它分为两类：一是促进社会发展的计划，如经济改革计划、教育发展计划等；二是预防或克服社会问题的计划，如治理环境污染计划、强化社会治安计划等。计划功能是社会指标反作用于社会的关键功能。

四、社会指标体系

社会指标是反映社会现象的指标。社会现象往往需要从多方面、多视角观察，因而，社会指标也需要从多方面、多视角设置。这就是说，社会指标一般不是一个一个孤立存在的，它往往是作为一个体系建立起来并发挥作用的。

1. 社会指标体系的概念及其特点

社会指标体系，是指根据一定目的，以一定理论为指导设计的，由反映某种社会现象的具有内在联系的若干社会指标组成的系统。例如，中国科学院中国现代化战略研究课题组设计的第一次现代化评价指标和第二次现代化评价指标，就是这样的社会指标体系。这两个社会指标体系的具体内容，如表6-1和表6-2所示。

表6-1 第一次现代化评价指标的标准值(1960年工业化国家指标平均值)

指标、单位和指标编号		标准	备注
经济指标	1. 人均国民收入(人均GNI)，美元	逐年计算	正指标
	2. 农业劳动力比例(农业劳动力占总劳动力比例)，%	30%以下	逆指标
	3. 农业增加值比例(农业增加值占国内生产总值比例)，%	15%以下	逆指标
	4. 服务业增加值比例(服务业产值占国内生产总值比例)，%	45%以上	正指标

续表

指标、单位和指标编号		标准	备注
社会指标	5. 城市人口比例(城市人口占总人口比例),%	50%以上	正指标
	6. 医生比例(每千人口中的医生人数),‰	1‰以上	正指标
	7. 婴儿存活率,%，(婴儿死亡率),‰	97%以上 (30‰以下)	正指标 (逆指标)
	8. 预期寿命(出生时平均预期寿命)，岁	70 岁以上	正指标
知识指标	9. 成人识字率,%	80%以上	正指标
	10. 大学普及率(在校大学生占 20~24 岁人口比例),%	15%以上	正指标

注：参考英克尔斯教授的评价指标。①以 1960 年 19 个市场化工业国家人均国民收入平均值 1280 美元为基准值，以后逐年根据美元通货膨胀率计算标准值。例如，1960 年标准值为 1280 美元，1970 年为 1702 美元，1980 年为 3411 美元，1990 年为 5147 美元，2000 年为 6399 美元，2008 年为 7814 美元，2009 年为 7871 美元。②正指标，评价对象数值越大越好的指标，表示达到或超过现代化标准的程度；逆指标，评价对象数值越小越好的指标，表示它未达到现代化标准的程度。③“婴儿死亡率”用作评价指标不符合中国文化，故用“婴儿存活率”代替它；婴儿存活率=1-婴儿死亡率；实际评价时，仍然用婴儿死亡率的数据评价，按逆指标计算方法进行评价。

资料来源：何传启. 中国现代化报告 2011[M]. 北京：北京大学出版社，2011：280.

表 6-2　第二次现代化评价指标

二级指标	三级指标和指标编号	指标解释和单位
知识创新	1. 知识创新经费投入	研究与发展经费占国民生产总值比例(R&D 经费 / GNP),%
	2. 知识创新人员投入	从事研究与发展活动的研究人员 / 万人，人 / 万人
	3. 知识创新专利产出	居民申请国内发明专利数 / 万人，项 / 万人
知识传播	4. 中学普及率	在校中学生人数占适龄人口(一般为 12~17 岁)比例,%
	5. 大学普及率	在校大学生人数占适龄人口(一般为 20~24 岁)比例,%
	6. 电视普及率	家庭电视普及率,%
	7. 互联网普及率	每百人中互联网用户,%
生活质量	8. 城镇人口比例	城镇人口占总人口比例,%
	9. 医生比例	每千人口中的医生数,‰
	10. 婴儿死亡率	每千例出生婴儿在 1 岁内的死亡率,‰
	11. 预期寿命	新生儿平均预期寿命，岁
	12. 人均能源消费	人均商业能源消费，千克石油当量

续表

二级指标	三级指标和指标编号	指标解释和单位
经济质量	13. 人均国民收入	人均国民收入(人均 GNI)，美元
	14. 人均购买力	按购买力平价 PPP 计算的人均国民收入(人均 PPP)，美元
	15. 物质产业增加值比重	农业和工业增加值占国内生产总值的比例，%
	16. 物质产业劳动力比重	农业和工业劳动力占总劳动力比例，%

资料来源：何传启. 中国现代化报告 2011[M]. 北京. 北京大学出版社，2011：283.

从上述定义和举例中可以看出，社会指标体系具有几个特点：

(1)目的性。设计社会指标体系，必须有一定目的。例如，中国现代化战略研究课题组设计上述指标体系的目的十分明确：为衡量一个国家、一个地区第一次现代化和第二次现代化实现程度提供一种尺度和标准。

(2)理论性。设计社会指标体系，必须以一定理论作指导。例如，中国现代化战略研究课题组认为，现代化分为两大阶段：第一次现代化，经济发展居于第一位；第二次现代化，知识创新居于第一位。因而，主要用经济发展指标或知识创新指标，来分别评估第一次现代化和第二次现代化的实现程度。

(3)科学性。设计社会指标体系，必须符合客观实际和科学原理。例如，表 6-1 中的 10 个指标所反映的社会现象，都是客观存在的，都与人是社会主体、经济是社会发展基础等科学原理相符合的。表 6-2 中的 16 个指标，也符合第二次现代化国家或地区的客观实际和知识经济时代的科学理论。

(4)代表性。设计社会指标体系，必须选择那些有代表性的重要指标来组成指标体系。例如，表 6-1 中的 10 个指标，既有经济指标，又有社会指标和知识指标；既有总量指标，又有结构指标；既有数量指标，又有质量指标，都具有较强的代表性。表 6-2 中的 16 个指标，在知识经济时代也具有很强的代表性。

(5)系统性。设计社会指标体系，必须使社会指标之间具有内在联系，形成一个完整系统。例如，表 6-1 中的 10 个指标，首先，4 个经济指标之间、4 个社会指标之间、2 个知识指标之间都有密切联系；其次，在经济指标、社会指标和知识指标之间也有密切联系，它们共同构成一个完整系统。如果离开这个系统，任何一个孤立的社会指标都很难说明一个地区或国家第一次现代化的实现程度。同样，表 6-2 中的 16 个指标，也是一个内部联系很强的系统。

(6)可行性。设计社会指标体系，必须考虑是否可以获得连续的、具有较高权威性的统计数据，主要是各种国际组织和各国政府的统计数据。例如，联合国机构的出版物，各国政府出版的统计年鉴等。只有选择这类可连续获得具有较高权威统计资料的指标组成的体系，才是具有可操作性的社会指标体系。

2. 社会指标体系的类型

社会指标体系有三种基本类型，它们具有不同的特点。

(1)社会管理型社会指标体系。通常是行政部门为做好管理、规划工作，在原统计指标基础上加工改造建立起来的。例如，《中华人民共和国国民经济和社会发展第十四个五年规划纲要》就是这种指标体系。其特点是：内容全面、系统，实践性和应用性强，能得到行政部门协助，获取资料比较容易。但一般存在着范围广、分类细、重点不突出、不利于集中反映最迫切社会问题等弊端。

(2)学术研究型社会指标体系。通常是学术机构或学者为研究某一课题、根据一定研究假设设计出来的。例如，2019 年中国城市发展潜力排名指标体系、社会风险预警指标体系等，就属于这一类型。其特点是：有明确研究假设，指标比较系统、全面，便于说明有关课题。但其科学性、代表性难以把握，某些资料获取难度较大，往往需要独立进行调查，需要耗费较多人力、财力、物力和时间。

(3)实际应用型社会指标体系。通常是企事业单位根据本单位目的、指导思想和实际需求设计出来的。例如，高等教育发展指标体系、医疗服务指标体系、社会养老服务监测指标体系等。其特点是：目标明确，重点突出，指标较少，针对性强，能较好满足各自的业务需要。但往往带有片面性、功利性、倾向性，其调查结论的科学性、准确性往往需要实践反复检验。

第二节　社会测量及其方法

许多社会指标只有通过社会测量才能调查，定量研究更需要以社会测量为依据。因此，有必要探讨一下有关社会测量的问题。

一、社会测量的概念和特点

1. 社会测量的概念和要素

社会测量，是指运用一定测量工具，按照一定测量规则，对测量对象的某些属性或特征进行量度，并赋予一定数值的过程。社会测量有五个构成要素。一是测量对象，即测量的客体，如个人、群体、组织、社会关系或社会现象等。二是测量内容，即测量对象的某些属性或特征。可分为两类，一类是性别、年龄、职业、收入等客观情况；另一类是感受、态度、意见、评价等主观状态。三是测量工具，主要是问卷、量表和卡片等。四是测量规则，即测算、量度测量内容的规矩和准则。一般由调查者根据自己的研究假设设计。五是测量数值，即表示测量结果的数字或符号。

2. 社会测量的特点和作用

与自然测量相比较，社会测量有两个特点。第一，自然测量的对象是自然物体的自然属性，它们都是客观存在的、不以人的意识为转移的；社会测量的对象是有目的、有意识的人，以及与人紧密联系在一起的社会现象。因此，社会测量对象的认知状况、合作程度，以及外部环境及其变化，往往对测量结果产生重大影响。这就是说，社会测量的影响因素多、难度大，容易产生测量误差。第二，自然测量有标准化的测量仪器或工具，公认的测量标准和规则，具有较强的客观性、准确性和可重复性，测量误差容易发现和计算；社会测量的工具和规则，由调查者根据研究假设设计，往往因人而异，测量的客观性、准确性、可重复性、公认性较差，测量误差难以发现和计算，测量结果往往会受设计者、测量者主观因素的影响。

但是，这不是说社会测量没有意义。实践证明，社会测量的意义和作用在于，有利于对社会现象，尤其是对人们的思想、情感、意向、评论、判断、态度等主观社会现象，以及社会属性、社会关系等抽象社会现象开展定量研究，或定性与定量相结合的研究；有利于把统计学、数学知识和计算机等现代工具引入社会调查领域，从而提高社会调查的精度和效率。这说明，社会测量是对社会现象进行定量研究，或定性与定量相结合研究不可缺少的工具或手段。

二、社会测量的层次

依据测量对象的性质、特征及其数量化程度，社会测量可分为四个层次，即定类测量、定序测量、定距测量和定比测量。

1. 定类测量

定类测量，也称类别测量或分类测量，它是对调查对象性质或类别的测量。例如，对性别、行业等按事物性质或类别来区分调查对象的测量，就属于定类测量。其测量结果只能分类，标以类别名称，如男性和女性，农业、工业、服务业等。有时，也可用数字来代表某类事物，如用“0”代表女性，“1”代表男性；用“1”代表农业，“2”代表工业，“3”代表服务业等。但是，这些数字都是人们赋予某类事物的识别标志，并不反映这些事物的数量状况。定类测量的数量化程度最低，测量结果只能用数学符号“=”或“≠”来表示，只能作频率分布、在总体中所占比例等有限的几种数量统计，而不能做数学运算。

2. 定序测量

定序测量，也称顺序测量或等级测量，它是对调查对象等级或顺序的测量。例如，对文化水平、满意程度等含高低、强弱、先后、大小等差异社会现象的测量，就属于定序测量，其测量结果不仅可用文盲和非文盲、满意和不满意来区分其性质或类型上的差异，而且可用大学、中学、小学、文盲，很满意、比较满意、一般、不满意、很不满意等来表示等级或顺序上的区别。定序测量的数量化程度比定类测量高一个层次，它已具有数量差别的含义，其测量结果可用数学符号“>”或“<”来表示，可进行频率分布、比例关系等数量统计，但不能做加减运算，不能测量出不同等级、顺序在数量上的具体差距。

3. 定距测量

定距测量，也称区间测量，它是对调查对象之间数量差别或间隔距离的测量。例如，对初婚年龄、人均 *GDP* 等可用某种基本单位表示数量差别或间隔距离社会现象的测量，就属于定距测量，其测量结果可用具体数字来反映。如平均初婚年龄，城市人为 28 岁，农村人为 24 岁，城市人比农村人大 4 岁；人均 *GDP*，2012 年比 38354 元，2019 年 70892 元，2019 年比 2012 年多 32538 元。定距测量的数量化程度比定序测量又高一个层次，它不仅能反映社会现象的类别和顺序，而且能反映社会现象的数量状况，计算出它们之间的距离。定距测量的结果，可用具体数字表示，可做加减运算，但还不能做乘除运算。因为，定距测量中的“0”只是人们主观选取的一个代码，而不具有数学意义。例如，一个智力测试得 0 分的人，不能认为他没有智商；一个温度测试为 0°*C* 的房间，不能认为这个房间没有温度。

4. 定比测量

定比测量，也称比例测量，它是对测量对象之间比例或比率关系的测量。例如，对出生率、性比例等反映两个数值之间比例或比率关系社会现象的测量，就属于定比测量，其测量结果一般用百分比表示，也可用绝对数来反映。例如，甲地出生率 20‰，乙地出生率 15‰，甲地出生率比乙地出生率高 5‰；农村性比例 118，城市性比例 102，前者比后者高 16，或高 15.69%等。定比测量的数量化程度比定距测量又高一个层次，其测量结果不仅能做加减运算，而且能做乘除运算，并可做各种较复杂的统计分析。为了使定比测量具有实际意义，它要求有一个绝对的、固定的、非任意规定的零点。有没有这个绝对零点存在，是定比测量与定距测量的重要区别。年龄、身高、工资等变量都有绝对的零点，这个“零”表示的是真实的“无”，可以对其进行乘除运算。而定距测量中的“零”则不是绝对的“无”，而是人为确定的标志值，因而不能进行数学运算。

上述四个测量层次的数学特性是累进叠加的，其具体情况如表 6-3 所示。

表 6-3 四个测量层次的特征、基本功能、数学特性和适用统计分析方法表

名称	特征	基本功能	数学特征	适用统计分析方法
定类测量	分类符号	分类	=、≠	百分比 X2 检验 列联相关 系数
定序测量	1. 分类符号 2. 等级顺序	1. 分类 2. 可按顺序排列	=、≠ >、<	中位数 四分差 等级相关 非参数检验
定距测量	1. 分类符号 2. 等级顺序 3. 差值大小	1. 分类 2. 可按顺序排列 3. 差值的确定与比较	=、≠ >、< +、-	算术平均值 方差 积差相关 复相关 参数检验

续表

名称	特征	基本功能	数学特征	适用统计分析方法
定比测量	1. 分类符号 2. 等级顺序 3. 差值大小 4. 有绝对零点	1. 分类 2. 可按顺序排列 3. 差值的确定与比较 4. 比值的确定与比较	=、≠ >、< +、- ×、÷	算术平均值 方差 积差相关 复相关 参数检验 几何平均值

显然，上述四种测量的反映功能和运算功能都是累进叠加的，即后一种测量包含前一种测量的反映功能和运算功能，前一种测量却没有后一种测量的反映功能和运算功能。其中，定类测量是最基本的测量，是后三种测量的基础。

在社会调查中使用何种测量层次，首先取决于调查对象自身的性质和特征，其次取决于调查的目的和要求。例如，性别、民族、宗教信仰、所有制等只能按性质分类的指标，就必须使用也只能使用定类测量。又如，利润这类数量指标，如果只要求将企业分为有无利润两类，就可用定类测量；如果要求将赢利企业分为利润 10 万元以下、10 万～100 万元、100 万元以上几个档次，则应进行定序测量；如果要求弄清各类企业利润的具体差距，或进一步要求计算利润与资产总额的比例关系，则应进行定距测量或定比测量。在充分考虑调查对象自身性质和特征的前提下，就调查目的和要求而言，调查精确度要求越高，就应采用数量化程度较高的测量层次；调查精确度要求不高或不可能获得精确数据的调查（如居民私有财产、走私经济规模等），就应采用数量化程度较低的测量层次。

第三节　调查指标及其操作定义

设计调查指标，必须弄清楚社会指标、调查指标及其相互关系，调查指标的两种定义，设计调查指标的过程和要求，设计操作定义的方法和原则等问题。

一、社会指标、调查指标及其相互关系

社会指标是反映社会现象的指标。调查指标，则是反映调查对象实际情况的指标。它们之间，既相互联系又相互区别。它们的相互联系在于，调查指标与社会指标都是反映社会现象实际情况的指标；调查指标的设计必须以社会指标为依据，社会指标只有具体化为调查指标才能便于实际调查。它们的相互区别在于，社会指标用于调查设计过程，主要着眼于反映一定的理论假设；调查指标则用于实际调查过程，主要着眼于反映调查对象的实际情况。例如，“人口城镇化率”这一反映城镇化发展水平的社会指标，只有具体化为“城镇人口数”和“总人口数”这两个调查指标才便于实际调查。反之，“在校大学生人数”和“20～24 岁人数”这两个便于实际操作的调查指标，就是根据“大学普及率”这一反映高等教育发展程度这一社会指标而设计的。

二、调查指标及其两种定义

设计调查指标，必须设计两种定义，即抽象定义和操作定义。

抽象定义，是对调查指标共同本质的概括。例如，“工业总产值”的抽象定义是“以货币形式表现的工业企业在一定时期内生产的已出售或可供出售工业产品总量”；“社会地位”的抽象定义是“社会成员在社会关系及其体系中所处的位置”。抽象定义的作用在于揭示调查指标的内涵，概括事物的本质，并把它与其他对象区别开来。但是，抽象定义没有解决如何调查、如何操作的问题。

操作定义，是用可感知、可量度的事物、现象和方法对抽象定义所作的界定或说明。例如：工业总产值=本期生产成品价值+对外加工费收入+自制半成品及在制品期末期初差额；“社会地位”，通常用家庭背景、民族、性别、年龄等先赋性地位和文化程度、职业、财产、职务(权力)、社会声望等自致性地位等指标来测量。操作定义的作用在于界定调查指标的外延，解决调查过程中如何操作、如何搜集资料的问题。

这说明，抽象定义和操作定义都是对同一调查指标所下的定义，只是定义的内容、方法、作用不同。抽象定义是用概念下定义，操作定义则是用具体事物、现象或方法下定义。抽象定义所使用的是逻辑方法，即被定义的概念=种差 + 邻近的属；操作定义所使用的是经验方法，即可直接感知或量度的方法。抽象定义决定着操作定义的内容，操作定义则是抽象定义在调查中的具体操作。

三、设计调查指标的过程和要求

调查指标的设计过程，实际上是一个从研究假设——→社会指标——→调查指标(包括抽象定义和操作定义)的分解过程。这个过程可用图 6-1 来表示。

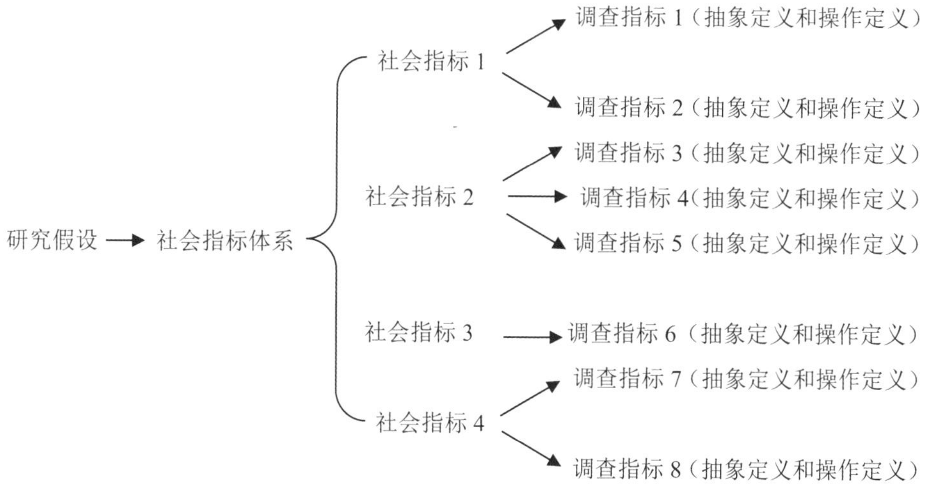

图 6-1　调查指标设计过程示意图

设计调查指标的基本要求是：

（1）以一定的研究假设为指导。以中国现代化战略研究课题组设计的社会指标为例，第一次现代化和第二次现代化的研究假设不一样，设计的社会指标就不相同：第一次现代化的研究假设是工业化和城市化，因而设计的主要是与工业化、城镇化有关的社会指标。第二次现代化的研究假设是知识化和信息化，因而设计的主要是与知识化、信息化有关的社会指标。那种忽视研究假设指导作用、随意罗列社会指标的做法，以及不顾研究假设发展变化、把社会指标凝固化的做法，是不可能设计出科学社会指标和调查指标的。

（2）以一定的社会指标为依据。在上述举例中，第一次现代化就应该依据人均国民收入、农业增加值比例、城市人口比例等社会指标，设计如下调查指标：总人口数、国民生产总值、国内生产总值、农业增加值、城市人口数等。第二次现代化就应该依据知识创新经费投入、知识创新人员投入等社会指标，设计如下一些调查指标：研究与发展（R&D）经费、国民生产总值（GNP）、从事 R&D 活动的科学家和工程师全时当量人数、总人口数等。那种脱离社会指标设计调查指标，以及游离于社会指标之外另行设计调查指标的做法，是不正确的。

（3）与社会指标具有同层次性。例如，设计的社会指标是"第一、二、三产业劳动力比重"，设计的调查指标却是农业劳动力数、制造业劳动力数、商务服务业劳动力数和劳动力总数，就不具有同层次性，违背了相匹配的要求。因为，在《国民经济行业分类》（GB/T 4754—2017）中，"第一产业"是"产业分类"，"农业"是"01 大类"，其中间隔了一个"A 门类"，它们之间相差两个层次。同样，"第二产业""第三产业"都是"产业分类"，"制造业"只是第二产业中的"C 门类"，"商务服务业"只是第三产业中的"72 大类"，它们之间都存在着层次上的差异。

（4）与社会指标具有对称性。设计出来的调查指标必须与社会指标的内涵和外延相对称，而不能过宽或过窄。例如，农村居民可支配收入中的"经营净收入"这一社会指标，与其相对称的调查指标应该是：农村住户或住户成员从事生产经营活动所获得的全部经营收入（包括现金收入和实物收入）、经营费用（包括生产费用、运输费用、营销费用等）、固定资产折旧费和各种税费。如果在调查指标中，只设计了现金收入，而没有设计实物收入，或只设计了实物收入，而没有设计现金收入；只设计了经营收入，而没有设计经营费用、折旧费和各种税费，等等，就犯了调查指标过窄的错误；如果在调查指标中，把银行、信用社贷款和亲友借款，或把农村住户及其成员的生活费用也设计进去，就犯了调查指标过宽的错误。

（5）符合调查对象当时当地的实际情况。设计的调查指标，既要以社会指标为依据，又要以调查对象的实际情况为基础。例如，"农民家庭总收入"这个社会指标，20 世纪 80 年代前，只要设计种植业收入、林业收入、畜牧业收入、渔业收入、副业收入等几个调查指标就行了。20 世纪 80 年代出现进城务工人员后，就必须加上"工资性收入"这个新调查指标；进入 21 世纪后，随着国家农业补贴的增加、农村社会保障事业的发展和利息、分红、租金等收入的出现，就应增加"转移性收入""财产性收入"等新调查指标，否则就不符合农民家庭总收入的实际情况。此外，就经营性收入、工资性收入、转移性收入、财产性收入来说，都可分为许多子项，而且不同时期、不同地区的内涵和外延也不相同。因此，用于实际操作的调查指标，一定要根据当时当地调查对象的实际情况来设计。

(6)符合国家对有关指标的解释及修订。例如，从2012年第四季度起，国家统计局对分别进行的城乡住户调查实施了一体化改革，规范了城乡划分范围，统一了城乡居民收入指标名称、分类和统计标准，建立了城乡统一的一体化住户调查，并据此采集全国居民有关数据。自此，“居民可支配收入”这个指标，是指居民可用于自由支配的收入，即居民可用于最终消费支出和储蓄的总和。按照收入形态，包含两项，即现金收入和实物收入；按照收入来源，包含四项，即工资性收入、经营净收入、财产净收入和转移净收入。① 调查指标的设计，必须符合国家统计局对有关社会指标的解释及修订，否则调查结果就很难用于对比研究。

(7)有获取准确、可靠资料的可能性。这有两方面含义。一是调查对象是否能准确回答调查情况。例如，有的调查表中设计这样的调查指标：在抗击2020年新冠肺炎疫情期间，作为志愿者“您接触过多少位服务对象”“做过多少件好事”。对于这类定义模糊、难以计量的问题，调查对象是很难作出准确回答的。二是调查对象是否可能真实回答你提出的问题。例如，“您今年参与赌博多少次”“您炒股赚了多少钱”。对于这类敏感性、威胁性、隐私性问题，调查对象即使清楚，一般也是不会回答或不会真实回答的。

四、设计操作定义的方法

设计操作定义，也称概念操作化，就是指将抽象的概念、社会指标转化为可感知、可测量、便于实际操作的调查指标。一般可采用三种方法：

(1)用客观存在的具体事物来设计操作定义。例如，“劳动力年龄人口”这一社会指标，可用“年龄”这一客观存在的事物来设计操作定义。既可设计为男16~60岁和女16~55岁，也可设计为男18~65岁和女18~60岁。又如，“贫困户”这一社会指标，可用“年人均纯收入”这一客观存在的事物来设计操作定义。中国的贫困线是：2010年1274元，2011年2300元，2015年2800元，2016年3000元，2020年“贫困户脱贫要做到收入达4000元左右，‘不愁吃、不愁穿，基本医疗、义务教育、住房安全有保障’”。②

(2)用看得见、摸得着的社会现象来设计操作定义。例如，对于“工作态度”这一类比较抽象的问题，既可以用工作的数量和质量这些具体事物来设计操作定义，又可以用出勤率、参加义务劳动次数和时数、技术革新件数、提合理化建议次数和采用率等社会现象来设计操作定义。同样，对于“纪律性”这样比较抽象的问题，也可用缺勤率，迟到、早退次数和时数，旷工、旷课次数和时数，违反纪律事件次数和后果等可感知的社会现象来设计操作定义。

(3)用社会测量方法来设计操作定义。有关这方面的内容，本章第二节已有具体论述。这里需要补充的是，对抽象社会指标（主观社会指标、属性社会指标、关系社会指

---

① 国家统计局. 中国统计年鉴2019[EB/OL]. [2021-12-15]. http://www.stats.gov.cn/tjsj/ndsj/2019/indexch.htm.

② 国务院扶贫开发领导小组办公室主任刘永富在记者会上回答提问[N]. 北京青年报，2019-03-08.

标），可用观察、测试、自我回忆或报告等方式测量，其中最常用的方法是填问答卷或量表。

①测量主观社会指标，要注意两方面的差异：方向或性质上的差异；等级或程度上的差异。因此，设计主观社会指标的测量工具（如问卷、量表、卡片等），应包括两方面的回答：一是反映方向或性质方面的回答，如喜欢与不喜欢、满意与不满意、赞成与不赞成、好与坏等；二是反映等级或程度方面的回答，如喜欢、比较喜欢、无所谓、不太喜欢、不喜欢，非常满意、比较满意、一般、不太满意、很不满意，完全赞成、基本赞成、拿不定主意、不大赞成、不赞成，很好、较好、还可以、不好、很不好，等等。

②测量属性社会指标，一般可用一组可感知的社会现象来设计操作定义。其中，反映社会主体的属性社会指标，如"工作态度""积极性"等，可采用上文中列举的可感知的社会现象来设计操作定义；反映社会客体的属性社会指标，如"服装的美观度""住宅的舒适度"，主要取决于调查对象的主观感受，因此可采用测量主观社会指标的办法来设计操作定义，即在测量工具的设计中，既要包括反映方向或性质方面的回答（漂亮与不漂亮，舒适与不舒适），又要包括反映等级或程度方面的回答（非常漂亮、比较漂亮、一般、不漂亮、很难看；舒适、比较舒适、还可以、不舒适、很难受）。

③测量关系社会指标，其量表应该由反映社会关系从疏远到亲密的一组问题构成，不同的问题表示不同的疏密程度，越往后的问题表示关系越亲密。这种具有逻辑递进关系的量表，是测量社会关系的一种有效工具。例如，测量婆媳关系的量表，可如图6-2所示。

	是	否	不清楚
1. 您家的婆媳是否居住在同一套住宅内？	□	□	□
2. 您家的婆媳是否在一个锅里吃饭？	□	□	□
3. 您家的婆媳是否在经济上互相帮助？	□	□	□
4. 您家的婆媳是否在收支上统一管理？	□	□	□
5. 您家的婆媳是否经常在一起交心、谈心？	□	□	□

图6-2　社会关系量表：对婆媳关系的测量

运用上述社会关系量表测量不同类型的家庭婆媳关系，就可以对不同类型的家庭婆媳关系，做出比较符合实际的判断。同样，测量邻里关系、同学关系、同事关系、上下级关系、党员与非党员关系等，都可以使用这种方法。关键在于，要设计出由一组符合实际、有逻辑递进关系的问题组成的社会关系量表。有了这样的量表，再加上深入的访问调查，社会关系的测量就一定能取得成功。

五、设计操作定义的作用

操作定义的设计，在社会调查中具有重要作用。首先，它有利于提高调查的客观性。因为操作定义是用看得见、摸得着的具体事物、现象或方法来界定和说明调查指标，这就使得调查指标成为可直接感知或量度的东西，从而能提高调查的客观性。其次，它有利于提高调查的统一性。在实际调查中，由于调查者或调查对象对调查指标理解不同，往往会发生种种调查误差。有了明确的操作定义，不同调查人员对不同调查对象进行询问时，就可按照统一的标准、方法或公式进行调查，从而提高调查的统一性。再次，有利于提高调查的可比性。许多调查课题往往需要进行横向对比或纵向对比调查(如追踪调查等)。有了操作定义，不管横向对比调查有多少调查点、纵向对比调查间隔多长时间，都可按照统一的标准、方法或公式进行调查，从而有利于提高调查结果的可比性。

第四节　信度和效度的统一

信度和效度的统一，是科学社会调查的基本要求。影响信度和效度的因素很多，其中社会指标和调查指标的设计具有关键意义。

一、信度、效度及其相互关系

信度是指调查结果反映调查对象实际情况的可信程度。按照求出信度系数方法不同，信度可分为三种：一是再查信度，即设计一种调查工具，对同一调查对象先后多次调查，然后比较多次调查结果，并求出信度系数；二是复本信度，即设计两种内容、难度、篇幅相类似的调查工具，对同一调查对象进行调查，然后比较两种调查结果，并求出信度系数；三是折半信度，即设计一种调查问题按单双编号的调查工具，其中单号问题与双号问题在内容、难度等方面都具有相等性质，在对调查对象调查后，对单号题与双号题的答案进行比较，并求出信度系数。信度是相对的。一般来说，信度系数在0.8以上，就应认为是基本可信的。

效度是指调查结果说明调查所要说明问题的有效程度。评价效度有三种方法：一是经验评价，即请专家或有实践经验的人来评价调查结果的有效性；二是逻辑检验，即对调查过程及其结果进行逻辑分析，凡没有逻辑错误的就可以认为是有效的；三是效标比较，即选择某些权威性的理论、数据或基准作为评价效度的标准，然后将调查结果与之相比，并做出有效程度的结论。

信度是对调查对象而言的，主要回答调查结果的一致性、稳定性和可靠性问题；效度是对调查所要说明的问题而言的，主要回答调查结果的有效性和正确性问题。信度和效度之间的关系有四种类型：

(1)信度高，效度未必高。例如，调查粮食生产水平，如果设计的调查指标是粮食作物产量，而且调查资料可信，那么，就能有效说明粮食生产水平。如果设计的调查指标是粮食作物播种面积，投入粮食作物生产的劳力、资金和物资等项目，那么即使调查到了可信资料，其效度仍然很低。因为，说明粮食生产水平的有效指标，不是做了哪些投入、进行了哪些活动，而是得到了什么产出。这说明，可信的调查不一定能有效说明问题。

(2)信度低，效度必然低。例如，有的廉政建设统计表，要求领导干部填报拒绝受贿的情况，甚至还要求说明拒贿多少次、多少金额等。稍有社会经验的人都知道，这类调查根本不可信。因为，行贿之事大多私下进行，拒贿次数何以证明？特别是拒贿金额多少，拒贿者不可能先清点钱数而后拒受。这说明，不可信的设计就不可能有可信的调查，更不可能有效说明调查所要说明的问题。

(3)效度高，信度必须高。例如，马克思的《资本论》、恩格斯的《英国工人阶级状况》、列宁的《俄国资本主义的发展》、毛泽东的《湖南农民运动考察报告》，以及1982—1986年和2004年，中共中央"六个一号文件"所依托的农业、农村、农民问题调查，在当时之所以能有效说明他们所要说明的问题，就因为它们都是建立在可信的调查基础之上的。

(4)效度低，信度未必低。例如，18—19世纪英国政府、议会进行的许多调查，尽管对于他们所要说明的问题来说效度很低，但并不排斥其中包含着某些信度较高的资料，这正是马克思、恩格斯经常研究英国资产阶级政府或议会公布的调查报告并从中发掘出许多有价值资料的原因。

上述信度和效度的四种关系，可用图6-3来表示。

		信度	
		① 可信	②不可信
效度	③有效	√	×
	④无效	√	√

√= 可能

×= 不可能

图6-3 信度和效度的关系示意图

总之，信度是效度的基础，是效度的必要条件而非充分条件；效度则是信度的目的和归宿，没有效度的信度就失去了调查的意义。任何社会调查，只有做到信度和效度的统一，才能算是真正科学的社会调查。

二、提高信度和效度的主要途径

影响信度和效度的因素多种多样。调查者和调查对象的客观状况和主观态度，社会调查各阶段、各环节的工作，都会对调查的信度和效度产生或大或小影响。其中，调查方案的设计，特别是社会指标和调查指标的设计，具有关键性意义。

提高调查信度和效度的主要途径是：

(1)科学设计调查指标。首先，要慎重提出研究假设，力求使研究假设具有较高的科学性。其次，要根据研究假设设计社会指标，并形成一个能正确说明调查主题的指标体系。再次，要依据反映研究假设的社会指标，设计出相对称的调查指标。最后，要对每个调查指标，设计出明确的抽象定义和操作定义。实践证明，要设计出一套科学调查指标体系是不容易的。例如，"利税率"是考核企业经济效益的一个重要指标。但是，利税率有多种计算方法，如资金利税率、固定资产利税率、产值利税率、工资利税率等。不同的计算方法，其结果是不一样的。那种只选择有利于说明某一方面成绩，而回避说明全面情况的调查指标的设计，是不可能有很高效度的。这说明，科学设计调查指标是提高调查信度和效度的基础和前提。如果设计的调查指标本身就不科学，那么，以后的调查工作无论做得多么出色，其信度和效度都不可能高。

(2)合理安排调查方案。调查方案的安排，应特别强调实用性和一定弹性原则。例如，调查目标的确定，调查内容、工具和方法的设计，调查人员和调查对象的选择，都要强调实用性，都应根据调查工作的主客观条件来安排。对于调查工作的计划，则应保持一定的弹性，以适应调查现场可能出现的种种问题。实践证明，调查方案违背了这两项原则，就必然会损害调查的信度和效度。

(3)认真培训调查人员。对调查人员，除慎重选择外，还必须加强培训，严格管理，有效督导，努力使每个调查人员都具有全心全意为人民服务的精神和实事求是的态度，并熟练掌握调查的基本方法和技能。如果调查人员马马虎虎、不负责任，或者缺乏必要的调查方法和技能，那么，调查信度就会大打折扣，调查效度也必然下降。此外，还应认真做好调查对象的选择和教育工作。实践证明，调查对象对调查工作的合作程度、认知状况，对问题的理解能力和回答能力等，也会对调查的信度和效度产生巨大影响。

(4)切实做好各阶段、各环节的工作。社会调查各阶段、各环节的工作，都会对调查的信度和效度产生直接或间接的影响。例如，操作定义设计不当，样本缺乏代表性，调查方法使用不当，对调查问题发生误解，填写问卷或表格字迹不清，记录、编码或录入发生差错，整理、统计资料出现遗漏，思维加工方法不对等，都会降低信度和效度。因此，只有切实抓好各阶段、各环节的工作，防止和纠正一切可能出现的差错，才能保证调查结果具有较高的信度和效度。

总之，提高调查信度和效度是涉及社会调查全过程的重大问题，仅把信度和效度当作涉及社会测量的局部性、阶段性问题的看法，是不全面、不正确的。

思考与练习

1. 什么是社会指标？社会指标有哪些类型和功能？

2. 简述抽象社会指标及其类型。

3. 何谓社会指标体系？它有哪些特点和类型？

4. 什么是社会测量？它有哪些层次？这些层次的反映功能和运算功能有何区别？

5. 什么是调查指标？它与社会指标有何关系？

6. 怎样认识调查指标的设计过程？设计调查指标有哪些基本要求？

7. 如何设计操作定义？试针对“性比例”“资金利润率”“农村居民年人均收入”等指标，设计出操作定义。

8. 信度与效度有何关系？怎样才能提高社会调查的信度和效度？

推荐阅读

1. 郑杭生，李强，李路路. 社会指标理论研究[M]. 北京：中国人民大学出版社，1989.

2. 朱庆芳，吴寒光. 社会指标体系[M]. 北京：中国社会科学出版社，2001.

3. 让数据站住脚——浅谈用户研究中的信度与效度[EB/OL]. [2010-09-06]. http://cdc.tencent.com/2010/09/06/.

4. 谢宇. 社会学方法与定量研究(第2版)[M]. 北京：社会科学文献出版社，2012.

第三篇

调查阶段

调查阶段，是社会调查的现场实施阶段，是获取第一手材料的关键阶段。

本阶段论述的调查方法由“主体和两翼”构成，其中：能获取真情实感的现实调查方法(实地观察法、访问调查法、问卷调查法和实验调查法)，是主体；历史调查方法(文献调查法和遗存调查法)和虚拟调查方法(网络调查法和大数据调查法)，是两翼。

第七章　实地观察法

本章要点

1. 实地观察法，就是观察者有目的、有计划地运用自己的感觉器官或借助科学观察工具，能动地了解处于自然状态下的社会现象的方法。

2. 按照不同标准，实地观察可分为许多种类：根据观察者是否参与观察对象的活动，可分为非参与观察和参与观察(完全参与观察和不完全参与观察)；根据观察活动是否有统一标准，可分为非标准观察和标准观察。此外，还可分为直接观察和间接观察，探求性观察和验证性观察，定性观察和定量观察，静态观察和动态观察，人工观察与设备观察。

3. 实地观察必须遵守客观性、全面性、深入性、持久性、法律和道德原则。

4. 观察者的主观因素——工作态度、知识结构、社会经验、观察能力、思维能力等，往往对实地观察的质量、效率和结果产生巨大的甚至决定性的影响。

5. 产生观察误差的原因是多方面的：观察者方面的原因，有思想因素、知识因素、能力因素、生理因素、心理因素；观察对象方面的原因，有客观事物发展不成熟、观察对象的反应性心理和行为，人为的假象；还有观察工具和环境方面方面的原因。

6. 减少观察误差的途径和方法是：正确选择观察者，认真进行思想教育，做好必要知识准备，不断加强感官训练，合理安排观察任务，充分利用科学仪器，努力控制观察活动对观察对象的影响，进行对比观察和重复观察等。

7. 实地观察法是最古老、最常用的调查方法，是认识和科学的真正起点，是一切直接调查方法的基础和前提。

8. 实地观察法的优点：直观性、真实性和可靠性、非介入性、简便易行等；它的缺点：表面性和偶然性、应用范围的有限性、观察结果的主观性等。

基本概念

实地观察法　参与观察　非参与观察　标准观察　非标准观察

观察是一切认识和科学研究的起点。观察分为实验室观察和实地观察。社会调查课题大多只能实地观察。这里着重探讨实地观察的有关问题。

第一节 实地观察法的概念和种类

一、实地观察法及其特点

实地观察法，就是观察者有目的、有计划地运用自己的感觉器官或借助科学观察工具，能动地了解处于自然状态下的社会现象的方法。它的特点如下：

(1)它是观察者有目的、有计划的认识活动。观察有两个层次。一是自发观察，如人们在街上观看高楼大厦、车水马龙，通过橱窗观察商品等。二是自觉观察，如交通观测员观察汽车的流量、流向，考古人员观察出土文物等。前者是自发观察，后者是有目的、有计划的自觉观察。实地观察法，是高度自觉的观察。

(2)它是运用两类观察工具的观察。一是人的感觉器官，主要是视觉器官——眼睛。人们关于外部世界的信息，90%是通过眼睛获得的。此外，还可通过耳、鼻、舌、身等器官感知外部事物。二是科学观察工具，如照相机、摄像机、望远镜、显微镜、手机、无人机、卫星等，它们是感觉器官的放大或延伸。自发观察一般只使用感觉器官，实地观察法则往往使用两类观察工具。

(3)它是观察者主观因素参与其中的积极的、能动的观察。观察者对外部世界的观察，与照相机对摄影对象的摄影有本质区别。摄影过程，是一个纯客观的光学、化学反应过程。观察者的观察过程，不仅是人的感觉器官对观察对象的感知过程，而且是观察者思维器官积极思考的过程。实践证明，观察者在观察中看到什么，既取决于观察对象的客观状况，又取决于观察者的主观因素。实地观察过程不是观察者感觉器官对观察对象纯客观的扫描过程，而是观察者的知识、经验、态度和感情参与其中的，积极的、能动的、带有一定主观色彩的反映过程。

(4)观察对象应该是处于自然状态的社会现象。实地观察法所观察的社会现象，应该尽可能保持它的自然状态。只有如此，才能观察到社会现象的本来面貌。如果观察的社会现象不是处于自然状态，而是人为的、故意制造的“标本”或“样板”，那么就失去了实地观察的意义，就会得出错误的观察结论。

二、实地观察法的种类

按照不同标准，实地观察法可分为许多不同种类，其中主要的分类如下。

(一)非参与观察和参与观察

根据观察者是否参与观察对象的活动，实地观察分为非参与观察和参与观察。

(1)非参与观察。

非参与观察，就是观察者不参与观察对象的活动，以局外人身份观察。例如，领导人到基层视察，大学生节假日到工厂、农村参观，就是非参与观察。

非参与观察，简便易行，只要得到观察对象允许就可进行，一般能保持观察的客观性，可获得感性知识，甚至可发现一些问题，应用范围广泛，是使用较多的观察方法。但是，它一般只能观察到表面的、偶然的现象，甚至假象。因此，绝不能仅仅根据非参与观察的情况，就下结论、作判断。

(2)参与观察。

参与观察，就是观察者参与到观察对象之中，通过与观察对象的共同活动，从内部观察。按照参与程度不同，又可分为完全参与观察和不完全参与观察。

①完全参与观察，就是观察者隐瞒自己的真实身份，完全参与到观察对象之中，作为其中一员参与活动并开展观察。例如，人类学家隐瞒自己的真实身份生活在少数民族之中，甚至与当地人结婚，完全以一个普通成员身份参与活动并开展观察(一般最后才表明自己的身份)。又如，公安人员打入犯罪团伙，作为其中的一员，通过参与其活动从内部侦察，就是完全参与观察。

完全参与观察，有利于深入观察对象，通过参与群体活动，了解到许多从外部无法了解到的真实情况，倾听到许多他们真实的心声。但是，第一，它并不是“纯粹的完全参与观察”，因为在观察过程中，观察者的主观因素不可能被完全排除。第二，随着与观察对象的互信增强和感情加深，观察者的思想、感情往往会自觉不自觉地产生某些有利于观察对象的倾向，从而影响观察的客观性。第三，完全参与观察适用范围有限。对于党政机关、企事业单位的涉密活动，不可能完全参与观察；对于个人和家庭的隐私活动，不应该完全参与观察；对于贪污、贩毒、卖淫、赌博、制假、贩假等违反法律及道德的活动，不允许完全参与观察。

②不完全参与观察，就是观察者公开自己的真实身份，参与到观察对象之中，参与他们的某些活动，并开展观察。例如，机关干部到基层检查、指导工作，并实地考察；社会科学工作者、文艺工作者、新闻工作者到厂矿、农村，与工人、农民同吃同住同劳动，并实地观察，就是不完全参与观察。

不完全参与观察的最大缺陷是无法完全排除观察者及其活动对观察对象的影响。实践证明，由于观察者观察活动的影响，观察对象往往会自觉不自觉地产生某些反应性心理或行为，从而改变了观察对象的自然状态。如同量子力学的“测不准定律”一样，不完全参与观察几乎无法完全观察到观察对象的自然状态。

总之，不完全参与观察，第一，就了解情况的广度和深度而言，一般优于非参与观察，但逊于完全参与观察；第二，就观察的客观性而言，一般优于完全参与观察；第三，就应用范围而言，一般优于完全参与观察，但逊于非参与观察。

(二)非标准观察和标准观察

根据观察活动是否有统一标准，实地观察分为非标准观察和标准观察。

(1)非标准观察。

非标准观察，也称无控制观察或简单观察，就是观察者只有一个总的观察目的和要求，以及大致的观察内容和范围，然后根据观察时的具体情况有选择地观察，而没有统一设计的观察项目和要求。非标准观察，方便灵活，简便易行，适应性较强，特别适用于对新事物、突发事件的观察。但是，它的标准化程度低，观察所得的材料比较零碎、分散，往往缺乏系统性，很难进行定量分析和对比研究。

(2)标准观察。

标准观察，也称有控制观察或系统观察，就是观察者根据观察目的，设计统一观察项目和要求，印制统一观察表格或卡片，规定统一观察程序和记录方法的观察，而不允许有任何违反统一规定的任何变动。标准观察，可获得统一、系统的观察资料，能提高观察、记录的可信度和可靠性，可对观察数据作定量分析和对比研究。但它缺乏弹性，适应性较差，比较费时，难以反映观察对象的不同特点，难以适应不断变化的实际情况。

(三)实地观察法的其他种类

根据其他标准，实地观察法还可分为以下几种类型。

(1)根据观察对象的不同，可分为直接观察和间接观察。

直接观察，就是对当时正在发生的社会现象进行的观察。前面讲的参与观察和非参与观察、标准观察和非标准观察，都是对当时正在发生的社会现象的观察，都是直接观察。间接观察，又称遗存观察，就是为了追寻、探求曾经出现过的社会现象而对遗存下来的物化社会现象所作的观察。有关这一方面的内容，将在本书第十二章中详细论述。

(2)根据观察的主要目的，可分为探求性观察和验证性观察。

探求性观察，是指为探求某种未知社会现象而进行的观察。例如，对非公有制企业建立中共党组织的观察，对新冠肺炎疫情的观察等。验证性观察，是指为验证某种设计方案或某种政策执行情况的观察。例如，为验证调查方案设计可行性而进行的观察，为验证精准扶贫政策落实情况而进行的观察等。

(3)根据观察的主要内容，可分为定性观察和定量观察。

定性观察，是指对观察对象性质状况的观察。例如，对企业产品类别的观察、对社区民族类别的观察，对住宅建筑结构类别的观察等。定量观察，是指对观察对象数量状况的观察。例如，对企业职工男女性别人数及性别比的观察，对不同建筑结构住宅数量及其比例的观察等。

(4)根据观察对象的状态，可分为静态观察和动态观察。

静态观察，是指对观察对象静止状态的观察。例如，对停车场上的汽车的观察，对教室里参加考试的学生的观察等。动态观察，是指对观察对象运动状态的观察。例如，对集贸市场交易情况的观察，对运动员比赛情况的观察等。

(5)根据观察是否使用设备，可分为人工观察与设备观察。

人工观察，是指调查者运用自己的感觉器官或借助某些观察工具进行的观察，上述各种类型的观察，都是人工观察。设备观察，是指运用监控设备对人流、车流等客观对象进行的观察。目前，有些监控设备的观察能力，已能实现对3800款车型、10万人特征量级和95%以上正确率的观察。

第二节 实地观察的实施

实地观察的实施，必须遵守一些基本原则，明确实地观察的步骤和应该注意的问题，充分发挥观察者主观因素的作用。

一、实地观察的一般原则

(1)客观性原则。它是实地观察首要的、最基本的原则。只有按照事物本来面目的客观观察，才能正确认识事物。坚持观察的客观性，就必须从实际出发，被观察的对象是什么情况，就观察什么情况、记载什么情况，绝不能按照个人好恶任意增减或歪曲客观事实，更不能凭主观想象臆造那些根本不存在的事实。

(2)全面性原则。它是观察客观性的内在要求。任何客观事物都有多种多样的内在属性和外在表现，都有多方面的外部联系。只有从不同侧面、不同角度、不同层次进行多方面观察，才能了解客观事物全貌。那种看正不看反、看好不看坏、看此不看彼的片面观察，是不可能正确认识客观事物的。

(3)深入性原则。坚持观察的客观性和全面性，就必须做深入、细致的观察。社会生活纷繁复杂、千变万化，许多社会现象不可能一下子观察清楚；有些人还会故意制造假象欺骗观察者。如果观察者不深入观察，而是走马观花，停留在事物表面浮光掠影，就有可能受骗上当，得出片面的甚至错误的观察结论。

(4)持久性原则。要客观、全面、深入观察，就必须持久观察。被誉为“中国农村改革之父”的杜润生，不顾个人荣辱，对“包产到户”等农村改革问题坚持观察30多年，终于从1982年起，多次受党中央委托起草了五个中央“一号文件”，为推动中国农村改革作出了重大贡献。

(5)法律和道德原则。在实地观察中，一定要遵守宪法和其他法律规定，不可私闯他人住宅、偷看他人信件，或干出其他违法的事情来；一定要遵守道德规范，不可在违背观察对象意愿的情况下，强行观察或偷看别人不愿让人观察的事物或现象。在少数民族地区，更要严格尊重少数民族的风俗习惯和宗教戒律。

二、实地观察的步骤和应该注意的问题

实地观察的步骤和应该注意的问题，大体如下：

1. 设计观察方案

根据观察的目的和任务，设计观察工作的具体方案，主要有：

第一，设计观察内容。主要是以一定理论为指导、以观察对象实际情况为依据，设计观察内容及其指标。例如，观察乡村振兴情况，就应该根据“产业兴旺、生态宜居、乡风文明、治理有效、生活富裕”①的要求和观察对象的实际情况来设计观察指标。如果设计的观察指标，没有涵盖上述五个方面的内容；或者脱离观察对象的实际情况，那么实地观察就很难顺利进行，观察结果也很难说明乡村振兴的成绩和问题。

第二，选择观察类型。根据观察目的、任务的客观需要和观察者主客观条件的现实可能，以及观察对象的实际情况，科学选择观察的类型。是参与观察还是非参与观察？如果是参与观察，是完全参与还是不完全参与？是标准观察还是非标准观察？是探求性观察还是验证性观察？是定性观察还是定量观察？是静态观察还是动态观察？如此等

① 中共中央 国务院印发《乡村振兴战略规划(2018—2022年)》[Z]. 新华社，2018-09-26.

等。选择观察类型，是安排观察工作、设计观察工具的前提。只有选定了观察类型，才便于安排观察工作、设计观察工具。

第三，准备观察和记录工具。观察、记录工具有两类。一类是照相机、摄影机、手机等摄影工具。运用这类记录工具，真实感强，精确度高，便于保存和传输，但是，观察过程不可能、也不需要处处摄影。另一类是观察卡片、观察记录表等手工工具。有了统一设计和制作的观察卡片、观察记录表，不仅可提高观察、记录的质量和速度，而且有利于对观察结果做定量分析和对比研究。

观察卡片、观察记录表的内容，必须根据实地观察的目的和需要来设计，一般来说，应该包括以下一些内容：①观察工具名称；②观察地点或位置；③观察时间；④观察环境；⑤观察内容；⑥记录方法；⑦观察情况和建议；⑧观察者姓名或代号等。表 7-1 和表 7-2 是可供参考的观察评估表、观察记录卡。

表 7-1　应聘人员面试观察评估表

<table>
<tr><td colspan="6">基 本 情 况</td></tr>
<tr><td>姓名：</td><td>性别：</td><td colspan="2">年龄：</td><td colspan="2">学历：</td></tr>
<tr><td>政治面貌：</td><td colspan="2">专业：</td><td colspan="3">应聘部门/岗位：</td></tr>
<tr><td>薪资要求：</td><td colspan="5">最早可入职日期：</td></tr>
<tr><td colspan="6">面试记录</td></tr>
<tr><td colspan="6">用表提示：请面试人员，在适当的方格内划√，无法判断时从略(留白)。</td></tr>
<tr><td>评判项目</td><td colspan="5">类别</td></tr>
<tr><td rowspan="2">一、仪容仪表</td><td>佳</td><td>较佳</td><td>一般</td><td>尚可</td><td>欠佳</td></tr>
<tr><td></td><td></td><td></td><td></td><td></td></tr>
<tr><td rowspan="2">二、健康与精神</td><td>优</td><td>良</td><td>尚可</td><td>尚佳</td><td>不佳</td></tr>
<tr><td></td><td></td><td></td><td></td><td></td></tr>
<tr><td rowspan="2">三、口齿清楚程度</td><td>清楚</td><td>较清楚</td><td>一般</td><td>欠清楚</td><td>不清楚</td></tr>
<tr><td></td><td></td><td></td><td></td><td></td></tr>
<tr><td rowspan="2">四、逻辑思维能力</td><td>强</td><td>较强</td><td>尚可</td><td>较弱</td><td>很差</td></tr>
<tr><td></td><td></td><td></td><td></td><td></td></tr>
<tr><td rowspan="2">五、机智灵敏程度</td><td>机敏</td><td>较机敏</td><td>适宜</td><td>较差</td><td>很差</td></tr>
<tr><td></td><td></td><td></td><td></td><td></td></tr>
<tr><td rowspan="2">六、情绪稳定与自信心</td><td>很稳定</td><td>稳定</td><td>较稳定</td><td>欠稳定</td><td>不稳定</td></tr>
<tr><td></td><td></td><td></td><td></td><td></td></tr>
<tr><td rowspan="2">七、对本单位情况了解程度</td><td>很了解</td><td>了解</td><td>较了解</td><td>少了解</td><td>不了解</td></tr>
<tr><td></td><td></td><td></td><td></td><td></td></tr>
</table>

续表

基本情况						
八、对事业知识了解程度		了解	较了解	尚了解	少了解	不了解
九、经历与本单位业务配合程度		配合	较配合	尚配合	不太配合	不配合
十、来本单位服务之意志		坚定	较坚定	尚坚定	欠坚定	犹豫不决
十一、外文能力	区分	好	较好	平平	略通	不懂
	英语					
	（其他）					
十二、计算机操作能力	区分	好	较好	平平	略通	不懂
	Office 软件					
	（其他）					
	（其他）					
总　评	拟予试用		拟订职位		拟订工资	
	列入考虑		考虑职位		考虑工资	
	暂缓					
	辞谢					
面试地点				面试环境		
面试人员或代号				面试日期	年　　月　　日	

表 7-2　观察记录卡

观察时间		观察地点	
观察对象		观察者	
观察目的			
观察指标	指标 1		
	指标 2		
	指标 3		
	指标 4		
	指标 5		
	指标 6		
观察意见			
建议			

2. 进入观察现场

在实地观察中，进入观察现场是一个重要环节，一般有三种方式。

第一，隐蔽进入，是指观察者不表明身份就进入现场观察。隐蔽进入有两种情况。一是自己混入某类群体开展观察。例如，新闻记者混入游行队伍观察；公安人员混入偷盗团伙侦察。二是通过“局内人”介绍进入群体观察。例如，《卧底当代丐帮》作者占才强，通过一位乞丐朋友“小曹”介绍，混迹于“丐帮”，采用完全参与法观察，创作出了震撼人心的纪实作品。①

第二，逐步进入，是指最初只向观察对象做简单说明就开始观察，以后随着互信程度增加，逐步说明观察目的和程序等情况。因为大部分观察对象一开始最关心的是“调查者是什么人？他们要干什么？对我们有何影响？”而并不关心调查的计划和过程。同时，事先设计的观察项目、程序等内容不一定完全符合实际，只能随着观察的逐步深入不断地调整、修改和完善。王春光的《温州人在巴黎：一种独特的社会融入模式》，就是采用这种方式进入现场的，他与巴黎的温州人“搭铺”生活了 4 个多月，用参与观察、个案访谈和滚雪球等方法开展调查研究，结出了丰硕成果。②

第三，公开进入，是指通过组织或私人引荐进入现场。有两种途径：一是通过官方或正式组织引荐，公开到现场观察；二是通过朋友介绍，然后开展观察。前者的优点是，易获得官方或正式组织资源或权限的支持，缺陷是审批流程较复杂，很难快速获得观察对象的充分信任。后者的优点是，易获得观察对象的信任，缺陷是获取资源的丰富度、便利度往往取决于“朋友”在观察对象中的威望。曹锦清的《黄河边的中国——一个学者对乡村社会的观察与思考》，就是通过亲友关系网进入现场的。正如他所说的，“官吏的防范与村民的疑虑足以使陌生的调查者裹足难前”。③

3. 安排观察工作

安排观察工作，主要是做好三件事。

第一，与观察对象建立良好的人际关系。为此，一是应反复说明来意，作自我介绍，说明个人背景，观察的目的、意义、内容、方法和大体流程，以及自愿、保密原则等，力求消除观察对象的顾虑，取得他们的理解和支持。二是应参与观察对象的某些活动，并通过共同活动来增进了解，建立友谊，广交朋友。三是应尊重当地风俗习惯和道德规范，最好能使用当地方言、俚语，不要说违反禁忌的话、做违反禁忌的事。四是在力所能及的范围内，帮助观察对象解决某些困难，或提供某些信息或咨询意见，这对加深信任和感情有重要作用。五是选择若干有威信、有影响、有能力的当地人作为依靠对象，首先与他们建立良好关系，然后再通过他们去做好其他观察对象的工作。六是在任何情况下都不要介入观察对象之间的宗族、房头、派系纠纷，尽可能做好团结工作，起码是严格保持中立。

第二，选择好观察的对象和环境。应选择那些典型环境中的典型对象进行观察。例

---

① 占才强，高汉明，李宇新. 卧底当代丐帮[M]. 北京：北京出版社：2003：21-23.

② 王春光. 温州人在巴黎：一种独特的社会融入模式[J]. 中国社会科学，1999(6).

③ 曹锦清. 黄河边的中国——一个学者对乡村社会的观察与思考[M]. 上海：上海文艺出版社，2000：2-3.

如，观察产品质量，就应选择那些有代表性的企业，并以这些企业的质检机构和废品仓库作为观察重点；观察城镇环境卫生，既要看街道、厂房和办公楼，更要重点观察工厂的“三废”处理、居民区的垃圾堆和公共厕所；观察农作物生长状况，就应观察不同长势的田块，重点看水田“边”、旱地“角”，等等。只有重点观察典型环境中的典型对象，才能收到“一叶知秋”的观察效果。

第三，选择好观察的时间、地点或场合。不同的观察目的和对象，有不同的最佳观察时间、地点或场合。例如，观察学生考试纪律，最佳时间是考试期间，最佳场合是考场，特别是考场的后面；观察工厂生产情况，最佳时间是上班期间，最佳场合是车间；观察集贸市场情况，最佳时间和场合是交易最频繁、最活跃的时间和场所。观察时间、地点或场合选得准、选得好，观察结果就可能比较真实、具体，根据这样的观察材料写出的调查报告，就可能具有较强的说服力。

4. 开展实地观察

开展实地观察，应该注意两个问题。

第一，灵活安排观察的程序。有三种安排方法：①主次程序法，就是先观察主要对象、主要部分、主要现象，后观察次要对象、次要部分、次要现象。②方位程序法，就是根据观察对象的位置，由近到远或由远到近、由左到右或由右到左、由上到下或由下到上等方位逐次观察。③分析综合法，就是先观察局部、后观察整体，或先观察整体、后观察局部，然后再综合分析，得出结论。这三种程序各有利弊，应根据观察目的和任务、观察对象的实际情况灵活运用。

第二，减少观察活动对被观察者的影响。在实地观察中，观察活动本身往往对观察对象产生一定影响，使他们自觉不自觉地产生某些紧张、惶惑、好奇或羞涩心理，致使他们的行为失去常态，从而产生种种反应性观察误差。例如，正在课堂上偷偷说话的小学生，一旦发现有人在窗外观察，马上就会不再说话，坐得端端正正；正在闲聊或休息的工人，一旦发现上级来人视察或其他单位来人参观，就会自动回到工作岗位干起活来，等等。这说明，观察者要了解处于自然状态下的社会现象，就必须善于控制自己的观察活动，尽量减少对观察对象的影响。只有这样，才能观察到自然状态下的真实情况，才能避免或减少反应性观察误差。

5. 做好观察记录

实地观察，一般都应做观察记录。标准化观察的记录比较简单，只要按设计要求记录即可。非标准化观察的记录比较复杂，一般主张在观察时同步做文字记录，或观察后尽快追记，否则时过境迁之后，可能忘掉许多观察到的真实情况。至于记录的内容，有学者主张要具体，“不要用总结的话，也不要用抽象的修饰语，尽量作行为主义式的、具体的描述。尽量降低推理的水平。尽可能避免把活动参加者的描述和翻译语作为自己的语言使用”。① 有学者则主张尽可能简明，只要记录下主要事实、主要情节就可以了。还可用日记方式，记录所见、所闻、所思、所想。例如，贺雪峰的《回乡记》，就是以这种形式记录中国农村变化的。

① ［美］D. K. 贝利. 社会研究的方法［M］. 余炳辉，等译. 杭州：浙江人民出版社，1986：129.

三、充分发挥观察者主观因素的作用

在实地观察中，客观性是首要的、最基本的原则。但是，观察者的下列主观因素，往往对实地观察的质量、效率和结果产生巨大的甚至决定性的影响。

(1)观察者的工作态度。在实地观察过程中，观察者或主动、自觉的观察，或被动、应付的观察，观察的质量、效率和结果往往大不相同。前者可能观察到许多真实情况，甚至有可能发现一些新情况、新问题，观察效率一般较高；后者只能看到一些表面现象，甚至为假象所迷惑，其效率也往往很低。

(2)观察者的知识结构。一个经验丰富的农村干部，或一个农村社会学家到贫困山村观察，不仅可较快观察到许多反映贫困状况的社会现象，而且还会发现贫困的原因，提出消除贫困的建议。反之，一个从未到过农村的城市青年，或没有农村社会学知识的人到贫困山村观察，一般只能看到一些贫困现象，其观察的广度、深度、质量和效率，是无法与经验丰富的农村干部或农村社会学家相比较的。

(3)观察者的社会经验。《管子》曰："行其田野，视其耕芸，计其农事，而饥饱之国可以知也"；"行其山泽，观其桑麻，计其六畜之产，而贫富之国可知也"。为什么呢？经验也！《管子》的"八观"，就是那个时代观察经验的总结。中国建设小康社会，也有许多经验之谈，如"小康不小康，关键看住房",① "小康不小康，关键看老乡",② 就是不同层次的社会经验之谈。这说明，社会经验的有无、多少和层次的高低，会对观察结果产生重大影响。

(4)观察者的观察能力。老子曰："天下大事，必作于细"(《道德经》第六十三章)。人们常说，"魔鬼隐藏在细节中"。当今美国神探李昌钰，之所以能屡破奇案，一个重要原因就在于他在勘查作案现场时非常重视对细节的观察，因而总能通过细节找出"魔鬼"来。实地观察，要注重全局，又慎察细微。只有如此，才能提高观察的质量、效率和结果。

(5)观察者的思维能力。任何观察都包含两类认识活动，一是感性认知活动，二是理性思维活动。只有目的明确、理论正确、知识广博、经验丰富而又积极思考的人，才能获得良好观察效果。"心明眼亮"说明，"心明"是"眼亮"的必要条件。只有善于把观察与思考结合起来，在观察中思考，在思考中观察；把观察与比较结合起来，在观察中比较，在比较中观察，才能提高观察的效果与价值。

总之，充分发挥观察者主观因素的作用，对于提高实地观察的质量、效率和结果，具有重大的意义和作用。

第三节 努力减少观察误差

俗话说："耳听为虚，眼见为实。"这在一定范围内是正确的。但是，观察总会发生一

① 小康不小康 关键看住房——小康住宅的十大标准[N]. 北京青年报，2002-12-05.

② 十八大以来重要文献选编(上)[M]. 北京：中央文献出版社，2014：658.

定误差，因而很有必要研究一下观察误差的产生原因及其减少办法。

一、产生观察误差的原因

1. 观察主体——观察者方面的原因

(1)思想因素。观察者的立场、观点和角度不同，观察同一对象的感受就会大不相同。例如，面对拥挤的车间、陈旧的设备、紧张的劳动节奏、简陋的生活设施、严格的厂规厂纪，在老板看来，这是令人鼓舞的图景，它意味着低成本、高效率和高利润；在雇员看来，这是令人害怕的情景，它意味着生产条件落后、生产任务繁重、生活环境恶劣和种种令人难以忍受的限制。又如，面对垄断行业办公大楼的富丽堂皇、员工福利的丰厚多样，垄断行业内部职工感到欢欣鼓舞、理所当然，垄断行业外部人员却感到被相对剥夺、极不公平。

(2)知识因素。观察者的知识水平和结构不同，人生阅历和社会经验不同，对同一对象的观察重点、观察结果就会发生很大差异。例如，到现代化钢铁企业考察，一个钢铁专家可能在生产工艺、技术装备、车间管理等方面观察到许多重要情况，发现许多重要问题；相反，一个钢铁生产门外汉却只能看看雄伟厂房、壮观场景，却很难发现其中的问题。同样，到假"先进单位"去参观，一个经验丰富而又实事求是的人可能很快就会看出哪些是真相、哪些是假象；相反，一个初出茅庐的学生却很可能为种种假象所蒙骗。

(3)能力因素。人的观察能力是有区别的。多数人的观察能力一般，少数人的观察能力很强或很弱，因而对同一对象的观察，往往会得出不同的观察结果。例如，图 7-1 是一幅隐藏着许多人头的图画。面对这一幅图画，观察能力不同的观察者识别的数量就可能大不相同。您不妨试试，从图 7-1 中能观察出几个人头？

图 7-1　观察能力测试图

(4)生理因素。人类感觉器官的感知能力在生理上都有一定限度。据研究，正常人的眼睛只能感受到波长为0.39~0.77微米的电磁波(即可见光)，而不能感受到波长在此范围之外的电磁波；只能对频率在每秒50次以内的速度做出反应，超过此速度就失去了反应能力；只能同时观察5~9个离散单位，超过此范围就不可能有效观察，等等。不仅如此，随着观察时间延长，视觉器官疲劳加剧，人的视觉能力不断衰减，甚至会出现种种观察误差。同样，人类其他感觉器官的可靠性和准确性也是有限的，所谓“入芝兰之室，久而不闻其香；入鲍鱼之肆，久而不闻其臭”，就是嗅觉器官失灵的例证。

(5)心理因素。观察者的兴趣、爱好和情绪等因素，也会对观察结果产生一定影响。例如，同是观赏园林，建筑师感兴趣的是建筑结构，文艺家感兴趣的是诗情画意，动物学家感兴趣的是鸟兽鱼虫，植物学家感兴趣的是花草树木，时装设计师感兴趣的则是游客的衣着款式。他们对各自感兴趣的事物观察得很认真、很仔细；相反，对自己不感兴趣的现象则往往视而不见。一般来说，兴奋、喜悦的人往往会观察到较多积极方面；苦闷、压抑的人则往往会看到较多消极方面；紧张、恐惧的人往往会感到杯弓蛇影、草木皆兵，处处有危险。

此外，人的感觉器官还有可能产生种种错觉。例如，把两只手分别浸泡在冷水和热水中，然后再同时伸入温水，这时两只手的感觉就会不一样；同样一个人，在高个子面前显得矮一些，在矮个子面前显得高一些，等等。产生这些错觉，既有生理方面的原因，又有心理方面的原因，它们都有可能使观察产生误差。

2. 观察客体——观察对象方面的原因

(1)客观事物发展不成熟。毛泽东说，人的认识“常常受着许多的限制，不但常常受着科学条件和技术条件的限制，而且也受着客观过程的发展及其表现程度的限制(客观过程的方面及本质尚未充分暴露)”。① 例如，对于高强度使用化肥、农药，在其经济、社会、生态危害充分暴露之前，人们往往把它们看作高速增产粮食的有效途径。同样，对于“人口红利”“世界工厂”等现象，在其本质尚未充分显露出来之前，人们也会产生一些错误观感。

(2)观察对象的反应性心理和行为。例如，在众目睽睽之下，一个初出茅庐的演员可能非常紧张、笨拙，甚至说错了台词；由于某领导人的到来，一个吵吵嚷嚷的会议室，可能一下子变得鸦雀无声；在客人到来之前，家庭主妇总要打扫一下房间，整理一下摆设，等等。观察对象的反应性心理和行为，不是受人指使的结果，也不是故意要欺骗别人，但它却是造成反应性观察误差的原因。

(3)人为的假象。例如，背地里干坏事的人，在公开场合往往表现得异常正直；某些想寻短见的人，事前往往故意显得十分正常和平静；许多假冒伪劣产品，往往有一个精美的外表或新颖的包装；为了骗取上级信任或舆论好评，许多人有目的、有计划地制造种种假象，等等。

3. 观察工具和环境方面的原因

观察仪器的精确度、灵敏度不高，观察场所光线不足，观察角度不对，观察距离太远

① 毛泽东选集(第1卷)[M]. 北京：人民出版社，1991：294.

等，都是造成观察误差的重要原因。

总之，观察总会发生误差，任何观察都不可能完全符合客观实际，观察的准确性和可靠性总是有限的，时时处处防止观察误差，是搞好实地观察的必要条件。

二、减少观察误差的途径和方法

观察永远不可能完全正确，观察误差永远不可能完全消除。但是，努力减少观察误差，力求观察基本正确则是应该做到，也是完全可以做到的。

实践证明，减少观察误差有以下一些途径和方法。

(1)正确选择观察人员。一个合格观察人员必须具备一定条件，其中最基本的有两条：一是感觉器官正常，特别是视觉器官不能有严重缺陷；二是有实事求是的精神，观察对象是什么情况就观察什么情况，记录什么情况，决不能凭主观愿望添油加醋或故意隐瞒，更不能歪曲或捏造事实。

(2)认真进行思想教育。主要是从两个方面进行教育：一是要有认真负责的态度，严格按照设计的要求观察，并做好记录；二是要有对观察任务重要意义的认识，并培养观察的兴趣。实践证明，一个认真负责、有强烈求知欲的观察员，可以观察到许多深入、细致的社会现象；一个应付差事、对观察内容毫无认识的观察员，可能会漏掉许多重要信息，甚至可能出现种种观察错误。

(3)做好必要知识准备。一个合格的观察员，应该有比较广博的知识。一是应该有与观察内容有关的各专门学科的科学知识。二是应该有关于观察对象的历史和现状的知识。三是应该有关于观察方法和观察工具的知识，以及进行实地观察的经验和技能。观察前的知识准备越充分，发生观察误差的可能性就越小。

(4)不断加强感官训练。人类感觉器官的感知能力，可以通过训练不断提高。例如，组织新观察人员与有经验的观察人员同时观察某一社会现象，并当场做观察记录，然后再对他们的观察记录进行对比研究，分析观察结果的优劣及其原因，就是观察训练的一种有效方法。同样，通过试听、试闻、试尝、试摸等训练，也可提高听觉、嗅觉、味觉和触觉的感知能力。

(5)合理安排观察任务。观察任务的安排，应以感觉器官的承受能力为限。例如，每一个观察人员分配的观察对象应尽可能保持不变，观察离散对象一般以5个为宜，最多不超过9个，否则容易产生观察误差；安排观察项目应尽可能简明、集中，否则就易发生遗漏；每一次观察时间不宜过长，否则随着感觉器官疲劳程度加剧，发生观察误差的可能性就会大大增加。

(6)充分利用科学仪器。在实地观察中，应根据具体情况，尽可能使用显微镜、照相机、摄像机、录音机、手机等设备，以及各种度、量、衡工具，充分发挥这些设备和工具的放大、延伸、计量、记录等功能。这既是提高观察客观性、准确性的重要途径，又是防止和减少观察误差的重要方法。

(7)努力控制观察活动对被观察者的影响。尽可能减少观察活动对观察对象的影响，是减少反应性观察误差的重要途径。此外，在某些特殊情况下，可采取隐蔽、伪装、突然袭击的方式观察。一般来说，如果观察目的没有损害国家、社会和观察对象的动机，观察过程没有干扰他们的正常工作和生活，观察活动没有侵犯他们的隐私，观察结果没有损害他们的利益，并且事后向他们说明原因和有关情况，这种观察方式是能够得到观察对象理解和支持的。

(8)对比观察和重复观察。对于比较复杂的事物或比较重要的社会现象，应该选择不同类型的观察对象进行横向对比观察，或者对同一观察对象进行纵向重复对比观察。一般来说，通过多点对比观察和重复对比观察所得出的观察结论，发生观察误差的可能性会大大减少。

第四节 对实地观察法的评价

实地观察法是最古老、最常用的调查方法，既有许多优点，也有不少缺点。

一、实地观察法的优点

(1)直观性。在实地观察中，观察者直接感知客观对象，获得的是具体、生动的感性认识，能掌握大量第一手资料，这是其他调查方法不可比拟的。

(2)真实性和可靠性。在实地观察中，观察者亲自到调查现场，观察对象一般很难作假，能获得真实、可靠资料。所谓“百闻不如一见”，就是这个意思。

(3)非介入性。实地观察，主要是观察者单方面观察，不介入调查对象活动，一般不依赖语言交流，有利于排除人际交往、语言交流中可能发生的种种误会或干扰。对于不同语种的人；聋哑人、婴幼儿等无语言沟通能力的调查对象；不接受访谈、拒绝回答问题的调查对象，实地观察是唯一有效的调查方法。

(4)简便易行。实地观察，适应性强，灵活性大，可随时随地进行，观察人员可多可少，时间可长可短，只要到达现场就能获得感性知识。

此外，参与观察有利于在共同活动中与调查对象建立感情、信任和友谊，并在此基础上做深入、细致的调查，这是非参与观察所不可比拟的。

二、实地观察法的缺点

(1)表面性和偶然性。在实地观察中，观察者只能观察到特定时间、地点、条件下的社会现象，往往带有一定偶然性。因此，恩格斯说：“单凭观察所得的经验，是决不能充分证明必然性的”。①

(2)应用范围的有限性。实地观察受时间、空间等客观条件的限制，只能做微观调查，不能做宏观调查；只能对当时当地情况进行观察，而不能对过去和外域社会现象进行观察；保密性、敏感性、隐私性社会现象，不能或不宜于实地观察，其应用对象和范围有很大的局限性。

(3)观察结果的主观性。实地观察的结果，在很大程度上取决于观察者的主观状况；完全参与观察的结果，往往带有观察者较多的感情色彩；非参与观察和不完全参与观察的

---

① 马克思恩格斯选集(第4卷)[M]. 北京：人民出版社，1995：330.

结果，无法完全排除反应性观察误差。因此，实地观察结果往往因人、因时而异，再查信度、复本信度较低。

此外，需要花费较多的人力和时间，对观察结果难以做定量研究等，也是实地观察法难以避免的缺点。

然而，实地观察是认识和科学的真正起点，是一切直接调查方法的基础和前提。在社会调查中，实地观察法往往与文献调查法结合使用。恩格斯的《英国工人阶级状况》有一个醒目的副标题："根据亲身观察和可靠材料"。这说明，实地观察法只有与其他调查方法结合起来，才能取得良好的调查效果。

思考与练习

1. 什么是实地观察法？它应该遵守哪些原则？
2. 怎样理解观察过程是一个积极能动的反映过程？
3. 非参与观察和参与观察、完全参与观察和不完全参与观察各有何特点和用途？
4. 实地观察过程中应该注意哪些问题？
5. 产生观察误差有哪些主客观原因？如何减少观察误差？
6. 什么是反应性心理和行为？它对实地观察有何影响？
7. 怎样认识"耳听为虚、眼见为实""百闻不如一见"等说法？
8. 请选择一个您熟悉的对象，设计一个观察记录表或观察记录卡。

推荐阅读

1. 谢浩范，等. 八观第十三[M]//管子全译. 贵阳：贵州人民出版社，2009.

2. [美]艾尔·巴比. 社会研究方法(第11版)[M]. 邱译奇，译. 北京：华夏出版社，2009.

3. [美]丹尼·L. 乔金森. 参与观察法[M]. 龙筱红，张小山，译. 重庆：重庆大学出版社，2009.

4. 蔡宁伟. 参与式观察与非参与式观察在案例研究中的应用[J]. 管理学刊，2015(4).

第八章　访问调查法

本章要点

1. 访问调查法，就是访问者通过询问、交谈等方式向受访者了解社会情况或探讨问题的调查方法。

2. 按照不同标准，访问调查法可分为标准化访问和非标准化访问、直接访问和间接访问、浅度访问和深度访问、个别访问和集体访问、一般访问和特殊访问等种类。

3. 访谈过程大体上可分为接近受访者、提出问题、听取回答、引导和追询、访谈结束和再次访问等几个环节。

4. 访谈过程中提出的问题可分为两大类：一类是实质性问题，包括事实问题、行为问题、观念问题、感情和态度问题等；另一类是功能性问题，包括接触性问题、试探性问题、过渡性问题、检验性问题等。

5. 听有三个层次，即表面的听、消极的听和有效的听。做到有效的听，就要排除听的障碍，要有正确态度，要提高记忆能力，要善于作出反应。

6. 实施访问调查应该注意的问题：做好访问前的准备，建立良好的人际关系，重视访谈过程中的非语言信息交流，做好访问记录，妥善处置无回答问题。

7. 所谓非语言信息，是指用来表情达意的声音信息(如伴随语言发生的副语言和单独发生的功能性声音——发声、音乐、音响等)和形象信息(如人的表情、动作、姿势，以及场景、服饰、版面、照片、绘画等)。

8. 访谈记录在内容上要抓住几点，即要点、特点、疑点、易忘点、主要感受点。

9. 集体访谈法，也称开调查会，就是访问者邀请若干受访者通过座谈方式了解情况或研究问题的方法。

10. 头脑风暴法是一种通过众多参与者思维“共振”和情绪感染，引起连锁反应，激发创造性思维的方法。德尔菲法是一种综合专家集体意见的预测方法。

基本概念

访问调查法　标准化访问　非标准化访问　非语言信息　集体访谈法　头脑风暴法　德尔菲法

实地观察主要是眼看，访问调查主要是口问、耳听。在调查中，这两种方法往往结合使用，互相补充，它们都是直接了解社会现实情况的基本方法。

第一节　访问调查法的概念和种类

一、访问调查法的概念及特点

访问调查法，就是访问者通过询问、交谈等方式向受访者了解社会情况或探讨问题的调查方法。访问调查法的特点：

(1)它是与受访者面对面的直接调查。访问调查一般是访问者通过与受访者直接接触、面对面交谈来获取社会信息或探讨问题，因而它与实地观察法一样，能够比间接调查法了解到更丰富、更具体、更生动的社会情况。

(2)它是通过交谈方式进行的口头调查。实地观察法主要是用视觉器官——眼睛来观察社会情况，访问调查法则主要是用发音器官和听觉器官——口、耳来询问问题和听取信息，还能通过深入交谈来探讨某些社会问题。

(3)它是访问者与受访者双向的互动式调查。实地观察主要是观察者单方面的活动，为了减少观察对象的反应性心理或行为，观察者总是努力控制自己的观察活动，尽量减少对观察者对象的影响。访问调查则恰恰相反，访谈过程是访问者与受访者双向互动的过程。在访谈过程中，访问者总是积极、主动地影响受访者，努力掌握访谈过程的主导权，尽可能使受访者按照预定计划回答问题。

(4)它是需要一定访谈技巧的有控制的调查。访谈过程首先是人与人之间的交往过程。访问者只有在人际交往中，与受访者建立起基本信任和一定感情，并针对受访者的实际情况，使用一定的访谈技巧，才能有效控制访谈过程，使受访者积极提供他所掌握的社会信息。

二、访问调查法的种类

按照不同标准，访问调查法可分为许多不同的种类。

1. 按照访问的标准化程度，可分为标准化访问和非标准化访问

标准化访问，也称结构性访问，就是按照统一设计的、有一定结构的问卷进行的访问。它的特点是：选择访问对象的标准和方法，访谈中提出的问题、方式和顺序，对回答的记录等都是统一的，甚至访谈时间、地点、周围环境等也力求基本一致。它的优点是，便于访问和记录，可对访问结果做统计和定量分析，可对不同受访者回答做对比研究；其缺点是，缺乏弹性，难以反映复杂社会现象，难以对问题做深入探讨，难以充分发挥访问者和受访者的积极性、主动性。

非标准化访问，也称非结构性访问，就是按照调查目的和一个粗线条调查提纲进行的访问。它的特点是：对访问对象的选择、访谈中询问的问题只有一个基本要求，可根据访谈时的具体情况做必要调整。至于提问的方式和顺序、对回答的记录、访谈时的外部环境等，不作统一规定，由访问者根据实际情况灵活掌握。它的优点是，有利于充分发挥访问者和受访者的主动性、创造性，有利于适应千变万化的客观情况，有利于对问题进行较深入探讨；其缺点是，对访问者的要求较高，调查结果往往因人而异，而且难以进行定量

分析。

2. 按照访问的方式，可分为直接访问和间接访问

直接访问，就是访问者与受访问者面对面的访谈。它又可分为“走出去”和“请进来”两种方式。“走出去”就是访问者到受访者生活、工作的地方去访问；“请进来”就是将受访者请到访问者安排的地方来访问。它们各有利弊和用途。一般来说，“走出去”方式可与实地观察相结合，能获得更丰富、更生动的信息。

间接访问，主要是访问者通过问卷、网络等工具对受访者进行访问。有关问卷调查法、网络调查法的内容，将在本书第九章、第十三章中论述。

3. 按照访问的深度，可分为浅度访问和深度访问

浅度访问，如走马观花式访问，或访问内容简单、浅显，如到工厂或农村参观、访问；或回答方式统一、规范，如人口普查、生育调查、民意调查、安全感调查，以及各种问卷调查中的访问，大多属于浅度访问。

深度访问，是指访问内容比较复杂、艰深，需要反复、深入探讨的访问。在深度访问中，访问者与受访者的探讨，不仅要了解有关社会现象，而且要探讨其原因，研究其发生、发展规律，探求解决这些问题的对策和方法。深度访问，一般是无结构的、直接的、口头的、互动式的、反复多次的访问。实践证明，各种因果性调查、应用性调查和对策性调查，大多采用深度访问方法。

4. 按照访问对象的数量，可分为个别访问和集体访问

个别访问，就是访问者与受访者一对一的单独访问。个别访问一般时间较充裕，环境较单纯，访问者可询问较多、较深入的问题，受访者可较充分、坦率地回答问题，甚至可回答一些敏感性、隐私性问题。它是使用最广泛的访问方式。

集体访问，也称开调查会，将在本章第四节中专门论述。

5. 按照访问对象的特点，可分为一般访问和特殊访问

一般访问，是指对具有正常思维能力、表达能力的普通社会成员——工人、农民、学生、居民等，以及在一般工作、生活状态下的访问。

特殊访问，是指对那些知名度高的人(如高级干部、著名专家、各类明星等)、突发事件当事人(肇事者、受害者、施救者等)，以及儿童、聋哑人、流浪者、心理障碍者的访问。特殊访问，应根据访问对象的不同特点进行访问。例如，对知名度很高的人，应特别注意访谈时机的选择和访问问题的提炼；对突发事件当事人，应开门见山，简短扼要，善于抓住问题的症结；对儿童，应充分考虑其心理特征、短暂的注意力、有限的理解能力和语言表达能力等；对聋哑人，必须掌握聋哑人的语言和心理状态；对流浪者、心理障碍者，要有高度的善心、爱心和耐心，要善于设身处地、体贴入微、循循善诱等。

第二节　访谈过程及其技巧

访谈过程(主要是深度访谈)，大体上可分为接近受访者、提出问题、听取回答、引导和追询、访谈结束和再次访问等几个环节。要取得访谈成功，访问者必须在访谈过程的各个环节熟练掌握和运用各种访谈技巧。

一、接近受访者

1. 如何称呼受访者

接近受访者的第一个问题是如何称呼对方？称呼恰当，就为接近受访者开了一个好头；称呼搞错了，就会闹笑话，甚至引起反感，影响访问正常进行。

“称呼”有多种，有职务称呼（如科长、处长、局长等），有职称称呼（如教授、副教授、讲师等），有职业称呼（如老师、医生、会计、律师等），有性别称呼（如小姐、女士、先生等），还有姓名称呼（即直呼其姓名）。选择称呼时，应该注意：①要入乡随俗、亲切自然。例如，北京人说“您”是对人的尊称，但在北方农民听起来却远没有“老大爷”“老大娘”亲切自然。②要尊重恭敬，又要恰如其分。不能开口一个“喂”，闭口一个“伙计”；也不能到处叫“老大哥”“老大姐”“老前辈”。③要符合称呼的变化规律，即：呼头衔、尊称（如教授、经理、局长等；或大爷、大娘、先生、女士等）—加姓氏—呼姓名—叫小名、爱称或绰号。总之，应根据自己与受访者的亲密程度、心理距离及其变化，选用恰当的称呼。④要注意称呼习俗的变化。20 世纪 50—60 年代习惯称“同志”；改革开放初期习惯称“先生”“小姐”“老板”；20 世纪 90 年代后，“小姐”又变成“三陪女”、性工作者的别称；进入 21 世纪后，称男性为“×总”“帅哥”，习惯称女性为“靓女”“美女”等。

2. 如何接近受访者

（1）自然接近，即在某种共同活动中接近对方。例如，在与受访者一起工作劳动、开会、学习、乘车船、住宿就餐、看电影跳舞等活动中与对方攀谈，逐步了解对方，待建立初步感情后再说明来意，进行访问。这种方式，访问者有心，受访者无意，有利于消除对方紧张、戒备心理，可在对方不知不觉中了解到许多情况。但是，花费时间较多，在公开说明来意之前很难做正式访谈。

（2）求同接近，即在寻求与受访者的共同点中接近对方。例如，同乡、同学、同行，共同的经历、兴趣、爱好等，都可以成为交谈话题。在难以找到共同点时，则可从对方最熟悉的事情、最关心的问题、当时当地最吸引人的新闻谈起。例如，与农村大娘谈她养的鸡，与年轻媳妇谈她抚养的娃，与企业经理谈经营管理，与职工谈工资福利，与青年人谈体育比赛或电影等，都是求同接近的很好话题。

（3）友好接近，即从关怀、帮助受访者入手来联络感情、建立信任。例如，受访者家里有病人，就谈如何治病、买药和调养；对方遇到挫折或不幸，应表示同情和安慰；对方工作、生产发生了困难，就帮助出主意、想办法等。如果条件允许，还可用行动来帮助对方解决实际困难，就更有利于建立信任和感情了。

（4）正面接近，即开门见山，先自我介绍，说明调查的目的、意义、内容、方法和有关规则，然后再正式访谈。这种方式有些简单、生硬，但可节省时间、提高效率。一般来说，在受访者没有什么顾虑的情况下，可采用这种方式。

（5）隐蔽接近，即以某种伪装身份接近对方，在对方没有觉察的情况下访问。如微服私访、化装侦察、伪装访谈等。这种方式，只在特殊情况下、对特殊对象才采用，而且应该经过某些审批程序。否则，有可能引起道德、法律问题。

总之，接近受访者必须考虑对方的思想、感情和心理承受能力，绝不可图简单和方便，甚至以钦差大臣的态度和方式强加于人；必须遵守道德和法律底线。

二、提问的种类、方式和语言

提问是访问调查的主要手段和环节。访谈技巧，主要是提问的技巧。

1. 提问的种类

访谈的问题，可分为两大类：

(1)实质性问题，即为掌握访问调查所要了解的情况而提出的问题。它可分为四类：①事实问题，如姓名、年龄、文化程度等。②行为问题，如“您正在从事什么工作?”“您喜欢阅读什么书籍?”③观念问题，如“您对‘中国梦’有何看法?”“您对抗疫工作做何评价?”④感情、态度问题，如“您对目前治安状况是否满意?”“您赞成儿子做‘快递哥’吗?”

(2)功能性问题，即在访谈过程中为了对受访者施加某种影响而提出的问题。它也可分为四类：①接触性问题。如“近来身体好吗?”“今年收成如何?”提出问题的目的，不是了解这些问题，而是为了比较自然地接近受访者。②试探性问题。如“您做什么工作?”“您每天几点上班?”提出问题是为了试探一下，看访谈对象的选择、访谈时间的安排是否恰当，以便决定访谈是否进行和如何进行。③过渡性问题。如当访谈内容从生产转向销售时，可问：“你们单位生产情况很好，产品销售是否顺利呢?”如从工作转向家庭，则可问：“你工作繁忙，回家总可轻松一点吧?”有了过渡性问题，转向就比较连贯和自然。④检验性问题。如先问：“你对现有工作岗位满意吗?”后面再问：“你是否希望调换一下工作?”问后一个问题，是为了检验前一个问题的回答是否真实、可靠。又如，先问支出后问收入，或先问收入后问支出，也可起到互相检验的作用。

2. 提问的方式

提问方式多种多样，或开门见山，直来直去；或投石问路，先作试探；或顺水推舟，逐波前进；或逆水航行，溯源而上；或顺藤摸瓜，逐步发展；或借题发挥，跳跃前进；或竹笋剥皮，层层深入；或下井打水，一竿到底；或循循善诱，耐心开导；或旁敲侧击，点穴拿筋，等等。

究竟采取哪种方式提出问题？应考虑三个因素。一是问题的性质。对比较尖锐、复杂、敏感、有威胁性的问题，应采取谨慎、迂回方式提出，反之，则可大胆、正面提出。二是受访者的特点。对顾虑重重、敏感多疑、理解和回答问题能力较差的受访者，应循循善诱、逐步前进地提出问题，反之，则可单刀直入、连续提出问题。三是访问者与受访者的关系。在双方互不熟悉、尚未建立基本信任和初步感情时，应用耐心、慎重地提出问题，反之，则可直率、简捷地提出问题。总之，提问方式没有一成不变的模式。不管采取哪种方式提出问题，都应从容、大方、顺其自然，使访谈过程像拉家常一样在平等、友好气氛中进行。

3. 提问的语言

提问语言，应努力做到“一短三化”：“一短”，就是提问话语要简短，应用尽量简短的提问换取尽可能充分的回答；“三化”，就是提问语言应通俗化、口语化和尽可能地方化，要避免使用学术术语、书面语言和种种“官话”。

三、倾听的技巧

“善问”与“会听”有密切联系。访谈技巧，包括听取回答的技巧。

1. 倾听的层次

听，有三个层次：一是表面的听，即半听半不听，耳朵在听别人讲话，脑子在想别的事，结果没有听进去；二是消极的听，即被动地以耳取音，但没有去理解、记忆，只听其“言”，不解其“意”；三是有效的听，即主动去听，不仅耳“听言”、眼“观色”，而且开动脑筋，理解回答者的观点，推测其言外之意，并反复记忆和考虑如何做出反应。只有这种有效的听，才能称为“会听”。

访谈中的听，应是有效的听。它的步骤：①捕捉和接收信息，包括语言信息和各种非语言信息；②理解和处理信息，对接收的信息做出理解和判断，舍弃无用信息，保留有用信息；③记忆或做出反应，即记忆有用信息，并对受访者的回答做出反应。有效的听的过程，就是这三个步骤交替出现、循环往复的过程。

2. 怎样听才能有效

(1)要排除听的障碍。听的障碍很多：有偏见性障碍，如不喜欢受访者；有判断性障碍，如认为受访者不可能了解情况；有心理性障碍，如情绪不好；有生理性障碍，如非常疲劳；有理解性障碍，如访问者与受访者对同一问题理解不同；有语言性障碍，如受访者的语言不好懂；有环境性障碍，如周围环境干扰太大，等等。排除听的障碍，是有效的听的基础和前提。

(2)要有正确态度。首先，要认真听。如果受访者在回答问题，访问者却在一旁剪指甲、看报纸，做无谓的小动作，或神不守舍、哈欠连天，那么受访者就不会认真回答下去，访问者也不可能有效地听。其次，要虚心听。受访者回答错了，或不完整，应适当解释或引导，而不能无礼打断对方说话。再次，要有感情地听。受访者谈成绩时应为他高兴，谈困难时应替他着急，谈挫折时应表示同情。访谈不仅是语言交流过程，而且是情感交流过程，应做到喜怒哀乐皆共鸣。

(3)要提高记忆能力。提高记忆的方法：一是重复，即请受访者复述，或自己默默复述；二是浓缩，即把回答浓缩成几个要点，以方便记忆；三是联想，用视觉联想、意义联想、情景联想促进记忆；四是比较，通过内容比较、形式比较、环境比较帮助记忆；五是改组，如将“101388421”改组成“101—38—8421”，就比较容易记忆一些；六是使用，使用越多，记忆越牢，使用是最有效的记忆。

(4)要善于做出反应。反应分为两类。一是无反射反应，即对受访者的回答不插话、不表态、不干扰，保持沉默。它实际上是告诉对方：“您回答得好，请继续讲下去”，“您慢慢回忆、思考，我可以等待”，“如何选择是您的权利，我尊重您的选择”等。二是有反射反应，即不时用“嗯”“对”“讲得好”“真有意思”“增长了见识”等语言信息，或用点头、肯定的目光或手势等非语言信息鼓励对方继续谈下去。

四、引导和追询

1. 引导

引导不是提出新问题，而是帮助受访者正确理解和回答已提出的问题。什么情况下引导？一般来说，当受访者对所提问题理解不正确、答非所问的时候；当受访者顾虑重重、吞吞吐吐的时候；当受访者对所提问题想不起来的时候；当受访者滔滔不绝、离题太远的时候；当访谈被迫中断、又重新开始的时候……总之，当访谈遇到障碍或偏离原定计划时，就应及时引导。

如何引导？受访者对问题理解不正确，就应用对方听得懂的语言去做解释或说明；受访者有顾虑，就应摸清是什么顾虑，然后对症下药地消除顾虑；受访者遗忘了某些情况，就应从不同角度、不同方面帮助对方回忆；受访者的回答离题太远，就应采取适当方式，有礼貌地把话题引上正轨；访谈中断后重新开始，就应简略回顾一下前面交谈的情况，复述一下尚未回答的问题……总之，只要排除了干扰和障碍，使访谈得以按原定计划发展下去，就算达到了引导目的。

2. 追询

追询不同于提问和引导，它不是提出新问题，不是排除回答中的障碍，而是促使受访者更真实、具体、准确、完整地回答问题。然而，从帮助受访者正确回答问题的角度看，追询与提问、引导又有密切联系。追询是深入的提问，是更具体、准确、完整的引导。在访谈过程中，追询往往也是必要的环节和手段。

在什么情况下追询？一般来说，当受访者明显说谎、不肯吐露真情的时候；当受访者回答前后矛盾、不能自圆其说的时候；当受访者回答含混不清、模棱两可的时候；当受访者回答笼统、不准确的时候；当受访者回答不全、不够完整的时候……总之，只要回答没有真实、准确、完整地说明问题的时候，就要追询。

追询有多种方法。有正面追询，即直接指出回答不真实、不具体、不准确、不完整的地方，请对方补充回答；有侧面追询，即调换一个角度、一个提法来追问相同的问题；有系统追询，即何时、何地、何人、何事、何因、何果……系统地追问下去；有补充追询，即只追问那些没有搞清楚的问题；有重复追询，即前面已回答的问题，后面再追问一次，以检验回答是否一致；有反感追询，即“激将”追询，看在“激将”下对方有何表现、有何反应。不管用哪种方式追询，只要能促使受访者更真实、具体、准确、完整地回答问题，就算达到了追询目的。

追询要适当。这有两层含义。一要适时。追询与引导不同，引导要及时，追询则应放到访谈后期。由于追询是一种比较尖锐的访谈方式，搞不好就会妨碍整个访谈的顺利进行。因此，在访谈中应把需要追询的问题记录下来，留到访谈后期去追询。二要适度。追询应以不伤害与受访者的感情为原则，即使是反感追询，最后也应缓和一下气氛，这样就不至于为再次访问留下无法弥补的隐患。

五、访谈结束

访谈结束应该注意两个问题：一要适可而止；二要善始善终。

所谓适可而止，主要掌握两条。一是每次访谈时间不宜过长，一般以一两个小时为宜，特殊情况则应灵活掌握。例如，在农村做深度访问，夏夜乘凉和冬闲烤火时，就可做较长的访谈，但应以不妨碍受访者正常的职业活动和生活秩序为原则。受访问者要上班了、要下地了、要吃饭了、要睡觉了，就应及时结束访谈。二是，访谈必须在良好气氛中进行。如果受访者疲劳了、厌倦了、情绪变坏了；或男主人与你交谈，女主人在一旁赶鸡、打狗、骂孩子；或来了客人；或发生了紧急情况……总之，良好气氛一旦被破坏，就应马上结束访谈。

所谓善始善终，主要做好两件事。一是表示感谢和友谊，即真诚感谢受访者的支持，通过访谈学到了许多知识，访谈是短暂的，友谊是长存的。二是表示今后可能还要登门请教。如果第一次访谈没有完成，就应约定再次访问的时间和地点，最好简要说明再次访谈的主要内容，以便对方做好思想和材料准备。

从接近受访者开始，经过提出问题、听取回答、引导和追询，到访谈结束，这就是一次访谈的主要环节和过程。访谈过程的每一个环节，都有许多技巧问题。熟练掌握访谈技巧，对于提高访谈质量和效率具有重要意义。

六、再次访问

访问调查应力争通过一次访谈完成调查任务，能否做到这一点取决于四个因素。一是取决于调查类型。抽样调查和普查中的访问，一般都是一次完成调查任务；典型调查中的访问，则往往需要多次。二是取决于调查内容。调查内容简单，就可能一次完成任务；反之，就需要多次访问。三是取决于访问者的素质和工作。一个有经验的访问者，既做好了访谈前的准备，又能有效控制访谈进程，就可能用一次访谈解决问题；反之，就可能需要多次访问。四是取决于受访者的合作态度和回答能力。如果受访者积极合作，又了解情况、有回答能力，就可能一次完成；反之，就需要多次访问。一般来说，再次和多次访问，在访问调查中是常有的。

再次访问，可分为三种类型。一是补充性再次访问，即为了补充第一次访谈没有完成的、遗漏的、错误的部分所做的再次访问。二是深入性再次访问，即为了深入探讨某些问题，按计划在第一次访后所做的再次访问。三是追踪性再次访问，即为了了解受访者的变化，在第一次访问后的一个时期对原访问对象所做的再次访问。这三类再次访问中，深入性再次访问具有特别重要的意义。

☞知识窗

奥里亚娜·法拉奇简介①

奥里亚娜·法拉奇(1929—2006年)，意大利著名女记者、作家。她曾访问过当代14位影响巨大的政治人物，包括阿拉法特、卡扎菲、霍梅尼、基辛格、沙龙、邓小平等各国政要。她的采访风格硬朗，言辞尖锐，从没被击垮过，其胆识赢得全球同

① 参见：邓小平文选(第二卷)[M]. 北京：人民出版社，1983：344-353；蓝鸿文，展亮，赵赜. 中外记者经验谈[M]. 北京：中国人民大学出版社，1983：538；“新闻斗士”的传奇人生[N]. 中国老年报，2006-09-21；法拉奇以笔代剑战斗一生[N]. 参考消息，2006-09-27.

行敬佩，被誉为“国际政治采访之母”。

法拉奇说：“我的人物采访大多连续进行两次(天)。第一次主要是互相熟悉，当然，我事先做了大量准备，例如访问邓小平以前，我看了好几公斤的材料。不过是得见了面，才真正熟悉对方的性格，掌握对方的特点。第一次采访以后，我不是去游山玩水，而是关在小屋里，把录音记录下来，加以整理，看看哪些问题没弄清楚，或者遗漏了，没有问。第二次访问效果要好得多，因为我跟采访对象互相熟悉了，精神上放松得多，问答也更得要领。”

法拉奇两次采访邓小平前后约四小时，她的第一个问题就是：“天安门上的毛主席像，是否永远保留下去?”第二个问题是：“中国人说的是‘四人帮’，但他们伸出的为什么却是五个指头?”第三个问题是：“你说在后一段时期毛主席身体不好，但刘少奇被捕入狱以及死在狱中时，毛主席身体并不坏。过去还有其他错误，‘大跃进’难道不是错误？照搬苏联模式难道不是错误？对过去这段错误要追溯至何时？毛主席发动‘文化大革命’到底想干什么?”此外，她还提出了以下一些问题，如“四个现代化将使外国资本进入中国，这是否会在中国形成小资本主义?”“你是否认为资本主义并不都是坏的?”法拉奇相当满意与邓小平的对话，并罕见地赞扬邓小平的智慧、坦率与文雅，称他是出类拔萃的领袖。她的这次采访，被西方媒体大量转载，并让西方世界对中国领导人有了全新的认识。这篇著名的采访，已被收入《邓小平文选》(第二卷)。

第三节　访问调查应该注意的问题

一、做好访问前的准备

(1)准备访问提纲，学习与调查内容有关的知识。做标准化访问，必须弄懂弄通统一设计的问卷；做非标准化访问，则应准备较详细的访问提纲。不管哪种访问，都应学习与调查内容有关的知识。在访谈中，如果访问者知识丰富，能做深入交谈，受访者回答的积极性和质量就会高一些。反之，如果一问三不知，受访者就会失去交谈的兴趣，甚至有可能随便应付一下。

(2)选准访谈对象，尽可能了解受访者。选择访谈对象，不要事事找“一把手”“当家人”，而应该根据访谈内容的需要，找那些最了解情况的人来回答最合适的问题。选准访谈对象后，对受访者的性别、年龄、职业、文化程度、经历、特长、兴趣、爱好，特别是当前思想动向等情况，应做尽可能多的了解。这对正确选择访谈方法和灵活运用访谈技巧具有重要意义。

(3)选好访谈时间、地点和场合。访谈时间的选择应因人而异，一般来说，最佳访谈时间是受访者工作、家务不太繁忙，心情比较舒畅的时候。法拉奇 1980 年采访邓小平时，选择邓小平生日前后的 8 月 21 日和 23 日，见面后先祝贺他生日再采访，使采访活动从一开始就显得亲切、自然。法拉奇的这一选择，不仅表现了她对受访者的充分了解，而且显示出她选择访谈时间的高超技巧。

访谈地点和场合的选择，以有利于受访者真实回答和畅所欲言为原则。一般来说，工作问题，以在工作地点访谈为宜；个人或家庭问题，以在家里访谈为好，这样便于受访者寻找回答问题所需要的资料。此外，也可选择在宾馆、餐厅、公园等公共场所交谈。至于访谈场合，最好能单独交谈，这样可避免干扰，有利于双方畅所欲言。如果访谈内容没有隐私、敏感问题，甚至有可能引起其他人兴趣，那么也不妨在其他人在场的情况下访谈。

二、建立良好的人际关系

要建立良好的人际关系，就必须做到：

(1)表明来意，消除疑虑。主要是介绍自己的身份，说明调查的目的、意义和内容，讲清楚受访者是如何被选中的，努力消除对方的怀疑和顾虑，使对方相信自己有能力回答问题。在不同阶段、对不同对象，表明来意工作应有所不同：访问初期，表明来意的工作应做得十分认真和细致；访问中、后期，多数人对访问已有基本认识，表明来意的工作就应从简。对满腹疑虑的受访者，应耐心、细致、反复表明来意；对没有顾虑的受访者，就不必啰啰嗦嗦、多费口舌。

(2)虚心求教，以礼待人。踏进受访者的门，就应客随主便，对主人的安排表示充分尊重和恰当赞赏；访谈开始时，应按照当地习俗以尊称相呼，并说明来意；访谈过程中，应以求教态度提出问题，并主动、专心地听取回答；访谈结束时，要表示感谢和友谊，说明收获很大和再次访问的可能。在访谈中，对受访者表现出来的某些无知、落后意识和不良习惯，或存而不论，或给予真诚、热情、耐心的帮助，不可有鄙薄或轻视的表示，更不可戏弄或嘲笑。

(3)平等交谈，保持中立。访问者必须以平等态度对待受访者，绝不可盛气凌人、摆架子。对于一切敏感的或有争议的问题，访问者都应严格保持客观、中立态度，而不应有任何倾向性、诱导性的表示，以免受访者在迎合心理驱使下发出违心之论。对受访者的回答，不管是否正确、是否与访问者看法一致，都不应作肯定或否定表示，更不应去迎合对方或企图说服对方，而只能作一些中性反应。如“我已经明白了您的看法”“您的观点很有代表性”“请继续讲下去”等，鼓励对方把心里话都说出来。

三、重视访谈过程中的非语言信息交流

在人际交往中，语言交流可以传递信息，各种非语言交流也能传达信息。所谓非语言信息，是指用来表情达意的声音信息(如伴随语言发生的副语言和单独发生的功能性声音——发声、音乐、音响等)和形象信息(如人的表情、动作、姿势，场景、服饰、版面、照片、绘画等)。在访谈中，既要重视语言信息交流，又要重视非语言信息交流。访谈中的非语言信息交流，一般是指形象交流，其中人的外部形象、行为、面部表情、目光及周围环境等非语言信息具有重要意义。

衣着、服饰、打扮等外部形象，是一个人的职业、教养、文化品位等内在素质的反映。初次见面的人，大多根据人的外部特征形成第一印象。一个成熟的访问者，一方面要注意使自己的衣着、服饰、打扮尽可能与受访者相近。另一方面，要注意从对方的衣着、打扮等外部形象来获取信息。一般来说，在城市访问，穿戴应比较整洁、讲究；到农村调

查，衣着应朴素、大方。对衣着、打扮讲究的对象，应庄重、彬彬有礼；对不修边幅的受访者，可坦率、随和一些。

动作、姿态等行为是受思想、感情支配的。访问者既可通过自己的行为来传达一定的思想和感情，又可通过观察受访者的动作、姿态捕捉对方的思想、感情。例如，连连点头，表示“赞成”“同意”；匆匆记录，说明回答内容很重要；东张西望，表示注意力已转移；搞无谓的小动作，说明不感兴趣；伸懒腰、打哈欠，表示疲倦；频频看钟表，说明希望尽快结束等。在访谈中，通过这些细小动作、姿态来传达或捕捉信息，往往能起到语言交流所不能起的作用。

面部表情，通过面部器官、肌肉的动作反映出来，是内心感受的外在表现。扬眉吐气，表示心情舒畅；愁眉不展，反映疑虑或忧愁；频频微笑，表示赞许或满足；哈哈大笑，表示异常高兴；皮笑肉不笑，反映虚伪或狡诈；张口结舌，表示意外和惊讶；双眉紧锁，反映回忆或沉思；微微撇嘴，表示轻蔑和鄙视，等等。一个成熟的访问者，既要善于控制自己的面部表情，又要善于观察受访者的面部表情，并恰当地运用面部表情来传达信息，调节和控制访谈进程。

眼睛是“心灵的窗口”。孟子曰：“存乎人者，莫良于眸子。眸子不能掩其恶。胸中正，则眸子瞭焉；胸中不正，则眸子眊焉。听其言也，观其眸子，人焉廋哉？”(《孟子·离娄上》)在人际交往中，人们往往通过目光表达思想感情。一般来说，目光频频接触，表示喜欢、友好或亲近；目光躲躲闪闪，表示生疏、不愉快或不好意思；目光死死盯着对方，表示惊讶、愤怒或敌意；目光避免接触，表示厌恶、胆怯或恐惧。目光正视，表示坦诚、自信、无所顾虑；目光斜视，表示心虚、疑虑、没有把握。目不转睛，表示精神专注；目瞪口呆，表示不知所措；目光炯炯，表示异常兴奋；目光呆滞，表示困惑、沮丧，等等。一个熟练的访问者，在访谈中，既不可死盯着对方，又不可躲着对方目光，而应使自己的目光在对方的头发、嘴唇和脸颊两侧这个范围内活动，并不时与对方目光作短暂接触(一般不超过 10 秒钟)。同时，根据访谈的具体情况，及时察悟对方的“眼神语言”和灵活使用自己的“眼神语言”，努力使眼神成为访谈过程中有效的指示灯和调节器。

人们周围的环境、用具、器物、陈设，以及某些活动、状态，也蕴藏着许多信息。例如，访问时步行去、骑自行车去或乘小轿车去，会给人不同印象；一个人去访问、结伴去访问和前呼后拥地去访问，也会给人不同信息。又如，办公室有的整洁、朴实，讲究实用；有的豪华、花哨，追求排场；有的安安静静、各事其事；有的喝茶、看报、随便闲聊；有的人来人往，办事匆匆；有的闹闹哄哄，混乱不堪。这些不同情景，给人的信息是不一样的。同样，一个家庭的器物、摆设和文化氛围，不仅反映主人的职业和经济状况，而且表现主人的教养、兴趣、爱好和性格。所有这些，都是访问过程中不可忽视的非语言信息。

非语言信息具有多样性、整体性、暗示性、不确定性，以及语境制约等特点，同样的非语言信息，在不同对象、不同情景下往往具有不同含义。例如，一个衣着讲究的人，既可能是一个很有教养、作风严谨的人，也可能是一个内心空虚的花花公子。一个有豪华陈设的家庭，既可能是一个贡献卓著、经济富裕的家庭，也可能是一个巧取豪夺、发不义之财的家庭。同样的行为、动作、姿态、表情等，在不同情景下往往具有不同含义。因此，在访谈过程中，决不能仅仅根据某些非语言信息就轻率下结论，而必须把非语言信息与语言信息、外部现象与内在本质联系起来思考。只有这样，才能对非语言信息做出正确的解释或评价。

四、做好访问记录

访问调查，一般应做记录。记录有两种方式，当场记录和事后追记。有的受访者对当场记录有顾虑；有的则相反，你记得越认真他谈得越起劲。对前者，宜于事后追记；对后者，应尽可能当场记录。究竟用哪种方式，应灵活掌握。

标准化访问的记录比较好办，按照规定的记录方式，把受访者的回答记录在统一印制的表格、问卷、卡片上就行了。非标准化访问的记录则比较困难，为了做到访谈、记录两不误，可采取两人一起访问的办法，一人专门访谈，另一人专门记录；也可在征得对方同意的前提下，用录音机录音。由于录音最终还是要用笔记下来，因此，笔记是各种访问记录最基本的形式。

做笔记有三种方法：一是速记，即用速记法把对方回答记下来，然后再整理和翻译，否则别人看不懂；二是详记，即用文字做详细记录，这样不需翻译，任何人都可看懂记录；三是简记，即用一些符号或缩写来做记录，如用"W"代表商品，用"G"代表货币，用"1"代表男性，用"0"代表女性，用汉语拼音的第一个字母把"社会主义"缩写成"SHZY"等。这三种方法各有优缺点：速记，比较全面，但是翻译很费时间，一般访问并不需要把回答全部记录下来；详记，整理工作量较小，但影响访谈进度和质量，难免会有遗漏；简记，比较方便，但事后仍需整理和说明，不然别人看不懂，时间久了自己也会忘记。究竟采取哪种记录方法，应根据具体情况和各自习惯而定。

无论详记、简记，在内容上都应抓住五点：一是要点，即主要事实、主要过程、主要经验或教训、主要观点和建议等；二是特点，即具有特色的事件、情节、语言、表情等；三是疑点，为了不打断对方思路，应把有疑问的问题记下来，留待追询或调查；四是易忘点，如人名、地名、组织名称、时间以及各种数据等；五是主要感受点，即把自己的主要感受和"闪光"思想及时记下来，以免时过境迁遗忘了。只有这样的记录，才是真实、全面、具体、生动的记录，才是最有效的记录。

五、对无回答的处置

访问调查，经常会出现无回答现象：一是访问对象出差、请假或不在家；二是访问对象不合作，拒绝回答问题。这两类对象都不应轻易放弃。例如，经常不在家的人，往往是男性、青中年人、外出务工经商者、跑运输的人等；那些不合作者，可能是知情人、关键人或特殊人物。缺少了对他们的调查，全面调查就不全面，典型调查就不典型，抽样调查就会使样本失去代表性。

对于不在家的人，一般有四种处置方法：一是了解他们什么时候回家，然后去做补充调查，直到找到他们为止；二是在条件允许的情况下，追踪到他所在的地方做访问；三是找某些熟悉受访者的人，代为回答某些事实(如人口、年龄、性别等)、行为(如职业、生活习惯、外出活动的时间和地点等)方面的问题，但不能代为回答观念、情感、意见等方面的问题。当这三种做法都行不通而调查又不允许拖延时，则可采取第四种方法，即用备用调查对象代替或者放弃。

对不合作者，应研究不合作的原因，然后再对症下药。根据实践经验，不合作者大体有六种情况。一是认识问题。认为调查与己无关，不感兴趣；或认为调查不解决问题，不愿白费时间。二是利害问题。有的怕增加税费、减少收入、抽调劳动力；有的怕露富，引来麻烦；有的怕得罪人，引起不良后果。三是时间或情绪问题。或工作、家务太忙，怕耽误时间；或遇到困难、挫折，没有心情回答问题。四是信任问题。或认为访问者人微言轻，不相信调查或解决问题的能力；或认为访问者有偏见、行为不检点、作风不正派，触犯了当地某些禁忌，引起受访者的反感。五是态度问题。极少数受访者对国家、社会、单位有成见、有抵触，对各种社会问题都非常冷漠、甚至反感。六是错罪问题。受访者犯有错误或罪行，做贼心虚，害怕回答问题。实践证明，只要方法对头，对症下药，耐心工作，第一、二、三、四种情况的多数人都有可能转变态度，成为调查的合作者；第五、六种情况的人，也存在着改变态度的可能。总之，不到万不得已，绝不轻易更改原定的访问对象。

第四节　集体访谈及其实施

一、集体访谈的概念、特点和种类

集体访谈法，也称开调查会，就是访问者邀请若干受访者通过座谈方式了解情况或研究问题的方法。毛泽东说："开调查会，是最简单易行又最忠实可靠的方法，我用这个方法得了很大的益处，这是比什么大学还要高明的学校"。①

集体访谈的特点：它不是对个别受访者的访问，而是同时对若干受访者的访问；它不仅是访问者与受访者之间互相影响、互相作用的过程，而且是若干受访者之间互相影响、互相作用的过程。因此，要取得集体访谈的成功，访问者不仅要有熟练的访谈技巧，而且要有驾驭调查会的能力。

按照不同标准，集体访谈法可分为许多不同种类。①按调查目的不同，可分为两类：一是以了解情况为主的调查会；二是以研究问题为主的调查会。这两类调查会，在会议规模、调查对象的选择、调查会的调控等方面，都有许多不同特点。②按调查内容不同，可分为两类：一是综合性调查会，它的内容比较全面、广泛，但往往不够深入；二是专题性调查会，它的内容比较集中、专一，往往能较深入地了解情况和探讨问题。③按会议规则不同，可分为两类：一是讨论式调查会，即与会者互相研讨、互相争论，既可互相补充，又可互相反驳；二是各抒己见式调查会，即与会者可以充分发表自己意见，但不允许批评别人意见。所谓的"头脑风暴法"，就属于后一种类型。④按调查方式不同，可分为两类：一是口头座谈方式的集体访问，它是面对面的直接访问；二是书面咨询方式的集体访问，它是背靠背的间接访问。所谓的德尔菲法，就属于后一种类型。

---

① 毛泽东选集(第3卷)[M]. 北京：人民出版社，1991：790.

二、集体访谈的实施

1. 集体访谈前的准备

(1)明确会议主题。调查会主题要简明、集中，最好一个会议一个主题。如果会议主题含混不清，或涉及问题过多，受访者就很难发表意见，“东一榔头，西一棒子”，始终不能形成议论中心。明确主题，是开好调查会的首要前提。

(2)准备调查纲目。调查会前，应根据会议主题拟出调查纲目。调查纲目应包括“5W1H”：“When”(何时)，“Where”(何地)，“Who”(何人)，“What”(什么)，“Why”(为何)，“How”(如何)，这是开好调查会的必要条件。

(3)确定会议规模。调查会规模，主要取决于调查内容的需要和调查者驾驭会议的能力。一般来说，以了解情况为主的调查会、综合性调查会、各抒己见式调查会，规模可适当大一些；以研究问题为主的调查会、专题性调查会、讨论式调查会，规模应适当小一些。调查者驾驭会议能力较强，参加会议的人数可多一些，反之，就应少一些。从实际经验看，调查会规模一般以5~8人为宜。

(4)物色到会人员。一般来说，到会人员应是有代表性的人、了解情况的人、敢于发表意见的人、互相信任的人、有共同语言的人。特殊地说，以了解情况为主的调查会，应物色与调查内容相关的当事人、知情人和主管人；以研究问题为主的调查会，应物色对调查主题有实践经验的人、有理论研究的人、有独特见解的人。为了使到会人员增加互信，减少疑虑，可采取不同类型的人召开不同会议的方法分别开调查会。正确物色到会人员，是开好调查会的基础。

(5)选好会场和时间。会议地点应比较适中、方便，环境比较安静。会议时间应使多数与会者感到适合，并留出较充裕的时间，让与会者做好参会准备。

(6)做好技术准备。在必要和可能的条件下，做好音像等技术方面的准备。

2. 集体访谈过程的指导和控制

(1) 打破短暂沉默。为了打破调查会开始时的短暂沉默，主持人应简明扼要地说明会议目的、意义、内容和要求，并对与会人员基本情况做些简要介绍，以减少与会者之间的疑虑和陌生感。如会前已物色好带头发言人，主持人讲完后就可请他率先发言，这样就可缩短或消除短暂沉默时间。

(2) 创造良好气氛。为了创造良好气氛，主持人应作一些简短插话或解释，以消除与会者的疑虑，鼓励大胆发表意见；有时可简介一些背景情况，提高与会者对会议主题的认识和兴趣；有时可引导与会者互相补充、互相争论，形成一种友好合作、自由切磋、民主探讨的气氛。

(3) 开展平等、民主对话。在讨论过程中，主持人应尊重和保护每一个与会者的发言权，鼓励他们畅所欲言，讲真话、心里话，避免形成少数人垄断会场、多数人“开陪会”，或者会议倾向“一边倒”、少数意见无法发表的局面。要注意保护少数，尽可能减缓他们的孤立感或压抑感。

(4) 把握会议的主题。许多调查会一旦开展热烈讨论，议论中心就像脱缰的野马漫无边际地自由奔腾。这时，主持人应因势利导，把与会者的兴奋中心引向会议主题；或另辟蹊径，围绕调查主题提出新的问题，形成新的议论中心。总之，要及时引导和控制会议方向，使会议始终围绕着调查主题展开讨论。

（5）做一个谦逊、客观的主持人。在调查会中，主持人要注意说话简短；听取发言人意见，不轻易表示肯定或否定态度；客观对待与会者之间的争论，一般不应表示自己的看法或倾向。只有这样，才能使受访者有充分发言的机会，才能避免对发言人的倾向产生人为影响，才能鼓励各种不同观点展开平等讨论。

（6）做好受访者之间的协调工作。在调查会中，受访者之间可能由于客观地位差异而形成分歧，可能由于思维方式不同而产生争论，可能由于性格固执而出现隔阂，可能由于互不信任而无法真诚、坦率地讨论，等等。在出现这些情况时，主持人应妥善做好引导和协调工作，以保证调查会顺利进行。

（7）做好会议记录。调查会可派专人做记录，但最好是主持人亲自口问手记。因为主持人做记录或不做记录，快记或慢记，详记或略记，给发言者的信息是不一样的。做记录不仅是记录发言内容，而且是指导会议的一种重要方式。

（8）及时结束会议。当调查会达到了预期目的，或到了预定时间，或发现“打横炮”等情况，就应及时结束会议。会议结束时，主持人应对会议作简短小结，对与会者表示感谢。如果需继续开会或做个别访问，应做具体的交代或安排。

3. 集体访谈后的工作

（1）及时整理会议记录。看看记录是否完整、准确，追记没有当场记录下来的情况，注释或说明当场简记的内容，同时审查记录的内容是否真实、全面，是否有代表性，还有哪些遗漏或错误之处需要补充或更正。

（2）回顾和研究会议的情况。想想会议进程是否正常，分析每位与会者的态度、表现及其原因，研究会议争论的焦点和性质，并对调查会结果做出实事求是的评价，以便及时发现其中的疑点、难点和尚需深入探讨的问题。

（3）查证有关事实和数据。调查会上提供的口头信息往往不具体、不精确，有时还会出现一些明显的矛盾。因此，会后对一些关键事实、重要数据都应进一步查证落实，力求使调查材料更真实、更具体、更准确。

（4）做必要的补充调查。调查会上的遗留问题，都应做补充调查。调查会上有顾虑的人，没有讲话、没有讲完话或没有讲真话的人，以及接受了邀请但没有出席会议的人、应该邀请而没有邀请的人，应该成为补充调查的重点。

第五节 头脑风暴法与德尔菲法

头脑风暴法和德尔菲法，是集体访问法在现代条件下的丰富和发展，它实质上是制定、使用某些特殊规则、程序和技术的集体访谈法。

一、头脑风暴法与反向头脑风暴法

头脑风暴法（Brain-storming，或称脑力激荡）是一种通过众多参与者思维“共振”和情绪感染，引起连锁反应，激发创造性思维的方法。由美国创造学家亚历克斯·奥斯本

(Alex Faickney Osborn, 1888—1966年)于1939年提出、1953年发表。20世纪50年代后，头脑风暴法在预测调查中得到广泛应用。

在头脑风暴法在操作过程中，应遵循一些不同于一般调查会的规则：①会议主持人简要说明会议主题，提出讨论要求，并严格规定讨论范围。②鼓励与会者自由发表意见，但不得重复，不许反驳别人意见，以利于充分自由讨论，激发与会者发表创造性思维。③支持与会者吸取别人观点，不断修改、补充和完善自己意见；鼓励与会者在综合别人意见基础上，提出自己的新想法。对修改或补充自己想法的人，提供优先发言权。④会议主持者，特别是高级领导人和权威人士，不得发表自己的意见，不得表示自己的倾向，以免妨碍会议的自由气氛。

反向(质疑)头脑风暴法，是在头脑风暴法基础上发展起来的又一种会议形式。其规则是：会议参加者对已提出的设想、意见、方案，只允许提出质疑或批评，而禁止进行确认论证。其程序是，首先，对已形成的设想、意见、方案提出质疑或批评，直到没有可质疑或批评的为止。质疑和批评的内容，是论证原设想、意见、方案不能成立或无法实现的根据，或说明实现原设想、意见、方案可能存在的制约因素，以及排除这些制约因素的必要条件等。其次，把质疑和批评意见归纳起来，全面分析、比较和估计。最后，形成有可行性的具体结论。

头脑风暴法和反向头脑风暴法的共同点是：会议主持者或领导人，在会议前不画框框、不定调调；在会议中不发表意见、不表示倾向，而让与会者在无拘无束的气氛中各抒己见(论证或质疑)；会后，在民主基础上形成共同结论。

实践证明，头脑风暴法和反向头脑风暴法，有利于充分发扬民主，自由发表意见；有利于各种观点互相启发、借鉴和吸收；有利于各种意见不断修改、补充和完善，对于鼓励创造性思维，寻求新观点、新途径、新方法，具有积极作用。

二、德尔菲法与派生德尔菲法

德尔菲(Delphi)是古希腊城名，威信极高的阿波罗神殿所在地，被誉为预言家圣地。德尔菲法是20世纪40年代美国兰德公司设计出的一种综合多名专家经验与判断的方法，其预测准确性较高，被广泛应用于各领域的综合评价。

德尔菲法，是一种综合专家集体意见的预测方法。其操作有四个基本程序：①预测机构将预测问题写成含义明确的调查提纲，分送给经过选择的专家，请他们用书面形式做出回答。②各专家在背靠背、互不通气的情况下，各自作出自己的回答，并将预测意见以无记名方式反馈给预测机构。③预测机构汇总各专家的意见进行定量分析，然后将统计分析结果反馈给专家。④各专家根据反馈资料，重新考虑原先的预测，既可改变原先预测，也可坚持原来意见。然后，再以书面形式反馈给预测机构。这样循环往复，经过3~4轮反馈，预测意见就逐渐趋向集中，最后形成集体预测结论。德尔菲法的特点包括匿名性、反复性、定量性和集体性。这说明，德尔菲法实质上是一种集体书面调查方法。

德尔菲法的优点是，排除了调查会中无法完全排除的各种社会心理因素的干扰，从而使调查结论更准确地反映各位专家的集体意见。它的缺点是，许多专家不熟悉德尔菲法或不了解预测问题的背景，难以做出正确预测，甚至不知从何下手做预测，无法知道别人预测的根据是什么；有的专家在获得前一次预测汇总资料后，再次预测时往往出现简单向中位数靠拢的趋势，等等。

为了克服德尔菲法的这些缺点，人们探索出两类派生德尔菲法。一类是保持德尔菲法的基本特点、但做局部改进的派生方法。如预测机构发出预测问题时，同时提供预测事件一览表，介绍预测问题的某些背景材料；允许做三种不同的预测方案，并对各种方案的成功概率做出估计；减少反馈次数，等等。另一类是改变德尔菲法某些基本特性的派生方法。有的是先匿名询问，公布汇总结果后面对面口头辩论，然后再匿名做新的预测；有的是先公开阐明自己的观点和论据，再匿名做预测，然后再公开辩论，再匿名预测；有的是只反馈预测意见幅度，而不反馈中位数，以防止盲目向中位数靠拢的倾向；有的是只向预测意见差别最大的专家或权威性专家反馈，而不向其他专家反馈，等等。派生德尔菲法的这些改进，在提高德尔菲法的工作效率和预测质量等方面，起了一定的积极作用。

三、实施头脑风暴法与德尔菲法应该注意的问题

1. 实施头脑风暴法应该注意的问题

实施头脑风暴法必须具备一些条件：一是要有较多的时间和经费；二是主持者对主题背景有较多了解，对头脑风暴法的程序和方法比较熟悉；三是参与者有较高创新思维能力；四是有比较理想的讨论环境。此外，还应注意三个问题：一是慎重选择主题；二是科学安排参与者的知识结构、经验结构；三是合理掌握反馈和讨论的次数。这是头脑风暴法能否取得成功的几个关键。

2. 实施德尔菲法应该注意的问题

实施德尔菲法应注意四个问题：①慎重选择咨询专家；②写出含义明确的评估提纲；③合理确定调查反馈轮次；④科学制定反馈信息的办法。

第六节　对访问调查法的评价

访问调查法也是一种最古老、最常用的调查方法，它也有许多优点和缺点。

一、访问调查法的优点

(1)能广泛了解各种社会现象。访问调查是口头调查，既可了解当时当地正在发生的社会现象，又可询问过去和外域发生过的社会现象；既可调查事实、行为方面的问题，又可询问观念、感情方面的问题。特别是集体访谈，参与人员多、提供信息广，可以互相启发和补充，可以了解更广泛、更真实的实际情况。

(2)能深入探讨各类社会问题。访问过程是访问者与受访者之间反复互动的过程，不仅有利于了解比较复杂的社会现象，而且有利于探讨社会现象的因果联系和内在本质，研究解决社会问题的对策和建议。集体访谈更有利于集思广益，把调查与研究结合起来，把认识问题与探索解决问题的办法结合起来。

(3)有利于提高访谈的质量和成功率。访问调查是面对面的直接调查，访问者可根据访谈过程的具体情况，采取灵活多样的方法处理各种问题，排除各种可能出现的干扰，有

效控制访谈过程，保证访谈正常进行，而且可以与观察法相结合，获得许多非语言信息，从而提高访谈的质量和成功率。

(4)能适用于各种调查对象。访问调查和集体访谈都是口头调查，简便易行，适用于一切有正常思维能力和口头表达能力的访问对象，包括文化程度较低的调查对象和没有视觉的盲人。

(5)有利于与受访者交朋友。访问调查的过程，既是社会信息的交流过程，又是思想感情的交流过程。通过访问调查不仅可以了解情况、探讨问题，而且可以与受访者交朋友，建立友谊，为今后的调查打下基础。

二、访问调查法的缺点

(1)一定的主观性。访问调查的结果和质量，既取决于访问者的素质和驾驭会议的能力，又取决于受访者的合作态度和回答能力。这就是说，访问调查或集体访谈结果的差异，可能是客观社会现象之间的真实差异，也可能是访问者或受访者主观素质不同而造成的虚假差异。因此，对访问调查结果的评价，要充分考虑访问者和受访者主观状况这一重要因素。

(2)非匿名性。访问调查是面对面的直接调查，对于那些敏感性、尖锐性、保密性和隐私性问题，或是访问者不能、不宜于当面询问，或是受访者不愿意、不可能当面真实回答，因而访问调查的应用范围有一定的局限性。

(3)无法排除社会心理因素的影响。访问调查，特别是集体访谈，无法排除受访者社会心理因素的影响。那些职位较高、权力较大、能说会道的人往往垄断发言权，左右会议的倾向；反之，其他人很难充分发表意见，甚至在崇拜权威或从众心理驱使下讲些违心的话。这些不利因素，可能导致调查结果很难反映客观真实情况。

(4)获得的调查资料需要进一步查证、核实。访问调查和集体访谈是口头调查，获得的是口头信息，它们的真实性和准确性都有待进一步证明。因此，对于访问调查的结果，特别是重要事实和数据，都必须做必要的查证或核实。

(5)调查成本较高。访问调查和集体访谈，一般需要较多的、受过专门训练的访问人员，访问时需要受访者所在单位和受访者合作，访问调查和集体访谈过程更需要较长的时间，因而调查成本往往较高。

思考与练习

1. 什么是访问调查法？它有哪些特点？
2. 访谈过程有哪些环节？应该掌握哪些技巧？
3. 提问有哪些种类？应该怎样把握提问的方式和语言？
4. 倾听有哪些层次和步骤？怎样才能做到有效地倾听？
5. 引导、追询与提问是什么关系？为什么要引导和追询？如何引导和追询？
6. 什么是非语言信息？您对非语言信息的掌握和使用有哪些经验或教训？
7. 集体访谈法有哪些种类？各有何特点？
8. 实施集体访谈应该注意哪些问题？

9. 什么是头脑风暴法？什么是德尔菲法？分别有哪些规则？

10. 如果要您主持一个调查会，您会做何安排？要注意什么问题？

推荐阅读

1. 毛泽东. “农村调查”的序言和跋[M]// 毛泽东著作选读(下册). 北京：人民出版社，1986.

2. 宋昭勋. 非言语传播学(新版)[M]. 上海：复旦大学出版社，2008.

第九章　问卷调查法

本章要点

1. 问卷调查法，就是调查者运用统一设计的问卷向调查对象了解情况或征询意见的调查方法。它的特点：标准化的、间接的、书面的、抽样的、定量的调查。

2. 问卷的结构，一般由卷首语、主体(询问问题、回答方式和编码)和其他资料组成。

3. 设计问题的原则：目的性、客观性、相称性、可能性和自愿性。

4. 问卷中询问的问题可分为四类，即背景性问题、客观性问题、主观性问题和检验性问题。

5. 问题的结构，一般应按照问题的性质或类别、问题的时间顺序、问题的复杂程度和敏感程度排列。问题的排列，一般应有逻辑性，在特殊情况下也可对某些问题做非逻辑安排。

6. 表述问题的要求：具体性、单一性、通俗性、准确性、简明性、客观性和肯定性。如果询问敏感性、威胁性问题，可采取释疑法、假定法、转移法、模糊法、委婉法来表述。

7. 封闭型回答常用的方式是：填空式、两项式、列举式、选择式、顺序式、等级式、矩阵式和表格式。

8. 设计答项的要求是：相关性、同层性、完整性、互斥性、准确性和简明性。

9. 编码就是对问卷中的每一个问题、每一个答项、每一项记录编定一个唯一的代码，并以此为依据对问卷进行数据处理。编码的任务是确定代码、编定位数、设计填写方式。

10. 问卷调查的一般程序是：设计调查问卷，选择调查对象，分发问卷或开展调查，回收问卷，审查和整理问卷。

基本概念

问卷调查法　开放型回答　封闭型回答　混合型回答　编码

问卷调查法是访问调查法的特殊形式。要掌握问卷调查法，必须了解问卷调查的概念和种类，设计问卷的原则与技术，以及问卷调查的实施等问题。

第一节　问卷调查法的概念和种类

一、什么是问卷调查法

问卷调查法也称问卷法，它是调查者运用统一设计的问卷向调查对象了解情况或征询意见的调查方法。问卷调查法的特点是：

(1)标准化调查，即按照统一设计的有一定结构的问卷所进行的调查。

(2)一般是间接调查，通常是把问卷发给调查对象，由他们自己填答问卷。但也可以由调查员向调查对象当面提出问题，并记录其回答。

(3)一般是书面调查，通常是由调查对象填写问卷来回答问题。但也可以由调查员按照问卷设计提出问题，并记录调查对象的口头回答。

(4)一般是抽样调查，调查对象大多通过随机抽样方法选取，但也可采取其他方法确定调查对象，只是其调查结果不能推断总体。

(5)一般是定量调查，调查目的是通过样本的统计值来推断总体的参数值。

二、问卷调查法的种类

问卷调查法，可分为自填式问卷调查和代填式问卷调查。其中，自填式问卷调查，可分为报刊问卷调查、邮政问卷调查、网络问卷调查和送发问卷调查；代填式问卷调查，可分为访问问卷调查和电话问卷调查。

1. 自填式问卷调查的种类

报刊问卷调查，就是调查者随报刊分发问卷，请读者对问卷做书面回答，然后按规定把问卷反馈给调查者。它以读者为调查对象，有稳定传递渠道，分布面广，回答质量较高，节省费用和时间，适用性较广。但调查对象代表性差，回复率低，影响回答因素无法了解、控制和分析，有可能出现种种假象。

邮政问卷调查，就是调查者通过邮局向选定调查对象寄发问卷，请调查对象按规定填答问卷，然后再通过邮局将问卷寄发给调查者。它有利于控制调查范围和对象，提高调查对象的代表性，回答质量较高。但是，它的回复率低，无法了解和控制回答环境，难以判断影响回答的因素，而且费用较高。

网络问卷调查，就是利用网络发布调查问卷和回收调查结果。它的问卷设计灵活、多样、新颖，具有简单方便、辐射广泛、成本低廉、调查周期短等优点。其缺点是，受网络平台所限，很难了解回答者的具体情况，无法判断回答的真实性和可靠性，无法反映非网民的情况和意见。

送发问卷调查，就是调查者派人将问卷送发给调查对象，并派人回收填答后的问卷。它适用于有组织的调查对象，如一个单位或社区的成员，一个会议的参加者等。其优点是回复率高，节省时间和费用，还可做些口头说明或解释。缺点是：调查范围狭窄，对象集中，往往互相影响，回答质量可能不高或失真。

2. 代填式问卷调查的种类

访问问卷调查，就是选派调查员按照问卷向调查对象提出问题，然后根据调查对象回答来填写问卷。其优点是，有利于选择调查对象，灵活运用访谈技巧，回复率和有效率较高。缺点是：调查费用高、效率低，只适于较小的范围，调查质量往往因人而异，有些敏感性、隐私性问题不宜当面询问。

电话问卷调查，就是安排调查员通过电话按照问卷向调查对象提出问题，然后根据调查对象的电话回答来填写问卷。其优点是，有利于选择调查对象和运用某些访谈技巧，效率较高，投入较少。缺点是：电话号码簿往往不适用或不全面，回复率、有效率、调查质量较低，费用较高，无法了解非电话用户的情况。不同种类的问卷调查方法的利弊如表9-1所示。

表 9-1　不同种类的问卷调查方法的利弊

项目	自填式问卷调查				代填式问卷调查	
	报刊问卷调查	邮政问卷调查	网络问卷调查	送发问卷调查	访问问卷调查	电话问卷调查
调查范围	较广	较广	很广	较窄	窄	可广可窄
调查对象	有一定控制和选择，但代表性难以估计	有一定控制和选择，可提高调查对象的代表性	无法控制和选择，代表性较差	可控制和选择，但过于集中，代表性差	可控制和选择，代表性可能较强	有一定控制和选择，代表性可能较强
影响回答的因素	无法了解、控制和判断	无法了解、控制和判断	无法了解、控制和判断	有一定了解、控制和判断	便于了解、控制和判断	不太好了解、控制和判断
回复率	很低	较低	无法计算	较高	高	不稳定
回答质量	较高	较高	难以判断	较低	不稳定	不稳定
调查人员	较少	较少	很少	较少	多	较多
调查费用	较低	较高	很低	较低	高	较高
调查时间	较长	较长	较短	短	短	较短

第二节　问卷结构及其设计

设计调查问卷，必须了解问卷的一般结构，以及设计问卷的原则和步骤。

一、问卷的一般结构

问卷一般由卷首语、主体(询问问题、回答方式和编码)和其他资料组成。

1. 卷首语

问卷语的内容主要有：①调查员的身份；②调查的主要内容和目的、意义；③选择调查对象的途径和方法；④调查的匿名原则和保密措施；⑤填答问卷的方法、时间和要求；

⑥感谢语；⑦主办方的名称、联系人和联系方式等。

卷首语的语气要诚恳、谦虚、平易近人，文字要简明、通俗、有可读性，填答方式的说明要具体，一般应放在问卷第一页或第一页的上部。例如：

尊敬的先生/女士：您好！

我们是本市公共卫生和健康课题组成员，今天来了解2020年您面临的公共卫生和健康方面的状况，目的是研究本市公共卫生和健康方面有哪些进步？存在哪些困难和问题？您有哪些看法或建议？为政府制定有关政策提供依据。按照随机原则，在居委会抓阄时，您被抽选为调查对象。这次调查不记名，对您的回答将严格保密，调查数据只用于统计分析，而不单独使用，不会给您带来任何麻烦。填答时，请选择符合您的情况或看法的答案，在旁边的方框“□”内或横线“________”上划“√”，或填写有关文字或数字。希望您能如实反映情况，坦率表达您的看法和建议，最好在两天内填写完问卷，并反馈给我们。

您对这次调查有何看法？除向调查员说明外，还可通过下列方式反映。

谢谢您的支持和合作！

联系地址：××××××××　　邮政编码：××××××

联系电话：××××××××　　联 系 人：×××、×××

E-mail：××××××@×××××××××

××市公共卫生和健康课题组

2021年2月

网络问卷调查的卷首语，可大大简化。例如：

××　医院职工满意度调查

您好！欢迎您参加本次医院职工满意度调查！请您花几分钟时间认真填答，告诉我们您的真实感受或想法。

填答时，请选择符合您的感受或想法的答案，在旁边的方框“□”内或横线“________”上划“√”，或填写有关文字或数字。

感谢您的合作与支持！

联系电话：××××××××　　联系人：×××、×××

××医院职工满意度调查课题组

2021年6月

2. 主体(询问问题、回答方式和编码)

主体问卷的主体部分，有关内容，将在下一节详细论述。

3. 其他资料

其他资料包括问卷名称，调查对象的地址、单位和问卷编号，访问开始时间(一般设计在问卷前面)；访问结束时间，访问完成情况，访问员、审核员、录入员姓名，以及他们的看法或意见等(一般设计在问卷后面)。这些资料，是审核和分析问卷的重要依据，应该认真填写。

例如，在问卷的卷首和结尾，一般应设计以下一些内容：

问卷卷首

问卷名称：××市公共卫生和健康调查问卷

卷 首 语：

调查对象的地址或单位：××区，××街道，××居委会(社区)；××企业(学校)

问卷编号：

访问开始时间：________时________分

问卷卷尾

访问结束时间：________时________分，实际使用时间________分钟。

访问完成情况：完成________；未完成(不在家________，拒绝回答________，其他 ________)。

访问员姓名：________。对回答的评价：可信________，基本可信________，不可信________。

审核员姓名：________。对审核的看法：合格________，基本合格________，不合格________。

录入员姓名：________。对录入的看法：完整________，基本完整________，不完整________。

二、设计问卷的原则

(1)目的性原则，即必须围绕调查目的和研究假设设计询问的问题，否则就无法达到调查目的，无法证明或证伪研究假设。

(2)客观性原则，即设计的内容必须符合调查对象的客观情况。如 2020 年城镇居民拥有耐用消费品情况调查，如果在设计耐用消费品选项时设计手表、自行车、缝纫机这“三大件”，就落后于实际；如果设计豪华轿车、游艇、私人飞行器，则又超出了实际。

(3)对称性原则，即设计内容必须与调查主题相对称。问题过少、覆盖面过窄，无法说明调查主题；问题过多、覆盖面过宽，既增加工作量，提高调查成本，降低回复率、有效率和回答质量，又不利于说明调查主题。

(4)可能性原则，即必须符合调查对象的回答能力。凡是调查对象难以理解、记忆、计算的问题，都不应该提出。例如，对个体农民询问“您家农业生产成本是多少”“您经营农业有多少利润”，一般都不可能得到准确的回答。因为，一般个体农民不可能了解“成本”“利润”的准确含义和计算方法。

(5)自愿性原则，即必须考虑调查对象的回答意愿。凡调查对象不可能真实回答的隐私性、敏感性、威胁性问题，都不应提出。例如，“您走私过几次?”“请说明您吸食毒品的经历。”这种涉及违法内容的问题，一般是不可能得到真实回答的。

三、设计问卷的步骤

(1)做好准备工作。一是确定问卷纲要，即根据调查主题、目的和研究假设，起草问卷纲要，它是设计问卷的指导思想；二是了解基本情况，即通过多种途径了解调查对象的基本情况，它是设计问卷的客观依据；三是研究相关问卷，即搜集、研究前人使用过的相关问卷，它是设计问卷的参考资料。

(2)设计问卷初稿。通常有两种方法。一是卡片法。首先，设计出一批问题，每个问题写一张卡片；其次，对卡片分类、排序，形成有一定逻辑结构的问卷雏形；最后，将调整后的卡片记录下来，完成问卷初稿。二是框图法。首先，根据研究假设画出问卷框架图；其次，按照框架图设计每一部分的调查指标及答项；最后，综合成问卷初稿。这两种设计方法的程序相反：前者是从个别到部分，再到整体，后者是从整体到部分，再到个别，它们各有优点和缺点，可根据实际情况和设计者习惯做出合理选择。

(3)评审和检验。问卷初稿设计好后，一般都应进行主观评审和客观检验。主观评审，就是请有关专家、有实践经验的工作人员、有代表性的调查对象对设计的问卷初稿进行评审，请他们提出批评和修改、补充意见。客观检验，就是使用设计的问卷初稿，对某些有代表性的调查对象进行试调查，并从中发现问题，包括问题的选择、答项的设计、文字的表述等方面的问题。

(4)修改和定稿。根据主观评审和客观检验出来的问题，对问卷进行修改和补充，形成较为完善的调查问卷。主观评审、客观检验、修改完善的过程，可多次进行，直至形成满意的调查问卷为止。

第三节　问卷主体的设计

问卷主体的设计，主要包括三个部分：一是询问的问题；二是答项的类型、方式及其说明；三是编码。

一、问题的种类

调查所要询问的问题，是问卷的主要内容。询问的问题，大体可分为四类：

(1)背景性问题，主要是调查对象个人的基本情况，如性别、年龄、民族、文化程度、婚姻情况、行业、职业、职务或职称、收入、宗教信仰、党派团体等。有时还包括调查对象家庭的某些情况，它们是后期分析研究的重要依据。

(2)客观性问题，是指调查对象个人或家庭曾经发生和正在发生的事实或行为方面的问题。如“您家住宅面积有多少平方米”“您家拥有哪些耐用消费品”等，都是事实方面的问题。又如“您现在主要从事什么职业”“您今年外出旅游到了哪些地方”等，都是行为方面的问题。

(3)主观性问题，是指调查对象的思想、感情、态度、愿望等主观精神方面的问题。

如“您对武汉市抗击新冠肺炎疫情的战斗有何看法”“您对目前的医疗保障制度是否满意”“您希望自己的孩子将来从事什么职业”等。

(4)检验性问题，是指为检验回答是否真实、准确而设计的问题。如在问卷前面先问：“您今年多少岁？”在问卷后面又问：“您哪年结婚？”“当时多少岁？”又如先问收入、后问支出，或先问支出、后问收入等。这类问题，一般安排在问卷的不同位置，通过互相检验来判断回答的真实性和准确性。

上述四类问题中，背景性问题是任何问卷都不可缺少的。它是对调查对象进行分类和对比研究的客观依据。其他三类问题，则依调查目的、内容而定。例如，人口调查主要涉及客观性问题，民意测验主要涉及主观性问题，一些比较复杂的调查问卷(特别是经济调查问卷)，才需要设计检验性问题。

二、问题的结构

问题的结构，就是问题的排列组合方式。为了便于调查对象回答问题，同时便于调查者整理、分析调查资料，询问问题可采取以下几种排列组合方式：

(1)按问题性质或类别排列。一般来说，应该把相同性质或类别的问题安排在一起。例如，把背景问题放在问卷前面或后面，把经济问题、生活问题、家庭问题等，都相对集中地安排在一起。这样就便于调查对象按问题类别先回答一类问题，再回答另一类问题，而不至于使他们回答问题的思路中断或来回跳动。

(2)按问题的时间顺序排列。一般来说，应该根据调查事物的过去、现在、将来的历史顺序排列问题，也可反过来，先问当前的问题，然后再由近及远地追溯过去的情况。但是，无论由远到近还是由近及远，问题排列的时间顺序都应该有连续性、渐进性，而不应该来回跳跃，以免打乱调查对象回答问题的思路。

(3)按问题复杂程度或敏感程度排列。一般来说，应该先易后难，由浅入深；先客观事实问题，后主观状况问题；先一般性问题，后特殊性问题。如果有敏感性强、威胁性问题，一般应安排在问卷后面。这样有利于增强调查对象回答问题的信心，有利于把回答逐步引向深入，而不至于一开头就把调查对象给难住了。

总之，问题的结构，一般应按正常逻辑排列。但在特殊情况下，也可对某些问题作非逻辑式安排。如在回答生产或收入时，人们往往有“不断增加”的回答定势。为了打破这种回答定势，可把问题的顺序颠倒一下，或分别安排在问卷的不同部分。检验性问题也应安排在问卷不同部位，否则就难以起到检验作用。

三、问题的表述

自填式问卷调查，调查对象只能根据书面文字来理解问题和回答方式，因此，问题的表述就成为问卷设计的重点和难点。

(一)表述问题的要求

(1)具体性，即问题的内容要具体，而不要抽象、笼统。例如，“与2010年比较，您家生活质量提高了吗？”“你们社区的社会风气好吗？”对“生活质量”“社会风气”这样抽象、笼统的问题，人们的看法往往很不相同，如果没有明确操作定义，调查对象就无法回答，即使勉强回答，也很难说反映了真实情况。

(2)单一性，即问题的内容要单一，而不要把两个及以上问题合在一起。例如，“您父母支持您做志愿者吗?”“你们单位职工经常读报吗?”对这类复合问题，根本无法准确回答。因为子女做志愿者，父母态度可能不一样；一个单位的职工，有的经常读报，有的偶尔读报，有的从不读报，怎能准确回答呢?

(3)通俗性，即问题的表述要通俗，不要使用调查对象陌生的语言，更不要使用专业术语。例如，对一般居民就不宜问“您家有几位育龄妇女”“您家的消费结构怎样”。因为，一般调查对象不可能准确理解“育龄妇女”“消费结构”等专业术语的含义。

(4)准确性，即表述问题的语言要准确，不要使用模棱两可、含混不清或容易产生歧义的概念。例如，应避免使用“也许”“好像”这些模棱两可的语言。对“经常”“有时”“偶尔”这些含混不清的词语应作具体说明。如“经常”指每周一次或更多，“有时”指每月一至二次，“偶尔”指每季一次或更少等。对“先进企业”“收入”等易产生歧义的概念，都应设计明确的操作定义。

(5)简明性，即表述问题的文字应尽可能简短、明确，而不要冗长、啰嗦。实践证明，简短、明确的问题，回答率和有效率一般较高；冗长、啰嗦的问题，不仅回答率、有效率大幅下降，而且往往容易出现答非所问的情况。

(6)客观性，即表述问题的态度要客观，不要有诱导性、倾向性语言。例如，“您喜欢教师这一受人尊敬的职业吗?”“多数青年人认为‘没有爱情的婚姻应该离婚’，你同意吗?”这些表述，存在着明显的倾向性或诱导性。此外，在问题的表述中要避免出现那些享有盛誉或权威性的人或机构的名称，更不要引用他们的原话。例如，“孔子说‘己所不欲，勿施于人’，您同意吗?”“党中央号召‘创建节约型社会’，您赞成吗?”对这类问题，一般人很难做出否定的回答。

(7)肯定性，即要避免使用否定形式表述问题。由于人们一般习惯用肯定形式提出问题和回答问题，因而用否定形式表述问题往往会造成一些误解。例如，“您是否赞成在公共场合不抽烟?”回答“是”的人，很可能是不反对在公共场合抽烟的人；回答“否”的人，则可能是反对在公共场合抽烟的人。如果改为“您是否赞成在公共场合禁烟?”大概就不会产生上述误解了。

(二)特殊问题的表述

如果询问隐私性、敏感性、威胁性问题，在表述上应做特殊处理，使调查对象易于面对这些问题，敢于坦率做出真实回答。特殊处理的方式，有以下几种：

(1)释疑法，即在问题前面写一段消除疑虑的文字。例如，“宪法规定‘中华人民共和国公民对于任何国家机关和国家工作人员，有提出批评和建议的权力’，您对您家所在乡政府负责人有何评价?”“对同一问题有不同看法是一种正常现象。您认为‘没有爱情的夫妻有婚外情是可以理解的’对吗?”

(2)假定法，即用一个假言判断作为前提，然后再询问调查对象的看法。例如：“假如法律不禁止安乐死，您是否同意对已处于植物人状态的亲人实施安乐死?”“如果对生育不加任何限制，您希望生几个孩子？”实践证明，对于这样表述的问题，调查对象一般更容易回答出自己的真实想法。

(3)转移法，即把回答问题的人转移到其他人身上，然后再请调查对象对其他人的回答做出评价。例如：“对于销售回扣，一些人认为利大于弊，另一些人认为弊大于利，您认为哪种意见更符合实际？”“对于婚姻关系中的第三者，有些人认为不道德，有些人认为无所谓，您同意哪种看法？”

(4)模糊法，即对某些隐私问题设计出一些比较模糊的答案，以便调查对象做出真实回答。例如，关于个人收入是一个隐私性问题，可以这样设计：

2020 年，您本人平均月工资：

① 2000 元及以下	□	② 2001～3000 元	□
③ 3001～5000 元	□	④ 5001～10000 元	□
⑤ 10001～50000 元	□	⑥ 50001 元及以上	□

这样调查对象就有可能做出比较符合实际的回答了。

(5)委婉法，即对于涉及个人隐私、个人利害、社会禁忌等敏感问题，在表述上做些减轻敏感度的处理，有利于调查对象做出真实回答。例如，对“你离过婚吗”这样的问题，可委婉地询问：“你的婚姻出现过波折吗？”对“你坐过牢吗”这样的问题，可委婉地询问：“你曾经失去过自由吗？”

总之，问题的表述是问卷设计中一个非常重要且困难的工作。问卷设计的质量和调查效果，在很大程度上取决于问题的表述。因此，在问题表述上要舍得下功夫，认真琢磨、推敲，最好是通过多次实践检验、反复修改后再定稿。

四、答项的类型、方式及其说明

“问卷”对调查对象来说是一份“答卷”。答项的类型、方式及其说明，是问卷主体的重要内容。回答方式有三种类型：开放型、封闭型和混合型。

1. 开放型回答

开放型回答，是指对回答不提供任何答项，由调查对象自由填写。例如：

您对中国抗击新冠肺炎疫情的做法，做何评价？

____

____

____

您认为目前医疗制度改革中，应着重解决哪些问题？

____

____

____

开放型回答的优点：一是灵活性强，适应性强，特别适合于那些答项较多、事先无法确定答项的问题；二是有利于发挥调查对象的主动性和创造性，促使他们自由表达意见；三是与封闭型回答相比较，能提供更多信息，有时还能发现一些超出预料的、启发性的回答。其缺点：一是标准化程度低，整理和分析比较困难；二是会出现许多一般化、不准确、无价值的信息；三是要求调查对象有较强的文字表达能力，会花费较多的填写时间。这就有可能降低问卷的回复率和有效率。

2. 封闭型回答

封闭型回答，是指将回答问题的一切可能答项或主要答项列出，然后由调查对象从中选取一项或几项作为回答，而不能做所列答项之外的回答。封闭性回答，一般都要用带括号的文字对回答方式做指导性说明。常用的方式有以下几种：

(1)填空式。即在问题后面的横线上或括号内填写答项的回答方式。如：

> 您的年龄：________。
> 您有(　　)个孩子。

这种回答方式，适合回答各种答项比较简单的问题。

(2)两项式。即只有两种答项可供选择的回答方式。如：

> 您的性别？(请在适用的括号里划“○”)
> 男(　　)；　女(　　)。

> 您家有空调吗？(请在适当的方格内打“√”)
> 有□；　无□。

这种回答方式，适用于互相排斥的两择一式的定类问题。

(3)列举式。即设计若干条横线、由调查对象自己填写答案的回答方式。如：

> 请问您选择职业最看重的条件是什么？(请列举最重要的3个条件)
> 第一，________；第二，________；第三，________。

这种回答方式，适合回答有几种相互并列答项的定类问题。

(4)选择式。即列出多种答项，由调查对象选择一项或多项的回答方式。如：

> 您所在城镇急需解决的社会问题是什么？(请在选择的项目后打“√”，可任选3项)
> 住房紧张________　交通拥挤________　看病困难________
> 供水不足________　人口膨胀________　学校乱收费________
> 空气污染________　管理混乱________　社会秩序差________

其他(请说明)________

这种回答方式，适用于有几种相互并列答项的定类问题，可选一项或多项。

(5)顺序式。即列出若干答项，由调查对象排列先后顺序的回答方式。如：

您在农业生产中经常遇到哪些困难？(请给下列问题编号，困难最大的为1，最小的为10)

□ 资金不足　　□ 缺乏技术　　□ 耕地太少

□ 农业生产资料涨价　　□ 青壮年劳力不足　　□ 农产品难卖

□ 水源不足　　□ 信息闭塞　　□ 自然灾害频繁

□ 其他(请说明)________

您认为您家所在社区最突出的社会问题是什么？(请给下列问题编号，最突出的为1，填在左起第一格，然后依次向右填写)

① 看病难　　② 就业难　　③ 收入差距过大

④ 贪污腐化　　⑤ 住房价格过高　　⑥ 社会风气差

⑦ 教育乱收费　　⑧ 社会治安不好　　⑨ 环境污染严重

⑩ 其他(请说明)

□ □ □ □ □ □ □ □ □ □

这种回答方式，适用于可表示一定先后顺序或轻重缓急的定序问题。

(6)等级式。即列出不同等级的答项，由调查对象根据自己感受选择不同等级答项的回答方式。填答者只需在合适的方格内或横线上打"√"就行了。如：

您对您家所在社区的社会治安是否满意？(请按您的感受在对应项的横线上打"√")

①很满意________②比较满意________③无所谓________

④不满意________⑤很不满意________⑥不知道________

您是否赞成目前正在进行的教育改革？(请按您的看法在下列对应项的括号内打"√")

① 非常赞成(　)　　② 赞成(　)　　③ 中立(　)

④ 反对(　)　　⑤ 坚决反对(　)　　⑥ 拿不定主意(　)

表示等级的词语有：非常喜欢，比较喜欢，无所谓，讨厌，非常讨厌；完全同意，同意，中立，不同意，坚决不同意，无可奉告；经常，有时，偶尔，没有，不适用；很好，可以，不好，很差，无所谓。此外，还可用数字表示等级。如：

赞成	□	□	□	□	□	不赞成
同意	□	□	□	□	□	不同意
满意	□	□	□	□	□	不满意
高兴	□	□	□	□	□	不高兴
喜欢	□	□	□	□	□	不喜欢
	2	1	0	-1	-2	
或：	5	4	3	2	1	

其中，“2”表示非常赞成，“1”表示赞成，“0”表示无所谓、不知道或不适用，“-1”表示不赞成，“-2”表示坚决反对；或者以“5”“4”“3”“2”“1”表示赞成、同意、满意、高兴、喜欢的等级。

这种回答方式，适用于表示意见、态度、情感等级或强烈程度的定序问题。

(7)矩阵式。即将几个类似的问题和答项排列成一个矩阵，由调查对象对比进行回答。如：

您认为当前下述社会问题的严重程度如何？(请在对应的方格内打√)

	非常严重	比较严重	一般	不太严重	无所谓	不知道
① 劳动就业问题	□	□	□	□	□	□
② 医疗改革问题	□	□	□	□	□	□
③ 贫富分化问题	□	□	□	□	□	□
④ 社会治安问题	□	□	□	□	□	□
⑤ 官员腐败问题	□	□	□	□	□	□
⑥ 社会风气问题	□	□	□	□	□	□

您是否希望自己的生活在下述方面得到改善？(请在对应的方格内打√)

	非常希望	比较希望	不太希望	不希望	无所谓
① 吃的方面：	□	□	□	□	□
② 穿的方面：	□	□	□	□	□
③ 用的方面：	□	□	□	□	□
④ 住的方面：	□	□	□	□	□
⑤ 行的方面：	□	□	□	□	□
⑥ 娱乐方面：	□	□	□	□	□

这种回答方式，适用于同类问题、同类回答方式的一组定序问题。

(8)表格式。即将几个类似问题和答项列成一个表格，由调查对象依次回答的方式。它实际上是矩阵式的一种变形，如表 9-2 所示。

表 9-2　当前社会问题严重程度调查表　　请在对应的栏目内打“√”

项目	非常严重	比较严重	一般	不太严重	无所谓	不知道
劳动就业问题						
医疗改革问题						
贫富分化问题						
社会治安问题						
官员腐败问题						
社会风气问题						

封闭型回答的优点：一是答项预先设计，标准化程度高，节约回答时间；二是有利于调查对象回答问题，提高问卷回复率和有效率；三是有利于对回答做统计和定量研究；四是有利于询问一些敏感问题。其缺点：一是设计比较困难，比较复杂的、答项多的、答项无法确定的问题，很难设计得完整、周全；二是回答方式比较机械，没有弹性，难以适应复杂、多变的情况；三是难以发挥调查对象的主观能动性；四是填写比较容易，调查对象可能对自己不懂甚至根本不了解的问题任意填答，从而降低回答的真实性和可靠性。

(三)混合型回答

混合型回答，是指封闭型回答与开放型回答的结合，它实质上是半封闭、半开放型的回答。例如：

您目前最迫切需要解决的问题是什么？(请在适合项的横线上打“√”)

① 提高业务水平________　　② 加入政治组织________

③ 增加收入________　　④ 改善住房条件________

⑤ 调换工作单位________　　⑥ 找对象________

⑦ 得到理解和支持________　　⑧ 其他(请说明)________

您对于解决这些问题是否有信心？为什么？

____

____

您认为选派大学生当“村官”的做法好不好？(请在合适的方格内打“√”)

①好　□

②难说　□

③不好 □

为什么？

____

____

这种回答方式，综合了开放型回答和封闭型回答的优点，避免了两者的缺点，具有非常广泛的用途。

五、设计答项应该注意的问题

1. 设计答项的要求

(1)相关性。即设计的答项必须与询问问题具有直接相关关系。例如，询问“领导干部应该具备哪些能力”，其答项就应列举与领导工作相关的调查研究、科学决策、协调服务等能力，而不应列举文艺写作、音乐欣赏、古玩鉴别等能力，因为后几种能力与领导工作没有直接相关关系。

(2)同层性。即设计的答项必须具有同层次关系。例如，按2015年版《中华人民共和国职业分类大典》规定，我国职业分类有8个大类、75个中类、434个小类、1481个职业。如果询问“您希望从事什么职业”，设计的答项一般应该是8个职业大类，而不应该设计为“军人”“教师”“警察”，等等。这是因为，“军人”，属于第7大类；“教师”，属于第2大类“专业技术人员”中的中类；“警察”，属于第3大类“办事人员和有关人员”中的小类。他们处于不同层次的职业类别，不存在同层次关系。

(3)完整性。即设计的答项应穷尽一切可能的答项或一切主要答项。例如，“婚姻状况”的答项，如果只设计“未婚”“已婚”两项就不完整。这样一个离婚的人就很难回答了，填“未婚”吧，又结过婚；填“已婚”吧，又没有配偶。正确的设计应该是：“未婚”“已婚有配偶”“丧偶”“离婚”“丧偶再婚”“离婚再婚”“分居”和“同居”。如果答项过多或难以确定时，可设计几种主要答项，然后加一个“其他(请说明)”，就符合完整性要求了。

(4)互斥性。即设计的答项必须互相排斥。例如，询问“您的专业技术职称是什么”，如果设计的答案是“初级”“中级”“副高”“高级”，就不符合互斥性要求，因为“副高”与“高级”不是互斥的，而是兼容的。只有设计为“初级”“中级”“高级”才符合互斥性要求。

(5)准确性。即设计的答项必须准确，有时还应有统一计算方法。例如，“年龄”就有虚岁、周岁、标准岁、实岁等不同计算方法。虚岁，数年头，最大误差近两岁；周岁，是算年不算月，最大误差近1岁。标准岁，是按某一标准时点(如：11月1日0点)计算，此前出生算1岁，此后出生算0岁，它的最大误差为11个月。实岁，就是按实际出生的年月计算，它的误差不超过1个月，但不便统计。这说明，即使针对“年龄”这个调查指标，要准确设计答项，也不是一件容易的事情。

(6)简明性。即设计的答项必须简明。一般来说，一个问题的答项不应超过8个，否则既不利于调查对象选择，又不利于调查者统计分析。如果客观答项超过了8个，就应设计5~7个主要答项，然后加一个“其他(请说明)”答项。这样既符合了完整性要求，又达到了简明性目的。

2. 相关问题的接转

在设计回答方式时，应注意相关问题的接转，它可以有以下几种方式：

(1)用文字说明。如：

12. 您有孩子吗？

　① 有________。

　② 无________。（若无，请直接回答第 13 题）

　　A. 有几个孩子________。

　　B. 现在有几个孩子与您一起生活________。

13. 您妻子在哪里工作？

(2)分层次排列。如：

您是否在业余时间学习某种专业技术？

　① 是□

　　为什么？____________________。

　② 否□

　　为什么？____________________。

(3)用线条连接。如：

您是否有正式职业？

　① 有

　② 无

→ 您从事现在的职业已有几年？

　① 2 年以内

　② 2~5 年

　③ 5 年以上

→ 您待业已有几年？

　① 1 年以内

　② 1~2 年

　③ 2 年以上

(4)用框格表示。如：

您结婚了吗？

　① 是(　　)

　② 否(　　)

如果是：您第一次结婚时的年龄是________岁

总之，对相关问题的接转要简明、清晰，使调查对象一看就懂。

六、编码

编码，就是对问卷中的每一个问题、每一个答项、每一项记录编定一个唯一的代码，并以此为依据对问卷进行数据处理。

对问题的编码，在设计问卷时编定。对答项的编码，分前编码和后编码。前编码(或预编码)，是指设计问卷时编定的代码。如封闭型回答的答项，在设计问卷时就编定了代码，因而称前编码。后编码，是指调查之后编定的代码。如开放型回答的答项，只能根据调查后答项的内容再编定代码，因而称后编码(有关后编码问题，将在本书第十五章中论述)。此外，问卷上的其他内容，如调查对象的地址、类别，调查时间，调查完成情况，调查员、审核员、录入员的姓名及看法等，都应编码。它们是问卷分类和统计分析的重要依据。

编码一般由A、B、C、D等英文字母和1、2、3、4等阿拉伯数字组成。编码的任务是：①确定代码，即对每一份问卷、每一个问题、每一个答项，以及问卷中的每一项内容，确定一个唯一的代码。②编定位数，即根据编码对象的数量，编定每一个代码的位数。数量1~9为1位数；1~99为2位数；1~999为3位数；1~9999为4位数。③设计填写方式，即设计每一个代码的填写方式。常用的有：□ □ □；________、________、________；(　)(　)(　)等方式。

例如，调查对象的地址、类别、户或人的编码，可以设计为：

省编码	地市编码	县市编码	乡镇编码	村编码	类别编码	户(人)编码
A1	A2	A3	A4	A5	B1	C1
□□	□□	□□	□□	□□	□□	□□□

又如，问题及其答项的编码，可以设计为：

Q1 您的性别：

01 男________；02 女________

Q2 您的文化程度：

q1 文盲或半文盲(　)	q2 小学(　)	q3 初中(　)
q4 高中或中专、技校(　)	q5 大专(　)	q6 大学本科(　)
q7 硕士(　)	q8 博士(　)	q9 博士后(　)

此外，还应该对某些数字赋予特定的含义，例如，规定7、97、997为“不适用”；8、

98、998 为“不清楚”；9、99、999 为“不回答”，等等。

第四节　问卷调查的实施

一、明确问卷调查的一般程序

问卷调查的一般程序是：

(1)设计调查问卷。如前所述，一般有四个步骤：做好准备工作、设计问卷初稿、评审和检验、修改和定稿，应该花费很大精力去认真做好。

(2)选择调查对象。可抽样选取，也可把有限范围内(如村委会、车间、班级)的全部成员作为调查对象。问卷调查的回复率和有效率一般不可能达到 100%，因此确定的调查对象应该多于研究对象。确定调查对象数量的公式是：

$$调查对象=研究对象\div(回复率\times有效率)$$

例如，假定研究对象是 200 人，回复率是 80%，有效率是 90%，那么调查对象就应该是：$200\div(80\%\times90\%)=278$(人)。

(3)分发问卷或开展访问。自填式问卷调查，有多种方式分发问卷，或随报刊投递，或从邮局寄送，或用网络传输，或派人送发；代填式问卷调查，则是安排访问员通过电话开展访问，或登门开展访问。

(4)回收问卷。这是问卷调查的重要环节。实践证明，访问问卷和送发问卷回复率较高，电话访问的回复率不稳定，邮政问卷、报刊问卷的初始回复率较低。因此，邮政问卷、报刊问卷在规定回复时间到期后，应每隔 1 周左右向调查对象发出 1 次提示或催复信件(信件内容，每次应有所区别)。经过 1~3 次提示或催复，一般就可使回复率达到一定的、也是可能的高度。

(5)审查和整理问卷。将在本书第十五章第四节中详细论述。

二、做好调查员的培训和督导工作

在访问问卷和电话问卷调查中，调查员的素质和工作状况对调查工作成败、调查质量高低起决定性作用。因此，应做好调查员的培训、指导和监督工作。

(1)培训必须求实。目前，担任调查员工作的主要是大、中专院校学生和行政、企事业单位基层工作人员。这两类调查员各有特点。前者，文化知识较多，求知欲望较强，在有报酬的情况下调查热情也较高，但大多缺乏社会经验，在问卷调查中往往是照本宣科提问题、按照回答做记录。因此，对这类调查员的培训，应着重提高三种能力，即把书面语言转换成口头语言的能力，对调查对象回答是否真实、全面、准确的判断能力，在调查对象不太合作的情况下如何应对的能力。后者，社会经验较多，但文化知识参差不齐，求知欲望有高有低，在问卷调查中往往不严格按照要求询问问题，甚至根据自己的判断填答问卷。因此，对这类调查员的培训，应着重提高三种认识，即提高对调查重要性的认识，对问卷设计指导思想和具体要求的认识，对如实记录调查对象回答重要性的认识。

(2)指导必须具体。在访问调查不同阶段，指导重点应有所不同：初期，注重实战训练，搞好质量控制；中期，加强薄弱环节，促进平衡发展；后期，严格质量检查，就地补充调查。此外，应解决好几个共性问题。第一，要用好卷首语。必须根据调查对象实际情况，有重点地说明“卷首语”要点，而不应千篇一律。第二，要善于提出问题。关键是把书面语言转换成口头语言，而不应照本宣科地提出问题。第三，要正确判断回答。对调查对象的回答，有的可通过观察验证(如住宅面积和结构，耐用消费品等)，有的应思考是否真实、全面、准确？对不真实、不全面、不准确的回答，都应适时引导或追询。第四，要做好记录。问卷的全部内容，都应当场填写，不留空白，包括问卷末尾的“访谈结束时间”、访问员“对回答的评价”也应当场填写，不然等时过境迁就容易忘记或错记。

(3)监督必须有效。在访问问卷调查中，有两种监督：一是调查现场监督，即监督调查员是否按规定程序开展调查工作，凡不符合规定的做法都应及时纠正；二是调查问卷监督，有三种方法，即调查员自查，调查组成员互查，调查负责人派专人抽查。凡不符合要求的问卷，力争就地解决问题。在电话问卷调查中，有两种方法：一是在计算机辅助电话访问中，发挥督导员的监视作用，及时发现和解决电话访问中的问题；二是电话回访，即按电话号码抽样回访调查对象，检查问卷填写的内容是否确系调查对象的回答？其回答是否与填写的内容一致？如不是调查对象的回答，就应重新调查；如两次回答的内容不一致，就应弄清原因，并及时纠正。这两种情况，都应对调查员做出适当处理。

三、提高问卷的回复率

问卷回复率是有效率的基础。要提高问卷调查的回复率，就应该做到以下几点：

(1)争取知名度高、权威性大的机构支持。实践证明，党政机关主办的调查回复率较高，企事业单位主办的回复率较低；上级机关、高级机构主办的回复率较高，下级机关、低级机构主办的回复率较低；专业性机构主办的回复率较高，一般机构主办的回复率较低，个人主办的回复率更低。要提高回复率，就应争取权威性大、知名度高、专业性强的机构来主办，或争取它们的公开支持。

(2)要挑选恰当的调查对象。实践证明，对调查内容比较熟悉的调查对象，有较高文字理解能力和表达能力的调查对象，初次或较少接受调查的调查对象，回答问卷的积极性较高；反之，积极性较低，甚至不予回答。因此，根据问卷内容和难易程度选择恰当调查对象，对于提高回复率具有重要意义。

(3)要选择具有吸引力的调查课题。实践证明，社会重大问题、热点问题、切身利益问题，以及有新鲜感或奇异性的问题，往往会引起调查对象的兴趣和回答积极性，回复率就较高；反之，回复率就较低。因此，根据不同时期、不同地区的实际情况，选择有吸引力的调查课题，是提高回复率的重要条件。

(4)要提高问卷设计质量。问卷设计质量，对回复率会产生巨大的甚至决定性的影响。问卷质量首先取决于问卷的内容、表述和结构，以及回答的类型和方式，同时也取决于问卷的形式、长度和版面。实践证明，内容恰当、篇幅简短、形式活泼、版面清晰的问卷，回复率就较高；反之，回复率就较低。

(5)要采取回复率较高的调查方式。实践证明，报刊问卷、邮政问卷、电话问卷回复率较低，网络问卷回复率不确定，访问问卷和送发问卷回复率较高。因此，在条件许可的情况下，应尽可能采取回复率较高的调查方式。

四、搞好无回答和无效回答研究

问卷调查总会出现无回答和无效回答的情况，对这两种情况都不应轻易放过，而应认真研究。因为只有弄清了无回答和无效回答的具体情况，才能正确评价调查结果，才能正确总结经验教训，改进调查工作。

对无回答的研究，不同调查方式应采取不同方法。对访问问卷、电话问卷的无回答现象，应努力当即询问无回答的原因；对送发问卷的无回答现象，应通过下发问卷的机构了解无回答者的情况和原因；对报刊问卷、邮政问卷的无回答现象，可根据回复问卷的邮戳，弄清哪些地区回复率低，然后派人到该地区重点访问报刊订户中的无回答户和邮政问卷的无回答户，了解无回答的原因。总之，无回答研究非常困难，但只要想方设法去做，总是会弄清楚某些情况的。

对无效回答的研究，应以被淘汰的无效问卷、无效答项为依据。要研究无效回答的类型、频率和原因。一般来说，凡属带共性的问题都与问卷设计有关，或问题选择不当，或问题结构不合理，或问题表述不简明，或回答方式不符合实际，或对回答的说明不清楚，或问题接转不明晰，等等。总之，应把问卷设计中存在的问题作为研究重点，并根据研究结果来改进问卷设计工作。

第五节　对问卷调查法的评价

一、问卷调查法的优点

(1)范围广泛。问卷调查法的最大优点是突破时空限制，可以在广阔范围内对众多调查对象开展调查。例如，调查范围可以涉及全县、全省、全国，甚至进行国际对比调查，其规模可以非常庞大。

(2)用途多样。问卷调查可用于描述性、因果性和预测性调查，也可用于对策性、评估性调查。目前，问卷调查的用途已越来越多样，越来越广泛。

(3)定量研究。问卷调查有利于把调查结果转化为数据做定量分析。通过电子计算机计算，可以做大容量、高效率的定量调查和研究。

(4)匿名性强。匿名性是自填式问卷调查的一大优点。它有利于询问那些敏感性、隐私性问题，有利于调查对象如实表达自己的情况、想法和感受。

(5)方便易行。问卷调查特别是自填式问卷调查，调查者不必登门访问；调查对象可利用空闲时间填答，可从容思考问题，有利于提高回答质量。

(6)排除干扰。问卷调查是间接的书面调查，自填式问卷调查完全排除了人际交往中可能产生的种种干扰，有利于调查的顺利进行。

(7)省时、省力、省钱。自填式问卷调查可节省大量调查人员和经费，电话问卷调查特别是计算机辅助电话问卷调查，也比较节省。

问卷调查法是一种与现代社会相适应的调查方法。一方面，现代社会为问卷调查法的应用提供了客观需要和现实可能。另一方面，问卷调查法为现代社会提供了一种大容量、宽领域、高效率、定量化了解社会情况的途径和方法。

二、问卷调查法的缺点

(1)只能获得书面信息。问卷调查是书面调查，不能了解生动、具体的社会情况。对于那些新事物、新情况、新问题的研究，问卷调查法很难单独完成。

(2)情况难明。问卷调查是间接调查，难以了解调查对象是认真填写还是随便敷衍，是自己填答还是请人代劳，对回答质量也难以做出正确判断。

(3)缺乏弹性。调查询问的问题和封闭型回答方式的答项都是固定的，缺乏弹性，很难适应复杂多变的社会情况，很难对问题做深入探讨和定性研究。

(4)易于失真。填答问卷比较容易，可任意打钩、画圈，或按公认的正确答案填写答项，而行动却为现实左右。因此，问卷调查的结果易于失真，不能轻信。

此外，对文盲和半文盲调查对象不适用，回复率、有效率往往较低，无回答研究比较困难等，也是问卷调查法的局限性。

思考与练习

1. 什么是问卷调查法？它有哪些种类？各有何利弊？
2. 设计问卷应该掌握哪些原则？遵循哪些步骤？
3. 询问的问题有哪些种类？应该怎样安排问题的结构？
4. 表述问题有哪些要求？对特殊问题应该采取哪些方式表述？
5. 回答方式有哪些类型？它们各有何优点和缺点？
6. 封闭型回答有哪些方式？它们各适用于哪些类型的问题？
7. 设计答项有哪些要求？相关问题的接转有哪些方式？
8. 对无回答和无效回答应该怎样开展研究？它有何意义？
9. 请选择一个您比较熟悉的课题，设计一份调查问卷。

推荐阅读

1. 郭星华，谭国清. 问卷调查技术与实例[M]. 北京：中国人民大学出版社，1997.
2. 风笑天. 社会调查中的问卷设计[M]. 天津：天津人民出版社，2002.
3. [美]弗洛德·J. 福勒. 调查研究方法[M]. 孙振东，译. 重庆：重庆大学出版社，2004.
4. 郝大海. 社会调查研究方法[M]. 北京：中国人民大学出版社，2005.
5. [美]诺曼·布拉德伯恩，希摩·萨德曼，布莱恩·万辛克. 问卷设计手册[M]. 赵锋，译. 重庆：重庆大学出版社，2011.

第十章　实验调查法

本章要点

1. 实验调查法，就是实验者根据一定实验主题，提出一定实验假设，选择一定实验对象和实验环境，通过改变实验对象所处的某些自然或社会环境的实践活动，引起实验对象变化，检验实验效果和实验假设，认识实验对象的本质及其发展规律的调查方法。它的特点是实践性、动态性、可控性、因果性、综合性、可检测性和可重复性。

2. 实验调查的基本要素是：实验者、实验主题、实验假设、实验对象、实验环境、实验活动、实验检测和实验效果。

3. 实验调查的一般程序是：选定实践主题⟶提出实验假设⟶设计实验方案⟶选择实验对象和实验环境⟶前检测⟶实验激发⟶出现实验效应⟶后检测⟶对前检测与后检测进行对比研究⟶思维加工⟶做出实验结论⟶写出实验报告。

4. 实验调查法可分为实验室实验和现场实验，标准化实验和非标准化实验，单盲实验和双盲实验，单一实验组实验、实验组控制组实验、多实验组或多控制组实验等种类。

5. 实验误差主要来自实验者、实验对象、实验环境、实验激发和实验检测五个方面。

6. 减少实验误差的主要途径和方法是：慎重选择实验调查的领导者，正确选择实验对象和实验环境，有效控制实验过程，正确实施实验检测，科学评价实验效果。

7. 实验过程的控制有两个方面，即对实验激发的控制和对非实验因素的控制。

8. 控制非实验因素对实验过程的干扰，可采取排除法、纳入法、平衡法和统计法。

9. 实验效果的评价，有两个方面：一是内在效度评价，即对实验结果正确程度的评价；二是外在效度评价，即对实验结果推广适用程度的评价。

10. 实验调查法最大的优点是实践性。一切科学实验调查的结论，都经过了实践的检验，都具有客观真理的性质。

基本概念

实验调查法　标准化实验　非标准化实验　单盲实验　双盲实验

单一实验组设计　实验组对照组设计　多实验组和多对照组设计

实验作为一种科学认识方法，开始应用于自然科学领域，以后逐渐移植到社会科学领域。在现实调查法中，实验调查法是一种最复杂、最重要的调查方法。

第一节 实验调查法的概念和种类

一、什么是实验调查法

1. 实验调查法的定义和基本要素

实验调查法，就是实验者根据一定实验主题，提出一定实验假设，选择一定实验对象和实验环境，通过改变实验对象所处的某些自然或社会环境的实践活动，引起实验对象变化，检验实验效果和实验假设，认识实验对象的本质及其发展规律的调查方法。

实验调查的基本要素包括：①实验者，即实验调查的有目的、有意识的活动主体。②实验主题，即实践所要回答的问题。③实验假设，即实验者用来指导实验活动的理论假设。④实验对象，即实验调查所要影响、改变、认识的客体。⑤实验环境，即实验对象所处的各种自然条件、社会条件的总和。⑥实验活动，亦称“实验激发”，即改变实验对象所处自然条件、社会条件的实践活动。⑦实验检测，即在实验过程中对实验对象所作的检查或测定。其中，实验激发前的检测称为“前检测”，实验激发后的检测称为“后检测”。⑧实验效果，亦称“实验效应”，即由实验活动(即实验激发)而引起的实验对象的变化。

2. 实验调查的程序

实验调查的一般程序是：选定实践主题⟶提出实验假设⟶设计实验方案⟶选择实验对象和实验环境⟶前检测⟶实验激发⟶出现实验效应⟶后检测⟶对前检测与后检测进行对比研究⟶思维加工⟶做出实验结论⟶写出实验报告。

3. 实验调查法的特点

(1) 实践性。实地观察主要是眼看，访问调查主要是口问、耳听，实验调查不仅要眼看、口问、耳听，而且要动手干，即通过实验激发，改变实验对象的环境，认识实验对象的本质及其发展规律。实践性是实验调查最本质的特性。

(2) 动态性。在实地观察、访问调查过程中，调查对象大多处于相对静止状态。实验调查则不同，由于实验激发不断进行，实验环境不断变化，实验对象必然发生不断的运动和变化。实验调查的实践性，决定着实验过程的动态性。

(3) 可控性。实验调查过程中的实验对象、实验环境、实验激发，必须是可调节、可改变、可控制的。没有一定的可调节、可改变、可控制的特性，就没有实验。实验对象、环境、激发的可控性，是实验调查的基本要求。

(4) 因果性。实地观察、访问调查、问卷调查，大多是描述性调查；即使是因果性调查，其结论也只具有或然性。实验调查的目的是揭示实验激发与实验效应之间的因果关系。这种因果性，是经过实践检验了的必然结论。

(5) 综合性。在实验调查过程中，不仅要使用实地观察、访问调查等直接调查方法，以及文献调查、遗存调查等间接调查方法，而且还要使用统计分析、思维加工等研究方法。它是各种调查方法和研究方法综合使用的过程。

(6) 可检测性。由实验激发引起实验对象的变化(即实验效应)，是可检测、可量度的。只有如此，才能做出实验调查的结论。实验对象、实验效应的可检测性，是实验调查的根本要求和重要特点。

(7)可重复性。实验调查法作为一种科学的调查方法，其调研过程和调研结论，必须是可以重复、可以复制的，否则就不成其为科学的调查方法。调研过程和调研结论的可重复性，是实验调查的基本要求和特点。

二、实验调查法的种类

按照不同的标准，实验调查法可作许多不同的分类。

1. 实验室实验和现场实验

按照实验环境不同，可分为实验室实验和现场实验。实验室实验，是指在人工“纯化”环境中的实验，实验者根据研究目的设置实验环境，并对实验过程实行完全有效控制。例如，对驾驶员(实验对象)反应能力的实验，就可在实验室内进行。实验者可以按照规定控制驾驶条件(实验环境)的变化(实验激发)，并通过实验过程中对驾驶员的前后检测(前检测和后检测)，来判断他们在不同环境下反应能力的状况(实验效应)。现场实验，是指在现实自然、社会环境中的实验，实验者对实验环境、实验过程及其变化只能实施部分控制。例如，为了检验“土地所有权、承包权、经营权(简称‘三权’)分置改革对生产发展具有重大反作用”这一假设，实验者所能控制、改变的只有土地“三权”这一个实验条件，而对农村干部素质、农村人口数量、农业技术装备、农业经营方式、国家农业政策等因素，实验者大多不可能控制或难以有效控制。一般来说，社会领域里的实验，大多采用现场实验方法，只有这种实验结果才具有现实意义。

2. 标准化实验和非标准化实验

按照实验要素或程序不同，可分为标准化实验和非标准化实验。标准化实验，是指实验要素齐全、实验程序完整的实验。如前述驾驶员反应能力实验，就是一种标准化实验。非标准化实验，是指实验要素、实验程序基本符合要求但不够规范、不够完整的实验。例如，实验对象不完全类似的实验，实验环境不完全匹配的实验，实验激发不完全规范的实验，实验过程的控制不完全等同的实验，实验检测不完全标准的实验，实验效果的检测不完全有效的实验，等等。事实上，在现实社会里，实验对象不可能完全类似，实验环境不可能完全匹配，实验激发不可能完全规范，实验过程的控制不可能完全等同，实验检测的标准不可能完全一致，实验效果的检测不可能完全有效，因此，社会领域里的实验大多是非标准化的实验，真正完全标准化的实验是非常困难、非常少见的。

3. 单盲实验和双盲实验

按照实验对象和实验者对实验是否知情，可分为单盲实验和双盲实验。由于实验对象和实验者对实验目的、实验检测、实验激发都会产生某种“良好”或“不良”的心理预期，往往造成实验效果及其评价失真。例如，保健品的效用实验，如果实验对象知道自己参加了实验(即了解实验目的)，做了身体检查(即前检测)，并服用了这种保健品(即接受了实验激发)，那么他们就会产生某种良好的心理预期，从而影响实验效果的客观评价。为了克服实验对象和实验者对实验的心理预期，就可采用单盲或双盲实验法。单盲实验，就是不让实验对象一方知道正在接受实验，而由实验者根据实验目的实施实验激发和实验检测；双盲实验，就是不让实验对象和实验者双方知道正在实验，而由第三方(研究者)根据实验目的实施实验激发和实验检测。运用单盲实验或双盲实验，一般能排除实验对象或实验对象和实验者心理预期对实验效果及其评价产生的不利影响。

4. 单一实验组实验、实验组控制组实验、多实验组或多控制组实验

按照实验组织方式不同，可分为单一实验组实验、实验组控制组(也称对照组)实验、多实验组或多控制组实验。关于这几种类型的实验，将在下一节论述。

此外，按照实验目的不同，还可分为探索性实验和检验性实验；按照实验内容不同，可分为心理实验、教育实验、经济实验、政治实验、法律实验、军事实验、文化实验、社会实验，等等。

三、实验调查的原则

(1)自愿原则。一般来说，社会调查都应坚持调查对象自愿参与的原则。特殊地说，实验调查要改变实验对象所处的自然或社会环境，引起实验对象的某些变化，更应坚持实验对象自愿参与的原则。实践证明，实验对象的自愿参与和积极合作，是实验调查得以顺利进行的必要前提。

(2)知情原则。实验调查的目的、内容、方法等基本情况，以及实验调查的结果，都应让实验对象知晓。这是自愿原则的应有之意。即使是单盲实验和双盲实验，在实验结束后仍应将实验调查的基本情况和结果告知实验对象。

(3)保密原则。在实验调查中，实验激发的实施、实验环境的改变、实验检测的情况等，往往涉及实验对象某些不愿为人知晓的经历或状况。因此，从尊重实验对象隐私出发，实验调查应严格遵守保密原则，最好是匿名进行。

(4)道德原则。实验调查必须遵守道德原则。实验项目、实验目的和实验假设的确立，实验对象和实验环境的选择，实验激发和实验检测的实施等，都不允许违背家庭道德、职业道德和社会公德。

(5)法律原则。实验调查还必须遵守国家的法律和法规。例如，黄赌毒现象，贩卖人口、偷越国境、走私贩私现象，偷税漏税、制假贩假现象，以及其他一切违犯国家法律和法规的社会现象，都不允许进行实验调查。

第二节 实验调查方案的设计

根据实验组织方式不同，可设计出多种多样的实验调查方案。下面介绍几种常用的实验设计。

一、单一实验组设计

单一实验组设计，就是只选择一批实验对象作为实验组，通过实验激发前后实验对象的变化来得出实验结论。它的具体步骤是：

(1) 选择实验对象。
(2) 对实验对象进行前检测。

（3）实验激发，即实施改变实验对象所处自然、社会环境的实践活动。
（4）对实验对象进行后检测。
（5）得出实验结论，其公式是：实验效应=后检测－前检测。

例如，要调查使用5G技术对企业经济效益的影响，并以资金利税率作为衡量经济效益的主要指标，其步骤是：

（1）选择实验对象：假定选择甲、乙、丙三个企业组成实验组。
（2）前检测：假定2019年（5G技术改造前一年）三个企业的资金利税率平均为5%。
（3）实验激发：2019年年底或2020年年初对三个企业进行5G技术改造。
（4）后检测：假定2020年（5G技术改造后一年）三个企业的资金利税率平均为12%。
（5）结论：实验效应=12%－5%=7%。

单一实验组设计，是最简单的实验设计，也是最基本的实验设计，任何其他实验设计都离不开“选择实验对象—前检测—实验激发—后检测—得出实验结论”这一基本程序。因此，应用非常广泛。

然而，单一实验组设计得出的实验结论，可能正确，也可能不完全正确。因为在实验过程中，无法把实验对象与社会隔绝开来，无法完全排除种种非实验因素对实验过程及其结果的影响。例如前例中，甲、乙、丙三个企业2020年的资金利税率比2019年提高7个百分点，其原因可能是进行了5G技术改造，也可能是扩大了供销渠道，改善了协作关系，提高了工人技术水平等非实验激发因素。这说明，单一实验组设计只有在实验者能有效排除非实验因素干扰，或者使非实验因素的影响缩小到忽略不计的情况下，才能把实验对象前后检测之间的变化看作是实验激发的结果，否则就不能得出这样的结论。

二、实验组对照组设计

实验组对照组（也称控制组）设计，就是首先选择一批相同或相似的实验对象分别组成实验组和对照组，并使它们处于相似的实验环境中；其次，对实验组给予实验激发，对对照组不给予实验激发；最后，对实验组和对照组前后检测的变化进行对比，并得出实验结论。其具体步骤是：

实验组	对照组
（1）选择实验对象。	（1）选择实验对象。
（2）选择实验环境。	（2）选择实验环境。
（3）前检测。	（3）前检测。
（4）给予实验激发。	（4）不予实验激发。
（5）后检测。	（5）后检测。

(6) 得出实验结论。

其公式是：实验效应=实验组(后检测-前检测)-对照组(后检测-前检测)。

仍以上述5G技术改造实验为例，采用实验组对照组设计，其具体步骤是：

实验组	对照组
(1) 选择实验对象：选择甲、乙、丙企业。	(1) 选择A、B、C企业。
(2) 选择实验环境：职工队伍、主要设备、能源供应、主要产品、交通条件等情况基本相同；产供销和资金周转均通过市场调节。	(2) 职工队伍、主要设备、能源供应、主要产品、交通条件等情况基本相同；产供销和资金周转均通过市场调节。
(3) 前检测：2019年资金利税率5%。	(3) 2019年资金利税率5%。
(4) 实验激发：对企业进行5G技术改造。	(4) 不进行5G技术改造。
(5) 后检测：2020年资金利税率12%。	(5) 2020年资金利税率8%。

(6) 结论：实验效应=实验组(12%-5%)-对照组(8%-5%)=7%-3%=4%。

与单一实验组实验相比较，实验组对照组实验的结论发生了很大变化。因为，实验组对照组实验中的对照组没有实施5G技术改造，它的后检测与前检测之间的差值为3%，显然是由5G技术改造之外的因素(如调整企业领导、改革管理体制、加强职工培训等)引起的非实验效应。因此，实验组的实验效应(即7%)，实际上是实验效应与非实验效应之和。如果按对照组非实验效应为3%计算，那么，实验组的实验效实际上只是7%-3%=4%。

这说明，实验组对照组实验的最大优点是，能离析出实验效应与非实验效应的范围或程度，从而使实验效应更客观、更准确。但是，实验组和对照组实验的最大困难是，实验对象、实验环境的选择很难完全匹配或基本相似。因此，要准确评价实验效应，还必须采用其他调查方法作更深入、更细致的研究。

三、多实验组和多对照组设计

1. 多实验组设计

多实验组设计，就是选择若干批实验对象组成若干实验组，首先，在各自实验环境下实验；其次，通过检测实验激发前后的变化，各组做出自己的结论；最后，对比研究各组结论，做出总结论。从理论上说，根据实验者、实验对象、实验环境、实验激发的同与不同，多实验组实验可做多种多样的设计，如表10-1所示。

表 10-1 多实验组设计可能的类型("√"表示相同，"×"表示不同)

类型	1	2	3	4	5	6	7	8	9	10	11	12	13	14	15	16
实验者	√	√	√	√	√	√	√	√	×	×	×	×	×	×	×	×
实验对象	√	√	√	√	×	×	×	×	√	√	√	√	×	×	×	×
实验环境	√	√	×	×	√	√	×	×	√	√	×	×	√	√	×	×
实验激发	√	×	√	×	√	×	√	×	√	×	√	×	√	×	√	×

多实验组设计的组织工作比较复杂，但是，得出的实验结论往往比较客观、准确。因此，在实际工作中用途非常广泛。中国共产党和中国政府在制定重大方针政策时，就往往采取多实验组对比方法进行实验，一般都取得了较好效果。例如，2011 年下发的《国务院关于开展城镇居民社会养老保险试点的指导意见》，规定"各省(区、市)人民政府要根据本指导意见，结合本地区实际情况，制定试点具体实施办法……试点县的试点实施方案由各省(区、市)人民政府批准后实施，并报国务院试点工作领导小组备案"。这里所说的"试点"，实际上就是实验。由于实验者(即各省、区、市所属的试点县、市政府)不同，实验对象(即各试点县、市所属的城镇)特点不同，所处实验环境(即各试点县、市城镇所处的地理位置和经济、文化、社会条件等)不同，所做的实验激发(即各种社会养老保险措施)不同，因而它们的实验结论不完全一样。经过对这些实验结论的对比研究，就得出了比较符合实际的总实验结论，即建立个人缴费、政府补贴相结合的城镇居民养老保险制度，实行社会统筹和个人账户相结合，与家庭养老、社会救助、社会福利等其他社会保障政策相配套，保障城镇老年居民的基本生活。实践证明，这种制度，既符合当前中国城镇经济发展的水平，又能减轻城镇居民负担，提高社会养老保险水平。这说明，多实验组设计一般能取得良好实验效果，并对实际工作起到很大的指导和推动作用。

2. 多对照组设计

在实验调查中，不仅前检测、实验激发会对实验对象产生某些心理预期，而且前检测与实验激发之间还会产生某些交互感应，它们都会对实验结果产生某些影响。为了离析、排除这些心理预期、交互感应的影响，可进行实验组、双对照组设计和实验组、三对照组设计。由于对照组越多，实验对象、实验环境的选择和匹配越困难，因此使用得很少，这里只做简要说明，不做具体介绍。

第三节 努力减少实验误差

实验调查法是一种复杂的调查方法，在实验过程中经常会出现一些误差。因此，有必要专门探讨一下出现实验误差的原因和减少实验误差的方法。

一、出现实验误差的原因

1. 来自实验者的误差

实验者或是急于求成，为了"早出成果""出好成果"，往往给予实验对象一些优厚条件；或有补偿心理，由于对照组得不到某些实验措施的实惠，往往给予对照组一些补偿关怀，致使实验结果失真或失去推广价值。

2. 来自实验对象的误差

有六种情况：一是实验对象的选择，缺乏代表性；二是实验对象对实验活动不适应、不合作，甚至弄虚作假，致使实验失真。三是对照组实验对象受实验活动“污染”(如受实验对象企业分配制度改革信息的影响)，产生了某些反应性心理或行为(或加倍努力，或消极怠工)，致使对照组失去对照意义；四是实验对象受到从众心理影响，对实验激发做出某些相同或近似的反应(如不同类型城镇居民都不愿意参加社会养老保险，因而无法区分不同实验对象对实验激发的不同反应)；五是实验对象自身的成熟和变化(如学生无论是否参加教育改革实验都在自然成长，致使实验效应与自然成长效应很难严格区分)；六是实验对象由于种种原因中途退出实验活动，致使实验计划变更，甚至被迫中断。

3. 来自实验环境的误差

有四种情况：一是实验组、对照组所处环境的选择，不可能完全匹配，或很难相似；二是自然环境变化的干扰，如遭遇严重自然灾害，农业集约化实验就可能达不到预期目的；三是经济环境变化的干扰，如出口退税政策改革实验，遭受全球金融危机袭击，不得不调整实验方案；四是政治环境变化的干扰，如由于“文化大革命”，社会主义现代化建设的许多实验被迫中断。此外，文化、社会、生态环境的变化，也会对实验过程、实验结果产生或大或小的影响。

4. 来自实验激发的误差

在社会实验中，实验激发的内容、方式不可能完全相等；实验激发的广度、深度和强度不可能完全一致，因而对实验过程和结果也会产生不同的影响。正如世界上不存在两个完全相同的事物一样，实验激发永远不可能完全相同，因而来自实验激发差别而形成的误差，永远不可能完全排除。

5. 来自实验检测的误差

实验检测(包括前检测和后检测)的工具及其灵敏程度不可能保持绝对一致，检测人员的操作方法及熟练程度不可能完全一样，实验检测的过程不可能绝对相同，实验对象对实验检测的适应能力也在不断变化(或强化、或弱化)，所有这些方面的差异，都会对实验过程及其结果产生许多非实验因素的干扰。

二、减少实验误差的途径和方法

1. 慎重选择实验调查的领导者

实验调查往往是探索性、开拓性调查。要取得实验成功，必须慎重选择实验者。一般来说，实验调查的领导者和组织者必须具备以下一些基本条件：①思想解放，实事求是，敢于负责，勇于创新，否则就不可能领导实验调查取得成功，更不可能获得重大发现。②有较高理论水平，较多政治、法律知识，较强鉴别能力和判断能力，否则就很难对实验进行正确指导和得出科学结论。③有一定权力。实验调查要改变实验对象的环境，实验调查的领导者必须从实验对象主管机构获得一定授权，否则实验就会寸步难行，甚至无法开展。④有一定实际工作经验和能力。实验者不仅要有书本知识，而且要有实际工作经验和能力，否则，实验就不可能顺利进行，更不可能获得圆满结果。⑤有较充裕的时间。在实验调查中，实验激发改变实验环境，实验对象适应新环境，并充分暴露其本质，都不可能“立竿见影”。如果实验过程尚未完结，实验对象的本质尚未充分变化或充分暴露，就不可能得出科学结论。总之，实验调查的领导者必须有胆识、有权威、有实际工作能力、有较充裕时间。实验调查的成功之门，是永远向这样的领导者敞开的。

2. 正确选择实验对象和实验环境

所选择的实验对象和实验环境，一定要在同类事物中具有较高的代表性。对于复杂事物来说，所选择的实验对象和实验环境，还应该具有不同类型、不同层次的代表性。只有选择典型环境中的典型对象，实验结果才具有普遍意义。

实验对象和实验环境的选择，一般有两种方法。一是立意挑选，即由实验者根据实验目的、要求和对实验对象及其所处环境总体情况的了解，有意识地挑选那些具有代表性的单位进行实验。二是随机抽取，即按照随机原则从实验对象、实验环境的总体中抽取一定实验环境中的实验对象进行实验。前一种方法，适用于实验对象总体中个体单位较少、个体间异质性较强，实验者对实验对象、实验环境了解较多的调查对象；后一种方法，适用于实验对象总体中个体单位较多、个体间同质性较强，实验者对实验对象、实验环境了解较少的调查对象。

如果采用实验组对照组设计，还应注意实验对象和实验环境的匹配。为此，实验者在选择实验对象和实验环境时可采用配对分派法，即每次选择两个相同或相近的单位组成匹配对，然后将其中一个分派到实验组，另一个分派到对照组。只有按照这种配对分派法组织的实验组和对照组，才能起到互相对照的作用。

3. 有效控制实验过程

实验过程的控制有两个方面，即对实验激发的控制和对非实验因素的控制。

对实验激发的控制，既要严格按照设计方案实施，又要具有一定灵活性。一方面，不严格按照设计方案实施，不改变或任意改变实验对象所处的自然、社会环境，就会打乱实验计划，达不到实验的预期目的。另一方面，实验调查是一种实践性、动态性调查，原定方案无论怎样完善，都不可能完全符合实验过程中不断变化、发展的实际情况。因此，必须给予实验者一定自主权，以便让他们在不违背实验方案总体原则的前提下，灵活处置那些无法完全避免的特殊情况或问题。

对非实验因素的控制，应该注意以下问题：

(1)要克服急于求成心理和替代补偿心理，客观看待实验过程，公平对待实验对象，不可揠苗助长，给实验对象以种种实验之外的特权或照顾。实践证明，靠“吃小灶”搞成功的实验，既没有生命力，又没有推广价值。

(2) 要加强对实验对象的教育，提高他们的素质，争取他们对实验的理解和支持。例如，在农村搞村民自治实验，就必须加强民主、自治教育，提高他们的自主意识和管理能力，克服自私、狭隘心理和宗族、房头观念，把村民自治实验坚持到底，否则，实验过程就无法正常进行，甚至有可能被迫中断。

(3) 要控制非实验因素对实验过程的干扰，一般可采取以下几种方法：

一是排除法，即将一切可以排除的非实验因素排除在实验过程之外。如家庭农场集约化经营实验，那些自然环境恶劣、天灾严重的地区就难以进行。为了使实验过程顺利进行，在选择实验对象和实验环境时，就应避开这样的地区。这样自然环境恶劣、天灾严重等非实验因素对实验过程的影响就排除了。

二是纳入法，即把无法排除的非实验因素完全纳入实验过程，作为实验研究的一个因素。如企业产权制度改革实验，区位条件是非实验因素，但是，实验过程又无法排除区位条件的影响。在这种情况下，就可采取纳入法，即对东部、中部、西部地区，城市近郊区、远郊区和边远区等不同区位条件的企业，分别进行产权制度改革实验。这样就把区位条件等非实验因素纳入了实验过程。

三是平衡法，即使某种非实验因素在每一个实验对象中保持相对平衡的水平。如对企业实施 5G 技术革新实验来说，水电气供应及其价格是一个非实验因素。为了控制水电气供应及其价格变化对实验过程的干扰，就可采取平衡法，即对实验组和对照组中的每一个企业，按同等价格供应同等比重的水电气。这样就排除了水电气供应及其价格变化这些非实验因素对实验过程的影响。

四是统计法，即对实验过程中无法排除的非实验因素，在实验后再用统计方法计算出它们对实验结果的影响。例如，在工资制度改革实验中，物价波动是一个非实验因素，但是，在检测实行新工资制度前后产值、利润、工资等变化时，物价又是一个无法排除的因素。对这类可以计算的非实验因素，可在实验后运用统计方法计算出物价波动的指数，然后再说明它们对实验结果造成了多大影响。这样就等于对这类非实验因素进行了有效控制。

(4) 要控制实验过程自身非实验因素的干扰。主要是控制对不同实验对象的实验激发，尽可能在激发内容、方式、强度、广度和深度等方面保持相对一致；控制对不同实验对象的实验检测(包括前检测和后检测)，尽可能在检测工具及其灵敏度、操作人员和方法，以及检测过程等方面保持相对统一，等等。这样就可把实验过程中非实验因素的影响降到最低程度。

总之，只有正确控制实验激发和有效控制非实验因素对实验过程的干扰，才能对实验调查的结果做出客观、科学的评价。

4. 正确实施实验检测

正确实施实验检测，要强调实验检测的科学性、统一性和可重复性。

所谓科学性，是指实验检测的指标、手段和方法要科学。其中，首要的是检测指标要科学。例如，仅用“升学率”去检测教学质量，用“GDP 增长速度”去检测经济效益，就不可能得出科学结论。同时，有了科学的检测指标，还要有科学的检测手段和方法，否则仍然不可能得出科学的检测结论。

所谓统一性，是指对不同实验对象、对前检测和后检测，都应使用统一的指标、方法和手段去检测。如果对不同实验对象、对前检测和后检测，使用不同的检测指标、手段和方法，那么，就不可能得出具有可比性的科学检测结论。

所谓可重复性，是指检测结果必须是稳定、可靠、可重复的。真正科学的检测，不管谁检测，在何时、何地检测，检测结果都应该是可重复的。如果检测结果因人、因时、因地而异，不稳定，不可重复，就不能算是科学的检测。

5. 科学评价实验效果

实验效果的评价，有两个方面：一是内在效度评价，即对实验结果正确程度的评价；二是外在效度评价，即对实验结果推广适用程度的评价。

对实验效果内在效度的评价，关键在于把实验效应与非实验效应严格区别开来。实践证明，各种非实验因素对实验过程的干扰，如实验对象缺乏代表性，实验环境不匹配，实验激发不规范，实验控制不恰当，实验检测的指标、手段和方法不科学等，都会对实验内在效度产生不利影响。只有严格区分了实验效应与非实验效应，才能正确评价实验效果内在效度。

对实验外在效度的评价，关键在于把实验结果中共性的东西与个性的东西区别开来。因为，任何实验结果都是共性与个性的统一，其中只有共性的东西才具有推广适用价值。因此，要科学评价实验的外在效度，就必须正确区分实验结果中哪些是共性的东西，哪些是个性的东西。只有正确说明了具有共性的实验结果，才能科学评价实验结果的外在效度。

应该指出，实验调查既然是实验，就应该允许成功，也应该允许失败；即使是失败的实验，也应该认真总结和科学评价。在探索未知的道路上，失败往往是成功之母。从这个意义上说，失败与成功一样，都具有不可抹杀的意义。

第四节　对实验调查法的评价

一、实验调查法的优点

实验调查法最大的优点是实践性，即调查结论不只是通过眼看、口问、耳听，而是通过亲手干——改变实验环境、促使实验对象发生变化而得来的。一切科学实验调查的结论，都经过了实践的检验，都具有客观真理的性质。

实验调查法是一种可控的、动态调查，它能够掌握大量第一手资料，不仅包括实验对象、实验环境的静态资料，而且包括实验对象、实验环境在运动、变化、发展过程中的动态资料。这是实验调查法的又一突出优点。

实验调查法是一种因果性调查，它有利于揭示实验激发与实验对象变化之间的因果联系，有利于认识事物的本质及其发展规律。实验调查法不仅能回答“是什么”的问题，而且能回答“为什么”的问题，这是它的又一优点。

实验调查法有利于探索解决社会问题的途径和方法。实验调查法能揭示事物之间的因果关系，就必然有利于探索解决社会问题的途径和方法。这就是说，实验调查法在回答“是什么”和“为什么”的基础上，还可回答“怎么办”的问题。

实验调查法是可重复的调查。在实验对象、实验环境等实验要素大致相同的情况下，不管谁来实验，在何时何地实验，实验调查的过程和结果都是可重复的。实验调查结论的可靠性、准确性、权威性和说服力，就来源于它的可重复性。

二、实验调查法的缺点

实验调查法的最大缺陷，是实验对象和实验环境的选择难以具有充分代表性；在实验组对照组实验中，实验对象、实验环境的选择难以匹配。因此，任何实验调查结论都具有特殊性和局限性。忽视这一点，就会犯一律化、一刀切的错误。

实验调查法的另一重要缺陷，是对实验过程难以充分有效控制；在现场实验中往往无法完全排除非实验因素的干扰。因此，要准确鉴别实验效应和非实验效应，正确区分实验结果中共性与个性的东西，是一件十分困难的事情。

许多政治、经济、文化、社会等宏观研究项目，某些隐秘性、敏感性课题，以及许多落后、消极的社会现象，如行贿受贿、贪污腐化、卖淫嫖娼、吸毒、赌博等违反法律或道德的社会现象，或不能够，或不应该，或不允许，或不宜于实验。这就是说，实验调查法的适用范围有很大的局限性。

此外，实验调查法对领导者的要求较高，受时空条件限制较大，花费时间较长，等等，也是其难以克服的局限性。

思考与练习

1. 什么是实验调查法？它的主要特点是什么？
2. 实验调查法有哪些种类？它们各有何特点？
3. 简述单一实验组设计的优点、缺点及其用途。
4. 什么是实验组对照组设计？简述它们的优点、缺点及用途。
5. 略论实验误差及其出现的原因。
6. 减少实验误差有哪些途径和方法？
7. 怎样正确选择实验对象和实验环境？
8. 控制非实验因素对实验过程的干扰有哪些方法？
9. 什么是实验的内在效度和外在效度？怎样科学评价实验的内在效度和外在效度？
10. 请选择一个您比较熟悉的课题，设计一个实验调查方案。

推荐阅读

1. 风笑天. 社会学研究方法(第 3 版)[M]. 北京：中国人民大学出版社，2009.
2. 陈振明. 社会研究方法[M]. 北京：中国人民大学出版社，2012.
3. 魏建国，卿菁，胡仕勇. 社会研究方法[M]. 北京：清华大学出版社，2016.

第十一章　文献调查法

本章要点

1. 文献，就是通过一定记录方式记录在一定物质载体上的知识，或用一定记录方式记录下一定知识内容的一切物体。一定知识内容、一定物质载体、一定记录方式，是构成文献的三大要素。

2. 文献可按物质载体不同、记录方式不同、加工深度不同、资料来源不同，以及出版发行方式不同、学科领域不同、保密等级不同，做多种多样的分类。

3. 文献的重要意义在于，它是记录知识的根本手段，是积累知识的重要宝库，是传播知识的主要载体，是认识世界的重要途径。

4. 文献调查法，就是搜集文献资料、摘取有用信息、进行整理分析的调查方法。它具有历史性、间接性、非介入性和无反应性等特点。

5. 搜集文献的要求是有用性、可信性、代表性、全面性、多样性、连续性和时效性。

6. 查找文献的方法有检索工具查找法、参考文献查找法、循环查找法和专家咨询法。

7. 摘取信息的一般程序是：迅速浏览、慎重筛选、认真阅读和及时记录。

8. 记录信息的主要方法有标记、眉批、抄录、提纲和札记。

基本概念

文献　文献调查法　检索工具查找法　参考文献查找法　循环查找法

历史调查方法，是调查方法体系中的一翼。历史调查方法首先是文献调查法，它在社会调查过程中往往起着前导和基础作用。

第一节　文献和文献调查法

一、文献的概念、种类、意义及发展趋势

1. 什么是文献

在古代，文献是指典籍和熟悉掌故的贤者，后来指具有历史价值的典籍资料。到了近代和现代，随着社会发展、科技进步，文献的内涵和外延不断扩大，往往把一切记录人类知识的文字、图像、数字、符号、声频、视频等物体统称为文献。一般来说，文献有三个

基本要素。第一，一定的知识内容。没有知识内容的物体，如空白纸张、空白光盘和空白U盘就不是文献。第二，一定的物质载体。人们头脑中的知识、口头传递的信息等，不能称为文献。第三，一定的记录方式。某些古迹、文物蕴含一定知识内容，有一定物质载体，但没有一定记录方式，也不能称为文献。简言之，从知识内容看，文献就是通过一定记录方式记录在一定物质载体上的知识；从物质载体看，文献就是用一定记录方式记录有一定知识内容的一切物体。

2. 文献的种类

按物质载体不同，可分为甲骨文献、青铜文献、竹木简牍文献、布帛文献、纸张文献，以及胶卷文献、光盘文献、U盘文献和网络文献等。

按记录方式不同，可分为手工文献(如甲骨文、青铜文、竹简、帛书，手写的文稿、信件、日记、原始记录等)、印刷文献(如木印、石印、铅印、油印、胶印、复印等)、感光文献(如照片、微缩胶卷和平片等)、录制文献(如录音带、录像带、光盘和硬盘等)、网络文献(如电子期刊、电子图书、数据库)等。

按加工深度不同，可分为零次文献(指口头交流、尚未用文字或技术记载下来的信息)、一次文献(也称原始文献，如会议记录、日记、信件、回忆录，现场录制的音像等)、二次文献(指对一次文献进行加工整理，使之有序化、浓缩化的文献，如目录、文摘、索引以及剪接后的音像等)、三次文献(指在一、二次文献基础上，经过研究而编写的文献，如综述、动态、年鉴、百科全书等)。

按资料来源不同，可分为个人文献、社会组织文献、大众传媒文献和官方文献。个人文献是指个人的日记、信件、札记、讲话、文章等。社会组织文献是指企事业单位、社会团体制定或编撰的规章制度、统计报表、总结报告、年鉴、大事记、族规家谱等。大众传媒文献是指报刊、广播、影视、出版、网络等文献。官方文献是指执政党和国家机关制定的法律、条例、计划、制度、统计资料等。

此外，还可按出版发行方式不同、学科领域不同、保密等级不同进行分类。

3. 文献的意义

(1)文献是记录知识的根本手段。人类通过生产、生活实践获得的关于自然和社会的知识，都是用文献记录下来的。文献实是人类记录知识的结晶。

(2)文献是积累知识的重要宝库。人类现今关于自然、社会和思维的知识，不是天上掉下来的，也不是头脑自生的，而是经过几千年实践逐步学习、继承、积累起来的。从这个视角看，文献是继承知识、积累知识的重要宝库。

(3)文献是传播知识的主要载体。人类在社会活动中，既要不断获取、积累知识，又要不断交流、传播知识。获取、学习知识离不开文献，交流、传播知识更离不开文献。历史证明，文献是交流、传播知识的主要载体。

(4)文献是认识世界的重要途径。毛泽东说，“一切真知都是从直接经验发源的。但人不能事事直接经验，事实上多数的知识都是间接经验的东西”。① 这些“间接经验的东西”，主要是通过文献获得的。从这个视角看，文献是人类认识世界的重要途径。

---

① 毛泽东选集(第1卷)[M]. 北京：人民出版社，1991：288.

4. 文献的发展趋势

20世纪下半叶以来，在高新科技推动下，文献发展出现了许多新趋势：

(1)数量急剧增加。2020年全球数字信息总量将达到35ZB(10万亿亿字节)。① 人类知识倍增周期，19世纪为50年，20世纪前半叶为10年左右，20世纪后半叶为5年、3年。近年来，全球每天发表论文13000~14000篇，每年登记新专利70万项，每年出版图书50多万种。② 人们把这种现象称为"信息爆炸"。

(2)种类日益繁多。就物质载体而言，感光材料、磁性材料和半导体晶片等已成为日益重要的物质载体。就记录方式而言，摄影、录制、计算机、网络等记录方式，更具有表现形式多样、内容更新加速、信息资源共享等特点。

(3)质量良莠不齐。据相关资料，在全球信息系统中，垃圾信息（包括冗余、盗版、虚假、老化和污秽信息等)不少于50%，在个别学科领域甚至高达80%。③ 有人称垃圾信息为"信息污染"，它严重干扰了对有效信息的开发和利用。

二、文献调查法的概念和特点

文献调查法，就是搜集文献资料、摘取有用信息、进行整理分析的调查方法。司马迁的《史记》、马克思的《资本论》等，采用的主要是文献调查法。其特点是：

(1)历史性。它不是对社会现实情况的调查，而是对人类社会过去发生事情的记载、已经获得的知识所进行的调查。

(2)间接性。它的调查对象既不是历史事件的当事人，又不是历史文献的编撰者，而是各种类型的文献资料。

(3)非介入性和无反应性。它不介入文献所记载的事件，不接触有关事件的当事人，不存在与当事人之间的关系，不会引起当事人的反应性心理或行为。

三、文献调查法的作用

(1)了解与调查课题有关的政策和法律。通过查阅文献，可以了解与调查课题有关的党和国家的方针、政策和法律、法规，这是确立调研工作指导思想、加强调研工作的政策性和法律性的必要条件。

(2)了解与调查课题有关的已有调研成果。通过文献调查，可以了解前人研究成果和当前调研现状，对于正确选择调查课题、科学设计调查方案，避免盲目性和重复研究，具有重要参考价值。

(3)了解与调查课题有关的理论和方法。通过文献调查，可以了解与调查课题有关的各种理论观点和调研方法，可以为提出研究假设、设计调查方案、确定调查方法、安排调

---

① 全球数字信息大爆炸 2020年总量将达35ZB[EB/OL].[2021-09-12]. http://www.doit.com.cn/p/55453.html.

② 信息爆炸[EB/OL].[2021-09-12]. http://baike.qudong.com/index.php? doc-view-54996.html.

③ 网络环境下信息污染的表现类型及预防原则[EB/OL].[2021-09-12]. http://www.bob123.com/lunwen23/20238.html.

研工作等提供必要参考。

(4)了解调查对象的历史和现状。通过查阅档案、登记表和其他文献，可以了解调查对象的客观情况和精神状态，以及他们所处环境的具体情况，对于顺利开展调研工作具有重要作用。

(5)文献调查贯穿社会调查的全过程。在准备阶段，要科学设计调查方案；在调查阶段，要顺利开展调查；在研究阶段，要深入思维加工；在总结阶段，要撰写调查报告等，都离不开文献调查。

对历史性课题来说，文献调查更是最重要的甚至唯一的调研方法。

第二节　文献的搜集

一、搜集文献的基本要求

(1)有用性。紧密围绕调查课题搜集文献资料。凡是与调查课题无关的文献，都应排除。这是搜集文献第一位的、最基本的要求。

(2)可信性。主要是作者的可信性和内容的真实性。要反复考察文献作者是否有可能掌握有关事实？文献内容是否真实反映了客观情况？

(3)代表性。主要是作者的代表性和文献的代表性。只有努力选择各类有代表性的作者、各类有代表性的文献，才能全面、准确地反映当时的情况。

(4)全面性。搜集文献的内容要全面，历史文献和最新文献，国内文献和国外文献，典型资料和综合资料，正面材料和反面材料等，都应尽可能全面。

(5)多样性。搜集文献的形式应尽可能多样，凡是与调查课题有关的各种形式的文献，如文字、图片、数字、符号、声频、影视等文献，都应搜集。

(6)连续性。搜集的文献在时序上要有连续性和累积性，尽可能不要中断。否则，搜集的资料就可能残缺不全，无法反映调查对象发展过程的全貌。

(7)时效性。对与调查课题有关的各种新资料、新信息，要及时了解和搜集，及时研究和利用，以提高文献调查的时效性和调查成果的实用价值。

二、查找文献的方法

要搜集文献，必须先查找文献。在图书馆查找文献，一般可用以下四种方法。

1. 检索工具查找法

检索工具查找法可分为两类：一是手工检索法，二是机读检索法。

手工检索法，即用手工翻阅检索工具书(如目录、卡片、文摘等)来查找文献的方法。既可通过图书馆目录查找，又可通过上海图书馆的《全国报刊索引》“哲学社会科学版”、中国人民大学的“复印报刊资料”及其索引来查找。

利用检索工具查找文献，可用顺查法，也可用倒查法。顺查法，即由远到近，逐年逐月按顺序查找；倒查法，即由近而远，按时间顺序往前查找。一般来说，顺查法有利于了解问题发展过程全貌，但要花费较多时间和精力；倒查法可节省时间和精力，能较快了解最新动态，但查找的文献可能不系统、不全面。

机读检索法又称计算机检索法，可分为两类，即图书馆联机公共目录检索系统（Online Public Access Catalog，简称 OPAC）和网络搜索引擎。

使用图书馆联机公共目录检索工具，只要输入“书名”“作者”“主题词”“索引号”等就可检索和查询。在互联网中，通过目标图书馆目录的 URL（即 Uniform Resources Locator），就可查询世界各大学图书馆、公共图书馆、专业图书馆的馆藏。

使用网络搜索引擎查询就更为简单，只要在搜索工具（如“百度”“Google”等）主页上，输入“主题”或“关键词”，或进一步输入“题目”“摘要”“作者”“发表时间”等，就可获得相当多的文献条目。

2. 参考文献查找法

参考文献查找法，也称追溯查找法，即根据作者在文章、著作中开列、引用的参考文献目录，追踪查找有关文献的方法。具体做法是，从已掌握的文献开始，根据文献中开列、引用、介绍的文献名目，去查找较早一些的文献；再利用较早文献中开列、引用、介绍的文献名目，去查找更早的文献。如此滚雪球式地向前追溯，直至查找出比较完整的文献为止。参考文献查找法查找出来的文献，没有检索工具查找法查找出来的文献全面、广泛，但是文献集中，效率较高，往往能及时查找到一些最新研究成果。

3. 循环查找法

循环查找法，也称分段查找法，即将检索工具查找法和参考文献查找法结合起来交替使用、循环查找的方法。运用循环查找法时，可先用检索工具查找法查找出有用文献，然后再根据这些文献中开列、引用的参考文献，去查找更早一些的文献；也可先用参考文献查找法，查找出更早一些的文献，然后再用检索工具查找法，去扩大查找文献的线索，如此分阶段、交替查找，直至查找出所需文献为止。

4. 专家咨询法

就是向有关专家说明自己的调研方案，所需文献的类别、范围等，请他们指点迷津，力求得到他们对于搜集文献的指导，从而达到事半功倍的效果。

三、获取文献的主要途径

获取文献的方法多种多样，对纸质文献和网络文献应采用不同获取方法。

1. 纸质文献

主要采用索取、交换、购买、拍照、录制、借阅、复制等方法获取。

对大众传媒公开出版、发行的书籍、刊物、报纸等文献，在经费许可条件下可采取购买方法获取；对市面已停售的文献，则可到图书情报机构借阅。

对企事业单位、社会团体的规章制度、统计报表、总结报告，以及族规家谱等文献，可向有关单位索取、交换、复印、借阅；也可到这些单位主管部门、社会组织成员和各种档案管理机构采取索取、复印、借阅等办法获取。

对个人的日记、信件、自传、回忆录等文献，只能在征得文献主人同意的前提下，采用借阅、复印、拍照等办法获取。

对官方的法律、法规、政府文件、统计资料等文献，凡公开出版发行的可购买获取，未公开出版发行的可到有关部门采用借阅、复印等方式获取。

2. 网络文献

可先通过浏览和搜索网站检索，然后将有用文献复制或下载。搜索引擎和虚拟图书馆是两种途径，前者有利于提高检全率，后者有利于提高检准率，而网络信息资源数据库则兼有检全率和检准率两方面优势，能够向用户提供相对全面和准确的网络文献。获取文献后，研究者应建立文献数据库，以提高文献的条理性与获取时的便利性。

四、搜集文献应该注意的问题

(1)确定搜集文献的重点。采用检索工具和参考文献查找文献，往往会受检索工具或参考文献吸引而随波逐流，以致迷失查找文献的重点。搜集文献必须确定重点，始终围绕调研主题搜集文献。

(2)明确搜集文献的范围。搜集文献应根据调研主题涉及的内容、时间和地域，明确划分搜集文献的内容、时间和地域范围。例如，调研主题是进城务工人员问题，搜集文献的时间范围应是20世纪80年代农村实行家庭承包责任制、进城务工人员现象出现之后，地域范围应是跨省流出进城务工人员最多的安徽、江西、四川、湖南、湖北、河南、广西、重庆、贵州等中西部省份和流入进城务工人员最集中的长三角、珠三角、环渤海等经济发达地区。

(3)注重搜集文献的质量。为了提高搜集文献的质量，对接触到的文献应进行外在评估和内在评估。外在评估，是指对文献的作者、标题、封面、装帧，以及出版单位、时间和地点的评估；内在评估，是指对文献的目录、简介、序言、主要章节、基本观点、主要数据等的评估。只有外在评估和内在评估符合基本要求的文献，才应成为搜集的对象。

(4)鉴别搜集文献的真伪。鉴别文献真伪，是提高搜集文献质量的关键一环。一般应从几个方面鉴别：一是文献作者。最初作者是谁？研究目的是什么？作者立场如何？是否做到了价值中立？二是文献背景。作者通过何种途径或方法获得有关文献的信息？作者撰写文献的历史背景如何？文献何以保存下来？三是文献内容。文献主题是什么？基本观点如何？引用的资料是否真实、可靠？论证是否符合逻辑？四是文献的方法。作者使用何种方法开展研究？对文献主题而言，这种研究方法是否恰当？如此等等。只有搜集到真实文献，才有研究价值。

(5)整理搜集文献的目录。对搜集的文献，应及时整理和编辑目录，避免使用文献时出现找不到文献的尴尬。为此，应在搜集合格文献的同时，随时做好整理、分类和编制文献目录工作。这样不仅便于查找文献，而且可及时发现搜集文献的缺项或弱点，以便及时弥补。

第三节　信息的摘取

一、信息摘取的原则

(1)定向性。要围绕调研课题，有针对性地摘取信息，以节省时间和精力。

(2)准确性。要对摘取的信息反复核实、检查，力求摘取的信息准确、无误。

(3)规范性。摘取信息要规范，对主要观点、重要数据、特色语句应原文照抄；凡抄录的原文应加上引号，并在撰写调查报告时准确说明文献出处。

(4)评述性。要融入自己的思考，及时记下自己对资料的理解、评估，或困惑、疑点，使资料“活”起来。

(5)有效管理。对摘录的信息，应列出主题、标出关键词，建立索引和交叉参考文献，进行有效管理，以便使用时能很快找到所做的笔记、引文和评论。

二、摘取信息的一般程序

(1)迅速浏览。就是将搜集到的文献普遍地、粗略地翻阅一遍。

浏览要明确目的。浏览的目的是，大致了解文献内容，初步判明文献价值。浏览时，要坚持博览与专注相结合。博览就是行云流水式地翻阅一遍，只求了解文献大概内容；专注就是对与调查课题有关的信息，相对专注地阅读一下，并初步判明它的价值。

浏览要抓住重点。浏览著作的重点是，著者、提要、目录、前言或序、后记或跋，以及注释、图表、参考文献、索引等；浏览论文的重点是，作者、篇幅、层次、大小标题、主要观点、论证和数据等。抓住了重点，就能了解概况，做出初步估计。

浏览要快速。一般阅读速度是每分钟300~400字，20分钟7000字左右。浏览则快得多，20分钟可翻完一本书。其方法有二：一是“扫描式”，一目十行，迅速了解文献全貌；二是“跳跃式”，视线从这里跳到那里，对无关紧要的引文、推理等整页翻过去，抓住文献的筋骨脉络，掌握文献的主要观点和数据。

快速浏览的要领：一是坚持视读，不要音读；二是不断调整阅读速度，当快则快，当慢则慢；三是上下联系，了解文献基本思路；四是脑眼配合，做到眼到脑到；五是加强训练，多练多用。掌握了这几点，就可提高浏览的速度和质量。

(2)慎重筛选。就是根据需要，将文献分为必用、应用、可用、不用等。

筛选依据，是文献中有用信息的数量和质量。筛选的关键在于比较。在时间上，要选用不同时期的代表作；在内容上，要选择引用不同事实、阐述不同观点的代表作。此外，还应注意选择权威作者撰写或权威出版单位出版的文献。

筛选文献，应分层次进行。筛选顺序，可先从搜集文献中筛选出可用文献，再从可用文献中筛选出应用文献，从应用文献中筛选出必用文献，剩下的就是不用文献；也可先筛选出不用文献，然后再筛选出可用、应用、必用文献。这样逐层筛选，就能做到层次分明，便于整理、分类和编目，为阅读做好准备。

(3)认真阅读。包括粗读和精读，它们在认读、理解、联想、评价上有不同要求。

粗读，即鸟瞰式阅读。认读上，着重搜寻文献的基本观点、主要事实和关键数据；理解上，居高临下，大而化之，力求抓住文献主旨和脉络；联想上，将文献的观点与观点、观点与事实、事实与事实联系起来思考；评价上，对文献的观点和论证作出初评。粗读目的，是掌握文献基本内容，决定是否需要精读。

精读，即探究式阅读。认读上，要"咬文嚼字"，逐字逐句逐段一丝不苟地阅读；理解上，要深入思考和分析文献中的每一个概念、判断、推理及其逻辑结构，认真把握文献的全部思想；联想上，要将文献引用的事实、阐述的观点与客观事实、与其他文献联系起来对比研究；评价上，要对文献引用的基本事实、阐述的基本思想与调查课题的关系做出全面评价。精读的目的，是发现有价值信息，为摘取信息做准备。

(4)及时记录。就是把阅读中发现的有价值信息记录下来，供分析研究之用。

记录内容，一是阅读中发现的有用信息，二是阅读中产生的灵感或思想火花。许多人在阅读中都有这样的教训，即只注意阅读而忽视记录，到用时却找不到、想不起来了。记录是摘取信息的重要程序，阅读的成果应该通过记录表现出来。

三、记录信息的主要方法

(1)标记，就是在书上做记号。记号有多种，一般是在字下圈点或画线。圈点，也称圈着重号，表示重要部分。画线与圈点一样，字少时圈点，字多时画线。画线有直线、曲线、单线、双线、上下夹线等。要注意的是，圈点或画线不宜过多过密，过多过密反而会找不到重点。常用的标记方法，如图 11-1 所示。

着重号	……	表示关键性的字或句
直线	——	表示比较重要的内容
曲线	∽∽	表示特别重要的内容
夹线	≋	定义或经典论述
惊叹号	！	对某些内容表示欣赏
问号	？	对某些观点表示疑问
三角号	△	揭示一段文字中并列的几个观点
双圈号	◎	表示一段重要内容的结束

图 11-1 常用的几种标记方法

(2)眉批，就是在页眉或页脚写上阅读文献时的心得、体会、评语、疑问或订误、校文、音注等。这种记录形式和标记一样，简单、方便，随读随写。

(3)抄录，就是把文献中有价值的信息抄下来。抄录有全录和摘录两种方式。全录，就是全文照抄。摘录，就是只将有价值的信息摘要抄录下来。摘录有两种：一是摘录原文，即整段整句地摘录，连标点符号也与原文一样。二是摘录原意，即把原文的观点、事实、数据简要抄录下来。这种摘录，已有加工、整理性质。

抄录的信息，一般抄录在活页、卡片上，或输入电脑的文件夹里。抄录时，要注明出处(作者、书名或篇名、页码、出版单位，出版年月等)。有的人忽略注明出处，结果使用时却找不到文献来源了。用活页、卡片抄录时，应一条信息一张活页或卡片，并注明主题、内容；用电脑输入信息，应一条信息一个文档，一类信息一个文件夹，并注明主题、内容。只有这样，才便于以后使用。

(4)提纲，就是把著作或文章的要点，用简括语句或条目形式依次记载下来，以便掌握全书或全文的内容和逻辑结构，加深对原文思想脉络的理解。提纲内容，要力求全面、系统；文字叙述，要简明扼要，真正反映出原文献的概貌。

(5)札记，就是阅读文献时摘记下来的心得、感想、批评、疑点、意见等。札记是一种高级记录形式，已带有研究性质。札记内容有二：一是文献的主要内容；二是自己的心得、感想、批评、疑点、意见等，作为下一步研究的重点。

第四节　对文献调查法的评价

一、文献调查法的优点

(1)文献调查可以超越时间、空间限制，获取古今中外的社会信息。就时间跨度而言，可以调查研究几十年、几百年、几千年前的社会状况；从空间跨度上看，可以跨越省界、国界，调查研究世界各国的社会情况。

(2)文献调查主要是书面调查。书面文献都是历史遗留下来的“白纸黑字”的东西。如果文献内容是真实的，就能获得比口头调查更准确、更可靠的信息，从而避免口头调查可能出现的种种误差。

(3)文献调查是一种间接的、非介入的调查，调研者不接触、不介入文献编撰者和所涉及调查对象的活动，不会引起他们的任何反应。这就避免了直接调查过程中可能产生的种种反应性误差。

(4)文献调查是一种方便、自由、安全的调查。文献调查受外界因素制约较少，调查者只要找到了必要文献，就可自由安排时间，随时随地开展研究；即使出现了错误，还可通过再次研究弥补，因而其安全系数较高。

(5)文献调查省时、省钱，效率高。一般不需要大量研究人员，不需要特殊设备，可用较少的人力、经费和时间，获得更多的信息。随着计算机、网络等技术的发展和普及，文献调查法更是一种高效率的调查方法。

二、文献调查法的缺点

(1)文献调查所获得的主要是书面信息，而不是活生生的现实，往往缺乏直接体验、亲身感受，对有关信息的认知往往不具体、不充分，缺乏真情实感。俗话说，“纸上得来终觉浅”，这是文献调查最大的局限性。

(2)文献的客观性和真实性往往需要确证。任何文献都会打上一定时代、一定社会历史条件的烙印，都会受到撰写者个人种种因素的影响和制约。因此，文献内容与客观真实情况之间总会存在一定差异，往往需要确证。

(3)文献永远落后于现实。任何文献都是对已逝社会现象的记载，社会是不断变化、发展的，新事物、新现象、新问题不断涌现，其中总有一些新事物、新现象、新问题没有记载于文献。因此，文献永远落后于现实一大截。

(4)文献调查经常会发生所需文献难寻觅、有效文献难找齐的缺憾。现代文献浩如烟海，要系统、全面、高质量地搜集文献非常困难。此外，个人日记、信件等隐私性文献，党政文件、档案等机密性文献，更不可能轻易获得。

思考与练习

1. 什么是文献？文献有哪些种类？
2. 现代文献的发展有哪些趋势？
3. 什么是文献调查法？它有何特点？
4. 简述文献调查在社会调查中的意义和作用。
5. 查找文献有哪些方法？它们各有何特点和用途？
6. 怎样才能提高浏览的速度和质量？
7. 摘取信息的一般程序是什么？
8. 试论粗读和精读的含义及其要求的异同。

推荐阅读

1. 杜泽逊. 文献学概要[M]. 北京：中华书局，2001.
2. 谢玉杰，王继光. 中国历史文献学[M]. 北京：民族出版社，1999.
3. 李建. 文献信息检索学[M]. 南京：南京师范大学出版社，2003.
4. [英]萨莉·拉姆奇. 如何查找文献[M]. 廖晓玲，译. 北京：北京大学出版社，2007.

第十二章　遗存调查法

本章要点

1. 遗存是指前人活动遗存下来的物化社会现象，即反映、记录曾经发生过的社会现象的物质载体。遗存分为三类：遗址、遗物、遗迹。

2. 遗存调查法，就是运用观察、测量等科学手段，对遗址、遗物、遗迹等前人活动遗存下来的、物化了的社会现象进行调查和研究的方法。

3. 遗存调查法有两种类型：一是古遗调查，就是对古代人类活动遗存下来的、物化了的社会现象的调查；二是今遗调查，就是对当代人类活动遗存下来的、物化了的社会现象的调查。

4. 遗存调查法的特点：历史性、真实性、实体性、时空性、间接性、非介入性和无反应性。

5. 遗存调查的一般程序：设计调查方案，做好前期准备，开展遗存调查。遗存调查的主要方法：观察和访问、发掘、测量和仪器检测、拍摄和遥感、古分子生物学研究、登录。

6. "生土"是指未经人类活动改变过的原生土壤。"熟土"是指被人类活动改变过的土壤。"文化层"是指人类活动遗留下来的各种器物、有机物及其残余所形成的堆积层。

7. 文化层之间存在三种关系：一是叠压关系，即早期文化层在下、晚期文化层在上的关系，它是文化层分布的基本关系；二是打破关系，即晚期人类活动(如筑墓葬、挖灰坑、打井等)，打破了早期在下、晚期在上的文化层分布的基本关系；三是共存关系，即同一时期、地域，处在同一文化层上各个遗址、遗迹的关系。

8. 遗存调查中应该注意的问题：遗迹的保护、固定和提取；遗物真伪的鉴别和破损的修复；遗址变动、破坏的考察和评估；注意度量衡的历史变迁；努力回避自然干扰，及时排除社会干扰；认真做好遗存的长期保护工作。

基本概念

遗存　遗存调查法　考古调查　考今调查

遗存调查法，是历史调查的另一种方法。要学习和掌握遗存调查法，就应该弄清楚什么是遗存和遗存调查法？它有何特点和作用？有哪些原则、程序和方法？在实施过程中应注意哪些问题？有何优点和局限性？

第一节　遗存和遗存调查法

一、遗存及其种类

遗存，意为遗留和保存，多指古代遗留下来的东西。这里是指前人活动遗存下来的、物化了的社会现象，即反映、记录曾经发生过的社会现象的一切物质载体，一般包括遗址、遗物、遗迹。例如，日常生活或生产中的垃圾，交通事故的痕迹，社会争斗的现场，革命活动的遗物，古人类活动的遗址、文物等。犯罪活动的遗物和遗迹、刑事犯罪的现场，也是遗存。但它们是不同性质的问题，不属于这里讨论的范围。

1. 遗址

即指前人活动的地方。一般都有一定区域范围，保留着某些遗物或遗迹。例如，西安半坡遗址，发掘面积约 1 万平方米，有房屋遗迹 45 座，窖穴 200 多个，墓葬 250 多座，生产生活用具约 1 万件。井冈山革命遗址，方圆 275 公里，革命遗迹 100 多处，被誉为“中国革命的摇篮”。

遗址有两种分类方法：一是按地理位置，分为地上遗址(如殷墟遗址)、地下遗址(如秦兵马俑遗址)、水下遗址(如涪陵白鹤梁遗址)；二是按社会功能，分为政治性遗址(如宫殿、城堡)、经济性遗址(如矿坑、水渠)、军事性遗址(如边寨、烽火台)、社会性遗址(如村镇、寺庙、园林等)。

2. 遗物

即指前人活动遗留下来的物体。包括前人制造或加工的物体(如房屋、工具、器皿)，以及前人活动的遗留物(如生产遗留物、生活垃圾)和自然物(如农作物、动物骨骸、花粉、树木)。遗物有多种分类方法，主要有：

时代分类法，以遗物制作时代为标准，分为史前遗物、古代遗物，近代遗物和现代遗物。史前遗物，一般分为旧石器时代遗物和新石器时代遗物。

位移分类法，以遗物可否位移为标准，分为不可移动遗物和可移动遗物。不可移动遗物，如建筑、石刻、墓葬等。可移动遗物，如生活、生产器具等。

质地分类法，以遗物制作材料为标准，分为石器、玉器、骨器、竹木器、铜器、铁器、金银器、瓷器、漆器、玻璃器、珐琅器、纺织品等。

功能分类法，以遗物社会功能为标准，分为礼器(如钟、鼓)、兵器(如刀、枪)、仪器(如圭表、漏壶)、法器(如佛坛、香炉)、生产工具(如锄、镰)、生活用具(如锅、碗)、交通工具(如车、轿、船)等。

成因分类法，以遗物形成原因为标准，分为遗留性遗物，前述各类遗物，大多属于这类遗物。此外，还有损蚀性遗物、累积性遗物、丢弃性遗物。损蚀性遗物，指长期磨损、侵蚀而形成的遗物(如磨损的汽车轮胎、锈蚀的金属工具)；累积性遗物，指积累、重叠而形成的遗物(如柴草灰、烟头、烟灰)；丢弃性遗物，指生产、生活垃圾和因天灾人祸丢弃的各类物品等。

3. 遗迹

即指前人活动遗留下来的痕迹或残存物。包括笔迹、墨迹、石刻、手印、指纹、足迹、伤痕、血迹、毛发、纤维、工具痕迹、车轮痕迹，以及毁坏的器物、碎片及各种微量物等。

此外，还有一种地质遗迹，它是地球在漫长地质演变过程中形成的千姿百态的地质构造、地层剖面、地貌景观、生物化石、矿物、岩石、水体和地质灾害等痕迹。地质遗迹，是自然演变的产物，具有重要价值。例如，云南的石林、安徽的黄山、黄河的壶口瀑布、甘肃的丹霞地貌等，以其独有特色享誉世界。

二、遗存调查法的概念、类型、特点和作用

1. 遗存调查法的概念

遗存调查法，就是运用观察、测量等科学手段，对遗址、遗物或遗迹等前人活动遗存下来的、物化了的社会现象进行调查和研究的方法。例如，对岩画的观察和临摹，对古代文物的发掘和整理，对革命遗址的考查和访问，对前人活动遗迹的勘察和探考，对垃圾的分类和研究等，都属于遗存调查的范畴。

2. 遗存调查法的类型

遗存调查法有两种类型，即古遗调查和今遗调查。

古遗调查，就是对古代人类活动遗存下来的、物化社会现象的调查。例如，对中国各个朝代遗存下来的遗址、遗物、遗迹的调查。

今遗调查，就是对当代人类活动遗存下来的、物化社会现象的调查。例如，对革命遗址、事故遗迹、争斗现场、行为痕迹、垃圾等遗物的调查。

1973 年，美国亚利桑那大学的威廉·拉舍基博士，从学生调查中认识到垃圾的重要性，于是主持了一项持续 20 多年的垃圾研究。他一反对垃圾“不屑一顾”或“视而不见”的偏见，从古遗调查转向了今遗调查。他认为，凡已发生的人类行为，其信息均包含在垃圾之中。垃圾研究可纵贯历史，涉及社会学、社会心理学、市场学、大众营养学、公共卫生、人口、统计、资源再生和环境保护等诸多领域。垃圾研究的许多发现，震惊各界。拉舍基的《垃圾考古》一书畅销美国，并被译成多种文字出版。一门崭新的科学——垃圾学(garbology)由此诞生。

垃圾是一种社会遗存。从物体利用和价值学看，垃圾是失去了使用价值、被扔掉的废物；从资源学和生态学看，垃圾是放错了位置的资源和环境因素；从社会学和社会调查学看，垃圾是被遗弃的物化社会现象，是社会信息的物质载体。由于人们扔垃圾大多是随意的，因而垃圾中往往包含着许多人们行为的客观信息。例如，可从一个家庭扔掉的垃圾中，分析这个家庭的经济收入、消费行为、人口结构、生活习惯、营养状况，以及民族文化背景等。抽烟、饮酒和吸毒等现象，一般很难做如实调查和精确统计，但却往往能从垃圾中找到某些证据。①

① 郑毅. 垃圾和垃圾学：一门新兴科学的出现及其对中国固体废物处理事业的意义[J]. 长春地质学院学报，1996(1).

3. 遗存调查法的特点

(1)实体性。遗址、遗物或遗迹都有一定物质载体，都是可以被直接感知的实体，而不是抽象的存在。因此，它是一种实体性调查。

(2)真实性。一切真实的遗址、遗物或遗迹，都是由于某种不以人的意志为转移的客观原因而遗留下来的，因而具有可靠的真实性。

(3)历史性。遗存调查不是对现实情况的调查，而是对前人活动遗留下来的遗址、遗物或遗迹进行的调查。因此，它属于历史调查范畴。

(4)时空性。遗址、遗物或遗迹都存在于一定的时间和空间，都是一定时间、空间的产物。因此，它具有一定的时空特性。

(5)间接性。遗存调查的对象，不是历史事件当事人或历史遗存编撰者或制作者，而是前人遗留的物质载体。因此，它是一种间接调查。

(6)非介入性和无反应性。遗存调查不介入前人或历史遗存编撰者、制作者的活动，不会引起反应性心理或行为。因此，它是一种非介入、无反应调查。

4. 遗存调查法的作用

(1)探查前人活动的真实情况。在古遗调查中，通过岩画调查可了解史前先民生活的许多真实情况。例如，在新疆阿勒泰市敦德布拉克河谷东侧巨石洞穴里发现的滑雪狩猎彩绘岩画就有这种意义。岩画上方绘有 10 个人物，每人弯腰屈膝，抬头撅臀，手持单杆，脚蹬短小滑雪板，与现代滑雪动作基本相同，其中左边四位清晰可辨。滑雪队伍右上方绘有一人物，正面而立，脚蹬短小滑雪板，头戴羽冠，一只手叉腰，另一只手握狩猎工具指向前方，他可能是这一支队伍的首领，正俯视着下方 20 多只牛马。这 20 多只牛马，尾巴后扬，嘴巴半张，拼命逃窜，整个画面呈现出一幅惊心动魄的高度组织化的滑雪狩猎的动态场景。

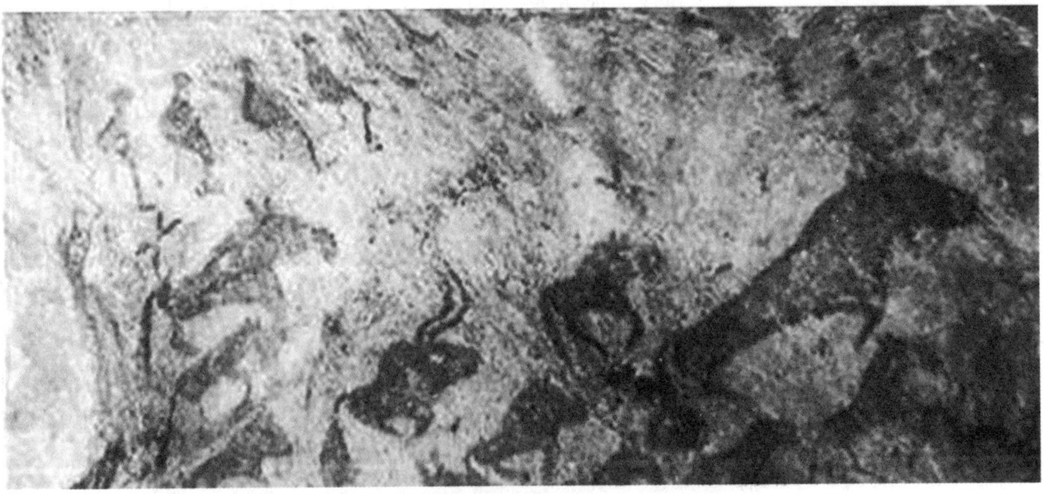

图 12-1　新疆阿勒泰市“敦德布拉克洞穴彩绘岩画”

资料来源：西域美术全集 1・岩画卷[M]. 天津：天津人民美术出版社，1999.

阿勒泰地处阿尔泰山南麓，丘陵众多，水草丰饶，为人和动物提供了绝佳生存环境。同时，该地区冬季寒冷，降雪量大，冰雪期长达半年之久，为滑雪创造了良好条件。因此，雪地狩猎成为阿勒泰先民一种必不可少的生产方式。在漫长的雪地狩猎岁月中，先民们渐渐发明了滑雪板，图 12-1 所呈现的，就是该地先民使用滑雪板滑雪狩猎的真实写照。据研究，该岩画绘制时间约在旧石器时代晚期，距今约一两万年或更早。中国、挪威、瑞典、芬兰等 18 个国家 30 余位滑雪研究专家经过长期研究，于 2015 年联合发表《阿勒泰宣言》，公认阿勒泰为“人类滑雪起源地”，并将每年 1 月 16 日确定为“人类滑雪起源地纪念日”。这是遗存调查的丰硕成果之一。

(2)解析当时当地的社会信息。遗存调查，往往能解析出当时当地的许多社会信息。例如，明朝正德年间(1506—1521 年)的青花烛台，由四部分组成，上为蜡烛插口，外壁绘如意云头纹；下为烛台支柱，中部绘圆形开光，内书写阿拉伯文，上下绘莲花枝纹及菱形纹；再下为承托圆盘，绘如意云头纹；下端为喇叭形台座，绘圆形开光，书写阿拉伯文，上下绘莲花枝纹及菱形纹。如图 12-2 所示。

图 12-2　明正德年间青花烛台

资料来源：透物见史：明代青花瓷为何有阿拉伯文与波斯文装饰[N]. 人民日报，2018-03-15.

明朝正德时期，是社会由保守走向革新的分水岭，也是景德镇御窑瓷器承上启下的转折点。这个转折的表现，一是青花瓷器已成御窑大宗产品，所用青料有所改变。二是器型摆脱了以前御窑瓷器胎体轻薄、造型较少、装饰疏朗等缺点，而变得胎体厚重、造型增多、装饰偏繁。更重要的是，青花瓷上有了阿拉伯文与波斯文装饰，它表明中国与西亚的文化交流进入了新时代。因为，明朝是伊斯兰教在中国迅速发展、回族在中国最终形成的时期。明朝对伊斯兰文化的积极态度，郑和下西洋与伊斯兰世界的联系，使双方文化交流空前繁荣。明瓷中伊斯兰元素的出现，实是自唐至明数百年间中国与伊斯兰世界文化交流的结晶。

青花瓷代表了明代瓷器制作的最高水平。白地蓝花的装饰效果，寓意纯洁、高尚、凝重，非常适合伊斯兰世界的审美需求。一件青花烛台设计、造型和装饰的演变，既反映了明朝社会由保守向革新的变化，又表明了中国与西亚、与伊斯兰世界关系的发展。这说明，遗存调查往往能“透物见情，透物见史”，能解读出当时当地许多社会情况和历史信息。①

近40年寻访过5000多个传统村落的胡彬彬教授认为，“传统村落承载了无数历史文化信息”。他从一根挑柴的纤担找到了“路不拾遗、夜不闭户”的答案。他指出，“绝大多数关于传统文化的记叙，都能在村落里找到具象的传承，但文字记载非常有限”。② 不做遗存调查，就无法解析许多“历史文化信息”。

(3)追寻中华文明的来龙去脉。遗存调查，特别是遗址调查，往往能追寻到中华文明的来龙去脉。在这方面，周原遗址调查、三星堆遗址调查和良渚古城遗址调查，具有特殊的重要意义。

周原遗址位于陕西省宝鸡市岐山、扶风两县北部交界处，总面积约33平方千米。70多年来，一代代考古人在这里奋斗，察古知今，知往鉴来。通过遗址调查说明，周原是西周的发祥地，西周的政治、文化、宗教中心，华夏礼乐摇篮，德政思想渊薮，中华文明的重要源头。

三星堆遗址位于四川省广汉市鸭子河南岸，面积约12平方千米，年代为公元前2800—前1100年(距今4800至3100年)，是迄今在西南发现的范围最大、延续时间最长、文化内涵最丰富的遗址。三星堆遗址的发掘，是20世纪人类最伟大的考古发现之一，它昭示长江流域与黄河流域一样，同属中华文明母体。三星堆文明早于中原文明，青铜器制造水平高于中原，三星堆青铜人物面部特征更像西亚人，这就为“世界文明同源说”“中华文明来源于西亚文明”等观点——追寻中华文明的来龙去脉，提供了探讨的空间。

良渚古城遗址位于浙江省杭州市余杭区瓶窑镇内，总占地面积3平方千米，始建于公元前3300年，距今5300~4300年。2019年6月在第43届世界遗产大会上，良渚古城遗址列入《世界遗产名录》。这样就更新了对中华文明源头的认识，说明中华文明从良渚到商周是从区域性文明向大一统文明逐步汇聚的过程；同时，把中华文明的起源推到了与埃及、美索不达米亚和印度文明同样的时代，从而改写了中国历史和世界历史。

(4)认识已逝遗存的本来面貌。遗存调查，对于认识已逝遗存的原本全貌具有特殊的重要意义。有学者认为，“树木是与语言文字、文物并行的人类的第三部史书”；“用老树来讲故事”，有利于“保存历史，留住文化，留住乡愁”。③ 左公柳的故事就是一个很好证明。晚清名臣左宗棠(1812—1885年)，曾为清廷镇压太平天国和捻军，但他在关键时刻力挽狂澜，顶住朝廷主流派放弃新疆的错误主张，自筹军费，自募新兵，带棺出征天山，收复新疆。左宗棠在西北十余年，修路三千里，栽树百万棵，给荒凉枯寂的西北镶嵌了一

① 宫梓铭. 透物见人，透物见史[N]. 人民日报，2018-03-15.

② 何勇. 近40年寻访5000多个传统村落，胡彬彬——“每个村落都是正在续写的文明史”[N]. 人民日报，2021-01-15.

③ 梁衡. 树是人类的第三部史书(序与跋)[N]. 人民日报，2018-09-11.

条壮观的绿色玉带。后人感叹曰："大将筹边尚未还，湖湘子弟满天山，新栽杨柳三千里，引得春风度玉关。"1871年左宗棠下令植树，到1998年甘肃尚存左公柳202棵。历史上，每次战争都是生态大灾难，而左宗棠未战先栽树，与战争同步实现了生态大修复，恐怕是战争史上仅有的一例；在古往今来的战史上，与收复大片疆土同步建成了壮丽的"左公柳大道"，恐怕左宗棠是仅有的一人。① 就全面认识左宗棠及其类似人物本来面貌而言，对左公柳这类历史遗存的调查，确给人以深刻启迪。

(5)揭示隐藏在细节中的真相。例如，许多公安交警能让痕迹"说话"。有一位痕检"达人"，根据轿车漆片大小、掉落位置及附着粉尘等痕迹判断：肇事车辆为红色轿车，事故时由三明往沙县方向行驶，事故时间距报警时间不长。后来，调取附近监控视频，很快得到证实，找到了作案嫌疑人(参见《福建法治报》，2016年12月29日)。有一个市消防局的火调员，能让焚烧现场的残片和痕迹"开口说话"，他揭开了寒夜小屋起火，少女意外身亡，是电吹风惹的祸；闲置仓库突发大火，是房屋漏雨纸品发酵所致等火灾真相。(参见《让残片和痕迹"说话"揭开火灾真相》，长江商报微博，2012年9月4日)一位经验丰富的教师说，想了解孩子的学习情况，看看他的橡皮就知道了：橡皮干净完整，意味着学习多半比较认真；橡皮被铅笔涂成黑色，说明学习时偶有走神；橡皮上满是被手抠过的痕迹，意味着上课时容易开小差；橡皮形态不规则、周身有被铅笔扎过的痕迹，大概率是上课时小动作不断；橡皮"四分五裂"，表明学习时不太可能聚精会神；橡皮碎成渣，说明对学习毫不上心……这位教师表示，用橡皮判断孩子学习状态，准确率高达99%。

第二节　遗存调查的一般程序和方法

一、遗存调查的一般程序

1. 设计调查方案

设计调查方案，应特别注意三点。

(1) 科学设定调查主题。调查主题是遗存调查的核心。设定调查主题，必须符合遗存调查对象的实际情况和调查者的主观条件。只有如此，才有可能顺利开展调查工作，才有可能获得较高质量的调查成果。否则，调查工作就会困难重重，调查成果的质量及其价值就会受到很大影响。

(2) 慎重选择调查对象。调查对象是遗存调查的客体。它的选择，对调查工作的难易、调查成果及其价值的大小，具有一定制约作用。因此，必须慎重选择调查的对象。一般来说，应选择那些有代表性、典型性的，或者有突出特色的，并符合调查者主客观条件、利于调查的遗存，作为调查对象。

(3) 详细拟定调查提纲。调查提纲是遗存调查工作的指南。它的拟定，应力求全面、具体、符合客观实际。关于调查的目的、内容和方法，实施调查的程序和步骤，调查队伍的组织和分工，调查设备和工具的配备，调查工作的具体日程等，都应做出尽可能详尽、

① 参见：梁衡. 树梢上的中国[M]. 北京：商务印书馆，2018：157-175.

细致，具有可操作性的安排。

2. 做好前期准备

前期准备，关键是做好三方面准备。

（1）思想准备。首先，按照调查目的的现实需要，制定调查工作目标，并把它作为安排调查工作、检验调查进度的标准。其次，按照调查对象的客观情况，做好应对各种困难和问题的准备。再次，根据调查队伍的实际状况，做好加强思想教育的准备。只有做好了这些思想准备，然后再去竭尽全力、百折不挠、努力奋斗，原定的调查目的才有可能逐步实现。

（2）知识准备。首先，要学习有关政策知识。考古调查和考今调查，涉及许多政策规定，必须事先学习、掌握，绝不允许出现政策性错误。其次，要学习有关历史知识。遗存调查的对象往往蕴含着当时当地极其珍贵的信息，没有丰富的历史知识，就无法顺利调查，无法解读其中的信息。再次，要学习有关方法知识。要发掘、认识遗存调查对象，就必须使用一定的工具和方法。实践证明，调查者的知识越丰富、越多样，遗存调查的质量和成功率就越高。

（3）队伍准备。首先，要选择，即选择一批历史知识较多、方法和技能较好，特别是具有吃苦耐劳、甘于奉献精神的人员，组成一支精干的调查队伍。其次，要培训，即组织调查人员学习有关政策、历史、方法的知识和技能。再次，要实践，即组织调查队伍进行实验性遗存调查，通过调查实践提高他们的知识、技能和吃苦耐劳、甘于奉献的精神。遗存调查是一项艰苦、复杂、繁重的工作，没有一支素质较高的队伍就无法顺利开展调查，更不可能取得成功。

3. 开展遗存调查

开展遗存调查，最重要的有三个步骤。

（1）调查前的实地踏勘。其目的有三。一是选择调查对象。合适的调查对象，不能从书本里寻找，也不能听别人介绍，而必须通过实地踏勘选择、确定。二是服务设计调查方案。高质量的调查方案，不是关在办公室冥思苦想出来的，而是在实地踏勘基础上设计出来的。三是指导组织调查队伍。只有根据调查对象、调查方案的客观需要物色调查人员，才能组建成一支优良的调查队伍。实地踏勘，必须由调查的领导者、组织者亲自实施，否则就无法达到上述三个目的。

（2）调查中的及时检验。在遗存调查过程中，往往会出现许多始料未及的新情况、新问题，需要及时调整设计方案，改变工作程序，更换工作人员，协调各方工作。这就要求调查的领导者、组织者经常深入第一线，亲自考察、检验计划执行情况，及时发现新情况、新问题，并采取有效措施解决这些新情况、新问题。否则，调查工作就无法顺利进行。可以说，调查过程中的及时检验和有效应对，是保证调查质量、实现调查目的的关键一环。

（3）调查后的研究应用。遗存调查的后续工作应突出抓好三件事。一是开展研究，即对调查所获资料，运用多种方法，特别是现代科学技术和手段，进行多视角、多层次研究，形成文字、影视等调研成果。二是推广应用，即宣传、应用遗存调查成果，发挥其在人民群众中学习、继承、发扬中华优秀传统文化的潜移默化作用。三是妥善保护，即对具有唯一性、不可再生性的遗存调查对象，做好万无一失的保护工作，使其具有长期研究价值。

二、遗存调查的主要方法

1. 观察和访问

遗存调查，首先，要做广泛的观察；其次，要对遗存调查对象——遗址、遗物、遗迹周围的群众进行深入访问。至于如何观察和访问，本书第七章实地观察法和第八章访问调查法中已有详细论述，这里不再重复。

2. 发掘

发掘，是指把埋藏在地下的东西挖掘出来。遗存调查的对象，有的原来就建在地下，如坟墓、采石坑、古井等；有的原来建在地上，后来由于地震等原因逐渐沉入地下，如良渚古城遗址等。因此，做遗存调查时，到达现场后，应仔细观察地形，利用沟沿、山崖等地层断面，寻找遗迹或遗物露头，然而再发掘。

发掘遗址，首先，必须弄清楚“生土”“熟土”和“文化层”等概念。“生土”，亦称“死土”，是指未经人类活动改变过的原生土壤。“熟土”，是指被人类活动改变过的土壤，如种植过农作物的田地，建造过房屋的宅基地等。“文化层”，是指人类活动遗留下来的各种器物、有机物及其残余所形成的堆积层。不同时代，人类文明程度、文化模式不同，文化层的内含物就不一样。因此，通过不同文化层内含物的比较研究，就可发现、认识不同时代人类文明程度和文化模式的特点及其变化发展趋势，从而为研究人类文明和文化模式的发展规律提供客观根据。其次，必须明确文化层之间存在的三种关系：一是叠压关系，即早期文化层在下、晚期文化层在上的关系，它是文化层分布的基本关系；二是打破关系，即晚期人类活动(如筑墓葬、挖灰坑、打井等)，打破了早期在下、晚期在上的文化层分布的基本关系；三是共存关系，即同一时期、地域，处在同一文化层上各个遗址、遗迹的关系。此外，还有两种情况，即“扰乱层”和“断层”。弄清楚上述概念和关系，是做好发掘工作的必要前提。

3. 测量和仪器检测

在遗存调查中，使用得最多的测量是度量衡。常用测量长短的器具有直尺、卷尺、千分尺等。常用测量容积的器具有量杯、量管、量筒、量瓶等。常用测量轻重的器具有杆秤、盘秤、地磅、天平、弹簧秤等。时代、地域、国情不同，度量衡标准及计量方法就不完全相同。使用度量衡器具测量和计算时，应因时、因地、因国度不同，使用不同标准。

在遗存调查中，经常要研究遗址、遗物、遗迹形成的年代。这就必须断代和测年。断代的方法很多：可根据遗址、遗物、遗迹中的文字纪年、题记、铭文、墓志铭、文献资料断代，也可根据地层、地质结构、古生物学、类型学研究结果断代。测年的方法也很多：有碳-14 测定法，热释光测年法、古地磁法、铀系法、树木年轮校正法、穆斯波尔普法等。其中，碳-14 测定法是最广泛、最有效的测年方法，它的测年样品包括木炭、木头、贝壳、骨骼、泥煤和其他有机物，以及碳酸盐类的泥灰、石灰、生硝等；所需样品，一般为 1~10 克；测年的时间范围是距今 300 万年到 4、5 万年。

目前，遗存调查的检测仪器和方法很多。例如，数字温度测量仪，可测量物体表面、堆垛内部温度，以及电线连接处的发热情况。碳化深度测定仪，可测量木材碳化深度，评析火势蔓延方向。混凝土回弹仪，可检测建筑构件、桥梁及各种砼构件的强度，弹击拉簧刚度，弹击锤冲程等。可燃气体检测仪，可搜集燃烧现场残留的天然气、液化石油气等物质，经换算可测算出气体爆炸浓度值。剩磁测试仪，可用于检测雷击、电线短路时，铁钉、线卡、线槽、日光灯铁罩、镇流器铁壳和配电箱铁质构件等留下的磁性，为确定起火原因、方位提供参考依据。此外，电阻率成像法、两栖地质雷达、高精度磁法、频率域电磁法、同位素分析、DNA 分析、CT 扫描，绘制“3D 藏宝图”等，也开始用于遗存调查。随着科学技术发展，对遗存调查对象进行检测的仪器和方法，将越来越多，越来越高效、方便。

4. 拍摄和遥感

遗存调查中的拍摄，首先，拍摄大场面。如，发掘开始时，主要拍摄遗址、遗物或遗迹的地理位置和环境，地层关系和地形、地貌，以及拍摄对象的总体分布情况等。发掘过程中，主要拍摄发掘现场的工作情况，挖掘方法，发掘过程，发现的城址，墓葬的坑位和结构，以及随葬品等。发掘最后阶段，应拍摄平面全景图等。其次，拍摄小物体。如遗存下来的器物、痕迹等。

遗存调查大多在野外拍摄。拍摄野外画面，要主次分明、井然有序，要选择最合理的画面和最有说服力的角度；画面上的人物处理要自然；拍摄出土器物，要选择好远近、俯仰、角度，最好让所拍器物与遗址墓葬的边壁发生联系。

随着科技发展，航拍、无人机拍摄、遥感技术已越来越多地应用于遗存调查。例如，中国科学院科研人员利用遥感技术，在新疆探测古长城所在区域的土壤、植被和地貌信息，发现与周边环境的细微差异，从而“复原”出消失的古长城遗迹和周围的地势环境。他们根据这些遗址已勾勒出一条长城资源分布线，并通过遥感和三维技术“复原”新疆古长城遗迹的样貌。未来，借助虚拟现实技术，人们还能在网上身临其境地“游览”新疆古长城。① 目前，空间考古可“上天入地”。2013 年，在瓜州至沙州 100 多公里路段发现丝绸之路上的驿站、房址、古渠道等十余处。2017 年 3 月，“数字丝绸之路”世界遗产国际工作组成立，确定在北非和地中海、中亚—中巴走廊和“海上丝绸之路”开展空间考古国际合作。②

5. 古分子生物学研究

随着现代科学技术发展，古分子生物学在遗存调查中发挥着越来越重要的作用。例如，古人骨遗存的 DNA 研究，可提供有关人类及其近亲的历史，不仅可阐明人群联系的模式，而且可回答考古学、古人类学提出的许多疑难问题。比如，特定人群何时、何地、从何而来？谁的基因与谁混合？何时混合？考古中发现的变化，是否是人口变迁或文化创新的结果？过去的文化是否留下了遗传后代？③ 古分子生物学研究，可帮助我们打开许多

---

① 喻思娈. 追寻湮没的古长城[N]. 人民日报，2017-03-20.

② 王心源. 空间考古大有可为[N]. 人民日报，2020-12-12.

③ Montgomery Slatkina, Fernando Racimoa. Ancient DNA and human history[J]. PNAS, 2016, 113(23): 6380-6387.

没有文字记录的远古时代的神秘之门。同时，研究动植物和人类化石残存古蛋白质分子分解的产物，可确定古氨基酸排列顺序；对比现代类似物种，可在分子水平上探索古生物进化、遗传及化学成分，进而了解古代社会的状态及其变迁。①

6. 登录

登录原则有四。一是真实。登录内容必须真实、可靠，准确无误。二是全面。登录必须贯穿遗存调查的全部过程和所有环节，不能有任何遗漏。三是及时。登录必须紧随遗存调查进程及时登录，力避时过境迁、失去机会。四是详细。遗存的名称、地点、位置、地形、地貌、时间等，都应详细、具体地登录。

登录方式有六。一是文字记录，应具体、详尽。二是测量记录，应准确、无误。三是图表记录，应简明、清晰。四是照片记录，应图文对应。五是采集标本，应妥善保存。六是制作模型，应真实、实用。

第三节　遗存调查中应该注意的问题

一、遗迹的保护、固定和提取

在今遗调查中，交通事故、社会事件居多，其遗迹调查应该注意的是：

首先，及时到达现场，保护现场。力求使现场保持原有状态。如果现场发生变动，就不利于了解事情真相，更难以判断事件的来龙去脉和是非曲直。

其次，固定现场痕迹，提取现场遗迹。例如，用相机拍摄遗漏机油的油迹、车胎摩擦地面的痕迹；用照相、透明胶纸、制模等方法提取器具、玻璃上的手印、指纹；搜集垮塌房屋的砖瓦、物体碎片，火灾现场的遗留物等。

再次，尽可能寻找并访问事件的见证人。通过对见证人的及时访问，了解当时的具体情况，这对了解真相、判断原因具有重要参考价值。

二、遗物真伪的鉴别和破损的修复

开展遗物调查，首先，应鉴别遗物的真伪。现在，古代文物鱼目混杂，仿制品多，稍不留神就会被忽悠。其次，对破损的遗物，应先修复，尽可能恢复遗物原貌，然后再开展研究。否则后续研究就不能完全展开，很难得出科学结论。

不同类别遗物，修复流程、工艺和周期都不相同。以修复流程为例：修复青铜器的步骤：①碎块整理；②去锈；③整形；④焊接、粘接；⑤拼接；⑥补配；⑦作色。修复瓷器的步骤：①拆分；②除渍；③清洗；④粘接、补配；⑤作色。修复木器的步骤：①除尘；②粘接；③补配；④加固；⑤烫蜡保养。修复纺织品的步骤：①除虫、除尘；②检测；③补配；④缝补；⑤整形；⑥回贴。上述步骤中，有一些需要科技设备才能完成；所有这些修复，都需要高度的细心与耐心。

---

① 参见：杨群. 分子古生物学原理与方法[M]. 北京：科学出版社，2003.

三、遗址变动、破坏的考察和评估

古代遗址，由于年代久远，自然灾害，战乱摧毁，人为盗掘等原因，大多有或大或小的变动和破坏。遗存调查初期，必须先对遗址变动、破坏情况详加考察和评估。准确掌握遗址变动、破坏情况，对于做好后续调查具有重要意义。

对遗址变动、破坏的考察和评估，首先，应注意不同文化层出土物的分类登录和管理。如果发生混淆，不利于后续的对比研究，甚至可能会做出错误的评价或结论。其次，应加强文化层“打破”关系的研究。对于“打破”关系提供的对不同文化层进行对比研究的契机，不应轻易放过。再次，重视“扰乱层”和“断层”研究，探明其情况和成因，这就有可能获得一些新认识，得出一些新结论。

四、注意度量衡的历史变迁

在考古调查中，往往会发现一些度量衡器具，或标注有一定度量衡数量的遗物、遗迹。对此，登录或研究时应先换算成现今的标准，然后才能正确开展对比研究。为了便于换算，现将中国历代度量衡标准变迁简况列于表 12-1。

表 12-1　中国历代度量衡的变迁(节录)

度：1尺			量：1升			衡：1斤		
朝代	说明	今：米	朝代	说明	今：毫升	朝代	说明	今：克
秦	商鞅量尺	0. 231	前汉		342. 5	前汉		258. 24
后汉	官尺	0. 238	后汉		198. 1	后汉		222. 73
隋	开皇官尺	0. 296	隋	大业三年前	594. 4	隋	大业三年前	668. 19
唐	铜尺	0. 302	唐		594. 4	唐		596. 82
宋	铜尺	0. 316	宋		664. 1	宋		596. 82
宋	木尺	0. 329	元		948. 8	元		596. 82
明	骨尺	0. 320	明		1073. 7	明		596. 82
清	量地藩尺	0. 343	清		1035. 5	清		596. 82

资料来源：梁方仲. 中国历代户口、田地、田赋统计[M]. 北京：中华书局，2008：738-745.

五、努力回避自然干扰，及时排除社会干扰

遗存调查是一项复杂、艰巨的工作，需要较长时间。实践证明，在遗存调查过程中，往往会遇到许多干扰，包括季节、气候、地理环境变化等自然方面的干扰，以及政治环境、社会变迁、经费削减、人员调动，直至附近居民态度、行为变化等社会方面的干扰。如何采取合理措施，努力回避各种自然干扰，及时排除各种社会干扰，是保证遗存调查顺利进行的一项重要工作。

六、认真做好遗存的长期保护工作

遗存调查对象，大多有长期研究价值。特别是遗址调查，往往需要延续数年，甚至数十年时间。例如，浙江良渚古城遗址调查，从 1936 年发现到 1996 年其被列为全国重点文物单位，历时 60 年。1928 年发掘的中国历史第一都城——河南省安阳市小屯村的殷墟遗址，直到今天仍然具有宝贵研究价值。有些遗物调查，也需要很长时间。例如，北宋张择端的《清明上河图》，从 1950 年 8 月在东北博物馆临时库房发现，至今已被人研究了 70 多年，① 甚至有可能永远研究下去。这说明，必须认真做好遗存的长期保护工作。那些具有永恒研究价值的遗存，是唯一的、不可再生的宝贵资源，必须精心保护，真正做到万无一失。如果保护者发生意外，使这些不可再生的宝贝受到损坏，那将成为不可饶恕的历史罪人！

第四节　遗存调查法的优点和局限性

一、遗存调查法的优点

1. 真实、可靠，可直接感知调查对象

遗存调查，都是实地调查。调查者关于调查对象的认识，都是通过直接感知获得的第一手资料，是真实、可靠的，这是遗存调查法最大的特点和优点。

2. 实体、稳定，可长期反复研究

遗存调查的调查对象，都是物质实体或以物质实体为基础(如岩画、石刻等)，都具有较长时期的稳定性和可靠性，都可为同一调查者或不同调查者提供具有实体性、稳定性的调研对象，都可进行长期、反复的调查与研究。

3. 丰富、具体，可多维度解读

“与透过文字的想象不同，从一件件文物身上，可以观察、触摸、研究、体认，从而感知古代中国人以及创造者的温度和态度，解读多个维度的信息，重建一部基于物质遗存的中华文明史，并进而建立起我们自身的文化自信”。②

4. 间接、非介入，可做无反应调查

遗存调查是一种间接性、非介入性、无反应性调查，没有反应性心理或行为的顾忌，调查研究的环境比较宽松。

二、遗存调查法的局限性

1. 难以进行全面、深入的调查研究

遗存调查的调查对象，只是前人活动遗留、保存下来的部分，而没有包括已经消失的、没有保存下来的部分。这就决定了对前人活动的调查研究不可能是全面的、深入的。

① 余辉. 隐忧与曲谏“清明上河图”解码录[M]. 北京：北京大学出版社，2015：1.

② 刘阳. 以文物看文明 以文明扬自信[N]. 人民日报，2018-01-18.

遗存调查对象的局限性，决定了遗存调查研究工作的局限性。

2. 只能获得或然性的认识和结论

遗存调查难以准确判明调查对象的前因后果，因而所获得的认识和结论，一般只具有或然性，即有可能，但不一定，因而不具有必然性。

3. 需要投入较多的人力、物力、财力和时间

遗存调查大多情况复杂，工作量大，需要投入较多的人力、物力和时间，而这往往是许多遗存调查难以开展或难以持久的一个重要原因。

4. 需要素质较高、结构合理的调查队伍

遗存调查对调查者的素质及其结构有较高要求。实践证明，要组建这样一支素质较高、结构合理的调查队伍，往往非常困难。

思考与练习

1. 什么是“遗存”？遗存可分为几种类型？
2. 何谓“遗物”？遗物有哪些分类方法？
3. 什么是遗存调查法？它有何特点？可分为几种类型？
4. 简述遗存调查的意义和作用。
5. 遗存调查有哪些程序和方法？
6. 什么是文化层？文化层之间存在哪几种关系？
7. 遗存调查中应该注意哪些问题？
8. 请选择一个您熟悉的对象，做一次今遗调查，并记述调查的过程和结果。

推荐阅读

1. 郑毅. 垃圾和垃圾学：一门新兴科学的出现及其对中国固体废物处理事业的意义[J]. 长春地质学院学报，1996(1).
2. 余辉. 隐忧与曲谏 “清明上河图”解码录[M]. 北京：北京大学出版社，2015.
3. 刘阳. 以文物看文明 以文明扬自信[N]. 人民日报，2018-01-18.
4. 宫梓铭. 透物见人，透物见史[N]. 人民日报，2018-03-15.
5. 梁衡. 树梢上的中国[M]. 北京：商务印书馆，2018.

第十三章　网络调查法

本章要点

1. 虚拟调查法，是指运用计算机、网络等高科技术把调查对象及其活动转化为数据、文档、图片、音频、视频等非实体形式而进行调查的方法。它是虚拟与现实的结合，它的形式是虚拟的、非实体的，它的内容却是客观的、现实的。

2. 网络调查法，又称网上调查，就是调查者根据一定目的，运用计算机和网络技术搜集信息，然后分析研究并做出结论的调查方法。

3. 网络调查法的突出特点是从“纸质调查”到“无纸调查”、从“当面调查”到“匿名调查”、从“耗时耗费”到“便利低廉”和从“标准控制”到“参差不齐”。

4. 网络调查可分为两类，即网络互动调查和网络信息调查。

5. 网络互动调查，就是调查者在网络上设置问卷或提出问题，调查对象通过网络填写问卷或回答问题；然后，由调查者对反馈信息进行研究并做出结论的调查方法。网络互动调查有四种方法，即网上问卷法、网上讨论法、网上测验法和网上观察法。

6. 网络信息调查，就是调查者对网络上贮存的文本、数据、图形、视频等信息，进行搜索、筛选、下载，然后进行研究并得出结论的调查方法。网络信息调查有四种方法，即网上文献调查法、网上数据调查法、网上二手资料调查法和特定软件调查法。

7. 网络互动调查的步骤和方法是：制订调查计划、设计调查工具、设计网页、试调查和制定紧急预案、网络调查发布和开始调查、数据的收集和统计分析、调查报告的撰写和对参与者的反馈。

8. 实施网络调查应该注意的问题：恰当选择调查主题、科学设计调查问卷、完善程序控制设计、科学合理放置问卷和慎重做出调查结论。

9. 网络调查法的优点是：开放性、自主性、隐匿性、多样性、快捷性、实时性和低廉性。缺点是：调查对象的有限性和不明晰性、调查平台的局限性、调查环境的虚拟性、网络活动的隐蔽性、网络管理的不完善性和调查质量的不确定性。

基本概念

网络调查法　网上互动调查　网上信息调查　网上问卷法　网上讨论法　网上测验法　网上观察法

在调查方法体系中，与历史调查方法一样，虚拟调查方法也是其中一翼。所谓虚拟调查法，是指运用计算机、网络等高科技术把调查对象及其活动转化为数据、文档、图片、音频、视频等非实体形式而进行调查的方法。它是虚拟与现实的结合，它的形式是虚拟的、非实体的，它的内容却是客观的、现实的。① 目前，虚拟调查方法主要有两种，即网络调查法和大数据调查法。

要掌握和运用网络调查法，就必须弄清楚网络调查的概念和特点，类型和方法，一般步骤和应该注意的问题，以及网络调查法的优缺点等问题。

第一节 网络调查法的概念和特点

一、网络调查法的概念

网络调查发端于20世纪90年代，兴起于21世纪初。1994年，美国佐治亚理工学院的图形、可视化和可用性中心进行的关于互联网使用情况的调查，就是最早的网络调查。后来，随着云计算平台以及WAP无线网络终端技术的应用和普及，网络多媒体用户飞速增长，特别是4G、5G的推出，更高级别手机和多样化应用程序的普及，这一研究方法逐渐为调研者所青睐。

网络调查法又称网上调查，就是调查者根据一定目的，运用计算机和网络技术搜集信息，然后分析研究做出结论的调查方法。简言之，网络调查法就是运用计算机和网络技术进行调查的方法，它实质上是现实调查法在网络上的应用和发展。

二、网络调查法的特点

与现实调查法相比较，网络调查法有许多不同的特点。例如：调查技术的先进性，调查对象的广泛性，调查范围的广阔性，调查内容的多样性，调查方式的便利性，调查工作的高效率等。此外，还有几个突出特点：

1. 从“纸质调查”到“无纸调查”

网络调查最大的特点是调查技术的进步，从而将“纸质调查”转化为“无纸调查”。例如，将纸质问卷变为电子问卷，将访谈笔记变为语音文件，将观察照片变为网络视频等。这就要求调查者要熟悉相关技术。例如，要进行网络问卷调查，就要熟悉“问卷星”等微信小程序的页面设置、发送、数据收集等环节的技术；要组织网上讨论，就要熟练运用网络会议软件等。调查对象也要了解相关技术。例如，调查对象要能够浏览网页，使用微信、QQ等应用软件，而不熟悉网络技术的老年人、没有接通网络地区的居民等，就很难成为调查对象。

2. 从“当面调查”到“匿名调查”

与现实调查法的“当面调查”不同，网络调查具有“超时空”特性，可以为参与者提供

---

① “虚拟”，《汉典》的网络解释是：①不符合或不一定符合事实的虚拟情况；②凭想象编造的事；③由高科技术实现的仿实物或伪实物技术。这里在第三种意义上使用这一概念。“实体”，《汉典》的解释是：实际存在的物体。

独立、自由的时间和空间，从而使调查活动具有了“隐匿性”。这样就有利于调查一些敏感性、隐私性、威胁性的问题，有利于调查对象隐匿、从容地回答问题，有利于他们更容易接受调查、真实地回答问题。

3. 从“耗时耗费”到“便利低廉”

现实调查方法，特别是面对面的调查，耗时间、耗经费，调查成本往往居高不下。网络调查由于超越了时空限制，可以开展 24 小时全天候调查；可以扩大调查范围，凡有网络的地方都可开展调查；可以运用计算机和互联网制作问卷、发放问卷、清理数据、评估质量、撰写调查报告；可以节省印刷问卷或表格、组织人员调查、录入数据等方面的人财物力和时间；可以节省修正错误所需花费的成本，等等。显然，网络调查是一种“便利低廉”的调查。

4. 从“标准控制”到“参差不齐”

在现实调查方法中，无论是实地观察、访问调查，还是问卷调查、实验调查，对调查的范围和对象，调查的内容和方式，调查的过程和活动等，大多有一定的标准或控制，因而调查所获资料的质量一般较高。网络调查则不同，它的调查范围、对象和过程，一般都难以按照一定标准进行有效监控，再加上无法避免某些人的逢场作戏、恶意捣乱，因而网络调查所获资料的质量往往参差不齐。

第二节　网络调查的类型和方法

按照调查方式和信息来源的不同，网络调查可分为两种类型，即：网络互动调查和网络信息调查。

一、网络互动调查

网络互动调查，就是调查者在网络上设置问卷或提出问题，调查对象通过网络填写问卷或回答问题，然后，由调查者对反馈信息进行研究并做出结论的调查方法。

网络互动调查，有以下四种方法：

1. 网上问卷法

网上问卷法，就是调查者在网上发布问卷，调查对象在网上填答、提交问卷，调查者对反馈信息分析研究后做出结论，并在网上公布调查结果的方法。

根据采用技术不同，网上问卷调查有四种具体做法：

(1)网站法。即将问卷放置在网络站点上，由调查对象自愿填写。调查者可以向调查对象发送网站链接，然后在网站后台收集和查验数据。

(2)E-mail 法。即通过电子邮件发送问卷，调查对象填答问卷后再通过电子邮件向指定邮箱提交问卷。这种方法在西方使用较多，目前中国人使用电子邮件的频率不高，因而往往存在不够广泛、不够及时等问题。

(3)微信小程序法。即通过微信小程序发放电子问卷，例如“问卷星”小程序。现在中国人使用微信、QQ 的频率要远高于电子邮件，因而通过微信小程序制作电子问卷，可以及时发送到调查对象的微信或 QQ 上，及时提醒调查对象填写，还便于用户之间相互转发，扩大调查范围。

(4)二维码(QR)法：就是将网络调查转换为 QR 码，然后以印刷或在线媒体形式发布。这样使用配备了 QR 码阅读器的智能手机，就可成为网络调查的对象。例如，在硬件产品评估调查中，将 QR 码打印在硬件上，愿意参加调查的人通过配备了 QR 码阅读器的智能手机扫码，就能参加调查。此外，这种二维码法已广泛应用到日常生活工作中。例如，目前许多高等院校、高科企业要求职工每天上班前通过二维码法回答与新冠肺炎疫情有关的问题：今天是否有新冠肺炎感染症状(发烧、咳嗽等)？最近，是否与新冠肺炎病人有过接触？这样有关高校、企业就可快速决定该职工能否上班；同时，可及时掌握本单位上班职工的新冠肺炎感染情况。

2. 网上讨论法

网上讨论法，就是调查者在网上提出问题，组织参与者在网上讨论，通过网上讨论收集信息和数据，经分析、研究后在网上发布讨论结果的方法。网上讨论法，是集体访谈法在网络上的应用。过去，西方学者开展网上讨论，一般比较喜欢通过 BBS(电子公告牌)、Newsgroup(新闻组)、ICQ(一种聊天工具)、IRC(一种聊天方式)、Netmeeting(网络会议系统)等交互平台实施。

21 世纪以来，中国网络信息技术已有很大提高，许多平台能完成上述功能，并逐渐替换掉上述平台。目前，中国开展网上讨论常用的平台是：QQ 平台、微信平台、微博平台。

网上讨论的优点是，环境虚拟、身份隐秘，参与者较少顾虑，往往能聊出许多真情况、真想法，能获得大量、真实的信息。缺点是，参与者的地域分布、社会背景无法确认，反映的事实和数据难以核实，需要花费较多的人力和时间，如果缺乏有效调控，有可能沦为少数不负责任者编造谎言、发泄私愤的场所。此外，由于难以引导和控制讨论过程，访谈质量往往难以保证。

2020 年年初以来，在新冠肺炎疫情影响下，中国和世界在实时沟通、网络会议等应用软件方面得到了迅猛发展，例如腾讯会议、钉钉、Zoom 等。这样就为网上讨论提供了更加稳定的设备环境，使网络会议平台成为目前应用得比较广泛、比较稳定的讨论平台。

3. 网上测验法

网上测验法，就是调查者通过网络发出含有测验内容的问卷或电子邮件，请调查对象回答问卷或电子邮件中提出的问题，然后，调查者对反馈信息进行分析、研究，并做出测验结论的方法。网上测验的内容可以非常广泛，可以是产品试销，可以是网络购物，可以是各种社会热点问题，也可以测试调查对象的主观素质、态度等方面的问题。例如，有的部门曾通过电子邮件测试其员工“是否容易受骗，在网上泄露个人信息”。这种测验，可以通过电子邮件、微信或者 QQ 发送网络链接，但自愿参与者有限，回复率一般较低。此外，这种测试往往需要隐藏研究目的，从而带来某些争议极大的伦理或法律问题，因而实际使用较少。

4. 网上观察法

网上观察法，是调查者进入网络聊天室观察参与者网络聊天情况，并按事先设计的观察项目和要求做记录，然后进行统计分析和对比研究，并做出观察结论的方法。网上观察法，可分为网上参与观察和网上非参与观察。

(1)网上参与观察，是指调查者公开自己的身份，加入聊天者之中，围绕一个主题开展聊天活动，并通过自己的聊天活动或引导、干预行为，来观察调查对象的言论和态度，并做出网上观察的结论。

(2)网上非参与观察，是指调查者不公开自己的身份，不参与聊天活动，对调查对象围绕某个主题开展的聊天活动，不实施任何引导和干预，静观调查对象的言论和态度，并做出网上观察的结论。

网上观察，特别是网上非参与观察，主要是一种间接观察，因而往往能获得许多真实情况和思想动向，是一种有效的调查方法。

二、网络信息调查

网络信息调查，就是调查者对网络上贮存的数据、文本、图形、视频等信息进行搜索、筛选、下载，然后进行研究并得出结论的调查方法。

1. 网络信息调查的四种方法

(1)网上文献调查法，是指调查者依据一定目的和课题，通过网络检索、阅读、获取文献资料的方法。目前，部分网站或平台还提供简单的文本分析，或具备"词云"功能，为调查者提供直观的可视化分析。调查者只要有明确的调查目的、具体的研究范围，以及一定的网络搜索技术，就可使用这种方法开展文献调查。运用网上文献调查法搜索文献，不需要大量调查人员和设备，可节省人力、财力、物力和时间，可搜索到广泛的文献，是一种极为便利、高效的文献调查方法。

(2)网上数据调查法，是指调查者依据一定目的和课题，通过网络检索、阅读、获取数据资料的方法。在社会调查中，有相当一部分研究课题需要获取宏观统计数据，调查者往往需要花很大精力去查阅和整理宏观统计数据。网上数据调查法则可极大简化这一过程。调查者只要有明确的调查课题和数据需求范围，以及一定的网络搜索技术，就可使用这种方法开展网上数据调查。例如，研究地区之间的收入及其变化趋势，只要通过国家统计局网站搜索，就可获取中国 335 个地级市近 20 年的 GDP 数据，并据此来分析地区之间的收入差距及其变化趋势。

(3)网上二手资料调查法。无论文献或数据，都有一手资料、二手资料之分。所谓一手资料，是指调查者亲身实践或亲自调查获得的资料；所谓二手资料，是指其他人或为其他目的收集的资料。二手资料有两种，一种是未经过处理的二手资料，如中国综合社会调查(CGSS)问卷调查数据；另一种是经过处理的二手资料，例如以统计值或表格呈现的数据资料，或其他研究者文章中公布的调查结果和统计值。通过网上二手资料调查法调查、获取二手资料，可节省调查、收集、整理资料的时间，可了解二手资料调查、收集、整理者的研究思路和方法，其缺点是失去了资料的原始性、真实性和可靠性，使自己的研究在一定程度上受到二手资料的局限和影响。

(4)特定软件调查法，就是利用某些网站或平台的软件、某些手机 APP，调查、获取有用信息或数据的方法。例如，研究中国政策发展方向，可通过"学习强国"App 获取丰富的国家政策信息和理论信息。又如，百度、Google 等搜索引擎也提供了与网络浏览相关的简单数据。通过这些软件，都可调查、获取许多有用的信息或数据。目前，市面上有许多对社会调查十分方便的商业软件(如锐研社会科学专题数据库、上海逸景数据采集软件等)，能提供自动集成数据；还有一些商业软件(如“八爪鱼”)，可提供简单的网页爬取功能。需要注意的是，那些免费爬虫软件，虽然可以爬取到某些数据，但是其质量难以保证。现在，很多公共网页都加入了防爬虫功能，因而更难获取高质量的信息或数据。

2. 网络信息调查的主要网站或平台

为了提高网络信息调查的可靠性、有效性和权威性，必须慎重选择网络信息调查的网站或平台。选择网络信息调查网站或平台的基本要求是：①信息来源的权威性和可靠性；②信息内容的广泛性和适用性；③信息时间的连续性和时效性；④信息形式的多样性和丰富性。以下提供若干类网站或平台，供参考。

(1)文献类信息检索网站或平台。

中国知网(http://www.cnki.net)；

中国人民大学书报资料中心(http://book.zlzx.org/)；

中国高等教育文献保障系统(http://project.calis.edu.cn/)；

中国社会科学引文索引(CSSCI)(http://www.cssci.com.cn/)；

古籍馆(https://www.gujiguan.com/)等。

(2)统计类信息检索网站或平台。

国家宏观统计数据：中国国家统计局网站(http://www.stats.gov.cn/)；中国统计信息网(www.cnstats.org/)。

教育类数据：中华人民共和国教育部政府门户网站(http://www.moe.gov.cn/)。

医疗卫生类数据：中华人民共和国卫生健康委员会(http://www.nhc.gov.cn/)。

财政类数据：中华人民共和国财政部网站(http://www.mof.gov.cn/)。

环境保护类数据：中华人民共和国生态环境部(https://www.mee.gov.cn/)。

科技类数据：中华人民共和国科学技术部(http://www.most.gov.cn/)。

劳动与社会保障类数据：中华人民共和国人力资源和社会保障部(http://www.mohrss.gov.cn/)等。

(3)政策类信息检索网站或平台。

中华人民共和国中央人民政府网站(http://www.gov.cn/)；

中国人民政治协商会议全国委员会网站(http://www.cppcc.gov.cn/)；

人民日报图文数据库(http://data.people.com.cn/rmrb/20210122/1? code=2)；

新华网(http://www.xinhuanet.com/)；

光明网(https://www.gmw.cn/)；

中国共产党思想理论资源数据库(https://data.lilun.cn)；

学习强国网站(https://www.xuexi.cn/)等。

(4)知识产权信息检索网站或平台。

中国知识产权网(http://www.cnipr.com/)；

中国国家知识产权局(http://www.sipo.gov.cn/zljs/)等。

(5)二手调查资料网站或平台。

中国综合社会调查数据库(http://cgss.ruc.edu.cn/);

中国家庭追踪调查(http://www.isss.pku.edu.cn/cfps/);

中国社会质量基础数据库(http://csqr.cass.cn/index.jsp);

中国私营企业调查(Chinese Private Enterprise Survey, CPES)数据库(http://ssm.cssn.cn/sjzy/201609/t20160914_3202846.shtml)等。

第三节　网络调查的步骤和方法

网络信息调查，主要是调查者个人活动，其步骤和方法比较简单：一是确定调查主题和内容；二是选择合适的网站或平台；三是逐步搜索、阅读和下载。

网络互动调查，大多涉及众多调查对象或参与者，必须事先制订调查计划，逐步实施，才能达到预期目的。网络互动调查的一般步骤如下：

一、制订调查计划

网络互动调查计划，一般应该包括以下内容：

(1)设置调查主题。调查主题的设置，应该主要是群众“最盼、最急、最忧、最怨”的问题,① 以及百姓的“操心事、烦心事、揪心事”。② 对于这些问题和事情，群众最关心、最了解、最有发言权，因而往往能取得良好的调查效果。此外，还可发挥网络调查的隐匿性特点，可设置某些敏感性、隐私性问题作为调查主题。

(2)明确调查目标。调查要解决什么问题？解决到什么程度？达到什么样的目的？调查成果采取何种形式发布？社会作用达到什么目标？是做学术探讨，供决策参考，还是进行思想教育，影响社会舆论？对这些都应该做出明确设计。不能只做初期探索性研究，而不做精准的统计推断。网络问卷调查是非常不错的选择。

(3)寻求合适对象。调查者无法选择网络互动调查的对象，只能根据调查对象反馈的信息做统计分析。但是，如果通过电子邮件发送问卷，则可根据调查主题的需要，借助层次过滤寻找适合的回答者。对于某些敏感性、隐私性主题(如同性恋、吸毒等)，使用特定的 App 则可相对容易地锁定潜在的调查对象。

(4)选择调查载体。根据调查主题和调查对象的特点，选择合适的网站或平台作为调查载体。这就是说，选择作为调查载体的网站或平台，应该符合两个条件：一是符合调查主题和内容的需要；二是有较多潜在调查对象的参与。只有选择这样的网站或平台作为调查载体，才能取得较好的调查结果。

(5)判断调查资源。根据调查主题的需要，判断有关网站或平台是否存在合适的调查资源。例如，要调查农村居民收入增长情况和生活满意度，就要判断有关网站或平台上是否存在符合需要的数据资源。如果有，则可直接整理、利用现存数据；如果没有，则应思考如何寻找其他的网站或平台。

---

① 习近平. 习近平谈治国理政[M]. 北京：外文出版社，2014：426.

② 十九大以来重要文献选编(中)[M]. 北京：中央文献出版社，2021：87.

（6）规定调查时间。网络互动调查应选择合适时间、明确规定起止时间。例如，民意调查、市场调查，应选择在有关民意、市场交易最活跃的时间开展调查；否则时过境迁，就会失去调查的意义。调查起止时间，一般以 10～15 天为宜，时间太短，不利充分搜集信息；时间太长，就会影响调查的时效性。

二、设计调查工具

根据调查内容和方法的需要设计调查工具。例如，采用网上问卷法，就应设计调查问卷；采用网上讨论法、网上测验法、网上观察法，就应设计讨论提纲、测验卡片、观察表格等工具。以网络调查问卷为例，大体有三种方式：

（1）简单方式。通常只询问 1 个问题，设计 3～5 个答项，如：赞成、反对、说不好；完全同意、同意、无所谓、不同意、坚决反对。其特点是，问题单一，回答简明，填写方便，分析快速，时效性较强。这种方式主要适用于对社会热点问题、突发事件做调查。

（2）组合方式。即将调查主题分解为若干子题，每个子题设计 3～4 个问题，每个问题设计 3～5 个答项，共同组合成一份问卷。其特点是，询问问题较多，填答较难，但可对调查主题做多侧面、多视角调查，可获得较丰富、较多样的信息。对于某些较为复杂或较为专业的问题，多采用这种组合方式。

（3）完整方式。即基本按照本书第十四章问卷调查法的要求设计调查问卷。其特点是，调查内容比较完整，回答方式比较规范，可获得比较全面、丰富的信息，进行比较深入的统计分析。但是，问卷内容、篇幅应大大小于书面问卷，否则就会影响回复率或回答质量。这种方式主要适用于较重要的调查课题。

至于网上讨论法的讨论提纲，网上测验法的测验卡片，网上观察法的观察表格等工具，也可参考本书有关章节的论述设计。

三、设计网页

网页设计，包括两个部分：客户端界面设计和后台信息收集设计。

（1）客户端界面设计，是指将问题及其答项，按问卷形式再现于网页的过程。设计中应注意：界面要易于理解、填写，问题要完整，答案要合理，能有效验证。

（2）后台信息收集设计，是指在网络服务器上对调查对象的回答做录入、检验、存储等操作设计。目前，市面提供的网络调查平台，后台信息收集设计做得较好，用起来十分方便。但如果条件许可，建议自己设计，以防数据泄露。

四、试调查和制定紧急处理预案

试调查，是指对网页设计做展示测试，并在调查前开展小规模试调查。这个过程，可以使调查者发现客户端界面设计和后台信息处理设计存在的问题，诸如问题表述不清，答项设置难以理解，后台收集格式错位，缺少关键变量，等等。测试和试调查，是网络调查成败的关键环节之一。只有认真做好测试和试调查工作，才能及时发现和改进设计，保证调查顺利进行。

制定紧急处理预案，是指对调查过程中可能出现的一些无法预料的问题，提前制定紧急处理的预备方案。例如，网络卡顿、突然掉线、参与者不合作，甚至故意捣乱，等等。为了防止这类问题影响调查工作顺利进行，应该在调查前做好紧急处理这类问题的预案，以便及时、稳妥应对、处理这些问题。

五、网络调查发布和开始调查

网络调查的发布，是指将设计的调查问卷或卡片、表格等其他调查工具放置到网络服务器上，以便网民参与调查，这也就意味着正式调查的开始。

(1)发送调查平台链接。在经过测试和试调查后，调查者可通过手机短信、邮箱、QQ、微信、微博等方式向网民发送调查平台链接。在这个网页链接当中，调查者可向调查对象告知调查目的和内容、回答方式、网络地址、起止时间和注意事项；网民可以向调查者提交对问题的回答、意向、主观想法等。

(2)设置专门负责人员。在从开始调查到截止调查的时期内，要安排专人监管网络信息的收集，保证网络畅通，及时处理紧急情况。例如，调查对象对某些概念不清楚、网页无法打开、网络信息无法发出等，则需要专门人员通过第三方软件平台给予及时回答，否则调查对象可能会中途放弃参与调查活动。

(3)关注样本量。网络调查最大的问题是样本浮动量非常大，回收的样本量有时候比较多，但更多的时候是非常少。当回收的样本量非常少时，可借用“滚雪球”办法增加样本量，以弥补样本量不足的缺陷。

六、数据收集和统计分析

调查完成后，就进入数据收集和数据分析阶段。

(1)收集信息。调查结束后，经后台处理程序录入、编码的调查数据，已存储在数据库服务器上了。定量数据一般以表格形式表现出来，只需从服务器上下载就可以了；定性数据则较为复杂，还需要调查者做后期处理。

(2)定量资料的分析。有些网络平台提供有一些简单分析工具，但如果要进行较复杂的统计分析，就需要导出数据，运用专业软件(SPSS、STATA、R 等)做统计分析。统计分析中应注意的是：对调查原始数据要及时、完整备份；数据提取应多用数据视图，不改变数据原貌；不得改动调查的原始数据。

(3)定性资料的分析。定性资料的分析处理工作相对复杂，通常情况下社会科学研究者在处理这类资料时所用方法和传统的定性资料处理方法类似。也可以借用网络平台进行词频分析，导出“词云”，其方法和定量分析的逻辑类似。如果希望进行更详细的文本分析，则需要借用大数据技术中的自然语义分析技术。

七、调查报告的撰写和对参与者的反馈

(1)撰写调查报告，是在分析调查数据基础上进行思维加工，对调查结果所作的论述或说明。有关撰写调查报告的问题，请阅读本书第二十三章。

(2)对调查参与者的反馈，让调查对象了解调查结果，有助于增强他们参与网络调查的兴趣和积极性。

第四节 实施网络调查应该注意的问题

实施网络调查，主要是网络互动调查，应该注意五个方面的问题。

一、恰当选择调查主题

(1)突出选择网民最关心的主题。中国互联网络信息中心(CNNIC)第47次《中国互联网络发展状况统计报告》显示，截至2020年12月，中国网民规模达9.89亿，其中农村网民3.09亿。他们是网络调查的对象，只有选择他们最关心、最热衷的主题，才有可能取得较好的调查效果。

(2)重点选择主观精神状况方面的主题。因为网络调查所获得的主要是书面、口头信息，只适宜于回答看法、态度、感受、愿望等主观精神状况方面的问题。至于客观事实方面的问题，一般都无法查证或核实，无法做出准确评价。

(3)适当选择不宜面对面调查的主题。网络调查可充分发挥隐匿性特点，适当选择一些敏感性、隐私性、威胁性主题开展调查，调查对象的精神压力较小，因而往往能获得比较真实、具体的回答。

此外，在一些特殊情况下，如调查经费有限，调查人员较少，调查区域较广，调查时间较紧，调查地区交通不便，调查对象受传染性疾病(如新冠肺炎疫情)影响被隔离等情况下，开展网络调查都是不错的选择。

二、科学设计调查问卷

网络调查问卷的设计，应该注意几个问题：

(1)尽可能简短。网民在网页上回答问题一般不可能花费较多时间，因此问卷应尽可能简短，最好是一两分钟就能答完。

(2)简明、易懂。网络调查不可能当面做解释或说明，因而问卷询问的问题和回答方式，都应简明、易懂，否则就会降低回答的热情或胡乱填答。

(3)显示调查结果。客户端问卷界面的设置，若能反映各种回答选项的人数及百分比的即时变化，往往有利于吸引更多网民的参与。

有些调查者为了图方便，随意选用网站上提供的一些现成问卷模板，这是极不妥当的。实践证明，这些问卷模板往往不科学、不符合实际。一个严肃、认真的调查者，绝不应该偷懒、图方便，而应该根据自己的调查目的和实际情况，自主设计调查问卷，才有可能获得科学、可靠的调查结果。

三、完善程序控制设计

网络问卷调查的程序控制设计，应该注意两个问题：

(1)设置ID(身份标识号)。在网络问卷调查中，经常出现“一址(IP)多票”、重复填答现象，特别是在评比、排名、选优等调查中，有的企业甚至雇人上网投票，以保证本企业获得较好名次。为了克服这种弊端，应通过程序设计控制“一址(IP)多票”、重复填答现象，避免大量“灌水票”，以增强调查的真实性。

(2)设置问题接转程序。在网络问卷调查中，问题接转是一个难点。例如，询问：“你是否结婚?”回答“是”者，就继续填答后续问题；回答“否”者，就终止填答后续问题。但是，有些回答“否”者继续填答后续问题，致使后续问题回答人数超过回答“是”的人数，从而使这一数据失去统计价值。因此，设置问题接转程序，就有利于避免回答中出现逻辑错误。

四、科学合理放置问卷

放置问卷的做法：①在自己站点放置问卷；②通过 E-mail 发送问卷；③借助他人站点放置问卷；④利用公共平台放置问卷，如微博、博客等；⑤借助社交平台放置问卷，如微信、QQ 等。如果采用后两种做法，就应注意：

(1)选择合适网站。每个网站都有不同规模、不同类型的参与群体。一般来说，选择放置问卷的网站，应该是参与群体规模较大的网站，参与群体对调查主题较关心的网站。这样参与填答的人数就会较多，填答质量就会较高。反之，填答人数就会较少，填答质量就会较差。

(2)科学放置版面。网络调查问卷放置在网站的不同版面、不同位置，参与填答的人数会有明显差异。一般来说，有关社会热点的民意调查，最好能放置在网站首页或新闻频道首页的突出位置；市场调查和各类专题调查，最好能放置在相关频道、相关版面的突出位置。

(3)多网站放置。为了扩大调查覆盖面，同一问卷可以在多个网站同时放置，同时开展调查。这种一问卷、多网站的放置方式，最好由调查者自己生成调查程序和问卷页面，然后与有关网站做一个链接，直接进入自己网站的后台。这样不仅能扩大调查覆盖面，而且便于自己随时监控调查过程，有利于数据的收集和后期的统计分析、思维加工等工作。

五、慎重做出调查结论

给网络问卷调查做结论时，应该注意三个问题：

(1)网络问卷调查的结论不具有普遍意义。这是因为，网络问卷调查的对象是不确定的，不能编制抽样框，不能随机抽样，不具有推断总体的功能。这就是说，网络问卷调查的结论，所反映的只是参与调查群体的个性或特殊性，并没有反映调查对象总体情况的共性，因而不具有普遍意义。

(2)网络问卷调查的质量是不确定的。这是因为，无法了解参与调查者回答问卷的态度、认知水平和填答环境，无法控制调查过程是否有他人介入、由他人代劳，甚至故意捣乱，无法知晓填答内容的真实性和可靠性。因此，对网络问卷调查结果做结论必须非常慎重，留有充分余地，一般只具有参考意义。

(3)调查人员掌握计算机和网络技术的水平是不同的。网络问卷调查的结果，在很大程度上取决于调查人员掌握计算机和网络技术的水平。一个技术水平高的调查人员，通过网络问卷调查可能获得丰富而正确的信息；反之，则只能获得许多混乱的、正确性无法判断的信息。因此，网络问卷调查结果的差异，可能是客观情况差异的反映，也可能是调查人员技术水平差异的反映。正确评估调查人员的技术水平，是对网络问卷调查结果做结论时必须考虑的一个重要因素。

第五节　对网络调查法的评价

一、网络调查法的优点

1. 超越时空的开放性

网络调查超越时空限制，可 24 小时向天南地北的各类公共网站、媒体、学术资源库、博客、电子期刊等开展调查。部分网站已开始筛选有效信息，让呈现在网络上的信息更加系统、条理，更加便于搜索、下载。如百度百科、Google、知乎、简书、维基百科等。它的开放性和广泛性是传统调查方法无法比拟的。

2. 独立操作的自主性

网民参与调查完全自觉、自愿，独立自主、操作方便，一般都能自主地反映客观事实，坦诚地表达自己的看法，自主地决定反馈信息。

3. 不受干扰的隐匿性

网民在虚拟环境中以无记名方式参与，不受外界干扰，隐匿性极高，有利于对一些隐秘性、敏感性、威胁性问题做出比较真实的回答。

4. 信息形式的多样性

网络调查可充分发挥电脑和网络技术的优势，综合运用图像、声音、文本、视频等多种形式搜集和反馈信息，从而提高调查活动的生动性和吸引力。

5. 调查速度的快捷性

无论是网络互动调查，还是网络信息调查，都通过电脑和网络操作，调查速度和效率，远优于传统调查方法。

6. 调查结果的实时性

借助网络软件，网络调查可实时收集调查数据，实时分析调查信息，实时得出调查结果，这是其他方法无法实现的。

7. 调查成本的低廉性

调查者个人只要有电脑和网络，并掌握一定的计算机和网络技术，就可开展各种调查，调查人员之少、调查成本之低，是传统调查方法无法比拟的。

此外，网络调查，特别是网上讨论、网上观察、网上实验等调查，有利于集思广益、促进调查的广泛和深入；网络信息调查，涉及的信息范围之广、规模之大、种类之多、变化之快，都大大优于传统调查方法。

二、网络调查法的缺点

1. 调查对象的有限性和不可控性

2021 年《中国互联网络发展状况统计报告》显示，截至 2020 年 12 月，我国网民规模达 9.89 亿，手机网民规模达 9.86 亿，互联网普及率达 70.4%。这些数据，一方面说明中国网民规模、互联网普及率较高；另一方面说明网络调查对象的覆盖面还不全面，代表性还不充分，不能反映社会、文化层次较低的非网民的诉求。同时，网络调查参与者的数量、背景及其结构是不可控的，因而调查结果的代表性、适用性难以准确评估。

2. 调查平台的局限性

网站和电子邮件是网络调查两大平台。然而，网民众多的网站，往往数量有限；网民结构、网上信息与调查主题相近的网站，往往难以寻觅；网站筛选过程，往往耗时费力；网民配合调查的情况，往往难以估计。电子邮件调查的局限性则是回复率往往不高，难以即时相互交流。

3. 调查环境的虚拟性

网络调查在虚拟环境中进行，调查所获得的都是文本、图像、声音、视频等非实体形式的网络信息，而不可能了解到感性、真实、生动、具体的社会情况，这是网络调查不可克服的重大缺陷。

4. 网络活动的隐蔽性

参与调查者的网络行为，大多是独自、隐蔽进行的，他们究竟是个人独立回答的，还是在他人指导下回答的，或由他人代劳的，无法了解和控制。

5. 网络管理的不完善性

目前，网络信息数量庞大，分布异常广泛，种类繁杂多样，而网络法规尚不健全，网络管理尚不规范，致使网络信息质量良莠不齐，诈骗信息、虚假信息严重泛滥，从而为网络调查带来了许多困难。

6. 调查质量的不确定性

网络调查反馈的信息，其真实性、准确性很难判断，特别是“网络水军”“网络枪手公司”的大量存在，更使得网络信息真假难辨。

思考与练习

1. 什么是虚拟调查法？怎样理解它是虚拟与现实的结合？
2. 简述网络调查法及其特点。
3. 网络调查有哪些类型和方法？
4. 什么是网上问卷调查法？它与一般问卷调查法有何异同？
5. 略述网上讨论法、网上观察法和网上实验法的异同和特点。
6. 什么是网络信息调查？它有哪些方法？
7. 网络互动调查有哪些步骤和方法？
8. 您在网络上做过调查吗？有何经验、教训和体会？
9. 您认为网络调查有哪些优点和缺点？

推荐阅读

1. [美]特里·安德森，希瑟·卡努卡. 网络调研：方法、策略与问题[M]. 袁邦株，蒋晨辉，译. 北京：中国劳动社会保障出版社，2007.

2. 水延凯. 社会调查教程(第六版)[M]. 北京：中国人民大学出版社，2014.
3. 赵国栋. 网络调查研究方法概论(第二版)[M]. 北京：北京大学出版社，2014.
4. 王卫东. 网络调查与数据整合[M]. 武汉：武汉大学出版社，2018.

第十四章　大数据调查法

本章要点

1. 大数据是指运用计算机和网络技术采集、处理、存储和分析的实时记录社会现象及其活动而形成的海量数据的集合。大数据具有体量巨大、种类繁多、流动速度快、价值密度低，以及应用价值高等特点。

2. 大数据调查法，是指调查者有目的、有计划地利用各种网络平台，采集有关调查对象及其活动的海量数据，经分析研究形成结论的调查方法。

3. 大数据调查法的特点是：从“大型数据”到“大数据”、从“随机抽样”到“观察总体”、从“精确测量”到“总体真实”、从“因果关系”到“相关关系”。

4. 大数据调查法的一般步骤和方法是：甄别与分类数据；采集与提取数据；判断和清理数据；分析和挖掘数据；从数据到结论。

5. 常用的采集与提取数据的技术主要有：探针采集法、网页采集法、日志收集法、应用程序接口法和数据采集软件收集法。

6. 大数据分析和挖掘主要有五种方法：分类、聚类、回归、关联规则分析和社交网络分析。

7. 机器学习就是让计算机根据历史数据自己去学习，以适应新的环境，模拟或实现人类的学习行为，以获取新的知识或技能，重新组织已有的知识结构，使之不断改善自身的性能。

8. 大数据调查者应该具备如下一些基本素质：一定的数据敏感度、一定的量化思维能力、一定的技术知识和能力、一定的人文社科素养和表达能力。

9. 大数据调查法的优势：自在性、总体性、广泛性、丰富性、动态性和精确性。大数据调查法的缺点：技术依赖性、非实体性、不确定性、可操控性、一定的威胁性、非因果性。

基本概念

大数据　大数据调查法　数据挖掘　机器学习　结构化数据　半结构化数据　非结构化数据

21 世纪以来，全球新一代信息技术迅速发展，大数据已成为国家基础性战略资源，利用大数据进行调查已成为一种全新的调查研究方法。

要学习和掌握大数据调查法，就必须了解什么是大数据？什么是大数据调查法？弄清楚大数据调查法的步骤、方法、技术和工具，实施大数据调查应该注意的问题，以及大数据调查法的优点和局限性等问题。

第一节　大数据和大数据调查法

要了解大数据和大数据调查法，首先要弄清楚大数据和大数据调查法的概念和特点。

一、什么是大数据

1. 大数据的概念

什么是大数据？目前尚无公认的、严格的定义。从社会调查学视角看，我们认为，大数据是指运用计算机和网络技术采集、处理、存储和分析的，实时记录社会现象及其活动而形成的海量数据的集合。这里有四层含义：

(1)大数据是计算机和网络技术的产物。与一般数据不同，大数据不是通过传统调查方法获取的数据，而是基于计算机和网络技术而形成的数据。没有计算机和网络技术及其硬件，就没有大数据。

(2)大数据是经过采集、存储、处理和分析等一系列技术操作获得的数据。没有这些采集、存储、处理和分析等技术操作及其软件，也就没有大数据。

(3)大数据的内容所反映的是社会现象及其活动的实时记录。社会现象及其活动可分为两大类，即客观事物及其活动和主观精神及其活动。没有反映任何社会现象及其活动内容的纯数据，就不是我们所定义的“大数据”。

(4)大数据是海量数据的集合。大数据之“大”，很难用数量说明，只能用大海来形容。但可以肯定的是，无法在一定时间内、依靠人工运用常规工具完成，而必须借助高级计算机和新算法来获取、储存、处理的数据集合，才是大数据。

2. 大数据的特点

西方学界一般从五个维度来描述大数据的特征：容量(Volume)、速度(Velocity)、多样性(Variety)、准确性(Veracity)和价值(Value)，统称为“5V”。中国学者认为，大数据有如下四个典型特征：

(1)数据体量巨大(Volume)。传统数据处理的是以 MB 为基本单位的数据量，大数据则常常以 GB，甚至以 TB、PB 为基本处理单位。其原因：一是各种电子设备，包括传感器、输入器和存储设备的发展和应用，使人们可以时时感知和记录信息；二是集成电路价格降低，使很多东西都有了智能成分，记录是自动的，而不再是手动的，速度快且准确。

(2)数据种类繁多(Variety)。一般数据种类单一，且以结构化数据为主，如问卷调查数据。大数据种类繁多，往往包括结构化数据、半结构化数据和非结构化数据等类型。此外，大数据来源广泛，不仅包括一般数据，而且包括以网页、图片、视频、音频、E-mail、文档等形式存在的未加工的数据。

(3)流动速度快(Velocity)。大数据处理的不是以 MB 为基本单位的数据量，而是以

GB，甚至以 TB、PB 为基本单位的数据量，数据流动的速度快到难以用传统的系统去处理。例如，每天几亿人口的社交媒体聊天记录、网络购物记录，等等，因而形成规模巨大的实时数据洪流。

(4)价值密度低(Value)。在数据量呈指数级增长的同时，隐藏在海量数据中的有用信息却没有成相应比例增长，反而使获取有用信息的难度加大。以监控视频为例，连续监控过程可能达几小时甚至多少天，其中有用的视频数据可能只有几分钟，甚至仅一两秒钟，其密度之低，由此可见一斑。①

2015 年 8 月 31 日，国务院印发的《促进大数据发展行动纲要》(以下简称《纲要》)指出："大数据是以容量大、类型多、存取速度快、应用价值高为主要特征的数据集合。"前面说"价值密度低"，这里说"应用价值高"，似乎有矛盾，其实不然。前者说的是"价值密度"，后者说的是"应用价值"，低密度与高价值可以并存。《纲要》指出："数据已成为国家基础性战略资源，大数据正日益对全球生产、流通、分配、消费活动以及经济运行机制、社会生活方式和国家治理能力产生重要影响"。这就是大数据"应用价值高"的最好说明。

二、什么是大数据调查法

1. 大数据调查法的概念

大数据调查法，目前中国学界少有规范性论述。从社会调查学视角看，我们认为，大数据调查法，就是调查者有目的、有计划地利用各种网络平台，采集有关调查对象及其活动的海量数据，经分析研究形成结论的调查方法。

这里有五层含义：

(1)目的性和计划性。与其他调查方法一样，大数据调查法也必须有目的、有计划地实施。其目的性和计划性主要取决于两个方面：一是调查课题或任务的客观需要；二是获取有关数据的现实可能。二者缺一不可。

(2)网络平台。大数据都存在于各类网络平台之中，因此，开展大数据调查，就必须在各类网络平台中寻找那些记录与调查课题有关数据的网络平台，并争取获得采集数据的许可；否则，就不可能开展大数据调查。

(3)采集数据。就是使用有效方法，采集有关调查对象的海量数据，包括反映调查对象客观情况、主观精神状态及其活动的，以文本、图片、视频、音频、E-mail、网页等形式存在的各种数据。数据类型越多，数量越丰富越好。

(4)分析研究。就是运用大数据处理工具，包括入门工具和高级工具，对采集、储存的数据进行甄别、清理、分析和挖掘，从中寻觅对回答调查课题有价值的数据或社会信息，为思维加工提供丰富的素材。

(5)形成结论。就是对分析研究所提供的、对回答调查课题有价值的数据或社会信息，进行深度思维加工，形成调查结论。如果是对策性、应用性课题，还应提出具有可操作性的对策性、应用性建议。

---

① 陶雪娇，胡晓峰，刘洋. 大数据研究综述[J]. 系统仿真学报，2013(s1)：142-146.

2. 大数据调查法的特点

与其他调查方法相比较，大数据调查法的特点是：

(1)从“大型数据”到“大数据”。现实调查方法、历史调查方法，以及网络调查法(以下简称“其他调查方法”)，无论调查数据规模多大，都只能称为“大型数据”，而不能称为“大数据”。因为，大型数据可以拆分成一系列小型数据集合并用传统方法处理。大数据则不同，传统方法已无法处理，而必须使用新的模型、算法及新的计算机集成技术，才能采集与处理海量数据。

(2)从“随机抽样”到“观察总体”。“其他调查方法”往往要编制抽样框进行随机抽样，然后通过对样本调查的统计量，去推断总体的参数值。随着计算机速度提高、成本下降，网络技术的进步和推广，为通过海量数据直接观察总体提供了现实可能，从而突破了通过“随机抽样”调查推断总体的局限，为社会科学调研开辟了一种“观察总体”的全新方法。

(3)从“精确测量”到“总体真实”。“其他调查方法”都要求测量精确，力求做到信度和效度的统一。为此，不得不投入大量人财物和时间。大数据调查法却很难做到精确。以调查媒体用户信息为例，调查获取数据的类型繁多，有各种网络日志、视频、图片、地理位置信息等，但很难获取一个用户的完整信息，其中可能还有用户有意无意填写的错误信息。然而，一旦将数据规模增加几个数量级，数据的精确性就会变得没有那么重要了。因为海量数据可以更好地反映总体的真实，从而大大降低了错误信息造成的误差。

(4)从“因果关系”到“相关关系”。“其他调查方法”通常将揭示社会现象之间引起与被引起的“因果关系”作为调研课题最关注的目标。大数据调查法无法揭示这种引起与被引起之间的“因果关系”，但却可以通过海量数据揭示社会现象之间的相关关系，并据此做出过许多成功的预测。例如，国内外关于流感趋势的成功预测，就是通过互联网检索流感状况与地区间的相关性而获得的。又如，中国利用百度等搜索引擎调查有关大数据，对国内新冠肺炎疫情的感染趋势及其拐点做出过成功的预测。

上述特点说明，大数据调查法与网络调查法尽管都是虚拟调查方法，但它们之间却有着质的区别：网络调查虽通过网络收集数据，但其数据处理依然沿用传统方法；而大数据调查法，由于数据海量，传统技术和方法不可能采集和处理，因而在数据采集层面要依赖更高级的网络技术，在数据处理层面要依赖人们创造出的新算法及更高性能的计算机。这说明，大数据调查法是比网络调查法更高一个层次的虚拟调查方法。

3. 大数据调查的意义

《纲要》指出：“数据已成为国家基础性战略资源，大数据正日益对全球生产、流通、分配、消费活动以及经济运行机制、社会生活方式和国家治理能力产生重要影响。”“目前，我国互联网、移动互联网用户规模居全球第一，拥有丰富的数据资源和应用市场优势，大数据部分关键技术研发取得突破，涌现出一批互联网创新企业和创新应用，一些地方政府已启动大数据相关工作。坚持创新驱动发展，加快大数据部署，深化大数据应用，已成为稳增长、促改革、调结构、惠民生和推动政府治理能力现代化的内在需要和必然选择。”

此外，大数据调查已广泛应用于日常生活的诸多领域和社会治理的各个方面。例如，通过集成以往飞机票价画出未来票价走势；利用用户搜索记录判断新冠肺炎疫情现状；通过社交网络数据预测股市表现；通过大数据分析实时路况；根据热量消耗及睡眠模式追踪身体健康状况；甚至利用大数据分析来寻找爱情等。尤其值得指出的是，大数据调查的价值或意义，不仅在于“大”，而且在于“全”，即空间维度上多角度、多层次信息的交叉复现；时间维度上与人、与社会有机体活动相关联信息的持续呈现。①

第二节　大数据调查的步骤和方法

大数据调查的一般步骤和方法是：甄别与分类数据；采集与提取数据；判断和清理数据；分析和挖掘数据；从数据到结论。

一、甄别与分类数据

1. 数据的甄别

数据的甄别，就是对大数据进行研究鉴别，明确调查课题需要什么样的大数据，如何获得、如何分析这些大数据。数据的甄别，主要包括以下内容：

(1)研究鉴别调查课题与数据类型、数据规模的关系。调查者必须大致了解什么问题可以用数据来解决，什么问题不能用数据来解决，并着重弄清楚自己的调查课题需要哪些类型的数据，以及多大规模的数据。

(2)研究鉴别数据的来源和搜集数据中可能存在的问题。调查者必须研究从哪些来源搜集数据、如何搜集数据，什么类型的数据容易提取，什么类型的数据比较难以提取，那些难以提取的数据应该通过什么技术途径解决。

(3)研究鉴别数据存储、处理和分析中可能存在的问题。数据搜集起来之后，将这些数据存储在何处，使用哪些方法来处理、分析数据，以及如何处理可能遇到的法律法规问题、隐私问题，等等。

2. 数据的分类

根据人们活动的类别，可以将目前常用的大数据分为以下四类：

一是关于日常生活的数据。这类数据来自很多方面，包括网络电商购物数据、网页搜索数据、银联消费数据、视频监控数据、手机通信数据等。其中，商业数据较容易提取，能有效预测人们的生活状态和市场需求。例如，在京东、淘宝等电商平台购买口罩、防护服、消毒液等防护用品的数据，可帮助人们了解防护用品市场需求的变化，也可用来预测COVID-19 的发展情况。

二是关于主观态度的数据。这类数据通常来自网络社交媒体。比如，微信朋友圈、微博、Facebook、Twitter 等，其中有用户信息、主观态度、空间信息、各种照片和生活行为等数据。这类数据，定位准确、实时空间分辨率较高，时间分辨率取决于用户发帖的频率。它们可成为情感分析、个人观点挖掘的有效来源。

三是关于交通出行的数据。这种数据可通过车载 GPS 和公交卡获取。车载 GPS 一般

① 喻国明. 大数据分析及其技术的关键[J]. 国际公关，2014(3).

具有较高的空间(5米范围)和时间分辨率，可记录车辆的位置、时间、速度、行程、运动轨迹和起终点等数据；公交卡一般具有连续性好、覆盖范围广、动态更新快等特点，可记录持卡人的ID信息、上下公交车的时间和地点等数据。这类数据，一般调查研究者比较难以获取和处理。

四是关于空间分布的数据。这类数据可通过手机、无人机、遥感卫星获取。这类数据，一般包括经度和纬度、地址和名称、高分辨率遥感影像和夜间光等信息，可反映城市的行业、功能、土地用途，以及人类活动的强度。目前，这种数据已广泛应用于城市活力、就业地点等评估，对人口城镇化和城市发展研究具有重要意义。但是，获取这类数据一般需要获得某种授权。

二、采集与提取数据

大数据是一个巨大的“金矿”。这个“金矿”的数据规模越大，数据来源越多，提取高质量数据的复杂程度、困难程度也就越高，需要使用不同的采集与提取技术。目前，常用的采集与提取技术主要有以下几种：

1. 探针采集法

这是一种采集数据的物理方法。人们日常打电话、手机上网时的数据交换，是由路由器、交换机等设备承载的。探针是一种从路由器、交换机上把数据采集过来的专有设备。根据探针放置的位置不同，可分为两种：内置探针和外置探针。此外，还需要分光器。这个设备是在不影响网络数据传输的情况下，对铜缆或光纤上传输的数据或移动IP网络中的数据进行复制，然后汇集到探针服务器上，提供给采集者。需要注意的是，目前随着越来越多的网站使用httpS/QUIC加密L7协议，传统探针的采集能力正受到越来越大的限制。

2. 网页采集法

互联网上有大量散落的数据。要采集互联网上的数据，就必须把数据从网络中截取下来，这就需要网页爬虫技术。爬虫技术，就是将互联网上的网页下载下来，形成一个网页备份，作为采集所需数据的载体。例如，可利用该技术爬取新闻门户、综合网站、社交平台上的舆情信息，用于社会动态的研究或预测。在爬虫系统的采集设计中，抓取策略的设计(如抓取URL队列设计，即先抓取哪个页面，后抓取哪个页面等)和硬件设备水平，往往决定着抓取数据的最终质量。如果将爬虫技术应用于社会科学研究，就需要更优秀的抓取策略设计，以及硬件设备的大幅提升。实践证明，爬虫技术是一项比较成熟的技术，用于数据采集一般都能获得较好的效果。

3. 日志收集法

任何一个计算机系统，在运行过程中都会产生大量日志文件，其中蕴含着非常丰富的有价值的信息。如果不加以利用，这些日志文件经过一段时间就会被清理直至消失。随着网络技术的发展和成熟，大数据技术可以将这些日志文件收集起来加以研究。例如，通过日志文件蕴含信息的分析，可了解计算机用户的行为特征，挖掘其消费的倾向或关注的重点等。目前，日志收集系统越来越多，比如，Flume就是一款高性能、多用途的分布式日志收集系统。同类别的日志收集系统，还有Facebook Scribe、Apache Chuwka等。

4. 应用程序接口法

通常情况下，不同软件之间都会预先设定一个接口(如函数或 http 接口)，让使用者可在无需访问源码、无需理解内部工作机制的情况下，调用他人可共享的功能或资源。这种设定，对于获取数据的研究者来说是非常方便的。比如，百度、阿里云、京东、腾讯、住哪网等，都设定有应用程序接口。调查者通过这些应用程序接口，就能非常方便地采集、提取大量所需的数据。

5. 数据采集软件收集法

在大数据调查过程中，数据量会从 TB 级上升至 FB 级，甚至 EB 量级，这是传统数据采集、存储方式无法完成的。目前，市场上有许多数据采集软件平台和公司。例如，锐研社会科学专题数据库、上海逸景数据采集软件等，能够为社会科学不同领域的调查研究者，提供各种个性化的数据采集服务。

三、判断和清理数据

在采集与提取数据与分析和挖掘数据之间，必须判断和清理数据，这是顺利实施大数据调查不可缺少的步骤。

1. 判断数据结构

判断数据，就是判断数据的结构。按照结构化程度，数据可分为三类：结构化数据、半结构化数据和非结构化数据。

(1)结构化数据，是指按表格、问卷方式记录的数据。它的每个字段都有固定语义和长度规范，并通过关系型数据库存储和管理。例如，企业管理系统、医疗信息系统、教育一卡通、行政审批数据库里的数据。

(2)半结构化数据，是指有一定结构，但结构不固定、不容易模式化的数据。例如，访谈记录、日志文件、XML(制作网页等用的文本结构标记系统)等。其内容大多用文字记录，没有严格的结构和关系，无法直接录入数据库。

(3)非结构化数据，是指结构不规则、不完整，不能用规范格式记录的数据。例如，语音、图片、视频等格式的数据。这类数据一般按照特定应用格式编码，数据量非常大，而且不能简单转换为结构化数据。

2. 清理数据结构

在大数据调查中，采集、提取的数据约有 80%以上是半结构化、非结构化数据。而分析和挖掘数据，必须按照结构化数据实施。因此，在分析和挖掘数据之前，必须对采集、提取的数据进行判断和清理，即将半结构化、非结构化数据转换为结构化数据。这就是说，清理数据的过程，就是数据的结构化过程。其工作量非常巨大，大数据调查人员的日常工作中，60%~90%的时间是用来完成这一工作。数据结构化过程，主要有三个环节：

(1)数据集成，就是对不同来源、不同结构的数据，通过审读、调整、翻译和创建等方法，融合、集成为统一的结构化数据。对结构化过程前后的数据，应建立一定的对应关系，以便在后续程序中访问和操作，使结构化过程成为可追溯的过程。此外，数据集成还应妥善处理隐私问题，努力避免在集成数据中泄露某些隐私信息。

(2)数据准备，就是将融合、集成为统一的结构化数据，转换为符合分析和挖掘技术所要求的格式数据，为计算机读取和操作做好准备。例如，使用自然语言处理技术，① 进行文本分类、情感分析和意图识别，挖掘出许多有定性价值的材料；或通过图像识别技术，② 处理各种图片、视频数据。

(3)数据检验，就是通过清理形成一份"干净整齐"的数据后，通常还应做一些探索性检验。通过检验，可能会发现数据并不那么"干净整齐"。其中，可能有重复值、缺损值，甚至有莫名其妙的奇异值。这些数据，通常没有记录，或被错误记录。如果出现这种情况，就得回过头去，采集更多数据，或花更多时间清理数据。这就是说，判断和清理数据并非是一次完成的，清理办法并非是一次确定的，往往需要不断检查、不断改变清理策略，才能逐步完成。

四、分析和挖掘数据

大数据分析和挖掘主要有五种方法：分类、聚类、回归、关联规则分析和社交网络分析。

1. 分类

分类，是根据某些规则或属性将观察结果划分为预定义组的方法。其中，决策树、③ 支持向量机④和朴素贝叶斯分类器⑤都是相对成熟的分类算法。以城市社会学为例，通过分析城市基础设施和文本数据，量化城市基础设施模式，提取不同类型城市的土地利用率，就可有效预测城市的发展状态和趋势。

2. 聚类

聚类，是一种将相似或相关数据聚集在一起、实现"组内相似，组间不同"的分析方法。基于大数据的聚类方法，主要用于获取不同类别的数据，而不特别关注所获取类别数据的意义。聚类技术用于区分"无标签"数据比较有优势。例如，在分析蜂窝网络数据和车辆 GPS 数据时，可以使用聚类分析法，以此发现不同时间的人口分布模式和乘客出行模式，为制定公共交通网络规划提供基础。

3. 回归

回归，是一种确定两个或两个以上变量之间相互关系的分析方法。其中，线性回归和逻辑回归是使用最广泛的两种算法。回归分析法，主要用于事物之间因果关系的分析和预

① 自然语言处理技术，就是对日常语言表达进行分词处理和分类，提取有效信息，以了解人们的主观意图和情感状态。目前，以本章第一执笔者所在的研究团队为例，基于大数据训练的自然语义识别算法，在政策文献分类上的正确率已达到 80%。

② 图像识别技术，就是对图像进行识别，以区分各种不同模式的目标和对象的技术。

③ 决策树(Decision Tree)是在已知各种情况发生概率的基础上，通过构成决策树来求取净现值的期望值大于等于零的概率，评价项目风险，判断其可行性的决策分析方法，是直观运用概率分析的一种图解法。由于这种决策分支画成图形很像一棵树的枝干，故称决策树。

④ 支持向量机(Support Vector Machine, SVM)是一类按监督学习方式对数据进行二元分类的广义线性分类器，它的目的是寻找一个超平面来对样本进行分割，分割的原则是间隔最大化。

⑤ 朴素贝叶斯分类器(Naive Bayes Classifier, NBC)是一系列以假设特征之间强(朴素)独立下运用贝叶斯定理为基础的简单概率分类方法。它与决策树，是两种运用最为广泛的分类模型。

测，具有降维、信息提取、估计和预测等功能。例如，运用回归分析方法，可以根据居住环境与居民健康的数据，确定居民疾病与环境的关系；可以根据居住环境与房地产的数据，弄清居住环境与房价的关系，等等。

4. 关联规则分析

关联规则分析，是一种用于发现事物间相关性或相互依赖性的方法。其中，“Apriori”和“灰色关联”是两种广泛使用的算法。关联规则分析法，可基于某些事件的发生推测其他事件的出现，并确定事物之间的影响程度，发现有价值的数据项之间的相关性。这项技术，可以用于分析遥感数据、社交媒体数据，研究城市扩张与城市活力之间的关系，等等。

5. 社交网络分析

社交网络分析，是一种从网络理论角度，根据节点和联系的量化信息，分析对象间社交联系的方法。随着社交媒体的发展，该方法已成为一种相当流行的、新颖的大数据分析方法，已广泛应用于分析人与人之间、人与物之间、物与物之间的关系。比如，分析人口流动和物资流动的方向、强度等关系。

五、从数据到结论

数据不可能自动形成结论。调查者只有在分析和挖掘数据的基础上，以唯物史观基本原理为指导，进行去粗取精、去伪存真、由此及彼、由表及里的思维加工，才能做出结论。这就是说，大数据调查法的实施，既要重视各种数据采集、分析技术和算法的应用，又要重视唯物史观基本原理的指导，并努力把二者有机结合起来。只有如此，才能科学验证现有理论，或提出新的科学理论。

目前，大数据调查已应用于许多领域。其中，市场调查占据较大比重；其他社会科学领域里的应用尚处于初始阶段。实践证明，应用大数据调查法，要注意两个方面的问题。一是防止过于强调理论。如果调研者偏重于理论研究与阐述，数据的利用只停留于简单的统计分析和表述，那么就可能失去大数据调查的价值。二是防止过于沉迷技术。如果调研者沉迷于各种技术或算法，而忽视唯物史观的理论指导，就有可能把大数据调查变为技术化、数字化的游戏。此外，应该重视大数据调查的预测功能，谨慎对待其反馈机制。

第三节　大数据调查的技术和工具

要学习、掌握和运用大数据调查法，一是在知识层面，除社会学理论和知识外，还要学习许多跨学科知识，如统计学、数学、计算机、机器学习等方面的知识。二是在技术层面，要掌握从 Excel 到 Hadoop 等方面的技术。下面，仅就数据挖掘和机器学习和常用工具做一些简要介绍。

一、数据挖掘和机器学习

数据挖掘和机器学习之间有很大的交集，它们是大数据应用的前沿，也是应用过程中比较困难的两个领域。现简要介绍如下：

1. 数据挖掘

数据挖掘，就是从数据中挖掘出有价值的信息。它经常应用于市场调查之中。比如，超市通过对一段时间内客户消费记录的调查分析，就能发现哪些商品畅销，哪些商品滞销，哪些商品经常被顾客一起购买。这样商家就可以把这些商品靠近摆放在一起，以达到促销的目的。例如，20 世纪 80 年代到 21 世纪初，美国沃尔玛超市通过大数据分析客户特征发现，买尿不湿的家长以父亲居多，如果他们在买尿不湿的同时看到啤酒，会有很大概率购买啤酒。于是，他们经常把婴儿尿不湿与啤酒放在一起，从而达到促销啤酒的目的。这个“啤酒+尿布”的经典案例，实际上就是“数据挖掘”的重要成果。

2. 机器学习

机器学习，是一门多领域交叉学科，涉及概率论、统计学、逼近论、凸分析、算法复杂度理论等多门学科。简单地说，机器学习就是让计算机根据历史数据自己去学习，以适应新的环境，模拟或实现人类的学习行为，以获取新的知识或技能，重新组织已有的知识结构，使之不断改善自身的性能。它是人工智能的核心，是使计算机具有智能的根本途径。

目前，热门的“神经网络”和“深度学习”，都属于“机器学习”范畴。所谓“神经网络”，是指通过模拟人的神经系统实现机器学习。比如，疫情期间许多高校采用的人脸识别系统；在交通管理中对车牌的识别技术，都属于这一技术的应用。所谓“深度学习”，则是神经网络的一个分支，一种多层级神经网络。2011 年中国自主研制的红旗 HQ3 无人车和 2020 年“苏州无人公交早鸟计划”，都属于深度学习的应用典型。

二、大数据调查的常用工具

目前，大数据处理的工具很多，如 Hadoop、HPCC、Storm、Apache Drill、Rapid Miner 和 BI。这里简单介绍几个常用的工具。

1. 入门级工具

大数据调查的入门级工具有：Excel、R、Python。

(1)Excel。它是许多学者比较熟悉的数据处理软件，一般办公系统中均备有这款软件。它容易上手，资源丰富，可以完成一些简单的建模、可视化、图表等工作，可做一些简单的方差分析和回归分析。但是，Excel 数据文件能够容纳的数据仅有 108 万行，不适合处理大数据；Excel 内置的统计分析种类过于简单，不适合复杂建模。如果数据在 108 万行以内，只进行简单处理，那么使用 Excel 是不错的选择。如果希望操作得更好，就需要掌握 Visual Basic 宏语言。

(2)R。这是统计分析和大数据分析中使用较多的一款软件，功能上能满足相当部分大数据调查需求，例如，数据清理与集成、网页爬虫、数据可视化、统计假设检验、较复杂的统计建模等。这款软件开源是免费的，适合大多数研究者使用。但它的命令代码比较复杂，安装包质量良莠不齐。实践证明，从代码编写看，R 不如 Stata 语言简洁；从上手难度看，R 不如 SPSS 便捷。如果不熟悉代码，R 软件使用起来并不比商业软件方便，但是 R 软件更新较快，更加灵活，如果使用者有 C 语言基础，R 软件应用起来则优于很多商业软件。

(3)Python。目前，这是一款需要编程的数据分析工具，也是一款热门软件，与 R 软件一样，它也是免费开源的。不同的是，R 是专门用于数据分析的软件，而 Python 除数据分析外，还可用于计算机领域，比如 Web 页面开发、系统后端开发等。它在大数据管理中可以起到非常重要的作用。此外，Python 在很多地方借鉴了 R 软件的一些特色，近几年在网页爬虫、机器学习、文本挖掘等领域比 R 更有优势。但是，在数据可视化方面，R 软件有非常著名的绘图软件包 ggplot2，在可视化效果上大大优于 Python。

2. 高级工具

大数据调查的高级工具是：

(1)Hadoop。这是一套公认的大数据标准开源软件。Hadoop 框架最核心的设计是 HDFS 和 MapReduce，能够处理 PB 级数据，从而为 Hadoop 提供海量数据的存储和计算功能，而且对硬件的要求不高。目前，几乎所有主流企业的大数据处理都使用 Hadoop。例如，淘宝、天猫和 Amazon 商品推荐功能背后的数据处理，Facebook、Twitter、LinkedIn 上“发现您可能认识的人”技术背后的数据处理，都使用 Hadoop。与只作为一种编程语言存在的 Python 不同，Hadoop 是真正意义上的大数据处理软件。对于大数据调查者来说，Hadoop 虽然由 Java 写成，但也可以使用 Python 来操作，这就意味着只要熟悉 Python，就可调用 Hadoop 软件，实现大数据分析的一些功能。

(2)Rapid Miner。这是主要用于数据挖掘的工具。它的最大好处是无需编程，从而避免了大量的编程工作。调研者可用 Rapid Miner 连接其中算子形成数据处理流程，实现对大数据文件的挖掘，并获得对挖掘流程的理解。美国耶鲁大学已成功地在许多领域应用 Rapid Miner，包括文本挖掘、多媒体挖掘、功能设计、数据流挖掘、集成开发和分布式数据挖掘。Rapid Miner 的缺点是，在处理更大量数据方面有局限。但可将它与 Hadoop 连接使用，以弥补这一缺点。

(3)Storm。这是一个免费开源、分布式、高容错的实时计算系统，它是基于 Hadoop 研发的。Hadoop 有吞吐量大、自动容错等优点，因此在海量数据处理上得到了广泛应用，但 Hadoop 不擅长实时计算。Storm 则可以使持续不断的计算变得容易，这就弥补了 Hadoop 不擅长实时计算的缺陷。所以，在大数据处理中，Storm 经常被用于实时分析、在线机器学习、持续计算、分布式远程调用等领域。同时，Storm 的部署、管理简单，如果研究者需要实时处理海量数据，Storm 是一个不错的选择。

此外，大数据分析领域还有许多著名的工具，包括高性能计算集群的超级计算机 HPCC；基于 Hadoop 数据查询而研发的 Apache Drill；用于报表和智能应用的 BI 等。读者可根据自己的需求进行进一步的学习，这里不一一介绍了。

第四节　实施大数据调查应该注意的问题

一、大数据调查法的适用范围问题

大数据调查法是一种全新的调查方法，它可以完成其他调查方法难以完成的调查任务。如何挖掘大数据的潜在价值，充分发挥大数据调查法的社会作用，还是一个有待解决的问题。

实践证明，大数据调查法特别适用于以下三类课题：

(1)数据量庞大的课题。例如，湖北省运用大数据精准反“蝇贪”，对全省2014—2015年城市低保、农村低保、农村五保、医疗救助、城镇安居工程、农村危房改造、农业保护补贴、退耕还林补助八个方面惠民政策落实情况，在省、市、县、乡、村五级联动调查，运用大数据等新技术，迅速比对并锁定185.3万条问题线索，使有房、有车、有工作、开公司等人员违规领取城乡低保、医疗救助、农村危房改造等补助资金的行为无所遁形，迅速比对查出11.312万人。整个调查历时4个多月完成，查实问题线索43.2万条，违规资金6.02亿元，违规领取补贴的有317406人，处理违纪违规党员干部13504人，立案调查5204人。① 显然，这是其他调查方法难以完成的。

(2)紧急性、预测性课题。例如，2019年年底，新冠肺炎疫情蔓延，国家急需及时了解病毒传播、人民生活和心理的变化，采用“其他调查方法”不可能完成这一任务。这时，大数据调查法起了关键作用。国内外许多调研者通过微信朋友圈、微博、Instagram和Twitter等平台，获取了用户有关言论和空间位置变化的大量数据，为应对和控制这一流行病作出了重要贡献。

(3)全局性、动态性课题。例如，关于城市空间布局、城镇居民时空行为、城镇人口流动等带有一定全局性、动态性的课题，如果采用实地观察、访问调查、问卷调查和文献调查等方法进行调查，一般很难获得完整、准确的资料。但是，如果采用大数据调查法，通过对地理标记信息、社交媒体、手机通讯等记录数据开展调查，就有可能较快捷地获得符合实际情况的调查结果。

二、大数据调查者应该具备的基本素质

大数据调查法涉及许多学科的知识和技术，其使用者必须具备多学科的基本素质。实践证明，大数据调查者应该具备如下一些基本素质：

(1)一定的数据敏感度。主要是：①了解现存大数据的类型，识别其中与自己研究课题密切相关的数据；②了解大数据资源的分布情况，以及获取数据的难易程度；③了解理论与数据的关系，知道如何从数据中概括出理论。

(2)一定的量化思维能力。大数据调查技术和方法处理的对象是数据。因此，大数据调查者必须具备把具体的社会现象、抽象的理论观点转化成数据的能力。只有如此，才能把它们录入计算机，进行各种测量和量化分析。

(3)一定的技术知识和能力。主要是：①有关计算机的知识和技术；②有关软件应用的知识和技术；③有关软件工程的知识和技术；④有关统计学的知识和技术，以便根据调研课题的实际需要，找出模式、构建模型、设计算法、调试程序、处理数据，并防止可能出现的种种偏差。

(4)一定的人文社科素养和表达能力。主要是：①有关社会学、社会心理学、社会调查学的素质；②与调研课题相联系的人文社会科学(如经济学、人口学、管理学等)的素

① 杨宏斌. 湖北大数据查贪腐：锁定185.3万条线索查11.312万人[N]. 湖北日报，2017-01-06.

质；③有关语言、文字、图形等方面的知识和表达能力。

三、大数据调查应该组建多学科相配合的团队

大数据调查一般都要涉及广阔的调查空间，众多的调查对象，海量的调查数据，多方面的调研资料，要使用多学科的调研方法和技术，其工作量往往十分巨大，并有一定的时间要求，单靠个别调研人员是很难完成的。一般来说，大数据调查课题，都应该组建一个多学科合作的、有一定规模的团队来承担。

一般来说，一个理想的大数据调查团队，应该由四类学科的学者、一个成熟的核心组成。四类学科的学者是，社会学学者、计算机学学者、统计学学者和社会调查学学者；一个成熟的核心应该是，熟悉马克思主义哲学和社会学理论，懂得计算机软件工程和统计学知识，具有丰富社会调查学知识和实践经验、善于组织协调的一两个人。有了这样一个团队，再加上必要的经费和设备、较好的社会环境和条件，就有可能承担和完成各类大数据调查课题。

此外，最好配备一位电子数据取证分析师，即从事电子数据的收集提取、数据恢复及取证分析的人员，其任务是：①针对各类电子数据的现场及在线提取固定；②分析基于物理修复或数据特征等的电子数据恢复技术；③提取分析不同介质和智能终端电子数据；④提取分析服务器、数据库及公有云电子数据；⑤提取分析物联网、工程控制系统电子数据；⑥设计建立电子数据取证可视化分析模型；⑦分析计算机及其他智能终端应用程序功能。①

四、大数据条块分割、信息孤岛、数据权属和垄断等问题

大数据调查实践中，经常遇到许多实际问题。其中，主要的是：

(1)“条块分割”、数据壁垒问题。目前，大数据分布极为广泛、分散，各地区、各层级、各部门、各单位各自为政，往往形成数据孤岛，导致大部分数据被束之高阁。如何克服大数据“条块分割”“信息孤岛”，突破大数据壁垒，是广泛开展大数据调查必须解决的首要问题。

(2)大数据调查的“最后一公里”问题。目前，多数地区、部门和单位，大数据共享平台建设相对滞后。这里有认识、体制、经费、技术等多方面原因。如何解决这些现实问题，尽快建成大数据共享平台，特别是打通“最后一公里”，甚至“最后一米”，是一个迫切的现实问题。

(3)大数据的权属、使用和国家安全问题。目前，用户在使用互联网时产生的信息数据究竟属于谁，谁能使用，谁不能使用，哪些数据可以使用，哪些数据不能使用，以及如何使用等，在法律上尚未得到明确的界定。因此，出现了大数据入侵、大数据垄断、大数据“杀熟”等一系列问题。如何制定明确的法律法规，及时管控大数据使用，严格保护大

① 人社部、国家市场监督管理总局、国家统计局联合发布新职业信息名单[EB/OL].[2021-03-11]. https://baike.baidu.com/item/%E7%94%B5%E5%AD%90%E6%95%B0%E6%8D%AE%E5%8F%96%E8%AF%81%E5%88%86%E6%9E%90%E5%B8%88/56367580? fr=aladdin.

数据所有者权益，同时防止信息泄露，保证国家安全，也是一个亟待解决的问题。

第五节　对大数据调查法的评价

大数据调查法是一种全新的调查方法，其优点和缺点也是前所未有的。

一、大数据调查法的优点

(1)自在性。大数据调查法采集、处理的数据，是信息时代人类从事各类社会活动自生、自在的电子记录，是对自生、自在数据的再开发、再利用，而不是调查者有目的、有意识地自为调查的结果。这种自生、自在性数据，具有很大的客观性、真实性、可靠性、无成本或低成本性。

(2)总体性。大数据调查法采集、处理的数据，一般都不是个别的、局部的，也不是抽样的，而是总体的、海量的；其调查结果，一般都是对调查对象总体的、直接的反映，而不存在抽样调查推断总体时经常出现的抽样误差等问题。

(3)广泛性。大数据调查法采集、处理的数据，其范围极其广泛，在人类社会活动存在电子记录、存在网络的所有范围内，都可以开展大数据调查。其调查范围的广泛性，是其他调查方法难以比拟的。

(4)丰富性。大数据调查法采集、处理的数据，其种类极其丰富，除数值数据外，还有以文档、图形、图片、视频、音频、E-mail、网页等各种形式存在的数据。其数据形式的丰富性，是其他调查方法难以比拟的。

(5)动态性。大数据调查法采集、处理的数据，可以是静态的，但更多是动态的。就动态性数据而言，其时间维度、空间维度都是不断变化、发展的。其动态的可持续性、不间断性、实时性，是其他调查方法难以比拟的。

(6)精确性。大数据调查法采集、处理的数据，可以做到极其精确。在时间维度上，可精确阐明调查对象每日每时，甚至每分每秒的动态变化；在空间维度上，可精确描绘调查对象的地域分布、流速和流向。

此外，大数据调查法的高效性、时效性，也是其他调查方法难以比拟的。

二、大数据调查法的缺点

(1)技术依赖性。大数据调查法从甄别、获取、采集、提取、清理、分析、挖掘，直至得出调查结论，都高度依赖于有关的软件和知识、技术。离开了这些软件和知识、技术，大数据调查就寸步难行。目前，有关软件的知识、技术并不普遍，这样就大大限制了其应用的广泛性。

(2)非实体性。大数据调查法采集、处理的数据，尽管是具有很强的客观性、真实性、可靠性的自在数据，但却是非实体性的存在。一般很难获得活生生的、真情实感的认知和体验，这是大数据调查法，如同文献调查、遗存调查、网络调查等间接调查方法一样不可避免的永恒缺陷。

(3)不确定性。目前，大数据调查中存在着“条块分割”“信息孤岛”、数据权属和垄断等问题，再加上获取大数据的环境、条件往往是不确定的，大数据的真实性、可靠性是不确定的，因而其调查成果的科学性往往也是难以确定的。

(4)可操控性。高度的技术依赖性，是大数据调查法许多优势的来源，同时也为人为操控调查过程及其结果提供了现实可能性。这就是大数据调查过程中经常出现大数据入侵、大数据垄断、大数据“杀熟”等一系列问题的原因。

(5)一定的威胁性。大数据中有大量国家、机构、个人信息，如国情、国力数据，机构信息、动态，个人隐私、记录等。在缺乏有效管理的情况下，这些数据的采集和使用，可能会对国家安全、机构秘密、个人隐私形成一定的威胁。

(6)非因果性。大数据调查法获得的调查结论，只能回答相关性问题，而不能回答因果性问题；只具有或然性，而不具有必然性。要回答调查课题的因果性问题，就不得不使用实验调查等其他方法。

思考与练习

1. 什么是大数据，它有何特点？
2. 简述大数据调查法及其特点。
3. 大数据调查法的一般步骤和方法是什么？
4. 简述大数据采集与提取的主要技术。
5. 大数据分析和挖掘有哪些方法？
6. 实施大数据调查应当注意哪些问题？
7. 大数据调查者应该具备哪些素质？
8. 您如何评价大数据调查法？

推荐阅读

1. [英]维克托·迈尔-舍恩伯格，肯尼思·库克耶. 大数据时代：生活、工作与思维的大变革[M]. 盛杨燕，周涛，译. 杭州：浙江人民出版社，2012.

2. 涂子沛. 大数据：正在到来的数据革命，以及它如何改变政府、商业与我们的生活[M]. 桂林：广西师范大学出版社，2013.

3. [日]稻田修一. 从零开始学习大数据：大数据知识入门手册[M]. 吴延科，译. 北京：中国人民大学出版社，2019.

4. 杨正洪. 大数据技术入门(第2版)[M]. 北京：清华大学出版社，2020.

5. 黄宏程，舒毅，欧阳春，舒娜. 大数据之美：挖掘、Hadoop、架构，更精准地发现业务与营销[M]. 北京：电子工业出版社，2016.

6. 林子雨. 大数据技术原理与应用(第2版)[M]. 北京：人民邮电出版社，2017.

第四篇

研究阶段

研究阶段，是社会调查的深化、提高阶段，从感性认识向理性认识飞跃的阶段。社会调查能否出成果，成果质量的高低，社会作用的大小，在很大程度上取决于这个阶段的工作。

第十五章　整理资料

本章要点

1. 整理资料，就是根据调查目的，运用科学方法，对调查所得的资料进行审核、检验、分类、汇编等加工，使之系统化和条理化，并以集中、简明方式反映调查对象情况的过程。

2. 文字资料的分类，就是根据文字资料的内容、性质或特征等，将相异的文字资料区分为不同类别；将相同或相近的文字资料合为同一类别的过程。

3. 汇编，就是按照调查目的和要求，对分类后的文字资料进行汇总和编辑，使之成为反映调查对象总体情况的系统、完整、集中、简明的材料。

4. 概念图是用来组织和表征知识的图形，一般由概念或命题、连接线和箭头、层级结构三种图标组成。

5. 分组就是指根据调查对象的某些特征或标志把有关数据划分为不同的类别或部分。分组的步骤是：选择分组标志，确定分组界限，编制变量数列。

6. 汇总，就是根据研究目的把分组后的数据汇集到有关表格中，并计算、加总，以集中、系统形式反映调查对象总体的数量情况。

7. 问卷审查，就是对回收的问卷进行审阅，矫正错填、误填，剔除乱填、空白和缺答的废卷，使进入后续程序的问卷具有较高的准确性、完整性和真实性。

8. 后编码的步骤是：预分类和预编码；“对号入座”和“不断加座”；选择、归并、确定最后的类别和编码。

基本概念

整理资料　审查　分类概念图　汇编　分组　统计表　统计图

研究阶段的第一项工作，就是整理资料。调查阶段搜集的各种资料，只有经过科学、系统的整理，才能为统计分析和思维加工打好基础。

第一节　整理资料的意义、原则和类型

一、整理资料及其意义

整理资料，就是根据调查目的，运用科学方法，对调查所得的资料进行审核、检验、

分类、汇编等加工，使之系统化和条理化，并以集中、简明方式反映调查对象情况的过程。整理资料的意义在于：

1. 提高资料质量的必要步骤

在调查过程中，获得的资料往往是分散、零乱的，难免存在虚假、错漏、短缺、余冗等现象。因此，在研究阶段开始，必须进行一次全面检查和整理，以消除上述现象，这是提高调查资料质量不可缺少的步骤。

2. 研究调查资料的重要基础

研究阶段的任务是做出正确的调查结论，正确的调查结论来源于科学的统计分析和思维加工，科学的统计分析和思维加工有赖于调查资料的真实、准确和完整。这说明，调查资料的认真鉴别和系统整理，是研究工作的重要基础。

3. 保存调查资料的客观要求

调查资料，不仅是得出调查结论的客观依据，而且对今后有关研究具有重要参考价值。实践证明，真实、准确、完整的调查资料，往往比调查结论更为重要，往往具有长久研究价值。因此，整理调查资料实是保存资料的客观要求。

二、整理资料的原则

1. 真实性原则

整理出来的资料，必须是真实的，而不是虚假、杜撰的。“无论作任何研究，材料的鉴别是最必要的基础阶段。……因为材料缺乏，顶多得不出结论而已，而材料不正确便会得出错误的结论。这样的结论比没有更要有害”。①

2. 完整性原则

整理出来的资料，必须是全面、完整的。既有历史资料，又有现实资料；既有正面资料，又有负面资料；既有主体资料，又有辅助资料；既有定性资料，又有定量资料，等等。只有这样，才能真实反映调查对象的全貌。

3. 统一性原则

整理出来的资料，必须是统一的，包括调查地点和时间的统一，调查对象的统一，调查内容的统一，调查指标及其操作定义的统一，调查数据的计算公式、计量单位的统一，调查结果表现形式的统一，等等。

4. 准确性原则

整理出来的资料，必须是准确的，特别是数据要准确。如果整理出来的资料含混不清，数据互相矛盾，那么，就不可能得出科学结论。当然，对于数据准确性的要求应该从实际出发，以能说明问题为原则，而不是越精确越好。

5. 简明性原则

整理出来的资料，必须是简明的，应该尽可能地以系统化、条理化的方式反映调查工作的主要内容，以集中化、简明化的形式反映调查对象的总体情况，而不应该杂乱无章，更不应该啰唆。

① 郭沫若. 十批判书[M]. 北京：人民出版社，1954：1.

6. 新颖性原则

整理出来的资料，应尽可能新颖，即用新观点、新视角来使用资料，尽量避免按照陈旧思路反映问题，更不能简单重复别人已经走过的老路。只有勤于思考、勇于创新，才能为创造性研究打下良好基础。

三、整理资料的类型

1. 文字资料

文字资料有两个来源：一是实地调查的访谈、观察记录等；二是搜集的文献资料，包括档案、文件、日记、信件、调查报告和研究论文等。整理文字资料，就是根据研究需要，对各种文本资料进行阅读、审查、分类、汇编，使之成为便于研究的备用资料。整理文字资料，研究者应直接参与，而不应请他人代劳。

2. 数据资料

数据资料，是指通过各种调查方法获得的各类数据。整理数据资料，就是对这些调查获得的数据进行鉴别、加工、整理，使之条理化、系统化地反映调查对象的总体情况。整理数据资料不是一项单纯的技术工作，只有以一定的科学理论为指导，才能整理出那些最基本、最能说明问题的数据。

3. 问卷资料

问卷资料，主要是标准化的数字、符号信息，以及少量文字信息。整理问卷资料，就是将问卷中的数据、符号、文字信息，通过一定程序和方式转换成可供计算机录入和分析的数据，以便研究者运用一些登录技术录入计算机，并根据调研设计的需要对这些信息进行分析和研究。

第二节　文字资料的整理

一、整理文字资料的一般步骤

整理文字资料的一般步骤是：阅读、审查、分类、汇编和绘制概念图。

1. 阅读

通过阅读把有用的文字资料筛选出来，是整理文字资料的首要步骤。阅读和筛选的一般顺序是，首先从大量文字资料中筛选出可用的文字资料，其次从可用文字资料中筛选出应用文字资料，最后从应用文字资料中筛选出必用文字资料。通过反复阅读和逐层筛选，就为下一步的审查打下了基础。

2. 审查

文字资料的审查，是指通过审核、检查判断文字资料的真实性和适用性。

文字资料的真实性审查，也称信度审查，是指通过审核、检查判明文字资料的真伪。审查有两种方法。一是外观审查，即从文字资料的字迹、墨水、版本、印刷技术、纸张等外观来判断真伪。二是内涵审查，即从文字资料使用的词汇、概念、语言、风格等内容来判断真伪。实践证明，那些字迹相似、墨水相同、时间重叠的观察、访问记录，很可能是伪造的记录；那些内容贫乏、概念模糊、语言雷同的文献，很可能是伪造的文献。

文字资料的真实性审查，有四种方法。一是经验法，就是根据以往的常识和实践经验来判断文字资料的可靠性，如有违反常识和实践经验的内容，就是不可信的资料。二是逻辑法，就是运用逻辑方法来检验文字资料的可靠性，凡存在逻辑矛盾或违背客观事物发展逻辑的，就应重新核实。三是来源法，就是根据文字资料的来源判断其可靠性。一般来说，当事人、多数人反映的情况，比局外人、少数人反映的情况可靠性高一些；有文字记录的、引用率高的资料，比口耳相传的、引用率低的资料可靠性高一些，等等。四是比较法，就是对不同来源的文字资料进行对比，从而判断其可靠性。凡有多种来源互相印证的文字资料，可靠性就大一些。

文字资料的适用性审查，也称效度审查。主要审查文字资料是否符合原设计要求，是否能有效说明调查所要回答的问题。凡符合原设计要求，能有效说明调查所要回答的问题，就是适用的文字资料。反之，就是不适用的文字资料。

对不真实或不适用的文字资料，都应补充调查，使之成为真实的、适用的文字资料。如无法补充调查，就应剔除，以免影响整个调查资料的真实性和适用性。

3. 分类

文字资料的分类，就是根据文字资料的内容、性质或特征等，将相异的文字资料区分为不同类别；将相同或相近的文字资料合为同一类别的过程。通过分类及在此基础上的综合，就可以使文字资料条理化、系统化，具有某种顺序性、连贯性和逻辑性，为进一步开展研究提供必要的前提。

文字资料分类有两种方法。一是前分类，就是在调查前就已设计好的分类。如有结构观察的记录、标准化访问问卷等，采用的就是前分类方法。二是后分类，就是调查后根据搜集资料的内容、性质或特征将它们分别集合成类。如文献调查资料、无结构观察和非标准化访问的记录，就只能采用后分类方法。

正确掌握分类标准，应该注意三条原则。一是科学性原则，即分类标准必须符合科学原理。二是客观性原则，即分类标准必须符合客观实际。三是有效性原则，即分类能有效服务研究目的，有效说明研究所要说明的问题。

分类具有重要意义。列宁指出："由于分类的方法不同，同一个材料竟会提供截然相反的结论"。① 例如，对闲暇活动文字资料的分类，有的人把它们划分为生存类、发展类、享受类；有的人把它们划分为高雅休闲类、大众娱乐类、学习类、健身类，等等。不同的分类，反映着研究者不同的理论解释，前者主要说明不同社会发展阶段休闲方式的不同；后者主要说明不同社会阶层休闲情趣的差异。这说明，分类不是一个简单的技术工作，而是以一定理论为指导的、对文字资料进行概括的分析和研究过程。

4. 汇编

汇编，就是按照调查目的和要求，对分类后的文字资料进行汇总和编辑，使之成为反映调查对象总体情况的系统、完整、集中、简明的材料。

汇编的程序：首先，应根据调查目的、要求和调查对象的具体情况，确定合理的逻辑结

① 列宁全集(第27卷)[M]. 北京：人民出版社，2017：202.

构，使汇编后的资料既能反映调查对象的真实情况，又能说明调查所要说明的问题；其次，要对分类资料做初步研究和加工。例如，给各种文字资料加标题，重要部分标符号，对各种文字资料按照一定逻辑结构编序号等。

汇编的要求有二。一是要系统和完整。所有可用文字资料都要汇编到一起，大类小类层次分明，井井有条，能系统、完整反映调查对象总体的全貌。二是要简明和集中。尽可能用简短、明了的文字，集中说明调查对象的总体情况，注明文字资料的来源，还可对文字资料的价值等作些简短述评，以供进一步研究参考。

5. 绘制概念图

概念图是用来组织和表征知识的图形，一般由概念或命题、连接线和箭头、层级结构三种图标组成。概念，是指反映事物本质属性的词或词组；命题，是指逻辑上表达判断的语句，通常以直陈或假定语句表达。连接线和箭头，表示不同概念、命题之间的联系和方向；层级结构，是不同层次概念、命题的排列组合方式。图 15-1 是一张概念图的实例。

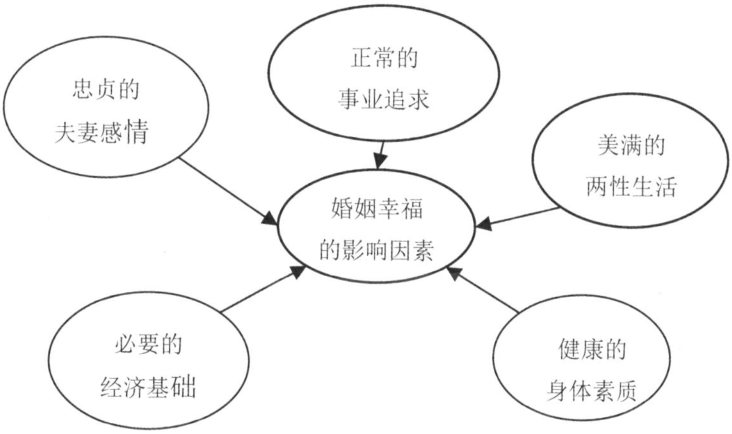

图 15-1 影响婚姻幸福的因素

在概念图中，概念或命题是核心，一般置于图的最上层或中心，从属的概念、命题则安排在下层或四周，并用连接线和箭头表示它们之间的联系和方向。此外，还可有必要的文字说明。一般来说，概念图不是一次绘成的，而是随着思维加工的不断深化，逐渐修改、完善直至最后完成的。绘制概念图的目的，是使理论更加清晰、直观。因此，应重视理论内容的表达，而不要过分追求外在形式。

二、整理文字资料的方法

1. 人工整理

人工整理，包括登录和建档两项工作。登录，就是用规范的文字，将阅读、审查、分类、汇编后的文字资料，登录下来；建档，就是将登录的文字资料整理好，装入有一定格式（目录、序号等）的档案夹或档案袋。

档案夹或档案袋的格式要统一，封面上应标明主题词或文档名。如编写内容摘要，应说明文字资料的主要内容，资料来源，观察或访谈人员和受访人员的基本信息等。如编排档案目录，就应把档案、卷宗目录编排起来写上卷次或序号。如编排目录索引，就应按目录的主题编制索引，以便今后查询。

2. 电脑整理

电脑整理，就是用电子计算机完成登录和建档工作。其优点：一是大大提高工作效率；二是为组织大型研究提供了新的可能；三是电子文档储存于数据库，便于检索和分析研究。目前，电脑整理已越来越普遍，应用软件越来越多。整理文字资料的软件主要有：Qualrus、Nvivo，MAXQDA、ATLAS. ti 等。它们的功能有较大差别，应根据文字资料的特点和软件的功能来选用。例如，Nvivo 就是一款功能强大的质性分析软件，能够有效分析多种不同类型的数据，诸如文字、图片、录音、录像等，是实现质性研究的最佳工具。

第三节　数据资料的整理

数据资料的整理，一般包括检验、分组、汇总、制作统计表或统计图等程序。

一、检验

检验，就是检查、验证各种数据资料是否完整和正确。

数字资料的完整性检查，包括两个方面：一是检查应该调查的对象和每个调查对象应该填写的表格是否齐全，有没有遗漏的现象；二是检查每份调查记录、每张调查表格有关数据的填写是否完整，有没有缺报的指标或数据。

数字资料的正确性检验，就是看资料上的数据是否符合实际，计算是否正确。数字资料的正确性检验，一般采用三种方法：

(1)经验判断，就是根据已有经验来判断数字资料是否真实、正确。如已知某单位比较落后，而数字资料却超过了先进单位，那么就应该复查或核实。

(2)逻辑检验，就是根据逻辑关系来检验数据资料是否正确、符合实际。比如，收入与支出、播种面积与总产量之间都有一定逻辑关系。如果有支出大大超过收入、播种面积与总产量不相吻合等不符合逻辑的情况，就应该复查或核实。

(3)计算审核，就是通过数学运算来审核数字资料有无差错。比如，各分组数字之和不等于总数，各部分占比相加不等于百分之百，就应该复查或核实。此外，计量单位是否一致、计算方法是否统一等，也应进行必要的审核。

通过检验发现的问题，都应查明原因，采取措施予以补充或更正。无法补充或更正的则应作为无效资料剔除，以免影响整个数字资料的真实性和准确性。

二、分组

分组，就是指根据调查对象的某些特征或标志将有关数据划分为不同的类别或部分。分组对总体是“分”，即将总体中性质相异的个体区分开来；对部分是“合”，即将性质相同的部分组合成类。分组应该以研究目的为依据，以客观事实为基础，以界限明确为要求，以穷尽性和互斥性为原则。分组的目的是，反映各类事物的数量，考察总体内部的构成，研究总体内各部分的相互关系等。

分组的步骤是：选择分组标志，确定分组界限，编制变量数列。

1. 选择分组标志

分组标志，就是分组的标准或依据。常用的分组标志有四种：

(1)质量标志，就是按事物性质或类别分组。例如，人口可按性别标志分为男人和女人，可按民族标志分为汉族和少数民族；企业可按行业、规模等标志分成多种类型。按质量标志分组，可把不同性质或类别的事物区别开来，有利于认识不同性质或类别事物的数量特征，并对它们的关系进行对比研究。

(2)数量标志，就是按事物的发展规模、水平、速度、比例等数量特征分组。例如，城市可按城区常住人口规模分组：1000万人以上为超大城市、500万~1000万人为特大城市、300万~500万人为Ⅰ型大城市、100万~300万人为Ⅱ型大城市，50万~100万人为中等城市，20万~50万人为Ⅰ型小城市，20万人以下为Ⅱ型小城市。① 按数量标志分组，可以把不同发展规模、水平、速度、比例的事物区别开来，有利于从数量上认识客观事物，并对它们的关系进行研究。

(3)空间标志，就是按事物的地理位置、区域范围等空间特性分组。例如，中国经济发展状况，可按东部、中部、西部三大地理区域分组；义务教育普及程度，可按省、市、县、乡等不同等级、不同规模行政区划分组等。按空间标志分组，可以把不同地域、范围的事物区别开来，有利于了解事物空间分布状况，有利于对不同地理位置、不同区域范围内的事物进行对比研究。

(4)时间标志，就是按事物从始至终的持续性、间隔性和先后顺序等时间特性分组。例如，工业总产值可按月、按年分组；国内生产总值增长速度，可按1年、5年、10年分组等。按时间标志分组，可把不同时点或时期的事物区别开来，有利于认识事物不同时点或时期的状态，揭示事物运动、变化、发展的趋势。

上述四种标志是最基本的分组标志。在此基础上，可以用两个或两个以上标志，如性质和水平、年度和类型、规模和区域、地理位置和年度等组合成多种多样的复合标志。例如，国家统计局颁布的《统计上大中小微型企业划分办法》(2017)，使用的就是由“从业人员”和“营业收入”两个指标组成的复合标志。

表15-1　统计上大中小微型企业划分标准(部分)

行业名称	指标名称	计量单位	大型	中型	小型	微型
农、林、牧、渔业	营业收入(Y)	万元	Y≥20000	500≤Y<20000	50≤Y<500	Y<50
工业	从业人员(X)	人	X≥1000	300≤X<1000	20≤X<300	X<20
	营业收入(Y)	万元	Y≥40000	2000≤Y<40000	300≤Y<2000	Y<300

① 国务院关于调整城市规模划分标准的通知[Z]. 国发〔2014〕51号文件，2014-10-29.

续表

行业名称	指标名称	计量单位	大型	中型	小型	微型
建筑业	营业收入(Y)	万元	Y≥80000	6000≤Y<80000	300≤Y<6000	Y<300
	资产总额(Z)	万元	Z≥80000	5000≤Z<80000	300≤Z<5000	Z<300
零售业	从业人员(X)	人	X≥300	50≤X<300	10≤X<50	X<10
	营业收入(Y)	万元	Y≥20000	500≤Y<20000	100≤Y<500	Y<100
交通运输业	从业人员(X)	人	X≥1000	300≤X<1000	20≤X<300	X<20
	营业收入(Y)	万元	Y≥30000	3000≤Y<30000	200≤Y<3000	Y<200

说明：①大型、中型和小型企业须同时满足所列指标的下限，否则下滑一档；微型企业只需满足所列指标中的一项即可。②表中各行业的范围以《国民经济行业分类》(GB/T4754-2017)为准。③企业划分指标以现行统计制度为准。

2. 确定分组界限

分组界限，是指划分组与组之间的间隔限度。确定分组界限，包括组数、组距、组限、组中值的确定和计算等内容。

(1)组数，就是组的数量。组数的确定，应从实际出发。当数量标志变动范围很小、标志值项数不多时，可直接将每个标志值确定为一组。这时，组数等于数量标志值项数。例如，调查7~12岁学龄儿童入学率，就可将每一岁儿童确定为一组。当数量标志变动范围大、标志值项数多时，可将邻近的几个标志值合为一组，以减少组的数量。例如，调查人口年龄结构，就可将邻近的5个年龄合为一组。对标志值项数较多的数据资料分组，还可以按斯特奇斯(Sturges)提出的经验公式(通称为Sturges法则)来确定组数K：

$$K=1+\lg N/\lg 2,\text{ 即 }K=1+3.322\lg N$$

式中，N为标志值项数，对计算结果用四舍五入办法取整数，即为组数。

这个公式的文字表述是：组数K等于标志值项数N的对数除以2的对数所得的商加1。2的对数的倒数为3.322，N的对数可通过查常用对数表得知。

(2)组距，就是各组中最大数值与最小数值之间的距离。确定组距后，应编制组距数列。编制的组距数列，各组组距相等的，叫等组距数列；各组组距不相等的，叫不等组距数列。确定组距数列时，究竟采用等组距数列还是不等组距数列，应从实际情况出发。如编制等组距数列，应先确定组数，再用全部变量最大值与最小值之间的差距即全距除以组数，就可得出组距的大小。如编制不等组距数列，就应根据研究目的和实际情况来确定组距。

(3)组限，就是组距两端数值的限度。一般将每组的起点数值(最小数值)称为下限，终点数值(最大数值)称为上限。组限有两种表现形式，一是封闭式组限，即在变量数列中最小组的下限值和最大组的上限值都是确定的；二是开口式组限，即在变量数列中最小组的下限值和最大组的上限值是不确定的。划分组限后，如果某一数值正好与某一组组限的起点值或终点值相同，就应该遵循统计学中"上限不在内"原则，将某一数值划归属于下限的那一组。

(4)组中值，就是各组标志值的代表值。组中值是根据各组组距上下限之间的中点数值确定的：封闭式组距数列组中值的计算公式是：组中值=(下限+上限)÷2。开口式组距数列组中值的计算公式是：缺下限的组中值=开口组上限-相邻组组距÷2；缺上限的组中值=开口组下限+相邻组组距÷2。

3. 编制变量数列

数量标志中可以取不同数值的量，统计上称为变量。把数量标志的不同数值编制为数列，称为编制变量数列，即把各数量标志的数值汇总归入适当的变量数列表。常用的变量数列表有：①按质量标志分组的变量数列表；②按数量标志分组的变量数列表；③按空间标志分组的变量数列表；④按时间标志分组的变量数列表；⑤累积频数表，又称累计频次表，即把各值的频次按一定顺序(从小到大或从大到小)相加后所形成的表格。

三、汇总

汇总，是指根据研究目的把分组后的数据汇集到有关表格中，并计算、加总，以集中、系统形式反映调查对象总体的数量情况。

汇总方法，分为手工汇总和计算机汇总两大类。随着计算机的普及，手工汇总方法已逐渐被计算机汇总方法代替。计算机汇总的方法，必须先把原始资料转变为计算机可识别的数据。现在，大多是在 SPSS、Excel、dBASE、Stata 等统计软件上直接登录数据资料、建立数据文件，然后再进行汇总计算。

四、制作统计表和统计图

汇总数据，如果要通过表格或图形表现出来，就要制作统计表和统计图。

(一)统计表的制作

统计表以表格形式反映变量的数值分布，是表述统计资料数量特征及其关系的主要形式。它具有系统、完整、简明、集中的特点，而且便于计算、查找和对比研究。广义地讲，统计表包括调查表、汇总表、整理表、分析表和公布统计资料的表式等。狭义地讲，则是指记载汇总结果和公布数据资料的表式。这里讲的统计表，是就狭义而言的。

1. 统计表的结构

从形式看，统计表一般由表号、标题、标目(横标目、纵标目)、数字、表注和资料来源构成。表号是表的序号，位于表顶端左侧，表号后用空格或冒号与标题隔开。标题，就是统计表名称，说明表中数据资料的内容，一般位于表顶端中部。标目，分横标目和纵标目。横标目，通常列在表的左侧，用以说明总体各组或各单位的标志。纵标目，通常放在表的右侧上方，用以说明总体各组、各单位有关情况的各种指标。数字，是统计表的主体，一般用绝对数、相对数或平均数等数值来说明总体各组、各单位有关指标的数量特征。表注，是对表内的标目、统计方式、数据所做的解释或说明。因为表内数字中不能混杂文字，凡需要解释或说明的内容一律写入表注。资料来源，用于说明统计数据的出处，一般应有作者名、书刊名或文章名、页码、出版地点、出版单位和时间等内容。

从内容看，统计表由主词和宾词两部分组成。主词，就是统计表所要说明的总体或总体各组、各单位的名称，通常排在表左侧。宾词，就是统计表用来说明主词的各种指标，通常排在表右侧上方。统计表结构如表 15-2 所示。

表号　　标题

表 15-2　城镇居民人均支出

主词　　宾词

横标目　纵标目　数字

项目	2013 年 金额(元)	2015 年 金额(元)	2017 年 金额(元)	2018 年 金额(元)
消费支出	18487.5	21392.4	24445.0	26112.3
食品烟酒	5570.7	6359.7	7001.0	7239.0
衣着	1553.7	1701.1	1757.9	1808.2
居住	4301.4	4726.0	5564.0	6255.0
生活用品及服务	1129.2	1306.5	1525.0	1629.4
交通通信	2317.8	2895.4	3321.5	3473.5
教育文化娱乐	1988.3	2382.8	2846.6	2974.1
⋮	⋮	⋮	⋮	⋮

注：表中的“消费支出”指生活消费支出，不包括非生活消费支出。

资料来源：中国统计年鉴 2019[EB/OL].[2021-11-21].http://www.stats.gov.cn/tjsj/ndsj/2019/indexch.htm.

2. 统计表的分类

(1)按照主词结构，统计表可分为简单表、分组表和复合表三种。

简单表，即主词未作任何分组的统计表。在简单表中，主词只列举总体各部分名称，或只按地域分布、时间顺序排列。

分组表，也称次数分布表，即主词按某一个标志分组的统计表。分组表可以按一个标志揭示出不同类型现象的数量特征，有利于研究调查对象总体的内部结构，分析不同类型的社会现象之间的数量关系。

复合表，也称交互分类统计表或列联表，即主词按两个或两个以上标志分组的统计表。复合表可以把多种标志结合起来，可以从多种角度反映社会现象的不同数量特征，如表 15-3 所示。

表 15-3 国家财政中央和地方收支情况 单位：亿元

项目	1990 年	1995 年	2000 年	2005 年	2010 年	2015 年	2018 年
财政总收入	2937. 1	6242. 2	13395. 2	31628. 0	83101. 51	152269. 26	183359. 8
中央	992. 4	3256. 6	6989. 2	16535. 9	42488. 47	9267. 2	85456. 4
地方	1944. 7	2985. 6	6406. 1	15092. 0	40613. 04	83002. 0	97903. 4
财政总支出	3083. 6	6823. 7	15886. 5	33708. 1	89874. 16	175877. 82	220904. 1
中央	1004. 5	1995. 4	5519. 9	8775. 7	15989. 73	5542. 2	32707. 8
地方	2079. 1	4828. 3	10366. 7	24932. 4	73884. 43	150335. 6	188196. 3

资料来源：中国统计年鉴 2019［EB/OL］.［2021-11-21］. http://www.stats.gov.cn/tjsj/ndsj/2019/indexch.htm.

(2)按照宾词结构，统计表可作两种设计，即简单设计和复合设计。

宾词简单设计，就是宾词各指标的平行配置设计，其指标栏数等于各标志分组项数之和。同时，各指标之间没有数值关系。如表 15-4 所示。

表 15-4 各地区按性别和婚姻状况分的人口

项目	15 岁及其以上人口合计	性别		婚姻状况				
		男	女	未婚	初婚有配偶	再婚有配偶	离婚	丧偶
总计	939526	476037	463489	191753	669629	14647	13272	50226
北京	15648	7999	7649	4095	10653	201	212	487
辽宁	32819	16446	16373	7714	21969	514	855	1767
湖北	41428	20880	20548	8283	29336	660	521	2627
⋮	⋮	⋮	⋮	⋮	⋮	⋮	⋮	⋮

注：本表是 2012 年全国人口变动情况抽样调查样本数据，抽样比为 0. 831‰。

资料来源：中国人口统计年鉴［M］. 北京：中国统计出版社，2013：109-110.

宾词复合设计，就是宾词各指标的互相重叠设计，其指标栏数等于各标志分组项数的乘积，因而指标栏数有较大增加。如表 15-5 所示。

表 15-5 各地区按性别和婚姻状况分的人口

项目	15 岁及其以上人口合计	男					女				
		未婚	初婚有配偶	再婚有配偶	离婚	丧偶	未婚	初婚有配偶	再婚有配偶	离婚	丧偶
总计	939526	111298	334786	7005	7610	15337	80455	334843	7642	5662	34889
北京	15648	2267	5399	105	96	132	1828	5254	96	116	355

续表

项目	15 岁及其以上人口合计	男					女				
		未婚	初婚有配偶	再婚有配偶	离婚	丧偶	未婚	初婚有配偶	再婚有配偶	离婚	丧偶
辽宁	32819	4227	10971	242	442	565	3487	10998	272	413	1202
湖北	41428	4824	14549	335	273	900	14787	325	248	1727	
⋮	⋮	⋮	⋮	⋮	⋮	⋮	⋮	⋮	⋮	⋮	⋮

资料来源：中国人口统计年鉴[M]. 北京：中国统计出版社，2013：109-110.

在宾词简单设计中，指标之间是相加关系，如表 15-4 所示，性别 2 栏，婚姻状况 5 栏，2+5＝7 栏；在宾词复合设计中，指标之间是相乘关系，如表 15-4 所示，性别 2 栏，婚姻状况 5 栏，2×5＝10 栏。因此，宾词复合设计指标不能过多，否则不仅工作量大增，而且还会损害统计表简明、集中的特点。

3. 制作统计表应该注意的问题

(1)必须根据制表目的、要求和内容，通盘考虑统计表布局，使分组和指标的安排主次分明、重点突出，并反映出数据的内在逻辑关系，使人一目了然。

(2)纵标目、横标目的概念要明确，排列顺序要符合逻辑。跨页时，纵标目、横标目应照原表列出。

(3)主词和宾词的合计、总计，一般应安排在前面。如果只列出一部分项目，则合计必须在前面，在所列部分指标名称前必须冠以“其中”字样。

(4)统计表的栏目，一般应该编号。主词栏目通常用(甲)、(乙)、(丙)等文字标明；宾词栏目通常用(1)、(2)、(3)等数字编号。

(5)表的上下两端和纵标目、横标目与数字资料之间画粗线，表内各栏目之间画细线或不画线，左右两端不封口，横行之间不画线。

(6)计量单位，数量较少，可在表上方右侧注明；数量较多，则应在各指标下注明。如果计量单位变化较多，可在纵栏目中专设 1 个“计量单位”栏目。

(7)表中数字要填写整齐，对准位数，数字精确度要一致。下行与上行数字相同时，仍应填写数字。无数字用短线“—”表示；缺数字用虚线“---”表示。

(二)统计图的制作

统计图是指根据统计数据绘制的图形，用以反映统计对象的数量特征。它具有形象、生动、直观、概括和醒目等特点，具有较强吸引力和说服力。

统计图大体可分为四种类型。

1. 几何图

利用点、线、面来表示统计资料的图形。它主要包括：圆形图，又称饼图；条形图，又称柱形图；直方图；曲线图，又称折线图。

2. 美术图

亦称形象图、绘画图，就是用形象来表达统计数据的图形，多用于展览、宣传和广告。它主要包括：象形图、装饰图和特种美术图。

3. 统计地图

以地图为背景，运用点的大小、多少；线的粗细、疏密；颜色深浅、明暗；圆形或方形面积大小；实物形象的大小或多少等，表示统计资料的地域分布。

4. 复合图

用两种或两种以上统计图复合而成的统计图，如条形图曲线图的复合图、条形图象形图的复合图、方形立体图统计地图的复合图，等等。

现在，运用计算机绘制统计图十分方便、效率很高，而且非常准确。常用的制图软件有 SPSS、Excel 和 SAS 等。

第四节　问卷资料的整理

问卷资料的整理，分为问卷审查、后编码、数据录入和数据清理四个步骤。

一、问卷审查

问卷审查，就是对回收的问卷进行审阅，矫正错填、误填，剔除乱填、空白和缺答的废卷，使进入后续程序的问卷具有较高的准确性、完整性和真实性。

审查问卷的主要内容包括：①调查对象的选择是否符合设计要求；②对询问问题的回答是否符合设计要求；③填写的数据是否真实、准确；④对检验性问题的回答是否经得起检验；⑤如果是访问问卷，还应审查访问员访谈的起止时间，对回答的评价和复核员的复核意见是否填写完整、符合要求。⑥编码是否正确、完整。⑦问卷的填写是否有漏填项目。此外，还要检查填写字迹是否清楚等。

问卷虽曾在调查时就地审查，发现和解决了一些问题，但当时的审查标准很难统一，审查质量很难保证，因此整理资料时应再做一次集中、全面的审查，并对发现的问题做适当处置，其原则是：①凡在问卷已有答项中能够解决的问题，都应在审查过程中立即更正，以免时过境迁后遗忘，留下后患；②凡在问卷已有答项中无法解决的问题，应力争通过补充调查弥补填写缺陷，努力使这些问卷成为合格或基本合格的问卷；③凡既无法补充调查，又无法采取其他措施弥补的不合格回答，应对该项指标作无回答或无效回答处理；④凡调查对象的选择违背设计方案的问卷，以及问卷主要内容填写错误且无法弥补的问卷，应当作不合格问卷坚决淘汰；⑤访问员对回答的评价和复核员的复核意见，应集中起来，供统计分析和思维加工时参考。总之，通过审查要努力提高问卷合格率和答项合格率，坚决淘汰一切不合格问卷和不合格答项。只有如此，才能保证问卷调查的质量。

二、后编码

后编码的步骤是：

1. 预分类和预编码

在问卷总数中任意选择 10%左右的问卷，把对有关问题的答项分类罗列出来并编码，从而形成预分类和预编码。这时，分类应尽可能详尽、具体一些。

2. “对号入座”和“不断加座”

按照预分类和预编码，对另外 90%左右的问卷中的答项“对号入座”分类和编码。其中，肯定会有许多预分类中没有的新答项类别。这时，对每一种新答项在预分类中增加一个新类别，同时在预编码中增加一个新编码。这样，“不断加座”——增加新类别和新编码，直至把全部新答项包括进去为止。

3. 选择、归并、确定最后的类别和编码

按照研究的需要，对全部问卷预分类的类别进行选择和归并，即选择、归并相近的类别，保留有用的类别，删除无用的类别。然后，对选择、归并后定型的答项，确定最后的类别和编码，从而完成后编码工作。

三、数据录入

数据录入，就是把问卷调查的结果和各种原始资料转换为计算机可以录入的数据，输入到计算机中储存起来。数据录入主要有三种方式：

(1)直接录入。问卷调查完成后，在计算机中设定可接受有关数据的程序，然后将问卷上的数据录入计算机。录入时，最好采用可以对编码范围、变量之间的逻辑关系实施控制的软件，如 PCEDIT、DBASE、FoxBASE、FoxPro 等。这样可以减少录入差错。当然，也可以通过 SPSS 软件录入，但速度较慢。

(2)光学扫描。问卷调查完成后，通过把方框或圆圈涂满的方式将它录入到光学扫描卡上，然后用光学扫描器将资料转换、录入到计算机中。其优点是快速、准确，但难以适应较复杂的回答，增加了光学扫描程序，增加了出现误差的可能，而且需要有光学扫描器等特殊设备。

(3)条形码。就是先将有关数据转换成不同宽度的条形码，然后再用条码读写器将其转换、录入到计算机中。其优点是快速、准确，但增加了转换成条形码的程序，增加了出现误差的可能，而且需要有条码读写器等设备。

数据录入看似简单，实际上很容易出错，需要认真校对。如果条件允许，最好采取双录入方法，然后互相校对、纠错，这样就有可能基本消除录入差错。

四、数据清理

数据清理的目的是，防止错误数据进入运算过程。清理的项目和方法是：

1. 有效范围清理

问卷中的任何变量，都有有效编码值范围，凡超出范围的数据，肯定是错误的。比如，“性别”变量的有效编码值是：1 男，2 女，0 无回答。如果其变量栏中出现了其他数字，就肯定是错误的。如果发现了错误，就应通过问卷编号，查找原始问卷，更正错误。

2. 逻辑一致性清理

逻辑一致性清理的思路是：依据问卷中问题之间的逻辑关系，检查前后答项数据之间的合理性。比如，前面询问“您有孩子吗”，后面再询问“您的孩子今年几岁了”，如果前后回答相矛盾，就应该查找出现错码的问卷；如果原问卷填写没有错误，就应向调查对象复查、核实，并做出恰当处理。

3. 数据质量抽查

如果数据录入时输入的错误数据在正常有效编码值范围内，那么查出这类输入错误的唯一办法就只能是拿着原始问卷，一份一份、一个答项一个答项地核对。由于这种核对方法工作量过大，一般只能从全部样本中随机抽取一部分问卷进行核对。然后，再用这一部分问卷核对的结果，来评估全部问卷数据的质量。

4. 缺失值的种类及其处理

问卷调查，经常会出现缺失值。它可分为两类。一是非系统性缺失值。例如，调查对象拒答、漏答或登录者疏忽、漏填造成的缺失值；数据录入中，录入员遗漏、疏忽等造成的缺失值。这类缺失值，如果有根据的补填，可视为随机性变差，一般影响不大。二是系统性缺失值。例如，调查对象普遍拒答、漏答；登录者普遍错填、漏填而导致的缺失值。这类缺失值，如果有根据的补填，就会造成系统性偏差，从而对调查结论产生重大影响。

对于无法从问卷中找到答项，又无法重新调查弥补的缺失值，研究者补填时常用的估计方法有四种。一是平均值估计法，即用全部样本平均值来代替缺失值，或用分层平均值来代替缺失值。二是回归估计法，一般是将缺失变量设为被预测变量，其他相关变量设为预测变量，然后做回归分析。例如，住宅投资水平与家庭规模和家庭收入相关，就可用回答这三个问题答项的调查对象的数据，构造一个回归方程。对未回答住宅投资水平的调查对象，只要知道其家庭规模和家庭收入，就可通过回归方程计算出其住宅投资水平。三是保留有缺失值的样本，排除存在缺失值的那个变量。需要注意的是，计算有缺失值的那个变量的平均值时，在样本总量中应减去有缺失值的样本数。四是删除有缺失值的样本。如果有缺失值的样本比重很小(如占3%~5%)，就可删除有缺失值的样本。但是，要注意两点：一是剩下的样本不能太少，否则无法满足统计分析对样本量的要求；二是检验删除后样本的代表性，如果出现代表性偏差，就会影响对总体的统计推断。

实践证明，系统性缺失值的发生，主要与问卷设计有关。或者是问题表达不清楚，出现了理解偏差；或者是问题敏感，违背了回答意愿；或者是问题复杂，超出了回答能力，等等。对于系统性缺失值，一般不能简单填补，而应该分析其产生原因。具体做法是，用一个虚拟变量，将发生缺失值的样本归为一类。然后，与其他没有发生缺失值的样本进行对比研究。如果两类样本统计量有显著差异，就应修改问卷，重新调查；如果没有条件修改问卷、重新调查，则应该如实说明系统缺失值的情况和原因，以便研究者做出自己的结论。

思考与练习

1. 什么是整理资料？它有何意义？应遵循哪些原则？

2. 文字资料的真实性、可靠性审查有哪些方法？
3. 什么是文字资料的分类？它有何意义？如何才能正确分类？
4. 何谓后编码？它有哪些步骤？
5. 数据资料分组的依据、基础、要求、原则、目的是什么？
6. 如何确定组数、组距、组限和组中值？
7. 统计表和统计图有何联系和区别？各有何特点和作用？
8. 请选择一个您熟悉的理论，绘制一个概念图，并做必要的说明。

推荐阅读

1. 陈向明. 质的研究方法与社会科学研究[M]. 北京：教育科学出版社，2000.
2. [美]劳伦斯·纽曼. 社会研究方法：定性和定量的取向[M]. 郝大海，译. 北京：中国人民大学出版社，2007.
3. [美]Mattew B. Miles，A. Michael Huberman. 质性资料的分析：方法与实践[M]. 张芬芬，译. 卢晖临，校. 重庆：重庆大学出版社，2008.
4. 陆益龙. 定性社会研究方法[M]. 北京：商务印书馆，2011.

第十六章 统计分析

本章要点

1. 统计分析是指运用统计学原理和方法处理调查数据，分解和辨析出数据的本质及其内在联系。统计分析的目的是：描述数据，用样本推断总体，发现变量之间的统计关系。

2. 统计分析的一般程序是：数据预处理、变量编码和数据统计分析。

3. 统计分析按不同标准可分为不同类型。按其性质，可分为描述统计和推断统计；按变量多少，可分为单变量统计分析、双变量统计分析和多变量统计分析。

4. 描述统计是通过图表或数学方法，对数据进行整理、分析，并对数据的分布状态、数字特征和随机变量之间的关系进行估计和描述的方法；推断统计，是通过样本统计量推测总体参数的分析方法。

5. 单变量统计分析，可分为集中量数分析和离散量数分析两部分；单变量统计分析不仅可做描述统计，而且可做推断统计。

6. 双变量统计分析，是分析两个变量之间的关系，包括相关关系与因果关系。

7. 相关关系可分为不同类型：按照相关方向，可分为正相关和负相关；按照相关强度，可分为完全相关、不相关和不完全相关；按照相关形式，可分为线性相关和非线性相关。

8. 确定两个变量之间的因果关系必须同时满足三个条件：①两变量间必须存在相关关系；②必须确定自变量变化在前，因变量变化在后；③必须确定变量 X 与 Y 之间的关系，不是由于第三个变量的存在而呈现出的一种虚假关系。

9. 双变量分析有多种方法，选择双变量统计分析方法的基础是变量的测量层次。双变量分析同样可进行描述统计与推断统计。

基本概念

统计分析　描述统计　推断统计　参数估计　假设检验　集中量数　离散量数　相关关系　因果关系

要搞好统计分析，必须弄清楚统计分析的目的、过程和类型，学会描述统计和推断统计；单变量统计分析、双变量统计分析和多变量统计分析等方法。

第一节 统计分析的目的、程序和类型

一、统计分析的目的

统计，是指数据的收集、计算和表述；分析，是指对事理的分解和辨析。统计分析，是指运用统计学原理和方法处理调查数据，分解和辨析出数据的本质及其内在联系。统计分析的目的是：描述数据，用样本推断总体，发现变量之间的统计关系。

1. 描述数据

描述是指对数据进行简化、汇总和综合。描述数据主要有两种方法，一是代表性观察值描述，二是多指标降维描述。

代表性观察值描述，是指在指标中找到一个有代表性的统计值来描述。例如，100 个学生的考试成绩，可以用平均分来描述整体情况。可以采用集中趋势(均值、中位数、众数)、离散度(方差、四分位数、异众比率)等方法描述数据。例如，一项 30 个样本量的教学满意度的调查结果是：19 个同学表示“满意”，6 个同学表示“基本满意”，5 个同学表示“一般”。经过分析，可以将结论表述为“83%的学生表示满意，17%的学生表示一般”。

多指标降维描述，是指对多个指标进行标准化，构建便于比较的统一指标来描述。例如，高等学校评比中往往涉及招生、教学、师资、投入、社会影响等多个指标，为了便于比较，往往构建一个统一的指标以量化评价。降维的意义在于提取有效信息和摒弃无用信息。常用方法有聚类分析、主成分分析、潜类别变量分析和因子分析等。

2. 用样本推断总体

抽样调查的目的在于获取样本统计量，用来推断总体参数。样本统计量是运用统计方法对样本数据处理而得出的统计值，如平均数、标准差、百分比等，它是对样本数量特性的描述或反映。总体参数是反映调查总体特征的统计数值，如总体平均数、总体标准差、总体百分比等。

根据已知的变量概率分布及相关统计学理论，可以用样本统计量来推断总体情况，其中以钟形曲线描述的正态分布是统计推断中最重要的概率分布。基于中心极限定理可以求变量的置信区间，推断总体参数的取值范围。例如，某班级学生成绩 95%置信区间是[90，95]，那么我们有 95%的把握认为该班学生成绩取值在 90~95 分。

3. 发现变量之间的统计关系

统计分析的目的之一是发现并展示各种变量之间的统计关系。在社会调查中，调查者收集到的数据只有通过统计分析才能把隐藏在这些数据后面的统计关系揭示出来。例如，数学成绩较好的学生，往往物理成绩也较好；收入较高的人群，往往消费支出也较高，这些数据往往具有相关关系。

如果要做因果关系推断，需要满足三个条件：一是强相关关系；二是时间上，因在前，果在后；三是排除其他因素的干扰。自然科学研究，一般采用各种实验设计排除其他干扰因素，然后通过比较实验组与对照组之间的差异来发现因果关系。社会科学研究，通常使用社会调查并借助统计分析方法来发现因果关系。回归分析，是验证因果关系的重要方法，尤其是双重差分分析、倾向值匹配分析等已成为检验因果关系的有效方法。

二、统计分析的程序

统计分析的一般程序是：数据预处理、变量编码和数据统计分析。

1. 数据预处理

数据预处理，也叫数据清理，主要包括缺失值处理、异常值处理、数据脱敏脱密等。

(1)缺失值处理。在整理数据时，往往会发现部分或个别变量存在观察值缺失，如果不对这些缺失值进行评估和处理，就会影响接下来的统计分析工作。在社会调查中缺失值的发生有多种原因，包括调查项目不适用于被访者，被访者不知道所要调查的情况，被访者不愿意或拒绝回答，调查记录或录入错漏等。对于调查项目不适用于被访者，一般把它标记为“不适用”，在统计分析过程中予以排除。后三种缺失值的处理方法是：①就近取值。例如，调查对象A、B、C三个人都居住在一个小区，其中B的地址未填写(缺失)，那么可以用A或者C的地址补齐。②相似取值。例如，调查对象甲、乙两人年龄、身高均差不多，有甲的体重数据，但缺失乙的体重数据，就可用甲的体重数据补齐乙的体重数据。③插值。例如，A、C两个数据分别为80、90，已知B处于A和C之间，那么就可以取80~90之间随机一个数值作为B的值(随机插值)，或取A、C的平均值作为B的值(均值插值)。④剔除。如果样本量大，缺失数据的样本仅占很小部分，就可以考虑剔除含缺失值的样本。由于缺失值是随机发生的，剔除样本不会对样本代表性产生严重影响。但剔除要慎重，要准确评估剔除的后果。

(2)异常值处理。在整理数据时，往往会发现某些数据与其他数据相比较非常不一致的情况。一般将这类数据称为异常值或奇异值。例如，调查10名大学毕业生月薪的数据(单位：元)，分别为1200、2800、2950、3000、3050、3080、3100、3150、3200、30000。其中，大多数人月薪3000元左右，但是出现了两个异常值：1200元和30000元。如果对这两个异常值不做处理，那么该组学生的平均月薪就是5553元，明显高于3000元这个集中分布区域。

异常值出现的原因可能有三：其一，按程序正常采集和准确记录数据，但由于样本量不够大，使得少数观察值孤立于其他观察值；其二，未按照抽样程序调查样本，纳入了抽样框以外的其他对象，这些对象的调查结果偏离了大部分观察值；其三，是记录或录入错误。以上三个原因均有可能导致异常值的出现，或样本量不够大，导致对总体的覆盖不够；或调查了非大学毕业生，导致收入调查断档出现异常值；或被访者把月薪报告为年薪，或记录、录入时多了一个0等。

因此，对异常值既不能简单认为是填写错误，又不能轻易采信。从根本上说，应该在调查设计时尽可能安排较大的样本量，以便覆盖总体的多种变异。对于调查中已出现的异常值而言，首先，应回访被访者，看是否是符合要求的调查对象，是否准确理解和回答了调查信息。其次，看是否出现了记录或录入错误。如果不是上述两方面原因造成的误差，就可根据研究需要，采取以下方法处理：①采用“削峰填谷”方式进行平滑处理。如将上述1200元调整为次低的2800元；30000元调整为次高的3200元。然后，计算得出该组月薪3033元，就比较符合该组数据的分布状态。②“拔靴法”，就是从上述10个样本中，多次重复抽取一定数量的样本计算出平均值，就有可能建立起足以代表母体的新样本。例如，从前述大学毕业生收入的10个数值中，多次重复随机抽取5个数值，计算出每次5个样本的平均值，最后得到的平均值一般就能够反映总体的分布状态。③剔除法，如果确实是人为误差，就应当予以剔除。上例中，剔除两个异常值后得到的月薪平均值是3041元，就比较符合总体的分布状态。

(3)数据脱敏脱密。《中华人民共和国统计法》第二十五条规定：“统计调查中获得的能够识别或者推断单个统计调查对象身份的资料，任何单位和个人不得对外提供、泄露，不得用于统计以外的目的。”在实际调查中，获取的很多数据往往关系到国家、单位或个人的安全和利益，如果泄露就可能造成违法，也会对国家安全、单位利益和个人生活造成严重影响。例如，国家的地理信息数据，单位的生产经营数据，个人的身份证号码、手机号等数据。这类数据的使用必须先根据法律法规和有关道德约定等，对数据是否敏感、是否涉密做出判断。然后，对其中存在风险的数据必须做脱敏、脱密处理。例如，医疗数据一般需隐藏患者姓名及能推断出个体的指标，地理信息系统敏感数据必须脱敏、脱密后才能使用。社会调查数据的脱敏、脱密方法，一般是采取隐藏身份信息、位置信息等办法，对数据进行变形、隐藏处理，以实现敏感、涉密数据的可靠保护。

数据预处理，一般应在统计分析开始前完成，有的则是伴随着统计分析过程逐步进行。究竟何时处理可依据统计分析的具体需要来选定。

2. 变量编码

为了便于对数据进行描述和推断分析，一般需要对数据统一编码。常用的变量编码有两类：一是标签编码；二是分类编码。

标签编码，就是对变量的标签统一编码。例如，在统计家庭支出时，对于家庭每日账本中购买记录中的“青菜、小白菜、油麦菜、大白菜、菠菜”等各种蔬菜，可统一归为“蔬菜”，并用一个字母或数字的组合进行编码，如C01。这种标签编码的功能：一是可用于统一描述；二是可隐藏部分特征信息；三是便于综合查询和分析。

分类编码，就是对变量的类别统一编码。例如，对学生考试成绩按照优(90分以上)、良(80~89分)、中(60~79分)、差(60分以下)分类，并分别赋予A、B、C、D四类编码。这种分类编码的功能：一是便于对数据进行综合分析；二是隐藏了学生的具体分数信息。

此外，还有对数据初步分组或排序，给数据赋权，设置中间变量等工作。

3. 数据统计分析

在数据预处理和变量编码后，就可进入数据统计分析的程序。

三、统计分析的类型

统计分析按不同标准可分为不同类型。按其性质，可分为描述统计和推断统计；按变量多少，可分为单变量统计分析、双变量统计分析和多变量统计分析。

1. 描述统计和推断统计

描述统计，是通过图表或数学方法，对数据进行整理、分析，并对数据的分布状态、数字特征和随机变量之间关系进行估计的方法。描述统计的目的，是将数据信息简化为易于理解的形式。描述统计的数据，如果是样本数据，其结果称为统计量；如果是总体数据，其结果称为参数。当数据描述结果仅适用于一个样本，而我们希望了解总体特征时，就应使用推断统计。

推断统计，是通过样本统计量推测总体参数的分析方法。例如，一项全国流动人口调查数据分析显示男性占 58.55%，但我们还想知道全国流动人口总体的男性占比，就可使用区间估计法，预测在 95%置信水平上男性的比例落在 58.33%~58.76%。社会科学研究的最终目标是认识总体，在过去 100 多年里，人们逐渐认识到推断统计的威力，即运用少量样本的数据，就可以相当准确地预测总体。

2. 单变量统计分析、双变量统计分析、多变量统计分析

在社会调查中，通常会涉及多个变量。在统计分析中，究竟是单变量统计分析，还是双变量统计分析或多变量统计分析，取决于研究者的目的。单变量统计分析只涉及一个变量，它用统计数值来描述单变量的特征，如平均数、百分比等，也可进行区间估计、显著性检验等推断统计分析。常用的双变量统计分析方法，包括列联表分析与 X^2 检验、秩相关检验、单因素方差分析、一元回归分析等。

当一项统计分析涉及 3 个或 3 个以上变量(其中至少有一个因变量)时，则称为多变量或多元统计分析。多变量统计分析是一种复杂的统计分析方法。在计算机统计软件产生之前，多变量统计方法由于技术太复杂、计算太困难，应用范围受到很大限制。在计算机统计软件产生并推广应用之后，这种情况已完全改变。在社会调查中，多变量统计分析方法很多，如双因素方差分析、多元线性回归分析、因子分析、Logistic 回归分析等。

表 16-1　统计方法类型的划分

分析方法	单变量	双变量	多变量
描述统计	频数、百分比、平均值、中位数、饼图、条形图、直方图、箱线图等	列联表、两样本均值比较、相关分析、回归分析、散点图、拟合直线图等	多元协方差分析、多元相关矩阵分析、多元线性回归、多元 logistic 回归等
推断统计	区间估计、单样本 T 检验等	两样本 T 检验、卡方检验、单因素方差分析等	方差分析、F 检验、T 检验等

表 16-1 显示了两种统计方法类型的划分。限于篇幅，本章后续内容主要介绍单变量和双变量的描述统计和推断统计。

第二节　单变量统计分析

单变量统计分析，可分为集中量数分析和离散量数分析两部分；单变量统计分析不仅可作描述统计，而且可作推断统计。

一、集中趋势分析

集中趋势分析，是指用一个典型值或代表值来反映一组数据的一般水平，或反映这组数据向这个典型值集中的情况。描述集中趋势的常用统计量有均值、中位数和众数等。

1. 均值

均值也称平均数，是观察值之和除以观察值的个数。均值是衡量数据中心位置的重要指标。例如，把某年所有13998个样本流动人口的年龄加总，再除以13998，得到某年全国流动人口年龄均值为35.19岁；另外，还计算得到流动人口的平均流动年限为5.36年。均值的特点是，它对变量的每一个观察值都加以利用，这就意味着它会获得更多的信息。均值的缺点是，使用了数据集中的每一个观测值，所以计算有点麻烦。同时，只要任何一个数据的观察值变化了，均值就会改变。另外，均值对极端值很敏感。

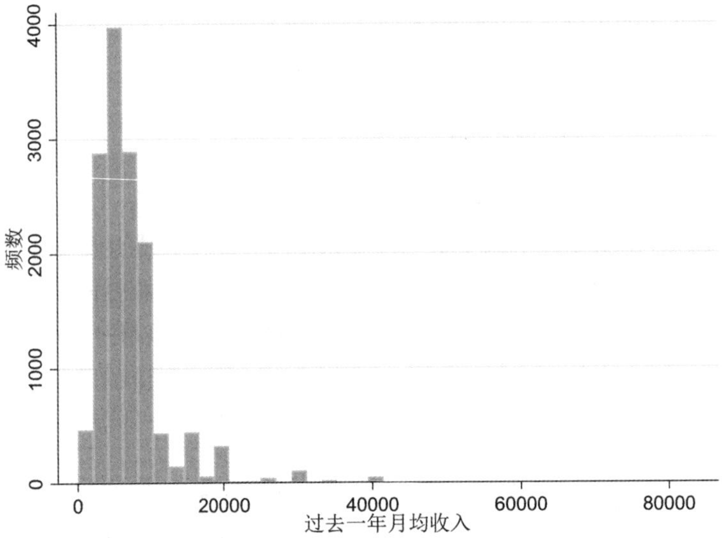

图 16-1 统计方法的类型划分

资料来源：中国流动人口动态监测调查，表由笔者自制。

图16-1显示某年全国流动人口过去一年家庭月均收入的分布，可知月收入超过20000元的属于极少数极端值。表16-2显示剔除超过20000元收入的极端值前后均值的情况，可见两个均值的差异达到470多元。

表 16-2 未删除与删除极端值的均值差异

处理	观察值个数	均值	最小值	最大值
未剔除极端值	13998	7417.31	0	85000
剔除极端值	13734	6940.26	0	20000

资料来源：中国流动人口动态监测调查，表由笔者自制。

2. 中位数

中位数是另一种反映数据中心位置的统计量，其确定方法是将所有数据按由小到大的顺序排列，位于正中间的观察值就是中位数。定序、定距、定比数据均可以求中位数，定类数据则无中位数可言。

当资料为一组单个数据时，求中位数比较简单。其中，组成数据的个数为奇数时，中位数的数值就是位于中央的那个数据的数值。例如，5 位同学考试成绩分别为 65 分、74 分、78 分、85 分、90 分，由 5 个数据组成，这组数据的中位数就是处于中央位置上的 78 分。组成数据的个数为偶数时，中位数的位置则处于中间两个数据之间，在没有直接对应数值的情况下，通常取这两个数值的平均数作为中位数。例如，6 位被调查者的年龄由小到大排列为：18、21、26、28、35、44 岁，中位数所处位置为 $(n+1)/2=(6+1)/2=3.5$，就是在第 3 位和第 4 位之间，中位数的数值则是取两个数据之和的一半，即 $(26+28)/2=27$。

3. 众数

众数指在一组数据中出现次数最多或出现频率最高的那个数的数值。众数也是一种集中量数，同样用于表达一组数据的集中趋势。求众数最简单的方法是观察法，即通过观察找到一组数据中出现次数或频率最高的那个数，其数值就是所求的众数。如一组数据为 6、8、4、7、5、8、4、8，其中 8 这个数出现了 3 次，出现的次数最多，故 8 为这组数据的众数。在分组数据中也可用观察法求众数。如果是从单值分组数据中求众数，可先找出最大的频数组，该频数组所对应的标记值就是所求的众数。

4. 均值、中位数、众数的关系

均值、中位数、众数这 3 种集中量数各有优点和缺点。均值是最常用的集中量度，但它往往受极端数据的影响，使均值反映数据整体集中趋势的准确性变得面目全非。当一组数据中存在极端数据或数据中有个别数据不准确、不清楚时，中位数能比平均数更准确、更稳定地反映数据整体的集中趋势。众数的优点是适用于所有类型的数据，在需要快速找出一组数据的代表值时，众数比平均数、中位数更能表现其优越性。

根据数据分布的不同情况(左偏、对称、右偏)，均值、中位数、众数三个指标的位置情况，如图 16-2 所示。

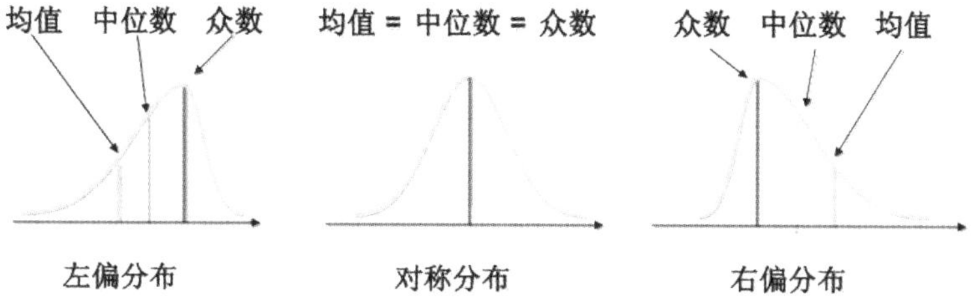

图 16-2　数据分布与统计量相对位置

在选择所要使用的指标时应该考虑，如果各个数据之间的差异程度较小，用平均值就有较好的代表性；如果数据之间的差异程度较大，特别是在有个别极端值的情况下，用中位数或众数有较强的代表性。

二、离散量数分析

集中量数反映的只是数据整体的平均水平和典型情况，除此之外，数据整体还存在着分散性、变异性等情况。所谓离散量数，就是表示一组数据变异程度或分散程度的量数。离散量数越大，表示数据分布范围越广，越不集中，越不整齐；反之，离散量数越小，表示数据分布范围越集中，变动程度越小。离散量数有多种，其中常用的是极差、方差与标准差、四分位数和异众比率。

1. 极差

极差又称全距，它是一组数据中最大值与最小值之差，是最简单的离散量数。由于计算过于简单，仅由数据中最大值与最小值两个数据之差而得，不考虑中间数据的情况，因而反映数据的离散状况太粗略、不灵敏，只能作为离散量数的参考性指标。

2. 方差与标准差

方差是一种重要的离散量数，它的计算方法是把一组数据中每个数据与该组算术平均数相减，将其差进行平方后相累加，再除以数据的个数。方差的计算公式为：

$$S^2 = \frac{\sum (X - \overline{X})^2}{N}$$

方差的平方根就是标准差：

$$S = \sqrt{\frac{\sum (X - \overline{X})^2}{N}}$$

标准差是最重要、应用最广泛的离散量数。标准差的值越大，表明数据的离散程度越大，也就是数据的差异性越大，分布越不均匀；反之，标准差越小，则是数据的离散程度越小，数据的差异性越小，数据越整齐。

3. 四分位数

四分位数也称四分位点，是指把所有数值由小到大排列并分成四等份，处于三个分割点位置的数值，即处于25%、50%和75%位置上的值。中间的四分位数就是中位数，因此通常所说的四分位数是指处在25%位置上的数值(称为下四分位数)和处在75%位置上的数值(称为上四分位数)。第三四分位数与第一四分位数的差距称为四分位距。

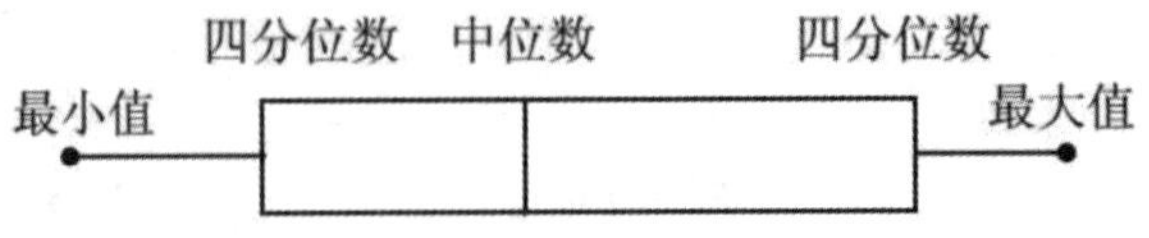

图 16-3　箱线图

图16-3使用箱线图呈现四分位数。所谓箱线图，就是由一组数据5个特征绘制的一

个箱子和两条线段的图形，这种直观的箱线图不仅能反映出一组数据的分布特征，而且还可以进行多组数据的比较分析。这五个特征值，即数据的最大值、最小值、中位数和两个四分位数。

4. 异众比率

异众比率是指非众数的频数与全部个案数的比值，其含义是指众数所不能代表的其他数据(即非众数数据)在总数据中的比重。显然，异众比率越大表示非众数的个案所占总数据的比例越大，也就是众数的代表性越小；反之，异众比率值越小，则表示众数的代表性越大。可见，异众比率这个离散量数是从反面检验众数的一项指标。

三、频数描述

频数，也称次数。对分类数据，可以列出各分类数据的频数；为了便于不同类别的比较，也可以计算比例或百分比，即相对频数。其中，比例的取值在 0 和 1 之间；百分比的取值为 0 到 100。表 16-3 所示为某年全国流动人口婚姻状况(样本量为 13998 人，初婚 10839 人，比例为 0.77，百分比为 77.43%)。

表 16-3　定类变量的频数、比例与百分比

婚姻状况	频数	比例	百分比
未婚	2428	0.1735	17.35
初婚	10839	0.7743	77.43
再婚	299	0.0214	2.14
离婚	230	0.0164	1.64
丧偶	90	0.0064	0.64
同居	112	0.0080	0.8
合计	13998	1.0000	100

资料来源：中国流动人口动态监测调查，表由笔者自制。

如图 16-4 所示，分类变量的频数描述可以通过条形图或饼图呈现。

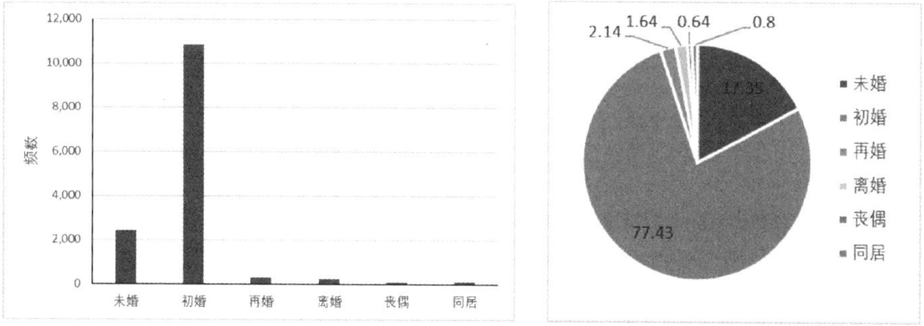

图 16-4　条状图和柱状图

定量数据也可以作频数描述，表 16-4 所示为某年全国流动人口年龄分布。

表 16-4　定量变量的频数、比例与百分比

年龄	频数	百分比	年龄	频数	百分比	年龄	频数	百分比
15	5	0. 04	38	390	2. 79	61	34	0. 24
16	22	0. 16	39	351	2. 51	62	44	0. 31
17	61	0. 44	40	312	2. 23	63	21	0. 15
18	99	0. 71	41	329	2. 35	64	23	0. 16
19	159	1. 14	42	323	2. 31	65	26	0. 19
20	193	1. 38	43	352	2. 51	66	11	0. 08
21	265	1. 89	44	333	2. 38	67	18	0. 13
22	318	2. 27	45	319	2. 28	68	23	0. 16
23	317	2. 26	46	315	2. 25	69	4	0. 03
24	409	2. 92	47	279	1. 99	70	8	0. 06
25	450	3. 21	48	247	1. 76	71	2	0. 01
26	499	3. 56	49	270	1. 93	72	9	0. 06
27	660	4. 71	50	180	1. 29	73	3	0. 02
28	704	5. 03	51	174	1. 24	74	3	0. 02
29	643	4. 59	52	154	1. 1	75	2	0. 01
30	690	4. 93	53	146	1. 04	76	3	0. 02
31	575	4. 11	54	129	0. 92	77	6	0. 04
32	552	3. 94	55	89	0. 64	78	3	0. 02
33	468	3. 34	56	27	0. 19	79	2	0. 01
34	472	3. 37	57	39	0. 28	80	2	0. 01
35	492	3. 51	58	44	0. 31	81	1	0. 01
36	434	3. 1	59	33	0. 24	83	1	0. 01
37	381	2. 72	60	45	0. 32	85	1	0. 01
						合计	13998	100

资料来源：中国流动人口动态监测调查，表由笔者自制。

定量数据的相对频数图采用直方图呈现，每个区间都有一个条，高度表示该区间的数量或所占百分比。如图 16-5 所示，为某年全国流动人口年龄分布直方图。

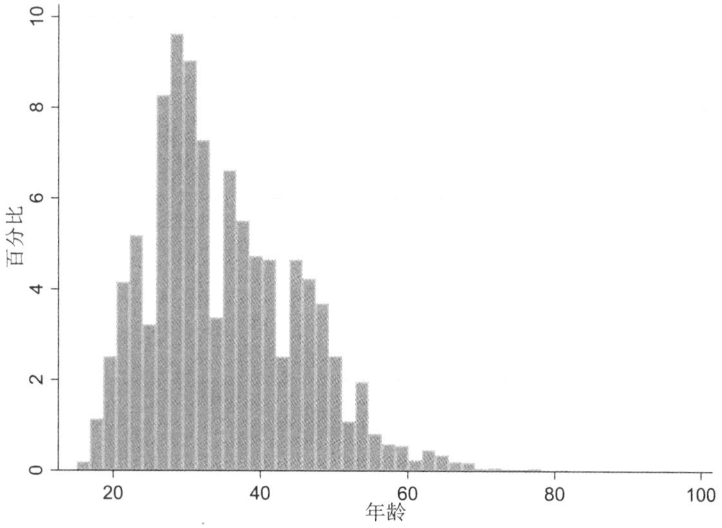

图 16-5　直方图

四、统计推断

单变量分析不仅可做描述统计，而且能进行推断统计。推断统计有两种基本形式，即参数估计和假设检验。

1. 参数估计

参数估计是用样本统计量来估计总体参数。参数估计有两种类型：其一是点估计，是对参数进行最佳推测的一个数值，一个好的估计量应具有这样的抽样分布，即以参数为中心和有尽可能小的标准误；其二是区间估计，是以点估计为中心的一个数值区间，参数值被认为落在其中。

区间估计是通过统计推断找到包括样本统计量在内(或以统计量为中心)的一个区间，即通过有限样本，估计出未知参数以多大的概率在某一区间内取值。根据样本统计量的分布特点，该区间被认为包含总体参数，也被称为置信区间。用公式表示为：

$$置信区间=点估计\pm误差边际$$

在单变量分析中，参数估计通常计算的是总体均值的参数估计和总体比率的参数估计。其中，总体均值的区间估计，设均值为 $\bar{y}$，标准误为 $\sigma_{\bar{y}}=\dfrac{\sigma}{\sqrt{n}}$($\sigma$ 为总体标准差，在实际计算中使用样本标准差 SE 替代，n 为样本量)，显著性水平为 α，则有：

$$\left(\bar{y}-Z_{\alpha/2}\times\frac{s}{\sqrt{n}},\ \bar{y}+Z_{\alpha/2}\times\frac{s}{\sqrt{n}}\right)$$

例如，下表使用Stata软件可以快速计算某年全国流动人口年龄和流动年限均值及置信区间。其中，年龄均值为35.19，95%置信区间为[35.02，35.36]，即有95%的概率某年全国流动人口的总体年龄均值落在35.02到35.36之间。

表16-5　定量变量均值的区间估计

	均值	标准误	95%置信区间	
年龄	35. 19	0.09	35.02	35.36
流动年限	5.36	0.05	5.27	5.45

资料来源：中国流动人口动态监测调查，表由笔者自制。

总体比例的区间估计，设样本比例为 $\hat{\pi}$，标准误为 $=\sigma_{\hat{\pi}}=\sqrt{\frac{\pi(1-\pi)}{n}}$（$\pi$ 为总体比例，在实际计算中使用样本比例 $\hat{\pi}$ 替代），显著性水平为 α：

$$\left(\hat{\pi}-Z_{\alpha/2}\sqrt{\frac{\hat{\pi}(1-\hat{\pi})}{n}},\ \hat{\pi}+Z_{\alpha/2}\sqrt{\frac{\hat{\pi}(1-\hat{\pi})}{n}}\right)$$

例如，如表16-6所示，使用Stata软件可以快速计算某年全国流动人口不同婚姻状况的比例及置信区间。其中，初婚的比例为0.7743，95%置信区间为[0.7674，0.7813]，即有95%的概率某年全国流动人口的初婚比例落在0.7674到0.7813之间。

表16-6　定类变量比例的区间估计

	比例	标准误	95%置信区间	
未婚	0.1735	0.0032	0.1672	0.1797
初婚	0.7743	0.0035	0.7674	0.7813
再婚	0.0214	0.0012	0.0190	0.0238
离婚	0.0164	0.0011	0.0143	0.0185
丧偶	0.0064	0.0007	0.0051	0.0078
同居	0.0080	0.0008	0.0065	0.0095

资料来源：中国流动人口动态监测调查，表由笔者自制。

2. 假设检验

假设检验也称显著性检验，是利用样本统计值对总体参数的假设进行评估检验的程序和方法。它通过参数的点估计与根据假设预言的值进行对比来达到目的。假设检验一般包括五个步骤：一是明确根据变量特征选择检验方法需要的假定；二是陈述原假设和备择假设；三是计算统计量及其相应的概率值(P)；四是选择显著性水平(α)，并比较 P 值和 α，如果 P 值越小，那么拒绝原假设的证据越充分(或计算置信区间)；五是得出结论并作出解释。在单变量分析范围内，与参数估计一样，假设检验包括总体均值的假设检验和总体比率的假设检验。

下面以全国流动人口每周工作小时数的总体均值假设检验为例介绍假设检验的程序。根据劳动法，劳动者的法定工作时间为每天8小时，每周工作5天。因此，法定周工作时间为40小时。由此，可以检验全国流动人口每周工作小时数的总体均值是否等于40小时。

第一，流动人口样本通过随机抽样获得，周工作小时数为定量数据，选t检验进行分析，工作人口样本量为11989人，足够大。

第二，假设周工作小时数的总体均值为μ，则有原假设H0：$\mu=40$，备择假设$\mu\neq40$。

第三，计算t值及其相应的概率值(P)，其中。根据样本数据计算得到，周工作小时均值为56.82，标准误为0.1613，根据原假设μ为40，则有$t=(56.82-40)/0.1613=104.28$。使用$t$分布函数，以$n-1=11989-1=11988$为自由度，计算$P$值得0.000。

第四，设显著性水平α为0.05，所求双尾检验概率为0.000，有$P(0.000)<\alpha(0.05)$。

第五，由上述比较结果拒绝原假设，接受备择假设，即某年全国流动人口周工作小时数不等于40小时。若采用单尾检验，备择假设$\mu>40$，可得P值仍为0.000，依然小于$\alpha(0.05)$，所以实际上某年全国流动人口周工作小时数要大于法定的40小时。

单变量总体比例的假设检验程序与上述均值的假设检验程序一致。

第三节　双变量统计分析

变量关系的统计分析，分为双变量统计分析和多变量统计分析。双变量统计分析只涉及两个变量，它是最简单的变量关系分析，是多变量分析的基础。

一、双变量分析的内容

双变量统计分析，是分析两个变量之间的关系，包括相关关系和因果关系。

1. 双变量间的相关关系

双变量间的相关关系，是指当一个变量X发生变化时，另一个变量Y也随之发生变化，反之，当Y发生变化时，X也发生变化。人们通常把双变量间的相关关系表示为$X\leftarrow\rightarrow Y$。必须指出，存在相关关系的两个变量，只强调它们之间存在相互影响关系，而不清楚、也不在乎它们变化的先后，因而不存在前因后果的问题。社会现象之间的相关关系，从不同角度可区分为不同类型。

(1)按照相关方向不同，可分为正相关和负相关。当一个变量与另一个变量向相同方向变化时，这两个变量间就存在着正相关关系，相关系数取正值。例如，随着学生年龄增长，社会经验不断增加，年龄与社会经验这两个变量间呈正相关关系。当一个变量与另一个变量向相反方向变化时，这两个变量间就存在负相关关系，相关系数取负值。例如，随着经济增长，失业人数不断减少，就表明经济增长与失业人数这两个变量间存在负相关关系，相关系数取负值。

(2)按照相关强度不同，可分为完全相关、不相关和不完全相关。当一个变量的数量完全由另一个变量的数量变化所确定时，它们之间即为完全相关。例如，在价格不变条件下，销售额与销售量间的正比例函数关系，即为完全相关。当变量间彼此互不影响，其数量变化各自独立时，则变量之间为不相关，又称零相关。例如，股票价格高低与气温高低一般情况下是不相关的。两个变量的关系介于完全相关和不相关之间的，称为不完全相关。在统计分析中，通常用相关系数来精确表示两变量间的相关强度，相关系数的取值区间为[-1，1]，相关系数为1时表示两变量完全正相关，取-1时表示完全负相关，相关系数为0时表示两个变量完全不相关。相关系数的绝对值越接近1，表示相关强度越大，如图16-6所示。

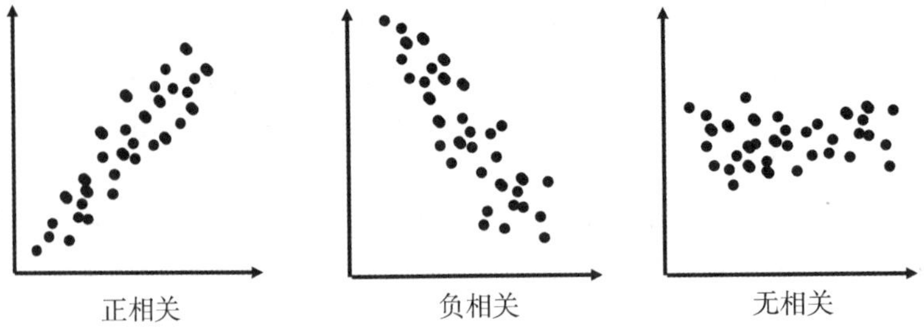

图16-6　线性相关关系

(3)按照相关形式不同，可分为线性相关和非线性相关。线性相关是指当一个变量变动时，另一变量随之发生大致均等的变动，从图形看其观察点的分布近似地表现为一条直线(如下图所示线性相关)。例如，人均消费水平与人均收入水平通常呈线性关系。非线性相关是指一个变量变动时，另一变量也随之发生变动，但这种变动是不均等的，从图形看其观察点的分布近似地表现为一条曲线(如图16-7所示，指数相关、U形相关)。例如，农田施肥在一定数量范围内，可增加产量，但超过一定限度，产量反而下降。所谓两个变量X和Y呈线性相关，用数学语言表达，是指一个变量可以用另一个变量线性表示，如$y=bx+a$；反之，则表示两变量为非线性相关。线性相关在很多情况下成为变量相关分析的基础条件，如一元线性回归分析要求自变量和因变量必须存在线性相关关系，否则，回归分析就会失去意义。

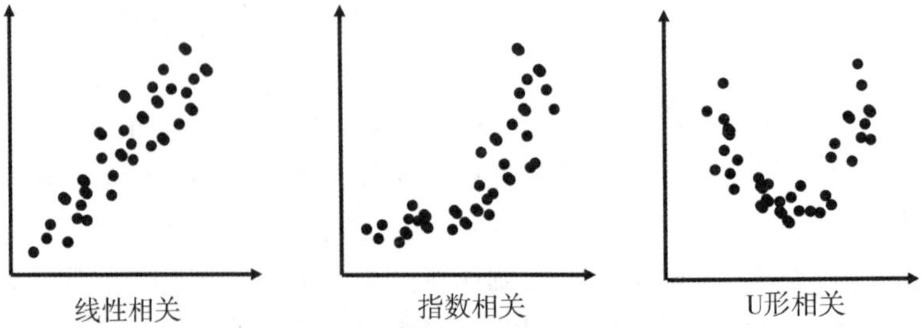

图16-7　线性相关、指数相关与U形相关

2. 双变量间的因果关系

双变量间的因果关系，是指一变量变化可以确定为另一变量变化的原因的关系。在自然科学中，确定现象间的因果关系比较容易。在社会研究中，要确定两个变量间的因果关系则比较困难。因为，要确定两个变量间的因果关系，必须同时满足三个条件。第一，两变量间必须存在相关关系，它是因果关系的必要条件，但不是充分条件。这就是说，如果存在相关关系，则可能是因果关系，也可能不是因果关系；如果没有相关关系，则不可能存在因果关系。反过来说，如果两变量间存在因果关系，则必存在相关关系。第二，必须确定自变量变化在前，因变量变化在后，即先有原因，后有结果。两变量的因果关系通常表示为 $X \rightarrow Y$。第三，须确定变量 X 与 Y 间的关系，不是由于第三个变量存在而呈现出的一种虚假关系。在研究中，要使两个变量完全满足上述三项条件，是很不容易的事情，因而在社会研究中很难完全确定两种现象间的因果关系。尽管如此，在统计分析中，仍然可以对社会现象间的因果关系进行粗略分析。实践证明，这种粗略的因果关系分析，虽然不能像自然科学的因果分析那样严密、准确，但仍然具有重要应用价值。

二、双变量分析的方法

在双变量分析中，由于变量的测量层次不同，因而计算两变量相关系数的方法和假设检验方法也不相同。变量的测量层次，可分为定类、定序、定距、定比四种类型，这样就形成了多种不同测量层次变量的两两组合。为了便于全面了解双变量分析方法，可把两变量测量层次类型和与之相应的相关测量方法、假设检验方法汇总成表，如表 16-7 所示。

表 16-7 双变量分析方法一览表

双变量测量层次	描述统计方法	推断统计方法
定类—定类 定类—定序	λ，tau-y	检验
定序—定序	G，dy	Z 检验或 t 检验
定类—定距/定比 定序—定距/定比	Eta	F 检验或 t 检验
定距/定比—定距/定比	r，b	

下面将简要介绍定类—定类、定序—定序、定类—定距和定距—定距四类双变量关系的分析。

1. 定类—定类变量

当两个变量均为定类变量时，抽样分布属于分布，因而采用检验，用 λ 计算两个变量之间的相关强度与方向。

值的计算公式为：

$$X^2 = \sum \frac{(f_O - f_e)^2}{f_e}$$

式中：f_0 表示实际观察值频数；

f_e 表示理论意义上的期望值频数。

自由度的计算公式为：

$$df=(r-1)(c-1)$$

式中：df(degree of freedom)表示自由度；

r(row)表示交互表的行数；

c(column)表示交互表的列数。

对双变量关系进行检验的步骤是：第一步，建立两变量不存在相关关系的虚无假设 H_0 和与之对立的备择假设 H_1；第二步，按照公式计算值；第三步，根据计算出的自由度和选定的显著性水平(P 值)，查值表得到一个临界值；第四步，将计算所得值与临界值进行比较，若值大于临界值，则拒绝 H_0，接受 H_1，表示两变量间存在显著性相关关系；反之，若值小于临界值，则接受 H_0，拒绝 H_1，表示两变量间不存在显著性相关关系。

下面，以全国流动人口户口性质与是否打算继续留在本地为例进行检验分析。

表 16-8　两个定类变量的交互分析及卡方值

户口性质	今后一段时间，您是否打算继续留在本地			合计
	是	否	没想好	
农业户口	9893	275	1896	12064
	9971.50	268	1824.50	
非农户口	1677	36	221	1934
	1598.50	43	292.5	
合计	11570	311	2117	13998
Pearson chi2(2) = 26.0543　Pr = 0.000				

资料来源：中国流动人口动态监测调查，表由笔者自制。

上图显示了 Stata 软件的两分类变量的列联表统计分析结果，其中每个单元格的第一行数字为观察频数，第二行为期望频数。Pearson 卡方值计算结果为 26.05，对应的 P 值为 0.000。若设显著性水平为 0.05，则 P 值小于显著性水平，拒绝原假设，接受备择假设，认为户口性质与是否打算留在本地之间存在显著相关关系。

λ 和 tau-y 公式用于计算两个变量的相关强度的方向。

λ(Lambda)相关测量法有两种基本形式，一是对称形式(symmetrical)的计算公式，即不分自变量和因变量，用 λ 表示；另一种是不对称(asymmetrical)的计算公式，即要求区分自变量(X)和因变量(Y)的计算方法，用 λ_y 表示，两个计算公式如下所示。

对称公式：

$$\lambda = \frac{\sum m_x + \sum m_y - (M_x + M_y)}{2n - (M_x - M_Y)}$$

不对称公式(自变量 X，因变量 Y)：

$$\lambda_y = \frac{\sum M_y - M_Y}{n - M_Y}$$

式中：λ 表示对称式相关系数计算公式；

λ_y 表示非对称式相关系数计算公式；

m_x 表示变量 Y 的每个取值之下变量 X 的众数值；

m_y 表示变量 X 的每个取值之下变量 Y 的众数值；

M_X 表示变量 X 的众数值；

M_Y 表示变量 Y 的众数值；

n 表示全部数据或个案的数目。

读者可以尝试把前述户口性质和本地留居意愿的所获分析结果代入公式计算 λ 相关系数。

2. 定序—定序变量

对两个定序变量的统计分析，一般运用 Gamma 或 d_y 公式计算相关系数，并进行 Z 检验或 t 检验。这里只介绍 Gamma 级序相关分析方法。

Gamma 简称为 G，它属于级序相关计算法，就是在计算公式中使用各原始数据的等级次序而不是数据本身。G 又属于对称相关测量法(不区分自变量和因变量)。

Gamma 的计算公式如下：

$$G = \frac{N_S - N_d}{N_S + N_d}$$

式中：G 表示 Gamma 系数；

N_S 表示同序对数；

N_d 表示异序对数。

同序对数是指两个数据或个案在两个变量上的相对等级相同的对数，不相同的便称为异序对数。

Gamma 系数的假设检验分为两种情况：当样本规模属大样本($n \geqslant 100$)时，Gamma 的抽样分布接近于正态分布，故可用 Z 检验法进行假设检验。Z 值的计算公式为：

$$Z = G\sqrt{\frac{N_S + N_d}{n(1 - G^2)}}$$

式中：Z 表示正态分布状态下的 Z 分数值；

G 表示 Gamma 级序相关系数；

N_s 表示同序对数；

N_d 表示异序对数；

n 表示样本量。

当样本量为小样本时($n<100$)则要改用t检验法，t值的计算公式为：

$$t=G\sqrt{\frac{N_S+N_d}{n(1-G^2)}}$$

$$df=N_S+N_d-2 \quad (df\text{表示自由度})$$

由于Camma值的计算和假设检验用手工完成比较复杂，表16-9显示了Stata软件的计算结果。从表16-9中可知，两个定序变量分别为所居城市喜好度和本地融入意愿，分析结果显示Gamma值为0.8379，说明两个变量高度相关。

表16-9　两个定序变量的交互分析及Gamma系数

所居住城市喜好程度	本地融入意愿				合计
	完全不同意	不太同意	基本同意	完全同意	
非常不喜欢	44	9	33	28	114
不太喜欢	8	138	100	28	274
比较喜欢	50	544	6164	1000	7758
非常喜欢	35	149	1137	4531	5852
合计	137	840	7434	5587	13998
	Gamma=	0.8379　ASE=0.007			

资料来源：中国流动人口动态监测调查，表由笔者自制。

计算结果还给出了Gamma的渐进标准误ASE，为0.007，所以$Z=0.8379/0.007=119.7$，基于Z值计算双尾检验P值为0.000，小于显著性水平0.05，因此拒绝Gamma值为0的原假设。

3. 定类(或定序)—定距变量

在双变量分析中，当一个变量为定类变量或定序变量(定序变量作为定类变量处理)，另一个变量为定距(定比)变量时，需进行方差分析和F检验(或t检验)，并用eta平方系数来测量两变量的相关强度，eta平方系数简写成E^2。

E^2计算公式为：

$$E^2=\frac{\sum n_i\bar{Y}_i^2-n\bar{Y}^2}{\sum Y^2-n\bar{Y}^2}$$

式中：E^2表示eta平方系数；

Y表示因变量的数值；

表示因变量的平均数；

表示在每个自变量取值(X_i)上各因变量取值的平均数；

n_i表示每个自变量(X_i)的个案数；

n表示总个案数。

表 16-10 显示了某年全国流动人口中，不同教育水平人口的个人月均收入状况，其中收入观察值的平方之和为 1. 14。分析结果表明，用受教育水平解释流动人口的月收入状况，E^2为 0. 0211，也就是说，受教育水平与月收入的相关强度系数为 0. 0211，相关程度很弱。

表 16-10　定类—定量变量的均值描述分析

受教育程度	均值(元)	标准差	频数
初中及以下	6800. 32	4493. 30	7688
高中/中专	7768. 18	5582. 39	3710
大专及以上	8725. 67	6072. 67	2600
合计	7414. 46	5172. 32	13998

资料来源：中国流动人口动态监测调查，表由笔者自制。

下表显示了 Stata 软件的方差分析结果。

表 16-11　定类—定量变量方差分析

方差来源	离差平方和	自由度 df	方差估计值	F	Prob > F
组间	7833900000	2	3916900000	149. 52	0. 000
组内	366630000000	13995	26196971		
合计	374460000000	13997	26752912		

资料来源：中国流动人口动态监测调查，表由笔者自制。

根据 $df_1=3-1=2$，$df_2=13998\text{-}3=13995$，计算得 F 值为 149. 52，对应的 P 值为 0. 000，故 $P<0.05$，拒绝虚无假设 H_0，接受备择假设 H_1，即样本统计结论可以推断总体，教育水平与月收入之间存在显著性相关关系。

自变量为定序变量，因变量为定距(定比)变量时，其统计方法和定类—定距(比)变量完全一样，也就是把定序变量作为定类变量来处理。

4. 定距—定距变量

两个定距变量的统计分析，是传统统计分析的主要内容，因而也是相对成熟的统计分析方法。它包括相关分析和回归分析。相关分析与回归分析，是两种既有密切联系、又有本质区别的统计分析方法。首先，相关分析与回归分析都以两个定距变量的线性关系为基础，分析与解释两个变量之间的相关或相互影响作用力的大小。其次，相关分析是回归分析的前提和基础。一般来说，只有当两个变量之间存在着比较高的相关关系，回归分析才有价值，而且相关程度越高，回归预测效果越好。

但是，相关分析与回归分析又是两种不同的分析方法，它们的区别有二。其一，相关分析是对两个变量双向依存关系的分析，通常不确定谁是自变量谁是因变量；回归分析是对两个变量单向关系的分析，即对自变量影响因变量的分析，必须明确谁是自变量、谁是因变量，而且对于自变量每一个给定的数值，通过回归方程求得的因变量的估计值不是一个确定的数值，而是许多可能数值的平均数，因而可以计算估计值的误差。其二，从分析层次上讲，相关分析是一种描述和解释既存事实的研究方法，而回归分析则是一种通过对已有事实的分析进一步推断和预测未来可能发生什么的方法。因此，与相关分析相比较，回归分析是一种更高层次、更为深刻的统计分析方法。

(1)两个定距变量的相关分析。

两个定距变量的相关系数，通常使用皮尔逊积矩相关(或积差相关)公式计算。由于原始公式计算时较为复杂，为了能直接运用 X 和 Y 的原始数据计算相关系数，可以将皮尔逊积差相关定义公式转化成如下公式：

$$r = \frac{n\sum xy - (\sum x)(\sum y)}{n\sum x^2 - (\sum x)^2\sqrt{n\sum y^2 - (\sum - y)^2}}$$

式中：r 表示皮尔逊积差相关系数；

x 表示变量 x 的取值；

y 表示变量 y 的取值；

n 表示个案数或样本容量。

在处理分组数据时，则采用如下计算公式：

$$r = \frac{\sum f(x - \bar{x})(y - \bar{y})}{\sqrt{\sum f(x - \bar{x})^2\sqrt{\sum f(y - \bar{y})^2}}}$$

为了凸显相关关系，下面以全国流动人口的家庭月均消费为因变量，以个人月均收入为自变量进行分析。

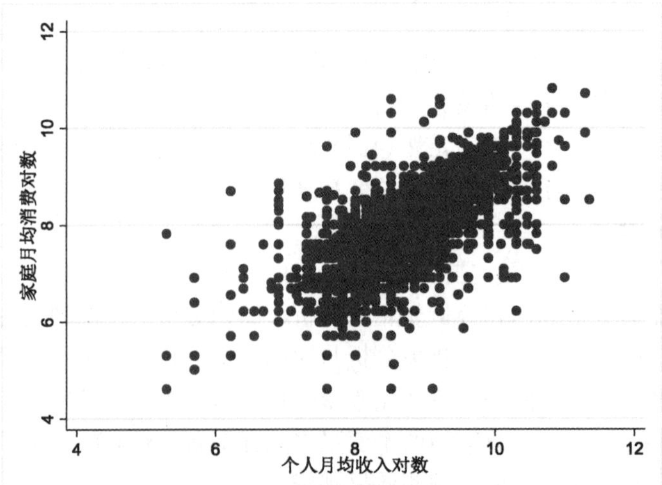

图 16-8　散点图

资料来源：中国流动人口动态监测调查，图由笔者自制。

图 16-8 为利用 Stata 软件绘制的家庭月均消费与个人月均收入之间的散点图，从图中可以看出两个变量存在正相关关系。软件计算得出，两个变量的相关系数为 0.5709，说明家庭月均消费与个人月均收入之间存在很强的正相关，即个人月均收入越高，家庭月均消费越高；反之，个人收入越低，家庭月均消费越少。

皮尔逊积相关系数 r 的假设检验可以采用 t 检验。若要对 r 进行 t 检验，t 值的计算公式为：

$$t=\frac{r\sqrt{n-2}}{\sqrt{1-r^2}},\ df_1=1,\ df_2=n-2$$

Stata 计算 P 值为 0.000，所以 $P<0.0$，故可拒绝 H_0，接受 H_1，即家庭月均消费与个人月均收入之间存在显著性相关关系。

(2)一元线性回归分析。

对两个定距变量进行回归分析，称为一元线性回归分析，即只有一个自变量 X，且两变量间存在线性相关关系。一元线性回归分析，实质上就是要在变量 X 和变量 Y 之间建立一个线性回归方程，从而用 X 去预测 Y。建立回归方程通常采用的方法称为最小二乘方法。一元线性回归方程的标准形式为：

$$y=bx+a$$

建立回归方程的主要问题是求出方程中回归系数 b(回归线的斜率)和回归线在 Y 轴上的截距 a，这一过程称为配制回归线或拟合回归线。确定回归系数 b 的原则是使散布图(将 X 和 Y 一一对应的值绘制而成的分布图)上各点距回归线上的相应点的纵向距离平方和为最小，这种求回归系数 b 的方法称为最小二乘方法。

求回归系数 b 的公式为：

$$b=\frac{\sum(x-\bar{x})(x-\bar{y})}{\sum(x-\bar{x})^2}$$

这个公式可以说是回归系数 b 的定义公式，为计算方便，可将其转化为能直接用原始数据计算 b 的公式：

$$b=\frac{n\sum xy-\sum x\cdot\sum y}{n\sum x^2-(\sum x)^2}$$

$$a=\bar{y}-b\bar{x}=\frac{\sum y-b(\sum x)}{n}$$

式中：b 表示回归系数；

X 表示自变量取值；

Y 表示因变量取值；

n 表示样本量或样本规模；

$\bar{X}$ 表示自变量的平均数；

$\bar{Y}$ 表明因变量的平均数。

回归分析的大致程序是：先根据研究目的确定自变量 X 和因变量 Y，对 X 和 Y 进行相关分析(如做散点图，计算 X 与 Y 的相关系数)，确定有无价值进行回归分析(如果 X 与 Y 相关强度太弱，则回归分析价值不大)和能否进行回归分析(如 X 与 Y 是否存在线性相关关系而不是曲线相关关系)；最后计算回归系数 b 和截距 a，建立回归方程，并用自变量 X 对 Y 进行预测。以前述某年全国流动人口的家庭月均消费与个人月均收入为例，进行一元线性回归分析。

图 16-9 显示了家庭月均消费与个人月均收入之间的散点图和拟合直线图。

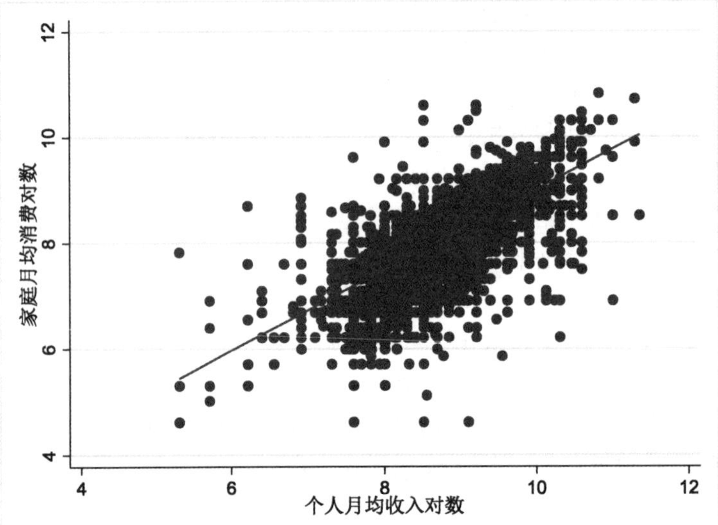

图 16-9　散点图与拟合直线

资料来源：中国流动人口动态监测调查，图由笔者自制。

表 16-12　两个定量变量的一元线性回归分析

	回归系数	标准误	t 值	P 值	95%置信区间	
个人月均收入对数(b)	0.5554	0.0073251	75.82	0.000	0.5410	0.5697
常数项(a)	4. 1925	0.0604328	69.37	0.000	4.0740	4.3109

资料来源：中国流动人口动态监测调查，表由笔者自制。

表 16-12 为 Stata 软件的一元回归分析结果，其中个人收入对数的系数 b 为 0.5554，表明个人月均收入每增长 1%，家庭月均消费增加 0.55%。回归系数的假设检验结果显示，t 值为 75.82，对应的 P 值为 0.000，小于显著性水平 0.05，表明该回归系数在总体上显著不为 0。

第四节 多变量统计分析简介

多变量统计分析，又称多元统计分析，是指涉及三个及三个以上变量(其中至少一个因变量)的统计分析方法。社会现象之间的复杂性，使人们认识到正确使用多变量分析，通常会比单变量或双变量分析更具有解释力。20 世纪 80 年代以来，随着计算机普及和统计软件广泛应用，多变量统计分析方法已成为一个各种方法互相交叉、内容丰富、层次复杂的庞大体系，是当代统计学中发展最迅速、最活跃的领域。这里简略介绍比较常用的几种多变量统计分析方法：

一、多变量相关分析

多变量相关分析是相对于双变量相关分析而言的。在双变量分析中，是用一个统计量(如相关系数 λ、G、r 等)反映两个变量间的相关关系。当变量达到 3 个或 3 个以上时，相关关系的分析就属于多变量相关分析或多元相关分析了。从本质上说，多变量相关分析与双变量相关分析一样，也是用一个统计量(如偏相关系数、复相关系数等)来简化和反映多个变量之间的相互依存关系，只是这种关系更加复杂而已。与多变量相关分析直接有关的方法，有偏相关分析、复相关分析和典型相关分析等。

(1)偏相关分析，是指在控制了其他变量影响的情况下，用一个统计值来测量某一变量 X 和另一变量 Y 之间相关关系强弱程度与方向的方法，这个统计值叫作偏相关系数。

(2)复相关分析，是测量多个自变量(如 X_1、X_2、$X_3\cdots X_n$)共同对一个因变量(如 Y)发挥作用时形成的相关关系的方法，它用一个统计值来表示这些自变量与另一因变量关系的强弱和方向，这个统计值称为复相关系数。

(3)典型相关分析，是一种用于测量两组变量(每组变量均多于 1 个变量)相关强弱与方向的多元统计方法。这种方法，统计学家在 20 世纪 30 年代就曾提出，但真正推广应用则是近几年的事情。在进行典型相关分析时，习惯上将自变量组称为预测变量，而将因变量组称为标准变量，用于测量典型相关的统计量称为典型相关系数。实际上，典型相关就是简单相关和复相关分析的进一步推广，因为当两个变量组均只有一个变量时，典型相关系数就成了双变量分析中的简单相关系数；同理，当典型相关中的两组变量中有一组变量只有一个变量时，典型相关便成了复相关。也就是说，简单相关和复相关都是典型相关的特例。

二、多元回归分析

多元回归分析是研究两个或两个以上自变量(X_1、$X_2\cdots X_n$)和一个因变量(Y)之间的关系，并用自变量解释与预测因变量的多变量统计分析方法。在社会研究中，应用较多的是多元线性回归分析方法和 Logistic 回归分析方法等。

(1)多元线性回归分析，是多元回归分析方法中的基本形式，它的应用通常对数据有比较严格的要求。例如，它要求各自变量之间不能存在高度的线性相关性。此外，它还要求自变量和因变量均为定距(比)变量，如果自变量为定类或定序变量，则可将其转化为虚拟变量后进行多元线性回归分析。由于在社会研究中，很多数据难以完全符合这些要求，因而多元线性回归分析方法的应用受到了很大的限制。

(2) Logistic 回归分析，是自变量为定距、定比变量(或虚拟变量)、因变量为定类变量、定序变量条件下的多元回归分析方法。Logistic 回归分析方法的广泛运用，促进了社会定量研究的突破性发展。由于社会研究中的数据，很多时候是以定类与定序的属性数据形式出现的，采用多元线性回归分析存在诸多缺陷。Logistic 回归分析方法的出现，弥补了多元回归分析的局限，目前已经取得了广泛的使用。

三、多元方差分析

多元方差分析是对多个定类变量(自变量)与多个定距变量(因变量)关系的多元分析方法，其分析的统计原理与方法同一元方差分析相似，只是程序更加复杂。

四、因子分析

因子分析是一种从众多相关变量中抽取若干个共同因子，从而使复杂数据得以简化的多变量分析方法。被抽取的因子，称为公共因子。因子分析的作用主要表现在两个方面：其一，探索数据的基本结构和变量之间的关系；其二，用公共因子简化数据，以便于做进一步分析。

五、对数线性模型分析

对数线性模型，是在自变量和因变量都是定类或定序变量时，用以分析它们之间相互关联的多元统计分析方法，它处理的是以交互分类表形式出现的定类或定序数据。

六、结构方程模型分析

结构方程模型，是一种用于建立、估计、检验因果关系模型的、功能强大的多元统计分析方法，它把因子分析、回归分析、路径分析、方差分析等多种多变量统计方法有机地整合在一起，形成一种思路新颖、用途广泛的综合性统计分析技术。

七、多层线性模型分析

多层线性模型分析，是专门用于对具有层次结构特性的数据进行多元分析的统计方法。这种方法在欧美的产生和发展已有了不短的时间，目前国内不少社会研究采用了这一统计分析方法。

上面用非常简略的文字介绍几种主要的多变量统计方法，其目的是让对社会统计学发展感兴趣的读者了解这方面的信息。对于要学习多元统计分析方法的读者来说，还必须参考和阅读其他相关的专门书籍。

第五节　计算机软件应用

随着个人电脑普及和统计软件发展，掌握和应用统计软件进行统计分析已成为社会调查研究的重要内容。统计软件的使用为统计方法带来了极大方便。

一、统计软件

目前，社会调查领域应用最为广泛的统计软件是：Excel、SAS、SPSS 和 Stata。这些统计软件，包含大量统计分析程序。在统计分析过程中使用这些软件，比手工计算更加容易，尤其是对一些复杂的统计方法或计算量非常多的数据，这些统计软件不仅效率高，而且不易出现计算失误。

Excel，全称 Microsoft Excel 电子表格，是美国微软公司编写的一款电子表格软件。直观的界面、出色的计算功能和图表工具，且操作容易，使 Excel 成为最流行的个人计算机数据处理软件。Excel 可以加载插件 XLSTAT 进行统计分析，但不足的是运算速度慢，统计方法有限，通常用作数据保存格式或统计分析结果的二次处理与保存工具。

SAS（全称 Statistical Analysis System，简称 SAS）是目前国际上最为流行的一种大型统计分析系统之一，由美国北卡罗来纳州立大学于 1966 年开发。SAS 是一个模块化、集成化的大型应用软件系统，它由数十个专用模块构成，功能包括数据访问、数据储存及管理、应用开发、图形处理、数据分析、报告编制、运筹学方法、计量经济学与预测等。不过，SAS 的应用有较高的门槛，尽管现在已经尽量"傻瓜化"，但是仍然需要一定的训练才可以使用。

SPSS 是"社会科学统计软件包"（Statistical Package for the Social Science）的简称，由美国斯坦福大学的三位研究生于 20 世纪 60 年代末研制。作为专门的统计软件工具包，SPSS 集数据录入、整理、分析功能于一身。用户可以根据实际需要和计算机的功能选择模块，以降低对系统硬盘容量的要求。基本功能包括数据管理、统计分析、图表分析、输出管理等，在自然科学、技术科学、社会科学、商业管理等各个领域均有应用。SPSS 的主要优点是方便易用，但也是它不够全面的原因所在，包括功能不全、统计分析相对不太灵活等。

Stata 是一套数据分析、数据管理，以及绘制专业图表的完整及整合性统计软件，Stata 1.0 正式发布于 1985 年 1 月。新版本的 Stata 采用最具亲和力的窗口接口。使用者自行建立程序时，软件能提供具有直接命令式的语法，可以处理包括 EXCEL、SAS、SPSS 等软件格式的数据。Stata 提供完整的使用手册，包含统计样本建立、解释、模型与语法、文献等超过 1 万余页的出版品。Stata 的作图模块强大，制图精美，可以满足绝大多数用户的统计作图要求。与 SPSS 相比，Stata 是开源软件，功能更全，统计分析灵活，但需要学习程序语言。

目前，在社会调查研究领域应用较多的是 SPSS 和 Stata，读者可以根据自己的需要选择相应软件进行数据分析。

二、数据文件

数据文件的电子表格形式：①任意一行包括样本中具体被调查对象的观察值；②任意一列包括具体特征的观察值。

图 16-10 是一个在 Stata 中编辑数据的窗口。它显示了样本中前 20 个被调查对象的样

	newID	q101b1	q101c1y	q101c1m	q101d1	q101e1	q101g1	q101h1
1	87068	男	1985	10	汉	高中/中专	均不是	初婚
2	88379	女	1981	9	汉	小学	均不是	初婚
3	141201	女	1969	2	汉	初中	均不是	初婚
4	88362	男	1968	8	汉	初中	均不是	初婚
5	140644	男	1941	4	汉	初中	均不是	初婚
6	164617	女	1994	12	汉	初中	均不是	初婚
7	164242	男	1998	8	汉	高中/中专	共青团员	未婚
8	141359	男	1952	1	汉	小学	均不是	初婚
9	140562	男	1968	2	白	初中	均不是	初婚
10	164755	女	1961	6	回	小学	均不是	离婚
11	140990	男	1979	11	汉	小学	均不是	初婚
12	163736	女	1988	1	汉	初中	均不是	初婚
13	163267	男	1979	8	汉	大学本科	中共党员	初婚
14	52296	女	1963	6	汉	小学	均不是	初婚
15	164744	女	1952	12	汉	小学	均不是	初婚
16	164694	女	1954	12	汉	小学	均不是	初婚
17	164998	男	1949	12	汉	初中	均不是	初婚
18	164897	男	1953	10	汉	小学	均不是	初婚
19	163722	男	1947	5	汉	高中/中专	均不是	丧偶
20	164186	男	1955	12	汉	初中	均不是	初婚

图 16-10　一个局部的 Stata 数据文件例子

本编号、性别、出生年月、民族类型、教育状况、政治面貌、婚姻状况的数据。有些数据是数字型的，而有些数据由标签组成。

三、统计软件的误用

要注意的是，统计软件为数据分析提供了便利，但有益处也有风险。因为无论正确使用统计方法所需的假定满足与否，统计软件都会执行所要求的分析并输出结果。当数据分析人员没有掌握统计方法及其假定或者它适用的特殊问题时，就可能导致不正确的分析。因此，仅仅知道如何使用统计软件不能保证正确的分析，数据分析人员需要有良好的统计背景知识，了解所选择的方法，在该方法中选择哪些选项，以及如何从输出中做出有效的结论。总之，要正确使用统计软件并解读结果，必须全面掌握统计方法。

思考与练习

1. 什么是统计分析？如何认识统计分析在社会调查中的作用？
2. 什么是数据的预处理？如何处理缺失值、奇异值？
3. 数据脱敏脱密的根据是什么？应采用哪些方法？
4. 统计分析可分为哪些类型？分类的根据是什么？
5. 什么是描述统计和推断统计？
6. 单变量统计分析和双变量统计分析，主要有哪些内容和方法？
7. 什么是相关关系？什么是因果关系？它们有何区别与联系？
8. 简述因果关系的三个条件，并对每一个条件，描述两个变量之间因为违背这些条件而没有因果关系的情况。

推荐阅读

1. 李沛良. 统计研究的统计应用[M]. 北京：社会科学文献出版社，2001.

2. 卢淑华. 社会统计学(第4版)[M]. 北京：北京大学出版社，2009.

3. [美]Alan Agresti，Barbara Finlay. 社会科学统计方法(第4版)[M]. 朱红兵，何丽娟，译. 北京：电子工业出版社，2011.

4. 郭志刚. 社会统计分析方法：SPSS 软件应用(第2版)[M]. 北京：中国人民大学出版社，2015.

5. [美]戴维·穆尔，威廉·诺茨. 统计学的世界(第8版)[M]. 郑磊，译. 北京：中信出版社，2017.

第十七章 思维加工

本章要点

1. 思维加工，就是调研者运用思维工具和思维方法，对整理和统计分析后的资料进行研究，做出结论或提出建议的思维过程。

2. 思维方法，是指思维的规则、途径、手段或办法。

3. 比较法是指确定认识对象之间相异点和相同点的思维方法。分类法是指根据认识对象的相异点或相同点，将相同事物归并为一类，将相异事物区分为不同类别的思维方法。

4. 分析法是指在思维中把客观事物分解为各个要素、部分，然后逐个加以考察的思维方法。综合法是指在思维中把对客观事物各个要素、部分分别考察后的认识联结起来，然后从整体上加以考察的思维方法。

5. 矛盾分析法，是指运用矛盾规律(即对立统一规律)分析社会现象的思维方法。从社会调查实际应用视角看，可以把矛盾分析法简要地归纳为：一分为二分析法，内因外因分析法，具体问题具体分析法，普遍原理与具体实践相结合分析法。

6. 因果分析法，是指探求事物或现象之间因果联系的思维方法。因果联系的本质是引起和被引起的联系。其中，引起某种或某些现象的现象叫原因，被引起的现象叫结果。

7. 系统是指处于一定环境下、由相互关联的要素或部分构成的有一定结构和功能的有机整体。系统分析法，就是运用系统观点分析社会现象的思维方法。

8. 结构分析法，是指通过剖析系统结构来认识系统特性及其本质的思维方法。功能分析法，是指通过系统与环境之间“输入”和“输出”的关系及其变化来判断系统内部状况及其特性的思维方法。

9. 创新思维，是指在原有知识、经验基础上，突破一般思维定势的具有开创意义的思维活动。它具有开创性、新颖性、独特性、开拓性、灵活性等特点。

10. 思维定势，是指在长期思维过程中形成的定型化了的思维路线、方式或模式。

基本概念

思维加工　比较法　分类法　分析法　综合法　矛盾分析法　因果分析法　系统分析法　结构—功能分析法　创新思维

要搞好思维加工，必须弄清楚思维加工的概念、任务和方法，掌握思维加工过程中常用的几种思维方法，并了解若干科学思维方法和若干创新思维方法。

第一节　思维加工概述

一、什么是思维加工

“思维”有广义和狭义之分。广义的“思维”，是相对于“存在”而言的，指意识、精神；狭义的“思维”，是相对于“感性认识”而言的，指理性认识或理性认识过程。思维加工中的“思维”，是就狭义而言的，它贯穿于社会调查全过程。

思维加工，就是调研者运用思维工具和思维方法，对整理和统计分析后的资料进行研究，做出结论或提出建议的思维过程。它有五个构成要素：①思维主体，即调研者；②思维对象，即整理和统计分析后的文字、数据、问卷资料；③思维工具，即语言、文字、数据、符号等思维的物质外壳；④思维方法，即思维活动的规则、途径、手段或办法；⑤思维目的，即做出结论或提出建议。

二、思维加工的任务

(1)概括调查对象的真实情况。整理和统计分析后的文字、数据、问卷资料，往往内容众多、数量较大、精粗相伴、真假混杂。只有通过思维加工，去伪存真、去粗取精，才能正确概括出调查对象的真实情况。

(2)分析社会现象的因果关系。社会调查的目的，不仅是了解调查对象的真实情况，而且要分析社会现象之间的因果联系。只有通过思维加工，由此及彼、由表及里地去分析研究，才能弄清楚各种社会现象之间的因果联系。

(3)揭示社会现象的本质及其发展规律。调查所反映的社会现象及其联系，都是个别与一般、特殊与普遍、偶然与必然的统一。只有通过思维加工，把社会现象及其联系中个别的、特殊的、偶然的东西与一般的、普遍的、必然的东西区别开来，才能揭示出社会现象的本质及其发展规律。

(4)证实、证伪或补充、修改、完善研究假设。科学的社会调查，总是以一定的研究假设为指导的。只有通过思维加工，以调查资料为依据，运用各种思维方法，才能证实或证伪这些研究假设，或是补充、修改、完善这些研究假设。

(5)做出理性判断或结论。通过思维加工，弄清调查对象真实情况，分析社会现象的因果关系，揭示社会现象的本质及其发展规律，证实、证伪或补充、修改、完善研究假设，都是为了对社会调查做出某种理性判断或结论。

(6)提出对实际工作的对策性建议。对于应用性调查课题来说，思维加工不仅要做出理性判断或结论，而且要提出对实际工作的对策性建议。

三、思维加工的方法——思维方法

1. 什么是思维方法

思维方法，是指思维的规则、途径、手段或办法。它是客观与主观的统一：一方面，它的内容是客观的，事物的客观规律是形成思维方法的现实基础；另一方面，它的形式是主观的，事物的客观规律只有内化入人脑、转化为思维活动的规则，才能成为思维方法。由于人们的物质生活条件不同，社会地位不同，生活方式不同，文明程度不同，对事物的认知目的不同，认知能力、创造能力不同，因而人们的思维方法往往带有一定的主观色彩。

2. 思维方法的层次

思维方法具有层次性特点。一般来说，思维方法可分为三个层次：

哲学思维方法，是最高层次的思维方法。例如，归纳和演绎、分析和综合、抽象和具体、历史和逻辑的统一、对立与统一、量变与质变、肯定与否定等方法，就是人们认识和实践中普遍使用的哲学思维方法。

一般科学思维方法，是中级层次的思维方法。例如，信息方法、控制方法、系统方法、结构—功能方法、公理化方法、模型方法，以及战略思维、底线思维、精准思维等方法，都是现代科学思维中常用的思维方法。

具体学科思维方法，是初级层次的思维方法。例如，数学方法、化学方法、物理学方法，以及历史学、法学、经济学、管理学等方法，都是适用于特定研究领域，并在特定范围内起作用的思维方法。

哲学思维方法、一般科学思维方法和具体学科思维方法之间的关系，是一般、特殊和个别的关系。它们三者之间相互区别、相互联结、相互渗透、相互影响，共同构成思维方法的体系。

3. 思维方法的功能

思维方法，是客观规律的主体化。它一旦形成，就获得了对思维过程的相对独立的功能：①运行功能。思维方法决定着思维过程的发动、运行、方向、路线、转换等思维运动。②序化功能。在思维过程中，通过识别、筛选、分类等思维活动，可以使繁杂、混乱的感性材料规范化、有序化。③加工功能。在思维过程中，通过对有序化感性材料，进行去粗取精、去伪存真、由此及彼、由表及里的加工，可为理性研究做好准备。④构建功能。在思维过程中，通过对有序化、理性化信息的选择、组织和解析，就可建构、创造出新的知识产品。⑤完善功能。思维方法可以根据实践检验的过程和结果，对新知识产品不断地进行修改或补充，使其逐渐成为完善的精品。在上述功能中，运行功能是思维方法的基础性功能。

4. 社会调查中常用的几种思维方法

社会调查使用的思维方法，大多属于哲学思维方法和一般科学思维方法。其中常用的思维方法是：比较法和分类法，分析法和综合法，矛盾分析法，因果分析法，系统分析法、结构—功能分析法，以及若干科学思维方法和创新思维方法。

第二节　比较法和分类法

一、比较法

1. 什么是比较法

比较法，是指确定认识对象之间相异点和相同点的思维方法。世界上一切事物都有相异点和相同点。例如，全世界几十亿人的指纹都由不同花纹组成，它们的长短、粗细、凸凹程度和形状各不相同。但千差万别的指纹又分为“弓”“箕”“斗”三种类型，且终生不变。这说明，世界上没有绝对相异的事物，也没有绝对相同的事物。事物之间的差异性和共同性，是比较的客观基础。

2. 比较法的种类

比较，有多种方法。如质量比较、数量比较，横向比较、纵向比较，内容比较、形式比较，结构比较、功能比较，等等。其中，常用的比较法是：

(1)横向比较法，就是根据同一标准在同一时间对不同认识对象做比较的思维方法。它可以是同类事物(如农村与农村)的比较，也可以是不同类事物(如城市与农村)的比较；可以是同一事物不同方面(如同一企业营业收入与利税总额)的比较，也可以是同一事物不同部分(如同一学校的甲班与乙班)的比较。横向比较法，是在质或量上区分不同认识对象的思维方法。离开了它，人们就无法把千差万别的客观事物区别开来。

(2)纵向比较法，就是对同一认识对象在不同时间相异点或相同点做比较的思维方法。它可以是同一事物不同时点(如 2010 年 11 月 1 日零点与 2020 年 11 月 1 日零点)或不同时期(如 2010 年全年与 2020 年全年)的比较，也可以是同一事物不同发展阶段(如人的婴幼儿、少年、成年、老年等阶段)的比较。纵向比较法，是揭示认识对象不同时点或时期、不同发展阶段及其变化发展趋势的思维方法。离开了它，人们就无法把千变万化的客观事物区别开来。

(3)理论与事实比较法，就是对某种理论观点与客观事实做比较的思维方法。在社会调查中，调查者必须将研究假设与客观事实做比较，看研究假设是否符合客观事实。理论与事实的比较过程，就是用客观事实检验研究假设、完善研究假设，检验理论、发展理论的过程。爱因斯坦指出，“知识不能单从经验中得出，而只能从理智的发明同观察到的事实两者的比较中得出”。① 理论与事实比较法，就是用事实检验、完善研究假设，检验、发展理论的思维方法。

3. 运用比较法必须注意的问题

(1)必须有统一、科学的比较标准。没有统一标准，就无法比较；没有科学标准，就不能正确比较。例如，斤不可与尺比，人不可与畜比，物质生产和精神生产也不能简单用利润指标来比较，否则就会得出错误结论。

(2)必须重视本质比较。黑格尔说：假如一个人能见出显而易见之异，如能区别一支笔与一头骆驼，我们不会说这人有了不起的聪明。一个人能比较两个近似的东西，如橡树与槐树，或寺院与教堂，而知其相似，我们也不能说他有很高的比较能力。“我们所要求的，是要能看出异中之同，或同中之异”。② 在社会调查中，要特别注意表面差异极大的事物之间的共同本质，或表面极为相似的事物之间的本质差异。例如，“民生日益改善”，“不满日益增多”，这两种现象表面差异极大，但它们却是经济发展、政治宽松、社会进步等共同本质的反映。又如，同样是富裕家庭，有的是勤劳致富，有的是“为富不仁”，

① 许良英，李宝恒，赵中立，范岱年. 爱因斯坦文集(第1卷)[M]. 北京：商务印书馆，1976：278.

② [德]黑格尔. 小逻辑[M]. 北京：生活·读书·新知三联书店，1954：262.

它们之间存在着本质差别。社会调查中的比较，要特别注意发现本质性的异中之同或同中之异。

(3)必须不断提高和深化比较的内容。例如，对不同社区的比较，应从地理环境、区位条件等浅层比较，逐步提高、深入社会结构、制度设置、文化积淀等深层比较。对不同人员的比较，应从性别、年龄、文化程度等浅层比较，逐步提高、深入到知识结构、理论水平、实践经验，直至人生观、价值观、世界观等深层比较。只有这样，才能逐步认识社会现象的本质及其发展规律。

比较法是区分不同认识对象、发现客观事物变化发展趋势、检验研究假设和发展理论的思维方法，在社会调查中有广泛用途。但是，列宁指出，“任何比喻都是有缺陷的……任何比喻都只是拿相比事物或概念的一个方面或几个方面相比，暂时和有条件地撇开其他方面”。① 这就是说，任何比较都有一定的片面性。

二、分类法

1. 什么是分类法

分类法，是指根据认识对象的相异点或相同点，将相同事物归并为一类、将相异事物区分为不同类别的思维方法。分类与比较有密切联系。一方面，人们只有通过比较识别事物间的差异点或共同点，才能正确分类；另一方面，人们只有通过分类对事物有了较全面、深入的认识，才能更好比较。比较与分类互为前提、互为因果。事物间的差异性和共同性，是比较和分类的共同客观基础。

2. 分类的要素和逻辑规则

分类有三个要素，即母项、子项和分类根据。例如，按照性别，人可分为男人和女人。其中，“人”是分类的母项，“男人”和“女人”是分类的子项，“性别”是分类的根据。应该指出，分类的根据，必须是客观的；分类的母项，必须是可以分解的；分类的子项，必须符合实际。否则，就无法正确分类。

分类必须遵守的逻辑规则是：

(1)分类的根据必须同一。即必须按同一根据分类，而不能对一部分子项用一种根据，对另一部分子项用另一种根据，否则就会犯“分类根据不同一”的错误。例如，把工业分为重工业、轻工业、乡镇工业，就犯了“分类根据不同一”错误。因为，重工业、轻工业分类的根据是产品性质和用途；乡镇工业分类的根据是企业所在地(乡镇)和所有制(集体)。

(2)分类的子项必须互不相容。即分类各个子项之间必须是全异关系，否则就会犯“子项相容”的错误。例如，把职业分为工人、农民、个体户、机关干部、专业技术人员、办事人员、商业服务业人员等几类，就犯了“子项相容”的错误。因为，机关干部与专业技术人员、办事人员往往相交叉；个体户与商业服务业人员往往相重叠。这样这几个子项就形成了相容关系。

(3)分类的子项之和必须等于母项。即不能小于或大于母项，否则就犯了“子项不全”

① 列宁全集(第10卷)[M]. 北京：人民出版社，2017：336.

或“子项过多”的错误。例如，把直系亲属分为父母和子女两项，就犯了子项不全错误，因为漏掉了配偶这个子项。如果把直系亲属分为父母、子女、配偶、兄弟姐妹4项，就犯了子项过多错误，因为兄弟姐妹一般不属于直系亲属。在子项过多、很难全部列出的情况下，可列出若干主要子项，然后列一个“其他”项来包含剩余子项。这样就可满足“子项之和等于母项”的要求了。

(4)分类必须按一定层次逐级进行。即不能混淆层次，否则就犯了“越级分类”的错误。例如，把劳动者分为非农业劳动者、种植业劳动者、林业劳动者、畜牧业劳动者、渔业劳动者，就犯了“越级分类”的错误。因为，对于劳动者这个母项来说，非农业劳动者和农业劳动者才是两个同层次的子项，而种植业劳动者、林业劳动者、畜牧业劳动者、渔业劳动者，则是农业劳动者这个母项的子项。如果“越级分类”，就会造成分类的混乱。

3. 分类的两种基本类型

分类有两种基本类型：现象分类和本质分类。现象分类是指根据事物外部标志或外部联系的分类。例如，根据人口性别、年龄等自然属性的分类，就属于现象分类。本质分类则是根据事物本质特征或内部联系的分类。例如，根据人口的经济地位、政治态度和意识形态等社会属性的分类，就属于本质分类。在社会调查中，要注意现象分类，更要重视本质分类。

4. 分类的意义与局限性

科学分类具有重要意义，它可以总结、巩固、提高比较的结果，可以把复杂的事物条理化、系统化，可以揭示事物的内部结构和比例关系，有时还具有一定的科学预见作用。但是，分类法也有其自身的局限性。一般来说，分类只能静态反映事物的状况，而不能动态揭示事物变化发展的规律。

第三节 分析法和综合法

一、分析法

分析法，是指在思维中把客观事物分解为各个要素、部分，然后逐个加以考察的思维方法。它有两个步骤：一是分解，即把客观事物分解为各个要素、部分；二是分别考察，即对分解后的各个要素、部分分别加以考察或研究。

客观事物是由不同要素、部分组成的整体。当客观事物以整体形式呈现在人们面前时，人们的认识总是相对直观、笼统、粗浅的。但当人们用分析法把客观事物分解为各个要素、部分并加以考察后，对客观事物的认识就大大前进了一步。

运用分析法认识客观事物，应该注意几个问题：①分析应该是客观的，即按照客观事物本来的组成状况去分解事物，而不能主观任意地分解。②分析应该是多方面的，即根据客观事物状况和主观研究需要，从质量与数量、空间与时间等各个方面去分解事物。③分析应该是多层次的，即把事物分解为各个组成要素、部分后，对其各个组成部分应作一个深层次的分解和考察。从理论上讲，分析的层次是无限的。④分析应该是本质的，即对客观事物的分析应该把本质的、基础的部分与非本质的、非基础的部分区分开来，并着重分析本质的、基础的部分。分析法能够深入分析事物的本质，因而是一种较为深刻的思维方法。

分析方法多种多样。人们常用的分析方法有：定性分析、定量分析、矛盾分析、因果分析、系统分析、结构分析、功能分析、信息分析、模式分析，等等。随着人类实践和科学认识的发展，分析方法还在不断增加。

二、综合法

综合法，是指在思维中把对客观事物各个要素、部分分别考察后的认识联结起来，然后从整体上加以考察的思维方法。它有两个步骤：一是联结，即把分解、考察客观事物各个要素、部分所得认识联结起来；二是整体考察，即把客观事物各个要素、部分及其相互关系综合起来作为一个整体加以考察或研究。

客观事物是由各个要素、部分构成的统一整体。要完整认识事物，就必须在分析基础上加以综合。例如，要正确认识一个村，就必须在分析它的地理环境、区位条件、历史变迁、人口状况、风土人情，以及经济、政治、文化、社会、生态等方面状况的基础上进行综合，才能形成整体性判断。

运用综合法认识客观事物，应该注意几个问题：①综合应是客观的、求实的，而不是幻想的、虚构的。只有那些在现实原型中已经存在的要素统一体,① 才能科学地综合。②综合应该是全面的、有机的，而不是片面的、机械的。例如，对企业的综合，不仅要看产品、产量、产值、厂房、设备等硬件要素，而且要看产权制度、管理体制、运行机制、领导素质、人员结构、创新能力等软件要素。只有这种全面、有机的综合，才能科学说明为什么有的企业能蓬勃发展，有的企业却逐渐衰落。③综合应该是内在的、本质的，而不是外在的、现象的。例如，对于一个人的综合，不仅要看性别、年龄、身材、穿着打扮、举止神态等外部现象，而且要看社会职业、实践经历、经济状况、政治面貌、道德品质等内在本质。只有这种兼顾内在本质与外在现象的综合，才能正确揭示出人的社会本质。

三、分析与综合的统一

分析法是把客观事物分解为各个部分加以考察的思维方法，综合法是把客观事物各个部分联结起来加以考察的思维方法。分析不是目的，只是深入认识事物的手段，只有在分析基础上通过综合形成对客观事物的整体认识，才能达到思维的目的。显然，综合法与分析法是相对应的，它们都是较为深刻的思维方法。事物的可分割性和整体性，是分析法和综合法共同的客观基础。

分析过程是思维运动从整体到部分、从复杂到简单的过程；反之，综合过程则是思维运动由部分到整体、由简单到复杂的过程。它们的思维过程是相反的、对立的，但又是相互联系、统一的。它们之间相互联系、统一的表现是：

(1)分析和综合互相依赖、互为前提。一方面，分析是综合的基础或前提，没有分析就没有综合；另一方面，综合是分析的前提和完成，没有综合就没有分析，就不能达到分

---

① 马克思恩格斯选集(第3卷)[M]. 北京：人民出版社，1995：381.

析的目的。尽管分析前的整体知识与在分析基础上形成的综合知识，在深度和广度上都有质的区别，但不管怎样，分析都必须以一定综合知识为前提，这是肯定无疑的。同时，分析是为了正确认识客观事物。如果不综合，就无法形成对客观事物的整体认识，就无法达到分析的目的。

（2）分析和综合互相渗透、互相转化。一方面，分析中包含有综合——模糊、粗浅的综合，它渗透于分析之中，是分析的完成和归宿；另一方面，综合中包含有分析——它是综合的基础或前提，每个综合认识，既是前阶段分析的终点，又是后阶段分析的起点。例如，考察领导干部，在分析德、能、勤、绩、廉基础上得出的综合结论，既是前阶段分析的终点，又是后阶段分析的起点。人的认识就是在分析—综合—再分析—再综合的过程中不断深化和提高的。

这一切都说明，分析法和综合法是对立的统一，是辩证的思维方法。列宁将“分析和综合的结合，——各个部分的分解和所有这些部分的总和、总计”①确定为唯物辩证法的一个基本要素，是完全正确的。

第四节　矛盾分析法

矛盾分析法，是指运用矛盾规律（即对立统一规律）分析社会现象的思维方法。矛盾分析法的内容非常丰富，其中最主要的是：

一、分析事物内部的对立和统一

唯物辩证法认为，事物内部都存在着矛盾，对立和统一是矛盾固有的属性。矛盾的对立性又称斗争性，是指矛盾对立面之间的相互排斥和否定。矛盾的统一性又称同一性，是指矛盾对立面之间的相互依赖和贯通（相互包含和转化）。斗争性和同一性，是两种相反的属性，又是相互联系、不可分割的。对立是统一中的对立，统一是对立中的统一。矛盾关系，就是对立统一关系。

社会生活充满矛盾，要正确认识社会就必须运用对立统一分析方法。通俗地说，就是要坚持“两点论”“两分法”。在社会调查中，要用一分为二的观点去分析社会现象，既要看肯定方面，又要看否定方面；既要看现实状况，又要看发展趋势。为此，就必须反对“一点论”。不可肯定一切，也不可否定一切；不可把统一绝对化，也不可把对立绝对化。只有这样，才能正确认识社会现象。

必须指出，客观事物矛盾的两个方面不是“半斤八两”，其中必有一方居于主导地位。因此，坚持两点论、两分法，必须与“重点论”相结合，必须在坚持两点论、两分法的基础上，着重分析、把握居于主导地位的方面或属性。

二、揭示事物发展的内因和外因

唯物辩证法认为，事物的运动和变化，主要是由事物内部矛盾引起的，但也受外部矛

① 列宁全集（第55卷）［M］. 北京：人民出版社，2017：191.

盾影响。内部矛盾是事物变化的内因，外部矛盾是事物变化的外因。内因和外因在事物发展中的地位和作用是不同的，“外因是变化的条件，内因是变化的根据，外因通过内因而起作用”。① 揭示社会现象发展的内因、外因及其相互关系，是正确认识社会现象发展动力的根本方法。

运用内因和外因辩证关系原理分析社会现象，必须注意几点：①分析社会现象变化的内部原因，认识其存在和发展的客观基础。②分析社会现象变化的外部原因，认识其存在和发展的外部条件。③研究内因和外因在一定条件下的相互转化，认识其内在要素与外在环境的相互联系和影响。例如，要正确认识一个企业的成功经验，既要分析它的内在要素(硬件要素和软件要素，特别是领导人素质、管理体制等)状况，又要分析它的外部环境(自然环境、社会环境和市场环境)状况，还要研究其内在要素与外部环境的相互联系和影响。许多通过改善外部环境、增强企业竞争力的企业，就是外因转化为内因的成功范例。

三、认识矛盾的普遍性和特殊性

唯物辩证法认为，矛盾既有普遍性，又有特殊性。矛盾普遍性，是指矛盾的共性、矛盾存在的绝对性，每一事物发展过程自始至终存在着矛盾运动。矛盾特殊性，是指矛盾的个性，矛盾存在的相对性。矛盾特殊性表现为物质运动形式的特殊性、矛盾发展不同过程及其不同阶段的特殊性、矛盾系统中各种矛盾以及同一矛盾两个方面地位和作用的特殊性、矛盾斗争形式的特殊性。矛盾普遍性和特殊性的区别是相对的，在一定条件下可以相互转化。矛盾普遍性和特殊性的关系，就是矛盾共性和个性、绝对性和相对性的关系。任何事物都是共性和个性、绝对性和相对性的统一。毛泽东指出：“这一共性个性、绝对相对的道理，是关于事物矛盾问题的精髓，不懂得它，就等于抛弃了辩证法”。②

在社会调查中，运用上述原理分析社会现象应该把握几个要点：

(1)矛盾具有普遍性，它无所不在，无时不在。正确认识社会现象，必须分析社会现象的内在矛盾及其发展变化。任何社会现象、任何时候，都只存在矛盾差异问题，而不存在矛盾有无问题。差异就是矛盾，没有矛盾就没有世界。

(2)矛盾具有特殊性，它是具体的、有条件的。分析社会矛盾特殊性，应注意几个方面：①分析社会现象性质的特殊性，这是一社会现象不同于它社会现象的客观依据。②分析社会现象发展过程的特殊性，这是社会现象不同发展过程相互区别的客观依据。③分析社会现象发展阶段的特殊性，这是社会现象发展过程中不同阶段相互区别的客观依据。④在多种社会矛盾构成的社会矛盾系统中，分析各个社会矛盾所处地位和所起作用的特殊性，这是社会基本矛盾和非基本矛盾、社会主要矛盾和非主要矛盾相互区别的客观依据。

---

① 毛泽东选集(第1卷)[M]. 北京：人民出版社，1991：302.

② 毛泽东选集(第1卷)[M]. 北京：人民出版社，1991：320.

⑤在一个社会矛盾统一体中，分析矛盾各个方面所处地位和所起作用的特殊性，这是主要矛盾方面和非主要矛盾方面相互区别的客观依据。⑥分析社会矛盾斗争形式和解决办法的特殊性，这是社会矛盾性质特殊性的必然表现和客观要求，也是认识社会矛盾特殊性的目的和落脚点。总之，分析社会矛盾的特殊性越具体越好。一切以时间、地点、条件为转移，具体问题具体分析，是矛盾分析法的基本内容和根本要求。

(3)矛盾普遍性和特殊性是辩证统一的，个性包含共性，共性寓于个性之中，个性与共性是相互联系的。要认识社会现象及其本质，就必须把共性和个性统一起来，把普遍原理与各地实际统一起来，按照实践—认识—再实践—再认识，个别——一般—个别的形式，循环往复，不断深化。只有这样，才能逐渐把普遍原理与具体实践结合起来，达到正确认识社会现象及其本质的目的。

矛盾分析法是唯物辩证法的核心，其内容博大精深，极为丰富。从社会调查实际应用视角看，可以把矛盾分析法简要地归纳为：一分为二分析法、内因外因分析法、具体问题具体分析法、普遍原理与具体实践相结合分析法。

第五节　因果分析法

因果分析法，是探求事物或现象之间因果联系的思维方法。形式逻辑和唯物辩证法是研究因果联系的有效方法。

一、形式逻辑的因果分析法

因果联系的特点是，原因在前，结果在后，而没有相反情况。根据这一特点，19 世纪英国逻辑学家穆勒提出了著名的探索因果联系的归纳方法——穆勒五法，即求同法、求异法、求同求异并用法、共变法和剩余法。

1. 求同法(即契合法)

求同法，是指研究某一社会现象(X)的原因时，如果该社会现象在几个不同场合出现，每个场合先行情况中只有一种情况(A)相同，其他情况都不相同，那么，这一相同情况(A)，就可能是被研究社会现象(X)的原因。其公式是：

场合	先行情况	被研究现象
1	A，B，C	X
2	A，D，E	X
3	A，F，G	X
所以，	A 可能是	X 的原因

求同法的特点是：异中求同，其结论具有或然性。

2. 求异法(即差异法)

求异法，是指研究某一社会现象(X)的原因时，如果该社会现象在一场合出现，另一场合不出现，两种场合先行情况中只有一种情况(A)不同，其他情况相同，那么这一不同情况(A)，就可能是被研究社会现象(X)的原因。其公式是：

场合	先行情况	被研究现象
1	A，B，C，D，E	X
2	—，B，C，D，E	—
所以，	A 可能是	X 的原因

求异法的特点是：同中求异，其结论具有或然性，但比求同法结论可靠一些。

3. 求同求异并用法

求同求异并用法，是指被研究的社会现象(X)，在几个正面场合出现时，先行几种情况中都只有一个共同情况(A)；而在几个反面场合不出现时，先行几种情况中都没有这个共同情况(A)。这样就可以确定这个共同情况(A)，可能是被研究社会现象(X)的原因。求同求异并用法的公式是：

	场合	先行情况	被研究现象
正面场合	1	A，B，C	X
	2	A，D，E	X
	3	A，F，G	X
	⋮	⋮	⋮
反面场合	1	—，H，I	—
	2	—，J，K	—
	3	—，L，M	—
	⋮	⋮	⋮
所以		A 可能是	X 的原因

求同求异并用法的特点是：既求同、又求异。它有三个步骤：①正面场合，用求同法得出结论；②反面场合，仍用求同法得出结论；③比较正反两种场合，用求异法得出最后结论。这就是说，它两次求同、一次求异，兼有求同法和求异法的优点，其结论比较可靠，但仍只具有或然性。

4. 共变法

共变法，就是在其他条件(B，C，D……)不变的情况下，如果某一社会现象(A)发生一定程度变化，另一社会现象(X)也随之发生一定程度变化，那么，前一个社会现象(A)，就可能是另一社会现象(X)的原因。共变法的公式是：

被研究现象	场合	先行情况
1	A1，B，C，D	X 1
2	A2，B，C，D	X 2
3	A3，B，C，D	X 3
⋮	⋮	⋮
所以，	A 可能是	X 的原因

共变法的特点是：在变化中求因，它不仅有利于发现社会现象之间的因果联系，而且有利于研究因果联系间的数量关系。但是，共变关系不一定都是因果关系。例如，闪电光越强，雷鸣声越大，但闪电不是雷鸣的原因，它们都是自然放电的结果。此外，许多共变关系有一定的限度。例如，施肥与增产是共变的，但是，施肥过多反而减产。因此，共变法的结论也只具有或然性。

5. 剩余法

剩余法，又称残余法，就是被研究的某种复合社会现象(X，Y，Z，R)，是由某种复合原因(A，B，C，D)引起的，已知B，C，D是引起Y，Z，R的原因，则剩余的A与X之间也可能存在因果联系。剩余法的公式是：

被研究的复合现象X，Y，Z，R的复合原因是A，B，C，D。

已知	B是Y的原因
已知	C是Z的原因
已知	D是R的原因
所以，	A可能是X的原因

例如，19世纪初，天文学家观察天王星时，发现其运行轨道有4处发生偏斜，他们已知其中3处偏斜是受3个行星引力引起的，于是他们假设剩下1处偏斜是受1个未知行星吸引所产生的。根据这个假设，天文学家在1846年用望远镜发现了这个新行星——海王星。

剩余法的特点是：由余果推余因，其结论也只具有或然性。

二、唯物辩证法的因果分析法

穆勒五法的逻辑基点是：因果联系在时序上，原因在先，结果在后，而没有相反的情况。但是，事实证明，先后相随的联系，不一定是因果联系。例如，白天黑夜先后交替、春夏秋冬前后相随，就不是因果联系，地球自转和围绕太阳公转才是它们相继出现的原因。这说明，先后联系是因果联系的必要条件，而不是充分必要条件。因此，穆勒五法的结论只具有或然性。

唯物辩证法认为，因果联系的本质是引起和被引起的联系。其中，引起某种或某些现象的现象叫原因，被引起的现象叫结果。只有这种引起与被引起的联系，才是因果联系的充分必要条件。实践证明：因果联系是客观的、普遍的、必然的，又是相对的、特指的、对称的、多样的。因此，判明社会现象之间的因果联系，揭示社会现象之间引起和被引起的联系时，应该把握以下几个要点：

(1)因果联系都是相对的、有条件的，它们在一定范围内是确定的，一旦超出一定范围，原因和结果是可以互相转化的。例如，1978 年后，中国经济快速发展，既是改革开放的结果，又是改善民生的原因。这说明，“原因和结果经常交换位置；在此时或此地是结果，在彼时或彼地就成了原因，反之亦然”。① 此外，原因和结果往往互相作用，互为因果。因此，探求因果联系必须牢牢把握它的相对性和条件性，否则就会在原因和结果不断转化的无限链条中迷失方向。

(2)因果联系都是特指的、对应的，即结果规定着它的引起者成为原因；原因规定着它的被引起者成为结果。离开了这种特指的、对应的关系，就无法区分什么是结果，什么是原因。例如，因犯罪而被判刑。其中，犯罪是引起判刑的原因，判刑是犯罪引起的结果。如果离开这种对应的、特指的关系，“犯罪”究竟是原因还是结果，就很难区分了。因为任何犯罪活动背后都有许多深刻的个人、社会原因，对于这些原因来说，“犯罪”又成为结果了。

(3)因果联系都是对称的、相当的，只有特定性质和规模的原因，才能引起特定性质和规模的结果；反之，特定性质和规模的结果，只能由特定性质和规模的原因所引起。例如，社会结果主要由社会原因引起，仅用自然原因不能完全说明社会结果(例如，仅用自然灾害，不能完全说明 20 世纪 60 年代初全国大规模饥荒这一社会结果)；特殊结果主要由特殊原因引起，仅凭普遍原因不能完全说明特殊结果(例如，仅用国家重视农业科学研究这一普遍原因，不能完全说明杂交水稻之父袁隆平取得成功的特殊结果)；重大结果主要由重大原因引起，仅用较小原因不能完全说明重大结果(例如，仅用农村实行家庭承包责任制这一较小原因，不能完全说明改革开放以来我国农业巨大发展的重大结果)；持久结果主要由持久原因引起，仅用暂时原因不能完全说明持久结果(例如，仅用世界银行几笔贷款，不能完全说明改革开放以来中国经济高速发展这一持久结果)，等等。

(4)因果联系是多样的、特殊的。一般来说，因果联系有几种类型：①一因多果，同因异果，即一种原因同时引起多种结果；同一原因在不同条件下引起不同结果。例如，粮

① 马克思恩格斯选集(第 3 卷)[M]. 北京：人民出版社，2012：397.

食增产，可满足消费需求，可增加农民收入；粮食供不应求时是好事，粮食供过于求时是难事。②一果多因，同果异因，即一种结果由多种原因引起；同一结果在不同条件下由不同原因引起。如农业增产，是政策好、天帮忙、人努力等多原因引起的。农业增产，在经济体制转型期，主要靠政策、改革；在市场体制建立后，主要靠科学技术、产业结构调整和农民素质提高等。③多因多果，复合因果，即原因和结果都是复合的。例如，“文化大革命”、改革开放都由多种原因引起的，同时又都会引起多种多样的结果。

社会生活极其复杂，因果联系多种多样。分析因果联系，不仅要注意引起和被引起的关系，而且要注意分析不同事物、不同条件下因果联系的多样性和特殊性。只有揭示出各种各样的因果联系的不同特点，才能做出符合实际的科学结论。

第六节 系统分析法

系统是指处于一定环境下、由相互关联的要素或部分构成的有一定结构和功能的有机整体。系统分析法，就是运用系统观点分析社会现象的思维方法。

运用系统分析法研究社会现象，应该把握以下几个要点：

一、分析系统的构成要素

要素是构成系统的基础，离开了要素就无所谓系统。无论研究什么系统，都应从分析构成系统的要素开始，它是正确认识系统的基础和起点。

要素是构成系统的单元或成分。要素的特点：①个别性和独特性。每个要素都有自己独特的质和量的规定性，独特的内在矛盾。②差别性和多样性。构成系统的要素都存在着差异，任何系统都由多种多样的要素构成。③不可分割性和完整性。对系统而言，每个要素都是不可分割的，同时作为完整的非复合体出现的。例如，劳动力、劳动资料、劳动对象、科学技术、生产管理、生产信息等生产力要素，对于生产力系统来说就具有个别性、差异性和不可分割性等特点。

由于事物联系的普遍性、多样性和复杂性，要素和系统的划分只具有相对意义。任何要素都是由更小的要素构成的，对于更小的要素来说，它本身就是一个系统；任何系统都包含在更大的系统之中，对于更大的系统来说，它本身只是一个要素。一种社会现象，对于它的构成要素来说是系统，对于它所构成的系统来说则是要素或子系统。例如，生产力对于劳动力、劳动资料、劳动对象、科学技术等要素来说，它是系统；而对于生产方式系统来说，它只是要素或子系统。

运用系统分析法研究社会现象，应该注意：①要明确界定系统的内涵和外延。如果内涵模糊、外延不清，就不可能做系统分析。②要正确划分系统的构成要素。如果划分构成要素不正确、不全面，就无法正确分析系统。③要分别研究各要素质和量的规定性。如果不研究各要素的特点，就失去了研究系统的基础。

例如，运用系统分析法研究某一个村，首先，要明确界定村的内涵和外延，即明确界定是自然村，还是行政村(即村委会)？是行政管理上的村，还是地域范围内的村？如此等等。其次，要正确划分村的构成要素。对村的界定不同，其构成要素的划分就大不相同

(如按行政管理界定的村与按地域范围界定的村，所包含的人口、土地等构成要素是不相同的)。再次，要分别研究村的各构成要素，如果把构成村的要素调查清楚了，那么对村的研究就有了良好基础。

二、研究系统的内在结构

结构是构成系统诸要素所固有的相对稳定的组织或联结方式。系统与结构是不可分割的，系统不可能没有结构，结构不可能脱离系统而存在。系统之所以成为系统、系统的整体性质和功能，不仅取决于它的构成要素，而且取决于联结这些要素的结构。例如，生产力的整体性质和功能，不仅取决于劳动力、劳动资料、劳动对象等要素的数量和质量，而且取决于这些要素的组织和联结方式。如果组织、联结方式科学合理，那么生产力的整体性质就优越，整体功能就会等于或大于各生产力要素功能之和；反之，生产力的整体性质就低劣，整体功能就会小于各生产力要素功能之和。研究系统结构是正确认识系统不可或缺的环节。

系统结构的特点有五个。一是稳定性。系统诸要素间的联系方式是相对稳定的，它是系统存在和发展的前提。结构受到损害，系统就会震荡；结构发生质变，系统就会崩溃。二是有序性。系统结构是按照一定方式联结起来的。有序性是稳定性的内在要求，无序性则是对稳定性的破坏。三是层次性。结构是有层次的。每一层次结构，既由下一层次结构组成，又是上一层次结构的组成部分。层次性是有序性的表现。四是关联性。系统结构是相互联系的。任何结构发生变化，都会引起其他结构发生相应变化。五是形式性。结构是一种形式关系。同样形式(结构)，可容纳不同内容(要素)；同样内容(要素)，可有不同形式(结构)。因此，应该把对系统构成要素的研究与系统内在结构的研究有机结合起来。

社会系统一般存在三类结构。一是人的结构，如性别、年龄、民族等自然结构，以及行业、职业、社会阶层等社会结构。二是物的结构，如农村的耕地、山林；工厂的厂房、设备；学校的校舍、操场等。三是人与物的结构，如人与物的数量是否合适、质量是否匹配等。研究社会现象，一般应研究这三类结构。在现实生活中，许多成功企业，在改革、改造过程中，不仅注重调整劳动者、劳动资料、劳动对象、科学技术等生产力要素的数量和质量，而且注重调整生产力要素的组织和联结方式，调整生产关系的各个环节，从而促进了生产力迅速发展。实践证明，调整系统结构是实现从量变到质变的重要途径之一。

三、揭示系统的整体性质和整体功能

整体性是系统分析法的实质和核心。在社会调查中，既要研究系统的构成要素和结构，又要研究系统的整体性质和功能，它是研究系统的归宿点或落脚点。

在系统构成要素和结构基本相同条件下，系统的整体性质和功能主要取决于系统的自我协调和控制能力。这种能力是通过控制和反馈实现的。事实上，任何系统都存在两个互相联系和作用的子系统，即施控系统和受控系统。系统自我协调和控制的过程，就是施控系统与受控系统相互作用的过程。首先，施控系统根据系统的目标、内部状况和外部环境及其变化做出某种决策，并向受控系统下达执行某种决策的行为指令。其次，受控系统根据施控系统的指令调整自己的行为，执行下达的指令，并将执行结果反馈给施控系统。再次，施控系统对受控系统反馈的信息进行加工处理，与系统目标相比较，并据此做出新的决策。最后，施控系统根据新的决策向受控系统下达新的指令。这样循环往复，不断调整，就可逐步实现系统的目标。任何社会系统，如果施控系统和受控系统完善、高效，自我协调和控制能力强，那么，系统的整体性质就优越，整体功能就会等于或大于各要素功能之和。反之，整体性质就低劣，整体功能就会小于各要素功能之和。

在社会调查中，运用系统分析法研究社会现象，必须在研究系统要素和结构的基础上，研究它的施控系统、受控系统及其自我协调、控制能力。例如，研究企业的整体性质和功能，就必须在研究企业要素和结构的基础上，首先，要研究企业决策、管理机构的设置是否科学、合理。其次，要研究企业决策、管理机构的运行是否灵活、高效。再次，要研究企业自我协调、控制的状况，应对突发事件的决策、执行能力，并根据其结果来判断企业的整体性质和功能。如果企业决策、管理机构设置科学、合理，运转灵活、高效，有很强的自我协调、控制能力，能做到科学决策、有效管理、坚决执行、及时反馈，那么该企业的整体性质就优越，整体功能就必然等于或大于它的各组成部分功能之和。反之，其整体性质就低劣，其体功能就必然小于它的各个组成部分功能之和。

四、探究系统的外部环境

环境是指系统周围各种外部条件的总和。系统都处于一定环境之中，并与之发生一定联系。系统与环境的联系，是系统保持平衡、稳定、发展的不可缺少的条件。探究系统外部环境及系统与环境的关系，是正确认识系统的必要条件。

系统与环境的关系有两种类型：开放型和封闭型。开放型系统，是指在质料、能量、信息等方面与外部环境不断交换的系统。这类系统，只有通过与环境不断进行质料、能量、信息的交换，才能保持自身的生存和稳定，克服系统内的某些不平衡性或无序状态，使系统从无序走向有序，促进系统的更新、改造和发展，从低级走向高级。例如，生物有机体、个人、家庭、企业、社会组织、地区、国家等，都是开放型系统。封闭型系统，是指与外界环境极少发生交换的、相对独立的系统。例如，沙粒、晶体等无机物，超稳定性的小农经济、闭关锁国的国家，以及程控机床、自动化生产线等。当然，这些系统的封闭性是有条件的、相对的。绝对封闭、与环境不发生任何联系的系统，在现实中是不存在的。

在社会调查中，研究环境应注意两个问题。一是环境层次。社会环境是分层次的，可分为宏观环境、中观环境和微观环境。对于企业来说，在经济全球化背景下，国际经济态势、全国经济状况，是宏观环境；省市经济态势、行业发展状况，是中观环境；企业所在地的自然、社会等条件，是微观环境。二是环境内容。社会环境的内容多种多样，一定数量和素质的人口，一定的自然条件和生态环境，一定生产方式和经济结构，一定政治制度和社会组织，一定社会意识和心理特征，一定生活方式和行为规范等，都是社会不可能脱离的环境，都是应该探究的内容。究竟探究环境的哪些层次和内容，应根据研究课题的需要和可能做出选择。

第七节 结构—功能分析法

一、结构分析法和功能分析法

结构是系统要素之间的联系方式，功能是系统与环境相互作用的能力。它们的关系是：结构决定功能，功能反作用于结构，并在一定条件下引起结构变化。

结构分析法，是指通过剖析系统结构来认识系统特性及其本质的思维方法。例如，自然科学关于天体结构、地质结构、分子结构的探索，社会科学关于经济结构、政治结构、社会结构的研究，所使用的就是结构分析法。这说明，结构分析法有广泛适用性和普遍意义。但是，对于庞大的宇观系统(如星系、黑洞等)、人类技术尚不能深入其内部的物质系统(如地心、人脑等)、复杂多变的特殊系统(如人的心理活动、军事部署、商业秘密等)，结构分析法就无能为力了。

功能分析法，是指通过系统与环境之间"输入"和"输出"的关系及其变化来判断系统内部状况及其特性的思维方法。系统与环境之间的相互联系和作用，体现在质料、能量和信息的交换之中。其中，环境对系统的作用称为"输入"，系统对"输入"质料、能量和信息的加工并反作用于环境就称为"输出"。从这个意义上说，功能就是把特定"输入"转化为特定"输出"的能力。通过对这种转化能力的分析，就可对系统内部结构及其特性形成一定认识。例如，通过X光的照射和反映(底片)透视人的生理状况，通过人财物力投入和产出的分析来判断企业、地区、国家的经济状况等，就是运用功能分析法认识客观事物的实例。

结构分析法，也称"内描述法"，是静态研究方法；功能分析法，也称"外描述法"，是动态研究方法。它们可分别使用，也可结合使用。只有既对系统结构进行静态研究，又对系统与环境关系进行动态研究，才算是完整的结构—功能分析法。例如，对一个企业、村庄、学校、地区，既进行系统结构分析，又进行系统与环境之间的投入、产出分析，就是完整的结构—功能分析。

二、黑箱方法、灰箱方法和白箱方法

按照对系统内部结构和状态的了解程度，可以把现实系统分为三种类型：黑色系统、灰色系统和白色系统，通常称为黑箱、灰箱和白箱。黑箱，是指人们对其内部结构和状态完全不了解或不可能直接了解的系统。灰箱，是指人们对其内部结构和状态有一部分了解或可能了解、对另一部分尚未了解或不可能了解的系统。白箱，是指人们对其内部结构和状态已经全部了解或可能全部了解的系统。黑箱方法、灰箱方法和白箱方法，就是对这三类不同系统研究的方法。

黑箱方法，是指通过环境和黑箱之间输入、输出的变换来认识黑色系统的方法，它是完全的功能分析法。例如，经济学中纯粹的"投入—产出法"，就是黑箱方法的运用。黑箱方法有三个步骤：①界定黑箱，即明确界定黑箱的内涵和外延，把黑箱从它的环境中分离出来；②考察黑箱，即通过实验来考察环境与黑箱之间在质料，能量，信息方面输入、

输出的变换情况；③阐明黑箱，即根据输入和输出的变换情况，对黑箱的内部结构、特性和状况做出判断或说明。

灰箱方法，是指把对灰箱内部的部分了解和环境与灰箱之间输入、输出的变换结合起来认识灰色系统的方法，它是不完全结构分析法和不完全功能分析法的结合。例如，战斗双方对敌军状况的判断就往往采用灰箱方法，即把过去对敌军的部分了解与通过战地考察、火力侦察等动态过程结合起来，然后再做出相对明确的判断或结论。私营企业大多处于灰箱状态，对其研究只适宜采用灰箱方法。

白箱方法，是指把对白箱内部的了解和环境与白箱之间输入、输出的变换结合起来认识白色系统的方法，它是结构分析法和功能分析法的结合。严格来说，只有这种方法才是完全的结构—功能分析法。它的最大特点是高度的透明性和高度的公开性。例如，对经济特区的研究，对现代企业制度建立和推广的研究，对公开招投标建设工程的研究等，大多采用这种分析方法。

功能分析法具有重大意义。人类对世界的认识过程，就是从认识事物外部现象开始、逐步深入到认识事物内在本质的过程，就是使黑箱逐步转变成为灰箱、白箱的过程。这个过程永远不会完结。人类打开了一批黑箱群之后，又会出现一批新的更庞大、更复杂的黑箱群，要打开这些黑箱群就离不开越来越精细的功能分析法。从这个意义上说，功能分析法是人类认识世界的永恒思维方法。

第八节　科学思维方法和创新思维方法

上述思维方法，都是科学思维方法。此外，还有若干实用的科学思维方法和创新思维方法。

一、若干科学思维方法

1. 辩证思维方法

唯物辩证法，是马克思主义哲学的核心。运用辩证思维方法思考问题，就要求：①用联系观点看问题；②用发展眼光看问题；③在事物内在矛盾中揭示事物发展动力；④用质量互变观点阐明事物发展状态；⑤用肯定否定和否定之否定观点探寻事物发展道路和趋势。

2. 战略思维方法

战略思维，就是高瞻远瞩、统揽全局的思维方法。古人云：“不谋万世者，不足谋一时；不谋全局者，不足谋一域”。运用战略思维方法思考问题，就要求：①有全局意识，只有心中有全局，才能全面思考问题；②有长远意识，只有登高望远，才能深谋万世之局；③有关键意识，只有抓住关键，才能实现战略方案；④有机遇意识，只有善抓机遇，才能顺利开启战略行动；⑤有管控意识，只有适应变化，及时管控，才能与时俱进。

3. 历史思维方法

历史思维，就是追溯源头、回顾历程、总结经验、定位现在、开辟未来的反思性思维方法。它有三个环节：①历史本体思维，弄清楚“从哪里来”；②历史过程思维，搞明白“经历了什么”“现在何处”“将会怎样”；③历史反思思维，有何经验教训。通过这三个环节，逐步递进，探索事物的过去、现在与未来。马克思说，“时间是人的发展的空间”。①人类生活，横看是社会，纵看是历史。历史思维方法，以史为镜，鉴往知来，把握历史大势，更好地为人民谋幸福，为民族谋复兴，为世界谋大同。

4. 法治思维方法

法治是相对于人治、德治而言的一种治国理念。法治思维，就是按照依法治国理念去认识、分析、处理问题的思维方法。它要求：①坚持依法行政，任何决策及实施都要“有法可依、有法必依、执法必严、违法必究”；②自觉守法护法，决不搞权大于法、以言代法、选择性执法，维护法律的尊严；③深化司法改革，抵御和打击司法腐败，维护公平正义，提高司法公信力；④带头学法普法，弘扬社会主义法治精神，自觉履行法定义务。

5. 底线思维方法

底线思维，是指预估可能出现最坏情况的思维方法。它要求：①明确事物质变的临界点；②划定事物不可逾越的警戒线；③广泛掌握社会信息及其动态；④及时评估危机风险及其趋势。运用底线思维思考问题。首先，要有原则意识。无论做什么工作，要明确基本原则、基本方向和基本目标，不能“脚踩西瓜皮，滑到哪里算哪里”。其次，要有短板意识。及时发现短板，认真修补短板，准备好安全阀、稳压器和保险杠，防止一着不慎、满盘皆输。再次，要有边界意识。对法纪和原则，要有敬畏之心，只有不越边界、不踩红线、不碰高压线，才能少走“弯路”、不入“歧途”。最后，要有“小节”意识。勿以恶小而为之，勿以善小而不为。不能在糖衣炮弹面前放松警惕，不能在成绩贡献面前骄傲自满，否则就有可能成为“小节”的牺牲品。

6. 精准思维方法

精准思维，是一种精细、准确认识事物、处理事务的思维方法。它要求：①从小处着眼，从细节着手，反对大而化之、笼而统之；②具体问题具体对待，反对一般化，眉毛胡子一把抓；③求真务实解决问题，反对马马虎虎、敷衍塞责。运用精准思维思考问题：第一，要有问题意识。做决策，抓落实，都要抓住关键问题做文章、出实招。第二，要有细节意识。魔鬼往往隐藏在细节之中，要重视细节，防微杜渐。第三，要有操作意识。制定战略，指导工作，都要从实际出发，具有可操作性。第四，要有到位意识。工作不到位，操作不标准，往往会差之毫厘，谬以千里。第五，要调查研究。没有调查就没有发言权和决策权。深入调研，摸清情况，是提高精准思维能力的前提。

二、若干创新思维方法

创新思维，是指在原有知识、经验基础上，突破一般思维定势的具有开创意义的思维活动。它具有开创性、新颖性、独特性、开拓性、灵活性等特点。

思维定势，是指在长期思维过程中形成的定型化了的思维路线、方式或模式。思维定势是一种惯性思维方式，它有多种类型，如传统思维定势，经验思维定势，唯上思维定势，唯书思维定势，唯己思维定势，从洋思维定势，从众思维定势，从简思维定势等；它

① 马克思的原话是：“时间实际上是人的积极存在，它不仅是人的生命的尺度，而且是人的发展的空间。”参见：马克思恩格斯全集(第37卷)[M]. 北京：人民出版社，2019：161.

有利于缩短思考时间，有利于获得社会认同，可解决日常生活、工作中的许多问题，有一定积极意义。但是，思维定势也会成为创新思维的桎梏；只有突破思维定势，才能开出灿烂的创新之花、结出丰硕的创新之果。

常用的创新思维方法是：

（1）求异思维。就是同中求异的思维方法。世界上的一切事物都是普遍与特殊、一般与个别、共性与个性的统一。在思维过程中，坚持同中求异，在普遍中求特殊，在一般中求个别，在共性中求个性，就可能有所发现、有所创新。

（2）扩展思维。就是从不同方面、角度、层次、方向思考问题的思维方法。事物之间的普遍联系，事物变化的多种可能，是扩展思维的客观基础。只要坚持从不同方面、角度、层次、方向思考问题，就有可能创造出新东西来。

（3）逆向思维。就是按照相反方向去思考问题的思维方法。当看到成绩时，不妨想想是否存在问题；当肯定什么时，不妨想想能否定什么；当前进时，不妨想想后退……运用逆向思维往往会发现意想不到、出奇制胜的新启示、新结论。

（4）类比思维。就是通过比较不同对象之间的某些属性相似，来推导其他属性也相似的思维方法。它是通过对事物或属性之间的“比较”和“推导”，往往能使思维得到某些启迪，从而结出既有模仿又有创新的思维之果。

（5）联想思维。就是由某种诱因引起的不同思维对象之间发生联系的思维方法。联想种类繁多，如时间联想、空间联想、形式联想、内容联想、功能联想、结构联想、对比联想、因果联想，等等。联想是创新思维的一种重要方法。

（6）想象思维。就是对头脑中储存的思维材料进行加工、改造、重组而形成新形象、新观念的思维方法。想象是人类对客观世界特有的反映形式。通过想象，人们的思维往往能突破时空局限，达到“思接千载”“神通万里”的境界。

（7）直觉思维。就是对思维对象仅凭直观感知就作出判断、猜测、设想的思维方法。“灵感”和“顿悟”是直觉思维的表现，它们都以广博的知识、丰富的经验、敏锐的观察和思考能力为基础，是创新思维的重要方法。

（8）颠覆思维。就是颠倒、倾覆原有理论、方法、常规的思维方法。例如，把高深变为浅显，把昂贵变为低廉，把收费变成免费，把稀缺变成易获等。颠覆思维，在推翻、摧毁原有理论、方法的过程中，往往会孕育出创新的思想火花。

思考与练习

1. 简述思维加工及其任务。
2. 何谓思维方法？为什么说它是主观与客观的统一？
3. 怎样认识比较法、分类法及其关系？它们的客观基础是什么？
4. 怎样认识分析法、综合法及其关系？它们的客观基础是什么？
5. 什么是矛盾分析法？它主要包括哪些内容？
6. 唯物辩证法的因果分析法与形式逻辑的因果分析法有何异同？
7. 运用系统分析法认识客观事物时应该把握哪些要点？
8. 什么是黑箱、灰箱和白箱？黑箱方法、灰箱方法和白箱方法有何异同？

9. 怎样理解创新思维？常用的创新思维有哪些方法？

10. 略论分类的要素和逻辑规则，请列举若干违反分类逻辑规则的案例。

推荐阅读

1. 毛泽东. 矛盾论[M]//毛泽东选集(第1卷)[M]. 北京：人民出版社，1991.

2. 中国人民大学哲学系逻辑教研室. 逻辑学[M]. 北京：中国人民大学出版社，1996.

3. 彭漪涟. 辩证逻辑基本原理[M]. 上海：华东师范大学出版社，2000.

4. 李秀林，王于，李淮春. 辩证唯物主义和历史唯物主义原理(第5版)[M]. 北京：中国人民大学出版社，2004.

5. [美]D. Q. 麦克伦尼. 简单的逻辑学[M]. 赵明燕，译. 杭州：浙江人民出版社，2013.

第五篇

总结阶段

总结阶段，是社会调查出成果、出经验和服务社会的阶段。总结阶段的主要任务：撰写调查报告；评估、应用和保存调查成果。

做好总结阶段工作，对于展示调查成果、发挥调查功能、提高社会调查水平具有重要意义。

第十八章　调查成果的报告和应用

本章要点

1. 调查报告，是以文字、图表等形式反映调查对象真实情况、表达调研者观点和方法的书面报告。

2. 调查报告应该具有真实性、针对性、新颖性和时效性等特点。

3. 调查报告的结构和体例，一般由标题、前言、主体、结语等部分构成。有的调查报告还有简介、后记、附录等部分。

4. 调查报告有四大要素，即主题、结构、材料和语言。其中，主题是灵魂，结构是骨架，材料是血肉，语言是肌肤，四者缺一不可。

5. 撰写调查报告的一般步骤是：提炼报告主题、拟定写作提纲、精选调查材料、推敲书面语言、反复修改完善。

6. 评估调查报告必须坚持真实性、科学性、创新性和实用性原则。其中，真实性是根本标准，科学性是内在要求，创新性是本质特征，实用性是现实要求。

7. 评估调查报告的内容有两个方面、四个项目：一是内在质量评估，即可靠性评估和有效性评估；二是外在价值评估，即学术价值评估和社会价值评估。

8. 社会调查过程中搜集、积累的调查资料、研究资料，以及形成的社会关系，都是社会调查的重要成果，应该认真保存、维护和利用。

基本概念

调查报告　主题　结构　材料　语言　调查报告评估

调查报告，是社会调查最重要的成果；调查资料和调查过程中形成的社会关系，也是调查成果的重要组成部分。它们都应该认真撰写、整理、保存和应用。

第一节　调查报告的特点和类型

调查报告，是以文字、图表等形式反映调查对象真实情况、表达调研者观点和方法的书面报告。调查报告有其自身特点，可分为许多类型。

一、调查报告的特点

(1)真实性。调查报告最基本的特点是用事实说话，真实反映客观现实。调查报告中引用的事实必须是真实的，而不是虚假的、歪曲的；必须是具体的，而不是抽象的、笼统的；必须是准确的，而不是模糊的、含混不清的；必须是完整的，而不是支离破碎、残缺不全的。否则，就失去了调查报告的意义。

(2)目的性。撰写调查报告必须有明确目的，有的放矢。首先，必须明确读者对象。读者对象不同，写作方法就应有所不同。其次，必须明确解决什么问题。或做学术探讨，或供决策参考，或呼吁社会关注，或进行思想教育。解决的问题不同，写作方法也应有所差异。目的不明确，就不可能写出好的调查报告。

(3)新颖性。调查报告应该引用一些新事实，提出一些新观点，形成一些新结论。只有这样的调查报告，才能达到提供决策参考、丰富人们认知、指导人们行动的目的。如果调查报告反映的都是人所共知的事实、陈旧落后的观点、了无新意的结论，那么，这样的调查报告就没有实际意义和价值。

(4)时效性。调查报告的写作或发表，必须讲究时效，为解决社会问题，发展社会科学，促进社会进步，提供及时的服务。如果拖拖拉拉、慢慢吞吞，成为“马后炮”，甚至“秘而不露”，不能及时解答人们迫切需要回答的问题，那么，调查报告就会失去应用价值，或降低应有的作用。

上述特点是相互联系的。真实性是调查报告的客观基础，针对性是调查报告的主要目的，新颖性、时效性则是调查报告社会价值的客观要求。

二、调查报告的类型

根据不同标准，调查报告可分为许多不同类型。其中，主要有三种分类：

(1)根据调查报告内容的广度，可分为综合性调查报告和专题性调查报告。综合性调查报告，内容比较广泛、全面，篇幅较长。例如，李景汉的《定县社会概况调查》(1933年)，从地理环境、历史、人口、教育、健康、风俗习惯等17个方面进行了记述，涉及非常广泛，资料非常丰富。专题性调查报告，内容比较狭窄、专一，问题比较集中，篇幅较短。例如，毛泽东的《湖南农民运动考察报告》(1927年)，就是一篇有关湖南农民运动的专题调查报告。

应当指出，综合性调查报告与专题性调查报告的区分是相对的。例如，《中国农民工调研报告》,① 430千字。就调查对象专一而言，是专题性调查报告；就调查内容的广度和篇幅看，又可说是综合性调查报告。

(2)根据调查报告内容的深度，可分为描述性调查报告、因果性调查报告、预测性调查报告。描述性调查报告，是对社会情况进行描写和叙述的调查报告，它主要回答“是什么”的问题。因果性调查报告，是揭示社会现象之间因果联系的调查报告，它不仅要说明“是什么”的问题，而且要回答“为什么”的问题。预测性调查报告，是在揭示因果联系基础上对未来做预测的调查报告，它在回答“为什么”的基础上，进一步回答“将怎样”的问题。

必须指出，描述性调查报告尽管在内容层次上比较浅显，但却是因果性、预测性调查报告的基础。描述性调查报告可以独立成篇，因果性、预测性调查报告则只能在描述性调

① 国务院研究室课题组. 中国农民工调研报告[M]. 北京：中国言实出版社，2006.

查基础上进行因果分析和未来预测。

(3)根据调查报告主要用途，可分为：应用性调查报告和学术性调查报告。

①应用性调查报告，按其主要目的大体可分为以下六种类型：

第一，以认识社会为主要目的的调查报告。这类调查报告，应该突出事实，力求全面、系统、深入、具体地反映现实。例如，丁伟志、陆学艺、何秉孟等主持调查的《中国国情丛书——百县市经济社会调查》和《中国国情丛书——百县市经济社会追踪调查》，比较全面、系统地反映了全国 100 多个县市的经济、社会发展情况，是认识 20 世纪后期和 21 世纪初期中国国情的一套有重要意义的调查报告丛书。①

第二，以政策研究为主要目的的调查报告。撰写这类调查报告，不仅要叙述必要的调查材料，而且要深入分析和论证，阐述利弊，权衡得失，对今后实际工作提出政策性建议。例如，《中国农民工调研报告》《高校生态道德教育的现状与对策研究——基于对鄱阳湖生态经济区内高校的调查》②、《国家监察体制改革的史鉴与对策》③等，就属于这一类政策研究性的调查报告。

第三，以经验总结为主要目的的调查报告。撰写这类调查报告，应具体说明其产生的社会历史条件，发展的阶段和过程，特别是要详细介绍曾经遭遇过的困难、问题和解决办法，以及已经取得的成绩和推广的意义等。例如，《中国户籍制度改革地方实践的时空演进模式及其启示》④、《供给侧改革下金融业服务“三农”的路径探析》，⑤ 就是两篇以经验总结为主要目的的调查报告。

第四，以揭露问题为主要目的的调查报告。撰写这类调查报告，不仅要揭露问题，而且要分析原因，指出其危害性，有的还应提出解决问题的建议。例如，《校园欺凌问题的调查研究》、⑥《中国突发事件调查制度的问题与对策》⑦等，就属于这一类调查报告。

第五，以支持新事物为主要目的的调查报告。撰写这类调查报告，应着重说明新事物“新”在何处，它的产生条件、发展过程，如何解决前进中的矛盾和困难，揭示它的成长规律和意义，指明它的发展方向以及应该采取的对策等。例如，《教育机器人的发展现状与趋势》、⑧《5G 市场调研报告》，⑨ 就是比较有说服力的支持新事物的调查报告。

---

① 参见：中国国情丛书——百县市经济社会调查[M]. 北京：中国大百科全书出版社，1991—1997；中国国情丛书——百县市经济社会追踪调查[M]. 北京：社会科学文献出版社，2006.

② 韩建磊，饶志华. 高校生态教育的现状与对策研究——基于对鄱阳湖生态区内高校的调查[J] 华中师范大学学报(人文社会科学版)，2012(1).

③ 蒋来用. 国家监察体制改革的史鉴与对策[J]. 国家行政学院学报，2017(2).

④ 张玮. 中国户籍制度改革地方实践的时空演进模式及其启示[J]. 人口研究，2011(5).

⑤ 于建忠，田东林. 供给侧改革下金融业服务“三农”的路径探析[J]. 宏观经济管理，2017(3).

⑥ 张诗雅，黄甫全. 校园欺凌问题的调查研究[J]. 全球教育展望，2017(3).

⑦ 钟开斌. 中国突发事件调查制度的问题与对策[J]. 中国软科学，2017(7).

⑧ 黄荣怀，刘德建，徐晶晶，陈年兴，樊磊，曾海军. 教育机器人的发展现状与趋势[J]. 现代教育技术，2017(1).

⑨ 5G 市场调研报告[EB/OL]. [2021-10-05]. https://wenku.baidu.com/view/dea2180ab107e87101f69e3143323968011cf482.html.

第六，以思想教育为主要目的的调查报告。撰写这类调查报告，应当具有很强的针对性和时效性，要准确把握人们的思想脉搏，针对现实生活中普遍关注的热点、疑点问题，采取平等对话态度，有理有据地摆事实、讲道理。例如，《当前亟需正确处理"劳资"利益关系》、①《新发展理念的新时代政治经济学意义》②等，就是以思想教育为主的调查报告。

②学术性调查报告，可分为理论研究调查报告和历史考察调查报告。

第一，理论研究性调查报告。其特点是，对调查对象、程序、方法等都要做具体说明，调查资料要真实、系统和完整，论证要符合逻辑，结论要明确和新颖，对不同理论观点要做评论或分析。例如，《当代中国社会阶层研究报告》③就是一部理论研究性的调研著作，它提出以职业分类为基础的社会阶层划分标准，把当今中国社会群体划分为十个阶层，对每个阶层的地位、特征和数量做了界定和说明，还对若干阶层和地区的社会阶层结构进行了描述，具有重要理论研究意义。

第二，历史考察性调查报告。主要是通过对文献、遗存的调查研究，揭示某些社会现象的内在本质及其发展规律。撰写这类调查报告，要从历史事实出发，既要旁征博引，注意资料的真实、全面，又要约之行文，注意归纳、综合，以揭示社会现象的本质及其发展规律。例如，《南京大屠杀期间市民财产损失的调查与统计——基于国内现存档案资料的分析》、④《江山代有才人出——中国教育精英的来源与转变(1865—2014)》⑤等，就是这类调查报告。

调查报告的分类，是一个比较复杂的问题。对于同一篇调查报告，由于分类标准不同、研究视角不同，往往能归于不同的类型。所谓"横看成岭侧成峰，远近高低各不同"。对于调查报告分类来说，是完全适用的。

第二节　调查报告的结构和体例

调查报告的结构和体例，一般由标题、前言、主体、结语等部分构成。有的调查报告还有简介、后记、附录等部分。

一、标题

标题，是调查报告的题目。一个好标题往往能起到"画龙点睛"作用，因此有"题好一半文"之说。标题的写作，通常有几种方式：

(1)直叙式，即直接用调查对象或内容作标题。例如，《喜玛拉雅山地的珞巴、门巴

① 陶友之. 当前亟需正确处理"劳资"利益关系[J]. 社会科学，2012(6).

② 顾海良. 新发展理念的新时代政治经济学意义[J]. 经济研究，2017(11).

③ 陆学艺. 当代中国社会阶层研究报告[M]. 北京：社会科学文献出版社，2002.

④ 姜良芹，朱继光. 南京大屠杀期间市民财产损失的调查与统计——基于国内现存档案资料的分析[J]. 历史研究，2012(2).

⑤ 梁晨，董浩，任韵竹，李中清. 江山代有才人出——中国教育精英的来源与转变[J]. 社会学研究，2017(3).

族调查》《关于精准扶贫的调研报告》等。这类标题直接指明了调查对象或内容，概括了报告主题，比较客观、简明，但显得呆板，缺乏吸引力。

(2)判断式，即用作者的判断或评价作标题。例如，《青年的越轨行为与社会病态的相互影响》《"非组织化"：群体性事件的主要风险因素》。这类标题揭示了报告主题，表明了作者态度，比较吸引人，但不知调查对象是谁。

(3)提问式，即用提问作标题。例如，《如何兼顾"抗疫"与"复产"?》《5G只是年轻人的游戏?》等。这类标题，提出了问题，设置了悬念，是一种比较尖锐、鲜明的标题形式，有较强吸引力，但看不出调查结论。

(4)抒情式，即用抒发作者的感情作为标题。例如，《无耻、疯狂的权钱色交易!》《大山里的村支书——默默追求清隽、出世的人》等。这类标题，表达了作者感情，具有较强的感染力和吸引力，但很难判断报告的内容。

(5)双标题，有两种形式：一是主标题和副标题，如《"福利依赖"是否存在?——中国城市低保制度的一个实证研究》等；二是引题和主标题，如《反对官僚主义、形式主义：把基层干部从文山会海、迎来送往中解放出来!》等。

总之，标题的写法要灵活多样，无论采取哪种形式，都应力求概括、简明、对称，还应力求有新鲜感、吸引力和感染力。

二、前言

前言，也称导言或导语，对全文起总领、引导作用，其主要任务是向读者介绍本次调查的背景、主旨、目的和方法等。应用性调查报告与学术性调查报告的前言，在写作上有很大的不同。

1. 应用性调查报告的前言

主要有以下几种写作方法：

(1)主旨陈述法，即在前言中说明调查的主要目的和宗旨。例如，《土地流转中农村女性权益状况的实证分析》的前言是："与经济学研究的视角不同，本文将女性获取农村土地权益视为其获得平等发展的基础，拟对农村土地流转中的女性权益进行系统分析，并探讨女性对于自身权益状况的认知。"这种写法，有利于读者把握调查报告的主旨和内容，是一种常见的写法。

(2)结论前置法，即在前言中先简要说明调查的结论。例如，《试论高校组织团结状况及其影响因素——兼论物理空间的社会理论意义》的前言是："本文的基本观点是：在微观层面，不断增加学生在共同场合参与社会活动的机会，有助于提升他们对群体的认同感和归属感，增强他们的团结意识或凝聚力。"这种写法，开门见山，直奔主题，有利于读者对调查报告的观点一目了然。

(3)提问设悬法，即在前言中提出问题、设置悬念，而不作正面回答。例如，《依靠行政手段，能控制住大城市人口规模吗?》的前言是："大城市是不是一定会得'城市病'?人满为患是不是'城市病'的主要原因?依靠行政手段，能控制住大城市人口规模吗?"这种提问、设悬写法，能增强吸引力，常用于总结经验和揭露问题的调查报告。

2. 学术性调查报告的前言

一般包括如下内容：

(1)调查的主题、目的和意义。即说明调查的主题是什么？为什么要选择这个主题？调查这一主题有何价值或意义？

(2)对有关文献的综述和评论。一是介绍已有有关文献的基本内容和主要贡献，并指出其缺点或局限；二是说明自己调查的视角和特点，凸显自己调查的意义或价值；三是阐述本次调查的学术定位，说明它在本学术领域的位置。这一部分的写作，应把综述与评论结合起来，说明自己调查研究的基点、特点和价值。如果综述和评论的文献多、篇幅长，也可在前言之外单列一个部分。

(3)调查研究的设计。第一，说明调查的主要方法，调查方法不同，资料收集方法、调查程序和技术往往不同。第二，如果是抽样调查，必须说明调查总体的界定、抽样框的编制、抽样方法、样本大小、抽样误差和非抽样误差的控制等。第三，理论分析的基本框架，包括研究假设及其理论基础之间的关系，假设中主要概念的界定和讨论，以及概念或变量的测量指标及其方法等。

前言究竟采用哪种写法，要视调查报告的种类、目的、内容，以及篇幅等情况做适当选择。无论采用何种写法，前言的文字应力求简明、精练，具有吸引力。

三、主体

1. 主体的内容

主体的内容，一般包括三个方面：①客观叙述调查对象的基本状况及其发展趋势，主要用事实和数据回答“是什么”的问题。②分析各种社会现象之间的相互关系，探讨它们之间的因果联系，着重回答“为什么”的问题。③如果是应用性的调查报告，还应提出对策性建议，着重回答“怎么办”的问题；如果是学术性调查报告，还应做出学术结论，阐明本调研的主要特点、贡献和局限性。

2. 主体的结构

通常有三种形式：

(1)纵式结构，就是按事物发展的历史顺序和内在逻辑来叙述事实、阐明观点。例如，《又一支异军在突起——改革开放以来私营经济的再生与发展》。① 这篇调查报告，首先论述“私营经济再生的历史前提和市场基础”；其次，论述“私营经济的发展过程”，把它的发展分为三个阶段来叙述；最后，再论述私营经济的发展现状及其特点。纵式结构的优点是，论述有头有尾，过程清清楚楚，有利于做到历史和逻辑的统一，便于读者了解事物发展的全过程。

(2)横式结构，就是把调查的事实和形成的观点，按性质或类别分成几个部分，并列排放，分别叙述，从不同方面共同说明调查报告主题。例如，《当代中国社会结构》，②

① 张厚义，明立志. 中国私营企业发展报告(1999)[M]. 北京：社会科学文献出版社，1999：3-59.

② 陆学艺. 当代中国社会结构[M]. 北京：社会科学文献出版社，2010.

首先简要介绍中国社会结构的总体特征，其次分别论述人口结构、家庭结构、就业结构、收入分配结构、消费结构、城乡结构、区域结构、组织结构和社会阶层结构。横式结构的优点是，问题展得开，每个问题的论述比较集中，而且条理清楚，有较强说服力。

(3)纵横交错结构，就是纵式结构和横式结构的结合，有两种类型，一是以纵为主、纵中有横。《灰地：红镇“混混”研究》,① 就是这种结构的调查报告，它依据时间顺序将红镇“混混”的发展历程与运行逻辑概括为：悸动与变迁、松动与嘈杂、冲突与对抗、扶植与消解，以及崩溃与重构，总体结构是纵向为主、横向为辅。二是以横为主、横中有纵。例如，“中国国情丛书——百县市经济社会追踪调查·孝感卷”《“小马”改革之道》②的叙述，就采用了“以横为主、横中有纵”的结构。该书总调查报告分为概述、经济、社会结构、社会事业、政治、建设和环境 6 篇、33 章。显然，这是一种按类别并列排放的横式结构，但每一章都对 1993—2003 年的变化做了纵向叙述。

主体的撰写究竟采用何种结构，应根据调查报告的内容、主题和所掌握的资料来确定。总的来说，应该勇于创新，依势布局，把丰富多彩的内容与完美得体的结构有机结合起来，以利于达到揭示主题、深化主题的目的。

四、结束语

结束语，从形式上看，有三种不同处置方法，即没有结束语，简短结束语和较长结束语；从内容上看(如果有结束语)，用采用以下几种写法：

(1)概括全文，深化主题。例如，《大学生职业生涯探索的发展过程及影响因素——基于扎根理论的研究》的结束语是：“本研究的结论概括如下：职业生涯探索是个体追求自我发展与现实局限之间不断协调的过程，主要体现为以下 7 个方面：自我探索、环境探索、自我——环境匹配度探索、探索信念、探索意向、探索情绪和探索技能……”③这一结束语，起到了概括全文、深化主题的作用，从而增强了调查报告的说服力和感染力。

(2)总结经验，形成结论。例如，《农民工住房消费的影响因素分析》一文的结语是：“①从城乡统筹视角看，农民工在流入地的收入对其住房消费影响较大……②代表流入地人口规模、住房价格等地域因素的城市行政级别对农民工住房消费影响较大；③食品支出、子女教育支出等非住房消费支出对农民工住房消费影响较大。”④这样的结语，具有一定的参考价值。

(3)指出问题，提出建议。例如，《我国建档立卡面临精英俘获的挑战吗?》一文的结语提出了一些建议：“……我们应该采取让村民有效参与到贫困人口的识别程序、引入微观层次的第三方监督、限制村干部任期、完善村级治理等政策，来应对建档立卡面临精英

① 黄海. 灰地：红镇“混混”研究[M]. 北京：生活·读书·新知三联书店，2010.

② 李友清，水延凯. “小马”改革之道[M]. 北京：社会科学文献出版社，2006.

③ 曲可佳，邹泓. 大学生职业生涯探索的发展过程及影响因素——基于扎根理论的研究[J]. 青年研究，2012(6).

④ 董昕，张翼. 农民工住房消费的影响因素分析[J]. 中国农村经济，2012(10).

俘获的严峻挑战，实现真正的精准扶贫"。① 这样的建议，可提高调查报告的现实意义。

(4)说明危害，引起重视。例如，《单位社区解体与老年群体空间意义的变迁》的结语指出，城市社区治理模式转变过程中的社区建设，应当在注重变革性的同时充分考量延续性，即对既往传统形式的社区进行"改良式重建"而非"推倒式重建"，进一步加强传统单位社区空间与新社区空间之间的交融与互动是问题解决的关键。② 这样的结语，根据调查情况，说明了问题的严重性、危害性，对于引起有关方面的重视是相当有力的。

(5)展望未来，指明意义。例如，《1+1>2——中海外重组并入中铁工纪实》的结语这样展望未来："企业重组已经使中国铁路工程集团有限公司、中国海外工程总公司焕发出极大的发展活力。……中铁工将会加快建设成为具有较强国际竞争力的现代大型企业集团，中海外也会在更广范围、更高层次全面参与国际分工和国际竞争，并取得更大成绩。"③这种写法，根据调查情况，由此及彼，展望未来，指出了有关问题的重要意义。

学术性调查报告的结语，往往还要包括"讨论"的内容，即从调研结果中提出需要进一步探讨研究、寻求结论的问题。例如，研究结论的理论内涵和实践意义是什么？此次调研有哪些缺陷？有哪些尚未解决的问题或新出现的问题？其结论的推广应用，必须具备哪些条件或限制，以及对进一步研究的建议等。

调查报告的结语，应简明扼要、意尽即止，切不可画蛇添足、弄巧成拙。

五、简介

简介，也称内容提要。简介的写作方法，大体有以下几种：

1. 摘要式

例如，《区域结构》④的简介是这样写的：

> 内容提要
>
> 区域结构反映着空间平等关系。改革开放以来……区域差距过大必然产生诸多不利影响，如现代产业梯度转移艰难，区域间过度竞争遏制了区域合作，经济社会矛盾日益凸显。调整区域结构已刻不容缓，关键在于实施区域协调发展战略。

摘要式简介，还有一种列举形式，例如：《购物是一种快乐的"牺牲"》⑤的简介，就列举了以下三点：

> 第一，它故意消耗一部分劳动成果；第二，它是在集体注视下进行的；第三，人们在这种牺牲中得到了一种精神上的满足。

① 胡联，汪三贵. 我国建档立卡面临精英俘获的挑战吗？[J]. 管理世界，2017(1).

② 江立华，王寓凡. 单位社区解体与老年群体空间意义的变迁[J]. 人文杂志，2017(12).

③ 国务院国资委研究室 . 1 + 1 > 2 —— 中海外重组并入中铁工纪实[J]. 求是，2007(4).

④ 陆学艺. 当代中国社会结构[M]. 北京：社会科学文献出版社，2010：287.

⑤ 王宁. 消费的欲望[M]. 广州：南方日报出版社，2005：104-107.

2. 说明式

例如，《新老两代农民工行为和需求比较研究——基于珠三角的实证调查》的简介如下：

> 近年来，珠三角城市外来务工人员的构成发生较大变化……本文以珠三角地区1726个农民工的调查为基础，对新老两代农民工的行为方式和主要需求展开比较分析，发现新生代农民在行为和需求方面已经具备与第一代农民工差异性极大的独立社会群体特征。①

3. 导语式

例如，《流失"村民"的村落：传统村落的转型及其乡村性反思——基于15个典型村落的经验研究》就有一段导语式简介：

> 村落转型不仅包括物理形态、空间、组织、社会关系等方面的结构转型，同时也离不开"人"(村民)的转型。……然而，以往研究多关注有形的村落转型，或从"社会"的立场出发对"村落"进行结构主义和功能主义的整体解读，而忽视了村民行动与村落结构转型之间的内在关联。
>
> 村落研究应当尝试走出共同体取向的研究束缚，重新找回村民行动与村落结构的关系维度，并且在多元趋势中重新寻找并反思"乡村性"及其演变的内在机理。……尝试在总体上把脉中国村落转型的多元性和复杂性。②

另外，还有一种问答式导语。例如，《食品安全监管的加强抑或弱化——广州番禺区监管重心下移的分析》的导语是：

> 在持续的食品危机之下，中国为什么不是集中监管权而是进一步将监管权下放到基层？基于广州番禺试行镇街食品安全办公室的研究认为，监管权下放是中国独特的监管模式。……现代市场经济的发展必然要求政府把监管重心放在已经获得准入许可的企业上，因此，强化更高层级的政府监管已获证企业的能力，是未来监管改革的主要突破口。③

六、后记

后记，可包括以下内容：①与调查课题提出和实施有关的情况和问题；②与调查报告

---

① 陈亚辉. 新老两代农民工行为和需求比较研究——基于珠三角的实证调查[J]. 调研世界，2013(1).

② 文军，吴越菲. 流失"村民"的村落：传统村落的转型及其乡村性反思——基于15个典型村落的经验研究[J]. 社会学研究，2017(4).

③ 刘亚平，蔡宝. 食品安全监管的加强抑或弱化——广州番禺区监管重心下移的分析[J]. 中山大学学报(社会科学版)，2012(6).

撰写有关的情况和问题；③与调查课题参与者、调查报告撰写者有关的情况和问题；④与调查报告发表、出版有关的情况和问题。如果调查报告在前言、主体或结束语中已经说明了上述问题，就不必再写后记了。

七、附录

附录，可包括以下内容：①调查问卷或量表；②访谈资料；③调查指标的解释或说明；④计算公式和统计表；⑤调查数据；⑥典型案例；⑦名词注释、人名和专业术语对照表。

第三节　调查报告的撰写步骤

调查报告有四大要素，即主题、结构、材料和语言。其中，主题是灵魂，结构是骨架，材料是血肉，语言是肌肤，四者缺一不可。撰写调查报告的步骤是：提炼报告主题、拟定写作提纲、精选调查材料、推敲书面语言、反复修改完善。

一、提炼报告主题

主题是调查报告的灵魂。它是作者分析社会现象、揭示事物本质所形成的中心思想或基本观点。正确提炼主题，是写好调查报告的关键。

正确提炼调查报告主题，必须考虑两个方面的因素，即调查研究的主题和调查所获得的真实材料。调查研究的主题和调查报告的主题是不完全相同的。调查研究的主题，是主观的东西。随着调查工作的深入，有可能出现与原定主题不完全符合或完全不符合的情况。这时，对于不完全符合实际的原定主题就应该修改、补充和完善；对于完全不符合实际的原定主题就应该毫不犹豫地抛弃，并根据调查的实际情况另定主题。这就是说，提炼调查报告主题的过程，既是分析客观社会现象、揭示客观事物本质的过程，又是根据调查实际情况修改、完善或另行确定调查研究主题的过程，是促使主观目的与客观实际密切结合的过程。

提炼主题，要努力做到正确、集中、深刻、新颖和对称。正确，是指主题要真实反映客观情况，对社会实践起指导作用，对社会发展起促进作用。集中，是指主题要突出，要小而实，不要多中心，不要大而空。深刻，是指主题要深入揭示事物内在本质，由现象到本质，由浅层本质到深层本质，而不能满足于对现象、对浅层本质的认识。新颖，是指主题要有新意，要在前人基础上有所发现、有所前进、有所创造，努力在别人尚未开垦的地方耕耘。对称，是指主题与材料、与观点对称。主题过宽、过大，而材料不充分、观点不成熟，论证就没有力量；主题过窄、过小，又不能充分发挥材料和观点的价值。

二、拟定写作提纲

结构是调查报告的骨架。调查报告写作提纲，则是结构的具体体现。因此，在提炼报告主题之后，就应精心拟定写作提纲。

拟定写作提纲的过程，实际上就是研究调查材料的过程，形成基本观点的过程，明晰报告主题的过程。一份高质量的写作提纲，从内容角度看应该符合四条基本要求：①突出报告主题，即围绕报告主题科学安排结构层次，充分突出报告主题；②阐明基本观点，即根据主题阐明观点，回答现实生活中需要解决的理论问题或实际问题；③实现观点和材料的统一，即基本观点与调查材料要相吻合，保证观点得到调查材料的充分论证；④符合内在逻辑，即写作提纲要符合客观事物发展的内在逻辑，努力做到历史与逻辑的统一。

调查报告写作提纲的拟定，没有固定不变的模式，应该根据调查报告的主题、内容和作者的写作习惯而定。至于写作提纲的文字表达，常用的有两种方法。一是标题法，即按总标题、大标题、小标题、子标题的形式，将内容分层排列。这是一种常用的写作提纲形式，其特点是主题突出，层次清楚，结构严密。二是句子法，即用句子的形式，把所要论述的内容概括表达出来。这种形式的特点是内容明确、表述完整，可做较详细的说明。

三、精选调查材料

材料是调查报告的血肉。为了充分论证主题，应该精选以下几类材料：

(1)典型材料。典型材料是最能反映事物本质的材料。如典型事件、典型例证、典型经验、典型事迹等。典型材料必须真实、具体、生动，具有代表性。典型材料的运用，有助于说明事物本质，加深对问题的认识，增强说服力。

(2)综合材料。综合材料是能说明事物总体概貌的材料。写作时，要处理好典型材料和综合材料的关系，没有综合材料说明不了广度，缺少典型材料体现不了深度，只有把它们结合起来，才能既说明事物总体，又揭示事物本质。

(3)对比材料。包括历史与现实对比，成功与失败对比，新与旧对比，好与坏对比，优点与缺点对比，先进与落后对比，等等。有比较才有鉴别。通过对比，可以使调查报告主题更加突出，给人以更强烈、更深刻的印象。

(4)统计材料。统计材料概括力、表现力强，具体性、准确性高。许多问题用文字很难表达清楚，用统计材料则可一目了然。因此，恰当使用统计材料，有利于论证观点，突出主题，增强调查报告的科学性、准确性和说服力。

四、推敲书面语言

语言是调查报告的肌肤。调查报告是一种以叙事为主的说明性文体，最好用第三人称或非人称代词，避免强加于人之感。当然，在特殊情况下也可采用第一人称。一般来说，调查报告的语言应力求做到：

(1)准确。陈述事实要真实可靠，引用数据要准确无误。议论要缘事而发、把握分寸，切不可任意拔高或贬低。

(2)统一。使用的概念、名称、术语、变量等，要前后统一，而不要任意变更，不要相互混淆，不要使用一切费解的概念、名称和语句。

(3)简洁。要开门见山，用尽可能少的字句表达尽可能多的内容，坚决删去一切可要可不要的段落和字句。叙述事实，不过多描绘；阐释观点，不繁琐论证。

(4)朴实。语言要接地气，通俗易懂，不要使用深奥的专业术语和华而不实的辞藻，不要运用夸张手法和奇特比喻。

(5)生动。要形象、生动、活泼，可适当使用一些群众语言和通俗比喻，但不要使用那些多数人看不懂的方言、土语。

调查报告的语言表达得好，犹如锦上添花，能吸引更多的读者；语言表达不好，就会功亏一篑，甚至会影响调查报告社会作用的发挥。

五、反复修改完善

调查报告的撰写，应适时启动，连续进行，写作一旦开始，就应排除各种干扰，力争一气呵成。完成初稿后，最好把它放到一边，“冷却”一段时间。实践证明，“冷却”往往会让撰写者对调查报告的某些方面，或结构，或观点，或材料，或语言，甚至整个主题产生一些新想法、新观点。这时再去修改、补充、定稿，往往会使调查报告更全面、更完善。

调查报告定稿前，要反复修改和完善，其任务：一是审核内容，即在通读全文的基础上，检查报告的事实是否真实、可靠，观点是否正确、新颖，结构是否科学、合理，论证是否严谨、符合逻辑等；二是斟酌文字，即推敲报告的字句、语法和标点符号等，看用词是否准确、恰当，语句是否简练、流畅，标点符号是否正确、规范等。实践证明，高质量的调查报告都是反复修改和完善的产物。

第四节　调查报告的评估与应用

一、评估调查报告的意义

(1)它是评价调查工作成败得失的需要。调查报告是调研成果的集中体现，它的可靠性、有效性、学术价值、社会价值，是评价调查工作成败得失的主要依据。因此，实事求是地评估调查报告，是科学评价社会调查工作的客观需要。

(2)它是应用调查报告的需要。社会调查的目的，是把调查报告的结论或建议应用于、服务于社会。通过评估，弄清楚调查报告的可靠性、有效性、实际价值、适用范围及其局限性，是实际应用调查报告，防止和克服盲目应用的需要。

(3)它是提高调查人员素质的需要。社会调查是一所没有围墙的大学校，调查实践是一个没有教室的大课堂。通过评估调查报告，可以弄清楚调查工作取得了哪些成果，积累了哪些经验，存在哪些缺点和问题，今后应该如何改进，从而有利于提高调研人员的素质，特别是有利于提高他们调查研究的能力与水平。

(4)它是发展社会调查学和与调研课题有关学科的需要。通过评估，有利于社会调查学和与调查课题有关学科从调查实践中吸收最新的丰富营养；有利于发现新视角、新内容、新方法，推动相关学科创新；有利于发现新情况、新问题，探索解决新问题的途径；有利于总结新经验教训，防止类似问题的发生。

二、评估调查报告的原则

(1)真实性原则。调查报告反映的事实和数据，必须真实、准确，最好还要全面、系统。其中，真实性是评估调查报告的首要原则。如果调查报告反映的事实不符合实际情况，使用的数据不真实、不准确，那么无论它的论述多么完美，逻辑推理多么严密，研究结论多么新颖，都不能认为是一份合格的调查报告。

(2)科学性原则。调查报告使用的概念、判断、推理必须科学、符合逻辑。科学性是社会调查的内在要求。如果调查报告的概念含混不清，判断、推理不符合逻辑，结论与事实、数据缺乏内在联系，理论假设和检验结果违背科学原理，那么无论堆砌了多少资料，引用了多少文献，都不可能是有价值的调查报告。

(3)创新性原则。所谓创新性，就是新颖性、独特性和先进性。创新性是社会调查的本质特征。如果调查报告没有新视角、新事实、新观点、新方法，叙述的都是众所周知的常识或不言自明的道理，提出的都是老生常谈的建议，那么无论它的篇幅有多长，事实和数据有多丰富，都不可能是有价值的调查报告。

(4)实用性原则。调查报告能否服务实践、服务社会，是评估调查报告质量和社会作用的另一重要原则。如果调查报告违背了实用性原则，没有明确服务对象，不能有效服务实践、服务社会，那么无论它的结论和建议写得多么详细、具体，都不可能是一篇有实用价值的调查报告。

评估调查报告的上述四项原则，具有密切的内在联系。其中，真实性是根本标准，科学性是内在要求，创新性是本质特征，实用性是现实要求。只有符合这四项原则的调查报告，才能算是真正优秀的调查报告。

三、评估调查报告的内容

评估调查报告的内容有两个方面、四个项目：一是内在质量评估，即可靠性评估和有效性评估；二是外在价值评估，即学术价值评估和社会价值评估。

(1)可靠性评估，即信度评估，其主要指标是：①调查报告的选题，是否符合现实需要；②调查报告叙述的事实，是否客观、真实；③调查报告引用的数据，是否可靠、准确；④调查报告的结论，是否符合实际，等等。

(2)有效性评估，即效度评估，其主要指标是：①提出的研究假设，是否科学、合理；②设计的社会指标和调查指标，是否符合目的性、科学性、代表性等要求；③设计的操作定义，是否便于操作、符合对称性原则；④选择的调查对象是否恰当，具有代表性；⑤使用的调研方法，是否科学、符合实际；⑥论证过程，是否符合逻辑；⑦调查结论与论证资料是否具有内在、必然的联系，等等。

(3)学术价值评估，主要是创新性评估，其主要指标是：①视角创新，即采用了何种新视角，有何学术意义或价值；②资料创新，即搜集、发掘、提供了哪些新资料、新数据，有何学术意义；③内容创新，即探讨了哪些新问题，提出了哪些新概念、新观点、新理论，或修正、完善了哪些原有理论，填补了哪些空白，拓展或充实了哪些新领域；④方法创新，即创造了哪些新方法，或发展、完善了哪些传统方法，做了哪些新论证，提出了哪些新论证模式，等等。

(4)社会价值评估，主要是实用性评估，其主要指标是：①发表情况，即调查报告在什么级别、层次、范围发表，有多少报刊转载，是什么样的报刊；②引用情况，即调查报告的内容被多少报刊、书籍、论文引用，是什么样的引用；③应用情况，即调查报告的结论或建议有多少被应用于实际工作，是什么样的应用；④获奖情况，即调查报告获得了哪些奖励，是什么样的奖励，等等。

为了便于调查报告的评估和比较，可设计一套指标体系，采用综合评分方法做评估和比较。如表 18-1 所示，就是一种可供参考的调研成果评估指标体系。

表 18-1 调查报告评估指标体系 单位：分

内容	主要指标	权重	专家评分等级					
信度	选题；事实；数据；结论	3	10	9	8	7	6	≤ 5
效度	研究假设；社会指标；调查指标；操作定义；调查对象；调研方法；逻辑论证；调查结论	2	10	9	8	7	6	≤ 5
创新	视角；资料；内容；方法	2	10	9	8	7	6	≤ 5
实用	发表；引用；应用；获奖	3	10	9	8	7	6	≤ 5
合计		10						

必须指出，上述 4 个方面“内容”、20 个“主要指标”，以及“权重”“专家评分等级”的设计，只是举例说明，仅供参考。

四、评估调查报告的方法

(1) 自我评估。调查报告完成后，调研人员应首先自我评估，看看调查报告的内在质量和外在价值如何。为了使评估真实、准确，最好吸收部分调查对象来共同评估。实践证明，自我评估是提高调研者调研能力的重要途径。

(2) 专家鉴定。聘请的专家，一般不应少于 5 人，并遵循回避、独立、匿名、综合原则进行评估，评估结论应该包括不同的评估意见。

(3) 社会评价。主要是调查对象、调查报告的读者和使用者，以及大众传播媒介的评价。调查对象、调查成果的使用者最有发言权；读者和大众传播媒介的评价，则往往比较超脱、客观、公正。

(4) 实践检验。上述三种评估都是主观的、阶段性的评估。实践是检验真理的唯一标准和最终标准。只有实践检验评估，才是客观的、最终的评估。

五、调查报告的应用

就一项社会调查任务而言，有两个阶段：调研阶段和实践阶段。实践阶段，就是调查报告的应用阶段，也是调查结论的检验、完善和发展阶段。这就是说，把调查结论应用于实践、服务于社会，是社会调查的最后一个环节。

根据社会调查主要目的的不同，调查报告的应用大体可分为两类：

第一类，应用性调查报告的应用。大体可分为六种情况：①以认识社会为主的应用；②以政策研究为主的应用；③以总结经验为主的应用；④以揭露问题为主的应用；⑤以支持新生事物为主的应用；⑥以思想教育为主的应用。上述每一种应用，都有相应的目标读者、使用者、管理者或领导者。社会调查主持者，应千方百计地向目标对象推荐调查报告，促使他们应用调查结论，最好是争取与他们合作，在实践基础上共同评估调查结论，检验、完善和发展调查结论。

第二类，学术性调查报告的应用。主要有两种途径：一是通过报刊、通讯社、广播、电视等大众传媒，发表调查报告，争取与目标对象共同探讨、评估调查结论，检验、完善和发展调查结论；二是通过参加相关的研讨会议，争取与会议的参加者共同探讨、评估调查结论，检验、完善和发展调查结论。

此外，在网络普及条件下，通过自媒体向外发布调查报告已成为一种现实可能。通过这种方式发布调查报告，可发现、结识一些志趣相投者，并与他们共同探讨、评估调查结论，检验、完善和发展调查结论。但是，自媒体是一种个体化、普泛化、自主化的传播方式，在目前相关法律和管理尚不完善的情况下，存在着良莠不齐、可信度低、碎片化、低俗化等问题，因而应谨慎使用。

第五节　其他调查成果的保存、维护和利用

社会调查过程中搜集、积累的调查资料、研究资料，以及形成的社会关系，都是社会调查的重要成果，应该认真保存、维护和充分利用。

一、调查研究资料的保存和利用

1. 调查资料

调查资料，主要包括三类：一是文献资料，包括各种文件、信件、日记或报告，观察或访谈记录，回收的调查问卷或卡片等；二是实物资料，包括实地勘察中搜集的标本、物体，调查对象或单位赠送的产品、实物等；三是视听资料，包括搜集到的和调查者拍摄的视觉资料、听觉资料和声像资料。

2. 研究资料

研究资料，主要包括两类：一是数据分析过程中积累的数据资料；二是思维加工和撰写调查报告过程中积累下来的文字资料。

实践证明，真实调研资料具有久远、多方面研究价值，而且时间越久，价值越大。例如，20 世纪 20 年代末、30 年代初，陈翰笙(1897—2004 年)主持的江苏等地农村调查，有一部分调查问卷保存至今，已成为研究当时中国农村状况最宝贵的第一手资料。又如，陕西省米脂县杨家沟地主马维新家保存的自清道光二十五年(1845 年)到 1941 年近百年的买地、典地、收租、放债、雇工、经商和日常生活收支等账簿，对了解当地地主经济状况、撰写《杨家沟地主调查》起到了关键作用。再如，《11 个普通家庭的账本故事："我记的不是账"》、①《【我的家风家教故事】老账本》②和《二十三本账本里的小康故事》，③ 都

① 11 个普通家庭的账本故事："我记的不是账"[J]. 中国经济周刊，2011-01-11.

② 【我的家风家教故事】老账本[Z]. 中央纪委监察部网站，2017-06-30.

③ 二十三本账本里的小康故事[Z]. 新华每日电讯，2020-07-11.

是极可贵的资料。

因此，对社会调查研究过程中搜集、积累的资料，应认真整理和妥善保管，或建立档案、分类存档，或输入电脑、云端，以便后人研究和使用。

二、形成社会关系的维护和利用

在社会调查过程中，调查人员与调查对象个人或家庭、调查对象所在单位或社区，往往能建立起一定的社会关系，或是思想感情关系，或是信息交换关系，或是工作协助关系，或是经济利益关系，等等。这些社会关系，对于今后的再次调查或跟踪调查具有重要意义。例如，费孝通(1910—2005 年)从 1935 年起，在 60 多年中 26 次到江苏省吴江县开弦弓村跟踪调查，给予该村许多指导和帮助，使该村在 2019 年 12 月 24 日入选全国乡村治理示范村。这样不仅结出了丰硕的调研成果，而且使该村成为世界认识中国农村的窗口和海内外人类学、社会学者研究中国农村的基地。这一事例说明，在社会调查过程中形成的社会关系，是一种极其宝贵的社会资源，具有重要社会价值。

总之，对于社会调查成果的理解，不能仅仅局限于调查报告的范围。对于社会调查研究过程中搜集、积累的资料，应该认真整理，妥善保管，充分利用；对于社会调查研究过程中形成的社会关系，应该努力维护，量力帮助，恰当利用。只有如此，才能全面发挥社会调查成果的多方面作用。

思考与练习

1. 略论调查报告的特点及其类型。
2. 如何认识调查报告的构成要素及其相互关系？
3. 如何撰写调查报告的前言？
4. 调查报告的主体有几种结构？各有何优点和缺点？
5. 如何提炼调查报告的主题？
6. 调查材料有哪些类型？如何精选调查材料？
7. 评估调查报告的主要内容是什么？有哪些方法？
8. 简述社会调查成果及其保存、维护和应用。

推荐阅读

1. 仇立平. 社会研究方法[M]. 重庆：重庆大学出版社，2008.

2. [美]韦恩·C. 布斯，格雷戈里·G. 卡洛姆，约瑟夫·M. 威廉姆斯. 研究是一门艺术[M]. 陈美霞，徐毕卿，许甘霖，译. 北京：新华出版社，2009.

3. 风笑天. 社会研究：设计与写作[M]. 北京：中国人民大学出版社，2014.

后　记

一

1988 年 6 月，中国人民大学出版社出版的《社会调查教程》(国家社会科学基金资助项目：社科[1987]基字 014 号)一书，在“前言”里有这样一段话：“社会调查是一种方法；研究社会调查的学问——社会调查学，则是社会科学领域里的一门方法性学科。我们认为，社会调查学是关于人们自觉认识社会的理论、方法和过程的科学，是一门具有方法性、综合性和实践性特点的科学。我们编著这本教程的目的是：力图以马克思列宁主义、毛泽东思想为指导，以我们党的社会调查经验为基础，并认真吸取现代西方某些科学的社会研究方法，为广大党政干部、社会科学工作者和高等院校的学生提供一本系统学习社会调查的理论和方法的教材，同时也为建立以马克思列宁主义、毛泽东思想为指导的，学科化、中国化的社会调查学作一初步的尝试。”这个前言，是 1988 年 2 月 26 日撰写的，至今已过去了三分之一世纪。

在这三分之一世纪里，我一直关注着社会调查学的学科化和中国化。到 21 世纪初，中国学者编著的社会调查研究方法著作越来越多，它说明社会调查学的学科化已取得了很大进展。但是，社会调查学的中国化却差强人意，真正具有中国特色的社会调查学著作少之又少。究其原因，很可能是对中国社会调查历史缺乏全面、系统、深入的研究。于是，从 2006 年 2 月起，我就把研究视野逐渐转向了中国社会调查历史。经过几年研究后，从 2011 年 2 月开始撰写《中国社会调查简史》。2013 年 1 月，我以“中国社会调查史研究”为题向国家社科基金申请立项；6 月，获准为重点项目(批准号：13ASH001)。又经过 3 年多努力，完成了《中国社会调查简史》撰稿工作，经专家评审通过，于 2016 年 2 月获准结项(结项证书号：20160280)。2017 年 1 月，《中国社会调查简史》作为“中国社会调查史系列”的第一部著作，在中国人民大学出版社出版。该系列的第二部著作《中国古代社会调查故事》和第三部著作《中国社会调查史料选编》，于 2017 年 9 月和 2021 年 3 月先后在中国人民大学出版社出版。

通过 10 多年对中国社会调查史料的发掘、研究，特别是通过对《中国社会调查简史》的撰写，我对中国社会调查历史有了更为系统的了解，对社会调查学有了更为全面的认识，因而对社会调查学的定义也从 1988 年的“关于人们自觉认识社会的理论、方法和过程的科学”，修订为 2017 年的“关于人们自觉认识社会的历史、理论和方法的科学”。为了推进社会调查学的中国化，2017 年 2 月我以“中国特色社会调查学创新与建设研究”为题，向国家社科基金申请立项，未能获准。但我的研究仍在继续，并逐渐认识到只有以马克思主义哲学为指导，以中国社会调查实践为基础，正确处理“马中西”“史论法”“实史虚”关系，融通古今中外各种资源，才能创建充分体现中国特色的社会调查学。2018 年 2 月，我以“中国特色社会调查学研究”为题再次向国家社科基金申请立项，6 月获准立项为“一般项目”(批准号：18BSH016)。《申请书》的“预期成果”是：“A”(学术专著，即《中国特色社会调查学研究》)，1000 千字；“G”(高校教材，即《社会调查学教程》)，500 千字。后考虑到读者和教学的方便，篇幅分别压缩为 800 千字和 400 千字。

在《社会调查教程》出版后的三分之一世纪里，我围绕社会调查先后主持编著、出版了 20 部著作，其中社会调查理论、方法和历史著作 9 本：①《社会调查教程》第 2～7 版(已发行 40 多万册)。②《社会调查教程》配套著作 5 本，包括《专题调查及实例评析》《社会调查案例教程》《怎样搞好社会调查》《社会调查教程(精编本)》《“社会调查教程”学习笔记与考研真题详解》。③中国社会调查史 3 本，包括《中国社会调查简史》《中国古代社会调查故事》《中国社会调查史料选编》。以上著作均在中国人民大学出版社出版。调查报告著作 11 本：①县市情调查 6 本，包括《中国国情丛书——百县市经济社会调查·孝感卷》和 3 本《资料汇编》《宜昌县卷》《“小马”改革之道》。②小城镇调查 3 本，包括《湖北省孝感市小城镇追踪调查》《小城镇社区建设教程》和《中国城镇化发展战略》。③村情调查 2 本，包括《神州第一组》和《嬗变中的古村镇》。以上著作分别在中国大百科全书出版社、中共中央党校出版社、社科文献出版社出版。

此外，我发表了以社会调查为基础的学术论文 20 多篇。其中，比较重要的是：《论我国农村土地流转制度的改革》(载《经济问题》，1990)、《应改变向大中城市倾斜的偏向》(载《小城镇建设》杂志，2002)、《中国行政区划体制的改革》(载《改革与战略》，2004)、《论村民自治的小康村建设》(载《河池学院学报》，2005)，《以废除“市管县”为突破口，推进中国行政区划体制改革》(载《湖北职业技术学院学报》，2005)、《古代社会怎样搞调查》(载《北京日报》，2015-09-21；《学习时报》，2015-10-19；《决策探索》，2015 年第 24 期)、《必须创建中国特色社会调查学——兼与风笑天教授商榷》(载《云梦学刊》，2017 年第 4 期)、《创建中国特色社会调查学》(载《新华文摘》，2017 年第 22 期)、《“貌、言、视、听、思”》(载《学习月刊》，2018 年第 1 期)、《简述中国古代早期的社会调查》(载《云梦学刊》，2019 年第 1 期)、《立足中国 借鉴国外 创建中国特色社会调查学》(载《云梦学刊》，2020 年第 1 期)等。这些著作和论文，就是撰写《中国特色社会调查学研究》和《社会调查学教程》的学术基础。

二

与西方社会研究方法著作(以下简称“西方著作”)和中国学者基于西方社会研究方法而撰写的著作(以下简称“类似著作”)相比较，本书即《社会调查学教程》的主要创新之处如下：

第一，提出了“社会调查学”概念，并做了较充分的论证。西方著作和类似著作认为，社会调查只是一种方法。本书则认为，社会调查是一种方法，但研究社会调查的学问——社会调查学，则是哲学社会科学领域里一门相对独立的学科。社会调查学，是人们自觉认识社会的历史、理论和方法的科学。其中，社会调查历史是基础，社会调查理论是灵魂，社会调查方法是手段。社会调查学有其独特的研究对象、学科特点、基本概念和知识体系。

第二，根据中国社会调查史实，全面论述了社会调查的多种功能。西方著作和类似著作认为，社会调查只是一种社会学方法、做学问的方法、认识社会的方法。本书则根据史实指出，社会调查在中国古代已是治国理政的第二条大法；在中国共产党则是为指导革命、建设、改革事业做出科学决策的根本方法。史实证明，科学社会调查具有多种社会功能，其主要功能可概括为：识世之途，善政之基，成才之道，悟人之术，正风之策。

第三，阐述了社会调查的起源及其产生的社会历史条件。西方著作和类似著作或回避这个问题，或主张“是近代产物”，或认为源于18世纪西欧对社会病态的研究。本书则根据史实指出，中国社会调查起源于夏朝，是当时经济社会条件的必然产物。其中：生产力发展，剩余农产品出现，是物质基础；阶级和国家出现，社会管理需要，是直接动力；文字的发明和应用，是文化前提；职业分化，独立脑力劳动者出现，是社会力量。

第四，提出了划分社会调查历史时代的标准，论证了社会调查史上的两次重大变革和三个时代。西方著作和类似著作或回避这个问题，或以“时间顺序”“社会形态”“是否从西方引进”为标准，把社会调查划分为古代的、近代的、现代的，或传统的、现代的。本书则借鉴历史学科划分时代的标准，提出了以社会调查的基础理论、基本方式或方法为划分历史时代的标准，论证了社会调查史上已发生过两次重大变革，并据此把社会调查划分为三个时代，即古代社会调查、近代社会调查和现代社会调查，并论述了各时代社会调查的特点。

第五，发掘并阐述了中国古代社会调查思想的形成。西方著作和类似著作，根本不了解中国社会调查历史，完全没有涉及这个问题。本书则在浩如烟海的史料中，发掘出《尚书·洪范》，特别是其中第二条的“敬用五事”，阐明了“貌、言、视、听、思”这五个字，是对社会调查所做的最古老、最全面、最简明的概括，指出它是中国古代社会调查思想形成的重要标志。

第六，阐明了西方近代社会调查方法传入中国的历史：“学院派”学者认为，西方近代社会调查方法传入中国的时间，是19世纪末或20世纪初；传入主体，是外国传教士和教授；传入方式，以系统讲授、学术调查为主。本书则根据史实指出，实际传入时间，是19世纪60年代；传入主体，是英国人控制下的清廷海关；传入方式，以海关管理、实地调查为主。

第七，梳理了中国和中国共产党的社会调查历史，总结了历史经验和教训。西方著作和类似著作大多不讲社会调查历史，或只讲西方近代社会调查历史，或再加一点西方近代社会调查方法传入中国的历史。本书则根据史实指出，中国有4000多年的社会调查历史，中国共产党有百年社会调查经验，通过长期调查实践，中国和中国共产党已铸炼出深睿的社会调查思想、完善的社会调查制度、宽广的社会调查领域、丰富的社会调查内容、多彩的社会调查方法、丰硕的社会调查成果。同时，也积累了深刻的社会调查经验和教训。

第八，论述了科学社会调查的理论基础、指导思想、基本原则和工作作风。西方著作和类似著作，一般不讲社会调查的理论基础和指导思想，事实上则大多以西方社会学理论，特别是实证主义为理论基础和指导思想；只讲社会调查必须遵守法律和道德原则，一般不讲或仅从技术上讲社会调查的作风。本书则认为，中国社会调查的理论基础和指导思想，在古代主要是民本观念、实学思想和知行学说。在近代和现代，则有两种系统化理论：一是孔德的实证主义、波普尔的证伪理论和库恩的范式理论；二是马克思主义的认识论、群众路线和唯物史观。科学的社会调查，既要遵守法律原则和道德原则，更要遵守政治原则，并且必须培养和树立以为人民服务为核心的优良社会调查作风。

第九，提出并论证了由"主体和两翼"构成的社会调查方法体系。西方著作和类似著作，大多片面强调抽样调查和问卷调查，往往引入许多推演模型和计算技术，把社会调查几乎变成了技术化、数字化的游戏。本书则根据中国和中国共产党的实践经验指出，能获取真情实感的现实调查方法(实地观察法、访问调查法、问卷调查法、实验调查法)是调查方法的主体，历史调查方法(文献调查法和遗存调查法)和虚拟调查方法(网络调查法和大数据调查法)是调查方法的两翼，它们共同构成社会调查方法的体系。

第十，创新性地论述了遗存调查法、虚拟调查法和大数据调查法。西方著作和类似著作，对历史调查法，大多只讲文献调查法；一般未涉及虚拟调查法和大数据调查法。本书则认为，遗存调查法，就是运用观察、测量等科学手段，对遗址、遗物或遗迹等前人活动遗存下来的、物化了的社会现象进行调查的方法。它与文献调查法一样，也是一种历史调查方法。虚拟调查方法，是依托于高科技术的对现实的非实体性调查方法，是虚拟技术与现实对象的结合。大数据调查法，是调查者有目的、有计划地利用各种网络平台，采集有关调查对象及其活动的海量数据，经分析研究形成结论的调查方法。

第十一，阐明了思维加工的内涵和意义，论述了若干常用的思维方法。西方著作和类似著作，一般不讲思维加工及其方法。本书则认为，思维加工就是调研者运用语言等思维工具和科学思维方法，对整理、统计分析后的资料进行研究，做出结论或提出建议的思维过程。思维加工是社会调查从感性认识上升到理性认识的中心环节。社会调查常用的思维方法有：比较法和分类法、分析法和综合法、矛盾分析法、因果分析法、系统分析法、结构—功能分析法，以及若干科学思维方法和创新思维方法。

第十二，说明了社会调查成果的内容及其评估和应用。西方著作和类似著作，一般把调查报告看作社会调查的最终成果，撰写调查报告是社会调查的最后环节。本书则认为，调查报告是社会调查最重要的成果，调查过程中搜集的各种资料和形成的社会关系也是社会调查的重要成果，应该妥善保存、维护和利用。就一项社会调查任务而言，有两个阶段：调研阶段和实践阶段。实践阶段，就是调查报告的应用阶段，也是调查结论的检验、完善和发展阶段。这就是说，将调查结论应用于实践、服务于社会，是社会调查的最后一个环节。

上述 12 个方面，本书的创新之处是否正确、符合实际？目前尚无定论，之所以把它们归纳、叙述出来，是为了抛砖引玉，便于有关学者、广大读者思考、讨论与批评，我们热切期望得到坦率的评论和指教！

三

本书编撰者如下：前言，第一、八、九、十、十一、十七、十八章，后记，水延凯；

第二章，柳祥珍、水迎波、赵雪滢、水延凯；第三章，水延凯、王兴文、童贤东、赵雪滢；第四章，江立华、汤素素；第五章，王娟；第六、十五章，江立华；第七章，刘海娟、徐晓军；第十二章，水延凯、宋春潮、郭松、郝志磊、水迎波；第十三章，陈雯；第十四章，陈雯、杨坤、符兵；第十六章，范长煜、杨圣伟。江立华对全部书稿进行了审核和修改，最后由水延凯定稿。

在《社会调查学教程》编撰过程中，中共孝感市委、市政府给予了有力支持，中共孝感市委党校给予了有效指导和管理，中共中央党校图书馆、武汉市图书馆、孝感市图书馆、中共孝感市委党校图书馆提供了大量文献和图片，特别是孝感市图书馆副馆长刘艺、采编室主任杨利、网络部主任何楚龙、工作人员张亮等为本书的编撰提供了热情的帮助和周到的服务。中共孝感市委党校办公室、科研科、财务科等为项目顺利进行做了大量管理、服务工作。孝感市社会福利院，为课题研究提供了安全、良好的居住环境，科学、舒适的生活保障，认真、细致的护理服务。此外，柳祥珍、水迎波做了大量资料整理和书稿审校等工作，谈玉婷、赵雪滢、吴浩、段云峰等为课题提供了许多服务。本书的出版，得到了武汉大学出版社的宝贵支持和热情服务，特在此表示诚挚谢意！

水延凯

于孝感市社会福利院

2021 年 6 月 20 日